编 者 简 介

刘宣文，杭州师范大学教授，浙江省学校心理健康教育研究与培训中心主任，婚姻家庭与儿童青少年心理咨询与研究浙江分中心主任，浙江省高校中青年应用心理学学科带头人，浙江省“新世纪 151 人才工程”第二层次培养人员。兼任中国心理学会学校心理专业委员会副主任委员，中国社会心理学会司法心理学专业委员会副主任委员，中国教育学会学校教育心理学分会常务理事，浙江省学校心理健康教育研究示范区首席指导专家。主要从事应用心理学的研究和教学工作，出版著作 18 部，发表论文 50 余篇，先后有 7 项成果获省部级奖励。

赵晶，金华市学校心理健康教育指导中心办公室主任，金华市未成年人心理辅导中心负责人。主要从事学校心理学的研究与教学工作。开设教育微信公众号“共情时代”，出版著作《共情与教育》《写给家长的教养攻略》，发表论文 30 余篇，研究成果先后获高等教育优秀成果奖、基础教育国家级教学成果奖、浙江省基础教育教学成果奖等。

蔡雪，北京心智计算科技有限公司产品总监，国家二级心理咨询师。主攻方向为中小学心理健康服务和家庭教育指导。参编《娱乐媒介与大学生心理健康》《了解自己的职业性向：职业兴趣组合卡的价值与应用》《儿童心理危机干预：理论、策略和应用》等著作。

王彬，任职于浙江省学校心理健康教育研究与培训中心，心理学硕士，国家二级心理咨询师。参编《高中生生涯规划与辅导》等教材。

内容简介

本教材从读者需求出发，以问题解决为导向，强调理论与实践、原理与教法、操作与技术要高度融合的写作原则，对心理健康教育课程设计的支撑理论、基本环节、教学模式与技术等方面进行了全面、系统的阐述，目标是提升读者课程设计的理论水平、课程开发与设计能力和教学能力，体现出前沿性、结构性、操作性和实用性等四大特点。

第一，教材内容紧跟学校心理健康教育理论研究的国际前沿，选取脑神经科学、团体动力学和发展生态学作为课程设计的三大支撑理论，不但可以拓展读者的视野，而且可以提升课程设计的理论水平。

第二，教材完整地呈现了心理健康教育课程设计系统里的每一个重要环节，并把课程设计中的目标设置、任务分析、流程确定、体验设计、教学技术和课程评价等六大环节，以技术路线图的方式呈现，有助于读者建立结构化的学习与思考模式。

第三，教材紧扣教法研究，详细介绍了心理健康教育课程的三类教学技术与五种教学模式的内涵、作用和操作方法，不但弥补了同类教材中此部分内容的缺失，而且能让读者快速适应课堂教学，提升专业教学能力。

第四，教材内容涵盖了学校心理健康教育领域的八大模块二十四个教学主题，从概念、理论、测量工具、辅导策略和教学案例等方面多层次、多角度地展示了教学方案的完整设计历程，方便读者学习与应用。

本教材是学校心理健康教育课程的设计指南，既是操作说明书，也是资料手册，既是心理健康教育新手教师的入门必读书，也是心理健康教育教师专业成长的重要参考资料。

前　言

学校心理健康教育的主要任务是提高全体学生的心理素质，为学生健康成长和幸福生活奠定基础。作为学校心理健康教育主要途径的心理健康教育课程，近年来开始走向成熟，正以积极正向的方式，影响着学生发展和教育改革。学校心理健康教育的课程设计与教法，已成为应用心理学专业本科生的必修课，也是学校心理健康教育教师的必备知识。

本教材在编写过程中，主要体现出现代学校心理健康教育的四大核心理念。

第一，全面渗透积极心理健康教育的理念。

现代学校心理健康教育更多从积极角度开展工作，关注那些学生生命中更有价值和更有意义的部分，包括培养学生健全的人格、发展学生的心理弹性、塑造学生的成长型思维等。积极心理健康教育认为，学生的优势和问题同样重要，在一个人发展的初期更应该关注那些让学生感受到自信和力量的部分。这是对人本主义心理学的继承，也是对积极心理学在教育领域实践的回应。

本教材将积极心理健康教育理念全面渗透在学校心理健康教育课程的设计中，在主题选择、目标确定、方法选择和效果评价等方面都有所体现。

第二，积极融入基于生态合作取向的理念。

现代学校心理健康教育基于布朗芬布伦纳（Urie Bronfenbrenner）的生态系统理论（ecological systems theory），看到环境对儿童青少年成长的巨大影响力，将团体、班级、家庭、社区和社会等不同心理发展生态系统都纳入教育视野，并尝试在各个系统之间建立协同合作的网络体系。比如，在学校心理健康教育服务体系中，除了班主任和心理教师作为服务的主体，学校的后勤人员、管理人员和教学人员都需要具有心理健康教育的意识。

本教材中，我们特别强调要考虑不同系统之间的互动与协作，尤其是不同主题的适用场景。比如对于家庭亲子关系中的发展主题，在班级同伴团体中学习和练习时要尽可能地模拟家庭实际，从而加强知识和技能在不同系统之间的迁移性和转化性。

第三，强调课程的产品化设计理念。

以往的心理健康教育课程设计过于强调知识和理论的学习，很多学生和教师实现从书本到实践的转变，存在一定的困难。本教材将商业产品开发的设计思维应用于整个课程开发与设计流程，特别鼓励学生和教师综合考虑课程的各种因素，包括学生心理发展特点、团体动力推进规律、人才培养规格、课程实施情境等内容，在各种看似相互冲突的因素之间，取得平衡和协调。

第四，重视教学技术与教学模式学习。

已有对心理健康教育课程的研究主要集中在教学原则、教学内容和教学方法上，缺乏对心理健康教育课程教学技术与教学模式的专门探讨。心理健康教育课程教学模式是指各种心理辅导理论在课堂教学情境下的表现形式，可以实现特定条件下的教学结构和功能统一。要提高中小学心理健康教育课的实效，必须强调对有效教学模式与教学技术的探讨与学习。本教材专门介绍了心理健康教育课程教学中常用的促进参与、分享和反思的技术的内涵和作用，同时介绍了基于焦点解决、心理剧、理性情绪行为、非指导性等心理辅导理论的教学模式。

为了落实以上理念，进一步突出课程设计与教学的针对性、实用性和操作性，帮助学生和教师在理论和实践之间实现最大限度的联结，本教材专门设置了实践应用篇，并按照主题与学生的年龄特征撰写了相应的教学案例。在教学案例撰写中，特别强调“服务于全体学生发展”这一课程设计总目标，从更为生态的角度看待学生成长历程，注重学生心理发展的实际情境，将团体动力发展规律融入课程设计中，帮助学生通过社会性活动觉察自我、发展自我，贡献价值。

全书共有十六章：第一到第八章为理论篇，全面论述了心理健康教育课程设计与教法中的理论与技术问题；第九章到第十六章为实践应用篇，系统介绍了自我概念、人际关系等学生心理发展中八个重要领域的教学设计要点及分学段的24个具体教学方案。

第一章绪论，介绍学校心理健康教育概念，说明学校心理健康教育课程的地位和作用，梳理学校心理健康教育课程的历史演变过程，希望读者通过了解学校心理健康教育课程的背景和发展脉络，建立全面系统的课程观。

第二章心理健康教育课的设计，介绍课程设计的基本环节，包括共情、聚焦、建构和优化，并对对象、主题、目标、形式、流程、时间和评价等设计要素做出规定，希望读者能够掌握课程设计的方法论和路线图。

第三章心理健康教育课的理论基础，介绍脑神经科学、团体动力学、发展生态学等理论，为课程设计与教法提供发展观和系统观的理论支持。

第四章目标设置与任务分析，介绍目标分类学和目标标准书写方法，利用“共情地图”与“五个为什么”确定课程主题，试图为读者确定课程目标、安排课程内容和设置教学条件提供科学依据。

第五章活动流程与体验设计，介绍学校心理健康教育课的开始、过渡、工作和结束四个阶段，说明团体动力特征和教学体验要求，帮助读者在每个阶段设计有效的教学策略，使用合适的教学技术，完成特定的心理健康教育任务。

第六章活动组织与教学技术，介绍学校心理健康教育课程的参与技术、分享技术和反思技术，突出强调每种技术的适用情境，帮助读者针对不同的教学目标，在不同的教学阶段，使用恰当的组织策略和教学技术。

第七章课程评价与专业发展，介绍学校心理健康教育课程的评价目的、类型、原则、内容、指标、标准和方法，并将其与教师专业发展的复盘和知识管理相联系，帮助读者实现专业成长。

第八章心理健康教育课的教学模式，从基本理念、教学步骤和辅导技术等方面，介绍几种综合认知、行为和人格的心理健康教育教学模式，包括阿德勒团体辅导、心理剧团体辅导、理性情绪行为团体辅导、焦点解决团体辅导和非指导团体辅导等。

第九章到第十六章从概念、理论、测量工具、辅导策略和案例等方面，介绍自我概念、人际关系、情绪智力、学习心理、积极心理品质、性教育、生命辅导和生涯辅导等学校心理健康教育课程的核心主题，为读者提供课程设计与教学的参考。

本书由刘宣文、张宏学策划，具体编写过程由王彬负责组织协调，第一至第八章由赵晶统稿，第九至第十六章由蔡雪统稿，全书最后由刘宣文定稿。各章作者为：第一章刘宣文，第二章陈海德，第三章刘宣文、王彬，第四章赵晶、王粱，第五章赵晶，第六章黄蕊，第七章赵晶、刘宣文，第八章赵晶、蔡雪，第九章吴洁，第十章周伊妮、张国娣，第十一章张国娣，第十二章甄瑞、汪丰慧，第十三章王彬、林芬芳，第十四章郑蓓蓓，第十五章琚晓燕、郑蓓蓓，第十六章施霄霞、郑蓓蓓。

在编写过程中，编者引用和借鉴了很多国内外同行的最新研究成果，并参考了大量相关论文和书籍，在此对这些作者表示衷心感谢。如有部分来源未能标明出处，编者将在再版时予以完善。编者水平有限，书中定有疏漏和错误之处，敬请广大读者批评指正！

编者

2020 年 3 月 10 日

目　　录

第一章
绪　论

学习目标

1. 解释心理健康教育课的内涵和特点。
2. 说明心理健康教育课与其他学科课的异同。
3. 说明学校心理健康教育工作在学校教育系统中的定位。
4. 说明心理健康教育课在学校心理健康教育系统中的定位。
5. 预测心理健康教育课的未来发展趋势。

章节导读

人类进入 21 世纪后，面临着前所未有的挑战和机遇。如果说过去的教育旨在培养适应传统社会的人，那么如今的教育则是培养学生在无法预料的未来，做出有意义的选择和决定。为了达成这个愿景，教育需要关注学生的学习与创造能力、人际合作与沟通能力、批判性思维等品质，这些品质都建立在学生健康心理素质的基础之上。心理健康教育成为现代教育的重要主题。

本章共分三节。第一节论述心理健康教育在学校教育系统中的定位问题。心理健康教育是学校教育的基础，是素质教育不可分割的组成部分，是学生发展核心素养的内在机制和动力。第二节论述心理健康教育课在心理健康教育系统中的定位问题。心理健康教育课是心理健康教育最常使用和最有效率的路径，具有发展性辅导的根本属性。教师对心理健康教育课性质和定位的认识，会直接影响课程设计和教学质量。研究和发展心理健康教育课，对落实立德树人的教育任务和推动素质教育改革，具有重大意义。第三节论述心理健康教育课在国外和我国的历史发展状况，从中梳理出心理健康教育课的发展脉络和未来走向。

第一节 心理健康教育概述

教育是国之大计，承担着立德树人的根本任务。学校心理健康教育是落实立德树人根本任务、培育和践行社会主义核心价值观的重要途径。中华人民共和国教育部 1999 年 8 月颁布的《关于加强中小学心理健康教育的若干意见》明确指出，心理健康教育是根据学生生理、心理发展特点，运用有关心理教育方法和手段，培养学生良好的心理素质，促进学生身心全面和谐发展和素质全面提高的教育活动，是素质教育的重要组成部分。

一、心理健康教育的意义

心理健康教育是 20 世纪世界教育改革的产物，是我国社会主义新时期社会发展、人才培养的根本要求，是当代中小学生健康成长的需要，因此在学校教育系统中具有重要而独特的地位。

（一）心理健康教育是学生全面发展的条件

培养德智体美劳全面发展的社会主义建设者和接班人，是我国教育的重要目标。有效的心理健康教育工作依据学生身心发展的特点，运用相关理论和技术，有针对性地采取措施，落实立德树人的根本任务，提升学生社会适应能力，发展学生积极心理品质，增强学生学习内在动力，不断挖掘学生的发展优势和内在潜能。

通过心理健康教育，学生形成良好的道德品质和健康的心理状态，为其顺利接受德智体美劳等教育，提供扎实的心理基础。这种心理基础建设主要体现为五个方面：一是塑造良好的行为习惯，培养良好的道德品质，养成健全的法律意识，从而提升德育实效性；二是激发学习兴趣，提高学习能力，优化学习效率，形成创新意识，从而提升智育水平；三是培养积极乐观、意志坚强、拼搏进取的心理品质，养成良好的健康习惯和强健体魄，从而提升健康素养；四是培养积极向上的审美情趣，在各种艺术欣赏和艺术创作中，感受生活和生命的美好，从而强化美育熏陶；五是掌握生活和劳动知识与技能，通过合作与协商解决问题，体验劳动带来的快乐，从而提升劳动教育效果。

心理健康教育促进学生全面发展，还体现在学校常规管理中。心理健康教育能够完善学生管理体系，给予广大学生及时的保护和关怀，帮助广大学生成长成才，减少和避免各种心理危机和心理伤害。通过心理科学知识教育、情感教育、意志磨炼、性格培养、社会适应能力培养以及其他各种心理指导、心理训练，心理健康教育能为学生未来生活奠定良好基础。

（二）心理健康教育是现代学校教育的基础

现代学校教育的重要特征是以人为本，终极目标是实现学生的全面发展和潜能的全面发挥。为了实现这个目标，现代学校教育渗透了大量心理健康教育主题。

随着社会快速变迁，人们的思想观念和思维方式不断变化，学生在学习、生活、交往等方面会遇到各种困惑，教育面临新形势、新任务和新挑战。有研究称，2011 年入学的美国小学生，其中有 65%左右的人，将从事现在不存在的职业。在全球范围内，教育工作者开始致力于培养学生的积极心理品质、批判性思维、创造性思维、领导能力、合作能力与沟通能力。这些现代社会生存的关键品质，都是心理健康教育的关注重点，已经成为现代学校教育的主要内容。

同时，心理健康教育还为现代学校教育，提供了一种理解人性的新角度，即以更为理解、接纳和更具发展性的眼光和态度，重新认识学生，重新看待他们的行为问题。从心理健康的角度，教师不仅注意到学生的行为本身，而且注重发现并合理满足行为背后的心理需要。教师不再简单地进行是非判断，而是从一种人道主义和人性化的角度，理解和教育学生。心理健康教育真正体现了尊重学生的现代教育思想，是建立友好师生关系和友善校园的前提。

（三）心理健康教育是素质教育的重要组成

素质教育是培养学生综合素养的教育体系，包括坚定理想信念、厚植爱国主义情怀、加强品德法律素养、培养奋斗进取精神、增长知识和技能等内容。心理健康教育在素质教育的每一项内容中，都占据很大比例并发挥重要作用。

如今的学生身处急剧变化的时代，未来充满不确定性，适应社会、适应环境的能力显得尤为重要。作为社会人，他们不仅要有为社会做贡献的真才实学，而且要有良好的社会适应能力，如独立、富有创造性、自信、勇敢、坚毅、豁达和乐观等心理品质。这些主题都有机地融入素质教育的体系之中。

未来社会是人人可学、处处可学和时时可学的学习型社会，心理健康教育将为学生终身学习和终身发展奠定良好的基础。在素质教育中，具有心理健康教育特色的内容主要有三个方面：一是掌握心理健康知识和技能，养成健康的心态和良好的行为方式，形成积极的心理品质，预防心理问题发生；二是形成积极向上的自我意识和人际关系，养成社会责任感，能够妥善处理生活和学习中的各种问题；三是自我发展有方向有目标，能够应对生活和学习的各种挑战，具备生涯规划能力。

二、学校心理健康教育的途径

2012 年 12 月，教育部印发《中小学心理健康教育指导纲要（2012 年修订）》，其中明确了心理健康教育的途径："学校应将心理健康教育始终贯穿于教育教学全过程。全体教师都应自觉地在各学科教学中遵循心理健康教育的规律，将适合学生特点的心理健康教育内容有机渗透到日常教育教学活动中……要将心理健康教育与班主任工作、班团队活动、校园文体活动、社会实践活动等有机结合，充分利用网络等现代信息技术手段，多种途径开展心理健康教育。"

（一）心理健康教育课

学校心理健康教育是一个不断完善和优化的教育系统，心理健康教育课是这个系统最为重要的环节，是学校心理健康教育工作最重要的途径。心理健康教育课的任务是全面提高学生心理健康水平，传授学生心理健康知识，训练学生心理素质，陶冶学生心理品质，引导学生心理、人格积极健康发展，最大限度地预防学生发展过程中可能出现的心理行为问题。其内容主要有学习心理辅导、人格辅导、生命辅导、生涯辅导、青春期教育与性心理辅导等。

（二）心理辅导

心理辅导是学校心理健康教育的专门途径之一，包括个别辅导、团体辅导和各种心理主题教育等活动。学校心理辅导室是教师开展心理辅导、帮助学生解决学习和生活中心理困惑的专门场所，是学校心理健康教育的重要阵地。

在心理辅导室，教师全面、系统地了解学生心理状况，及时发现学生存在的心理问题，运用个别辅导和团体辅导等方式，有针对性地对学生进行心理健康教育，帮助他们走出心理误区。对于有严重心理疾病的学生，教师要及时识别并将其转介到正规医疗机构。

心理辅导还体现为学校丰富多彩的心理主题教育活动。学校可利用校园广播、校刊、校报、墙报、手抄报等渠道，宣传和普及心理健康知识；学校也可开展游学、营地拓展、田野调查等实践活动，拓宽学生视野，磨砺学生意志，培养学生适应能力；学校还可利用社团活动、辩论会、主题班会、心理健康互助小组、心理健康讲座等形式，开展心理辅导工作。

（三）学科教学

学校课程体系包含大量心理健康教育主题，教师须有意识地挖掘学科教学的目标、内容、过程和评价中所包含的心理健康教育要素，在教授知识技能和激发创造力的同时，维护和增进学生心理健康水平。

以学科教学内容为例，语文、数学、英语、科学、道德与法治等课程，为学生认识世界和了解人生，提供了丰富的素材，为学生心理品质优化提供了可观可感的样例；音乐、体育、美术等课程，是心理健康教育的重要载体，学生可以从中认识身心发展规律，锻炼意志品质，改善情绪状态，调整行为方式，激发审美体验，提高适应社会和改造世界的能力。

（四）校园文化

校园文化是学校内部由人-活动-环境形成的独特的时空背景和心理氛围，环境与环境之间、人与环境之间的互动对学生的心理感受、心理体验和身心发展具有重要影响。校园文化渗透心理健康教育主要体现在校园环境和学校精神两个方面。

1. 校园环境

校园环境指学校的主体建筑和布局、文化设施和景观、校园美化和绿化等，又称物化形态环境。符合教育生态原则的学校建筑具有审美性、灵活性和开放性。校园各种物质景观，积淀着学校历史、文化、传统，蕴含着巨大的心理健康教育价值。学生在学校度过的这段时间，正是他们身心发展较为关键的时期，通过赏识和解读环境文化，学生能够领悟其丰富、深刻的内涵，丰富心理体验，树立生涯发展方向。

2. 学校精神

学校精神包括校纪校规、教风学风、人际关系等，又称非物化形态环境。校园人文景观显示出学校的办学理念、办学特色、教学风貌，对学生的心理发展具有潜移默化的影响。尊重学生身心特点、符合学生心理特点的学校管理制度，培养学生积极心理品质的校园文化活动，友善和谐的班级人际关系，都会对学生心理健康发展起到积极的作用。

专栏

心理健康教育中多元文化的挑战

随着全球化程度不断加深，很多拥有不同文化背景的学生，聚集在一个教室中学习，这使心理健康教育面临多元文化的挑战。为了帮助教师积极应对这种挑战、提升教师多元文化的敏感性，下面有一些建议供参考（迈瑞尔等，2007）：

1. 意识到自身的价值观、信仰和世界观，以便认识到自己的认知可能会帮助或者阻碍自己与他人（例如家人、学生、同事、管理者等）工作。

2. 意识到在哪种情况下，自己处在自身种族认同发展中，以便理解在自身和他人的文化中最舒适的工作环境。

3. 意识到你可能因为任何文化变量（例如种族、民族、性别、社会经济地位等）而产生（或具有）偏见，以便更好地满足来访者的需求。

4. 意识到自身的不足，并向可能具有更多多元文化知识或实践经验的个体求助。

5. 乐于学习他人的文化背景和经历，避免刻板印象，并能随时考虑到群体内和群体间的差异和相似性。

6. 寻求关于来访者的世界观、价值观和信仰等信息，以便建立有创造性的工作关系。

7. 在收集和解释评价数据时，经常考虑学生和家庭的文化背景。

8. 在遇到其他语言的来访者时，学会寻找翻译并与其很好地工作。

9. 理解个体喜好的交流方式（例如喜欢使用的语言），理解交流中的文化变量（例如表示对他人尊重的不同方式）。

10. 理解在多元文化、语言背景下对个体进行测试时，传统测评方式的优势和局限。

第二节　心理健康教育课概述

《中小学心理健康教育指导纲要（2012 年修订）》指出：“心理健康教育课应以活动

为主，可以采取多种形式，包括团体辅导、心理训练、问题辨析、情境设计、角色扮演、游戏辅导、心理情景剧、专题讲座等。心理健康教育要防止学科化倾向，避免将其作为心理学知识的普及和心理学理论的教育，要注重引导学生心理、人格积极健康发展，最大程度地预防学生发展过程中可能出现的心理行为问题。”

一、心理健康教育课的意义

心理健康教育课在学校心理健康教育工作中占据重要地位。有研究者从心理健康教育课在学校教育中所起作用的角度论述其意义（例如聂衍刚主编，2012），也研究者从心理健康教育课对学生班集体影响的角度论述其意义（例如吴增强，沈之菲等编著，2001）。

（一）心理健康教育课在学校教育中的作用

1. 维护学生心理健康

心理健康教育课可以促进学生系统地认识自我，发现自己的心理优势，察觉存在的心理困惑，了解自我发展的各种因素，掌握优化心理素养、解决心理问题的方法。

2. 提高教育教学质量

心理健康教育课可以发展学生的观察力、记忆力、思维力、想象力和创造力；激发学生的学习兴趣和学习动机，提高学习主动性和积极性；指导学生掌握有效学习策略，养成良好的学习习惯；帮助学生掌握压力应对策略和挑战应对策略。

3. 提升教师专业素质

心理健康教育课研究学生身心发展的规律，这是以学论教和以学导教的原理基础。广大教师只有将自己的教学搭建在这个原理基础之上，才能取得高效的教学成果。学习和掌握学生身心发展规律，正是教师专业发展的关键道路。

4. 促进全体学生发展

学校心理健康教育以面向全体学生发展为主要目标。提高全体学生心理素养，单靠面向少数学生的个别心理辅导和团体心理辅导难以完成。只有通过面向全体学生的心理健康教育课，才能实现这个目标。

（二）心理健康教育课在班级建设中的作用

1. 增进学生间相互了解

在心理健康教育课中，同伴是学生自我的一面“镜子”。有时个体不能觉察到的自我，可以通过他人的状态和意见，通过成员间的倾诉和表露，得以清晰照见。这将有助于学生自我反思，更好地进行自我探索，与他人建立良好的人际关系。

2. 促进学生间分享经验

学生遇到困难或情绪低落时，往往伴随不合理信念，比如，认为自己是最不幸的人。在心理健康教育课的团体互动中，学生发现别人也有和自己类似的体验和想法，这有助于学生降低孤独感和面对问题的恐惧感。同时，聆听同伴分享问题解决的经验，有助于学生模仿学习，增强解决问题的效能感。

3. 分享多元价值观

不同学生有不同的成长背景，对于问题持有不同的观点。这些不同经验和不同观点所带来的多元信息及其背后的多元价值观，为学生提供了丰富的学习体验，有助于学生从不同角度理解他人和世界。

4. 提供有效的行为反馈

在心理健康教育课中，学生有机会听到同伴对自己的看法和对问题的建议。当很多人给学生提供类似的行为反馈，就会对学生的行为产生影响。这种团体教育要比教师直接教育，具有更强的影响力。

5. 提高学生问题解决能力

班级是社会的缩影，是学生社交的真实场所，也是学生学习解决实际问题的场所。心理健康教育课以学生面临的实际问题为教学内容，以解决问题为主要目标，有助于提高学生的适应力和问题解决能力。

二、心理健康教育课的性质

美国心理学家坎普伦将心理健康教育分为三个层级。一级心理健康教育尽可能控制直至消除导致个体产生心理问题和心理疾病的各种消极因素，营造和谐健康的家庭、学校和社会环境。二级心理健康教育注重心理问题的早期发展和早期诊断，在学生心理问题还没有加重之前，进行及时干预，防止心理问题衍变成严重的心理疾病。三级心理健康教育对已经患有心理疾病的学生开展心理咨询和辅导，帮助他们尽快恢复健康，防止发生心理危机事件。

心理健康教育课是最常使用和最有效率的心理健康教育途径，是一级心理健康教育工作，根本上属于发展性辅导，在教学目标、教学内容、教学形式和教学评价等几个方面，都具有自身特点。

（一）教学目标：关注学生健全人格的养成

有研究者认为，心理健康教育活动课的目标包括：培养学生积极的自我意识，形成健康的情绪和情感，发挥自身潜能，建立个人与社会的和谐关系（吴增强主编，2004）。也有研究者提出心理健康教育课的发展性目标，包括：引导学生正确认识自我和接纳自我，发展良好的社会适应和人际关系，发展健全的人格和健康心理，形成良好学习态度、学习方法和习惯，形成正确的性恋观、职业观、价值观，掌握积极情绪调节策略等（郑希付，罗品超主编，2016）。

很多心理健康教育工作过多关注学生的心理困惑和心理问题，对学生的积极心理和优势潜能关注不够。心理健康教育课以发展性目标为主，以预防性目标为辅，直接目标是提升全体学生的心理素质，最终旨在促进学生人格健康发展。心理健康教育课不能停留在消除心理问题和应对心理危机上，更应强调学生心理潜能的开发和人格完善，培养学生形成心理健康观念，增强自我调适能力，形成有利于个性发展的心理品质。

（二）教学内容：培养学生积极心理品质

有研究者将心理健康教育课的内容划分为三大模块：一是学习心理辅导，涉及学习动机、学习情绪、学习行为、学习能力等；二是人格辅导，涉及自我意识、情绪、人际交往、青春期等；三是生活与职业辅导，涉及休闲、消费、职业规划等（吴增强主编，2004）。

还有研究者做出更为细致的划分，认为心理健康教育课的内容包括自我意识发展辅导（如自我认识、自我体验、自我控制）、情绪情感辅导（如情绪调控、克服挫折、培养道德感）、学习心理辅导（如学习动机、学习能力、应试心理）、人际关系辅导（如同学关系、师生关系、亲子关系）、青春期辅导（如性心理、性伦理、恋爱与婚姻）、生活与职业辅导（如休闲、消费、职业规划）（曹梅静，王玲编著，2004）。

心理健康教育课根据学生心理发展一般规律和普遍特点，结合学校和班级学生的实际情况，选择符合学生心理发展需求的教学内容，主要体现为培养学生积极的心理品质。在课程内容体系的构建上，心理健康教育课最大限度地体现了人本主义潜能论，落实以发展和预防为主、干预和矫正为辅的教学目标。

（三）教学形式：以情景体验和同伴分享为核心

传统学科教学强调教师对知识的传授，重视学生对知识的内化，而心理健康教育课注重学生在全身心投入的活动和体验中，获得感悟和成长。教师引导学生关注自己的心理，鼓励学生自我探索。促进学生自我探索，无法依靠教师的说教和灌输，需要创设情景开展活动。

心理健康教育课开始需要“暖身活动”，其目的在于活跃班级团体氛围，促进学生勇于开放自己，积极投入辅导活动中。心理健康教育课往往创设游戏活动，在轻松、愉快的氛围中引导学生自我探索、自我体验、自我反思。

心理健康教育课强调现场生成。心理健康教育课程重视学生对自身经验的认识和表达，因此教学现场会使用学生的真实案例和经验，教学中学生随时可能报告自己的奇思妙想和丰富的生活经历。过于重视课前预设和课堂结构的完整性，会让学生有不畅感和挫折感，不利于学生自我探索和自我反思。

（四）教学评价：指向学生可持续发展

心理健康教育课的效果具有内隐性、滞后性和复杂性，对学生身心影响很难量化评价。考虑到心理健康教育课教学评价的特殊性，心理健康教育课要指向学生的可持续发展，重点考虑以下几点：

（1）评价标准既要符合有效教学的基本方向，又不能完全沿用其他学科课程标准的逻辑体系，要突出主体性、体验性和成长性等学科特点。

（2）目标评价着重以人格健全发展为依据，内容评价要考虑合理性，活动要促进学生持续发展，具有次序性、延续性、累加性等特点。

（3）过程评价注重是否具有良好、积极的团体气氛，团体是否建立民主、平等、合作的人际关系，是否有广泛、良性的学生互动和师生互动。比如，暖身活动能否创设安全、接纳、轻松的氛围，引导学生进入活动。

（4）学生评价注重是否积极主动投入辅导活动，学生自我卷入度如何，是否在自然、投入地扮演角色，辅导中学生是否有自我体验、自我开放和自我探索。

（5）教师评价注重是否能够创设、确立并维持一种安全和温暖的环境、信赖和理解的和谐气氛，是否鼓励学生相互分享、引导学生自我探索，教师扮演的角色是否到位。

（6）作业评价注重内容是否联系学生的生活实际，拓展、强化学生的知识、态度、行为。

第三节　心理健康教育课的历史

心理健康教育课始于19世纪末20世纪初，先后经历以心理诊断为核心的孕育阶段、以心理咨询为主导的发展阶段、以心理教育为核心的繁荣阶段，如今已成为现代学校的重要标志。

一、美国的心理健康教育课

1907年，美国密歇根大端城中学校长戴维斯（J. B. Davis），要求教师每周给学生上一次心理健康教育课，这是美国心理健康教育课的发端。那时的心理健康教育课以活动为主，旨在引导学生健康快乐生活。实施一段时间后，教师发现心理健康教育课能预防学生产生心理问题、培养学生良好人格、帮助学生规划职业。

20世纪40年代，心理健康教育课逐渐受到重视，美国很多地区和学校将心理健康教育课正式纳入教育体系。1958年，美国联邦政府颁布《国防教育法》，明确学校推行心理辅导及评估计划，增设心理健康教育课，提供专门教育经费（引自卢爱新，2007）。

20世纪80年代后，美国学校师资建设发展迅速。比如：1987年，美国佛罗里达大学的迈里克（Robert D. Myrick）提出教师顾问计划（Teacher Advisor Program，TAP）（引自孙炳海，李伟健，2008）。学校挑选和培训一批普通任课教师担任心理健康教育的顾问教师，师生比为1∶15。学生可以自由选择顾问教师，顾问教师以小组为单位，定期给学生开设心理健康教育课，内容包括同伴交往、学习技巧、学习习惯、自我评估、交流技巧、决策与问题解决、学习动机、冲突解决、身心健康、职业发展、教育计划、社交活动等12个单元，每单元分五到七个主题。

1995年，美国颁布《国家健康教育标准》（2005年修订），心理健康教育课有了法律保障（引自吕经纬，2018），课程设置更为规范。比如筛选与培养教师程序严格，教师须经过心理学专业学习和培训，具有一定临床经验并达到相应标准。

近二十多年，美国心理健康教育课更加系统化，心理健康教育工作逐步从直接干预转向宏观调控（引自俞国良，2005）。比如，密歇根州采用综合学校心理健康教育模式，由州教育部门统一规划和设计，构建了从幼儿园到高中的心理健康教育课程体系。课程强调政府、社会、家庭和学校多方合作，联合社区和家庭等多种心理健康服务途径，心理健康教育课对学生产生了广泛、高效而持久的作用。

二、英国的心理健康教育课

20 世纪七八十年代，英国对心理健康教育课的内容和形式进行改革。教学内容淡化心理学理论概念，强调心理学原理在实际生活中的运用；教材编排适应不同年龄学生的认知能力；教学方式摒弃简单说教形式，采取开放式教学，有学生讨论、角色扮演、自测自评等多种方式；教材图文并茂，深入浅出，形象生动易于学习。

20 世纪 80 年代后，英国心理健康教育课开始强调预防和发展功能。辅导目标由单一的问题解决，扩展为促进学生身心健康和谐发展；辅导内容扩展为推动学生个性、社会性、认知、审美等多方面发展；辅导对象由心理障碍学生扩及全体学生。

21 世纪以来，全球社会、经济出现很多新变化，英国越发重视学校课程目标设置。2011 年，英国课程改革目标体系里，进一步明确小学生心理健康的发展目标：成为自信、心理健康和充实的人。随后课程内容也做出调整，包括：认识自我价值和个性特征；能够与他人进行良好互动，能够维持良好人际关系；有自制力，会处理好自己的情绪；逐渐变得独立，具有独创精神；能够选择健康的生活方式；精力充沛，充满自信；认可自己的才能，有抱负；乐于尝试新鲜事物，充分利用各种机会，为自然界和人类的成就感到欢欣鼓舞；等等（引自王琳媛，2016）。

总体上说，英国心理健康教育课重视在实践和体验中，提高学生心理健康水平，心理健康教育呈整合化和多样化趋势，逐渐走向全球化和本土化，师资队伍建设呈现高度专业化和职业化的趋势。

三、日本的心理健康教育课

1927 年，日本建立全国职业指导学会，小学开始实施范围相当广的职业辅导。第二次世界大战后，日本推行教育改革，注重民主思想，强调辅导应用于教育与生活适应。原文部省公布《儿童的了解与指导》等法令，学校辅导工作积极展开（引自吴武典主编，2003）。

在这个时期，日本学校心理健康教育吸取美国很多经验，同时又保持本国特色。比如：管理体制参考美国体制，又比美国的更加严密；专业人员配备方面专职和兼职教师结合，又比较注重调动和发挥学生干部力量；在辅导方法方面，发展出具有浓厚东方色彩的咨询流派——森田疗法。

1961 年，日本制定“技能劳动力供需五年计划”，促使心理健康教育课的内容和方法发生重大调整。学校开始使用智力测验、性向测验、人格测验、兴趣测验、调查以及晤谈、学业记录、家庭访谈、职业资料等方法和工具，提高学生社会适应性和职业发展能力。

20 世纪 90 年代，日本政府在中小学设置心理辅导室，心理健康教育课正式纳入学校课程体系（引自苏华，2015）。近二十年，日本心理健康教育课呈现如下特征（王琳媛，2016）：第一，课程实施主体主要有三种，即专职教师、学校心理工作者和学校教育心理咨询促进委员会成员；第二，课程实施形成团体体验、社会技能训练、社会情感培养等特色模式，且注重家校合作；第三，课程内容更多关注学生的人际关系问题。

四、中国的心理健康教育课

（一）台湾地区

台湾地区的心理健康教育课始于20世纪50年代。1968年，台湾颁发《中学指导活动暂行课程标准》，心理健康教育课纳入九年教育课程体系。1971年，台湾修订颁发《高级中学课程标准》，在课程总纲中增设心理健康教育课。随后，台湾地区心理健康教育课的组织管理、内容体系构建、专业教师队伍建设等进入快车道。“九年一贯课程”体系实施后，心理健康教育整合到“综合活动领域”中。“教训辅三合一”体制建立后，台湾心理健康教育课以更加多元、灵活的方式，融入学校教学和训导工作中。

近年来，台湾地区心理健康教育课程设置有了新发展：第一，修订相关教育法规，规范心理健康教育专职教师配备，规定24个班以上的小学，配置1名专任辅导教师，中学每校配置1名专任辅导教师；第二，大力推动心理健康教育三级预防体系，深化心理健康教育课程全面实施；第三，校外心理辅导平台和校内心理健康教育系统紧密合作。

（二）香港地区

1970年，香港大学聘用香港历史上第一位学校心理辅导员，开香港学校心理辅导先河。随后二十多年，香港学校心理健康教育工作发展迅速，主要体现在以下几个方面：

第一，1990年发布《香港教育统筹委员会第四号报告书》，明确规定中小学心理健康教育教师的人员培训与资格认定；第二，1978年开始设立由中小学教师兼任的心理健康教育教师，按照1∶2 000的师生比配置。1979年发布《进入八十年代的社会服利白皮书》，规定学校心理健康教育工作由社会工作者和学生辅导主任负责；第三，1993年和1995年发布《学校本位辅导方式工作指引（一）（二）》，引领中小学校开展基于学校本位辅导模式的心理健康教育工作；第四，1979年成立亚洲心理及教育辅导人员协会香港分会（1995年更名为香港专业辅导协会），对学校心理健康教育专业化做出重大贡献（引自林崇德，俞国良主编，2013）。

从20世纪90年代起，香港心理健康教育课强调面向全体学生，以预防为主，把培养身心健全、自我实现的人作为最终目标。课程实施采用“双轨制”：一是由班主任依据专门教材实施教学，一般两周1课时；二是由社会学科教师将心理健康教育内容，纳入社会课程板块开展教学（引自王敬，2008；张悦，2012）。授课主要采取小班形式，场地根据内容随时调整，活动设计有充分灵活度。

目前，香港中小学心理健康教育课发展成熟，并已形成特色：第一，心理辅导目标由单维变为多维，以发展性目标为主；第二，校内校外均建立完善的辅导网络和服务体系；第三，大力倡导学校本位辅导模式；第四，辅导内容、手段日益多样化；第五，心理辅导教师队伍不断壮大和专业化。

（三）大陆或内地

20 世纪 90 年代初，上海市虹口区与闸北区将心理健康教育课排入课表，提出“心理辅导活动课程化”的主张。学校依据学生不同年龄发展特征，开展有分层目标和内容体系的心理健康教育课（引自张静涟，1993）。随后，上海制定小初高《心理辅导活动课程实验大纲》，心理健康教育课正式纳入学校课程计划。

江苏省于 1998 年将心理健康教育内容列入课程计划，在初中生使用的思想政治教材中，充实心理健康教育内容。此后，北京、浙江、山东、河南、天津、湖北、广东、湖南、河北、吉林等地，也先后在学校开设心理健康教育课。

20 世纪 90 年代至今，大陆或内地的心理健康教育课经历了三个阶段。

第一，统一认识。教师的课程认识还停留在对学生心理发展的作用上，对课程的性质认识处于模糊状态，未能关注课程体系构建和实施，教学也参照其他学科，注重心理健康知识传授和普及。

第二，探索实质。教师和研究者在这个阶段开始探索心理健康教育课的本质属性。2002 年教育部颁布《中小学心理健康教育指导纲要》，明确提出要防止心理健康教育课学科化倾向，加强课程活动性和体验性。研究者开始开发具有心理健康教育特点的实施路径。

第三，探索体系。教师和研究者开始思考课程系统性和科学性，根据学生心理发展的阶段和规律，系统提出各年级学生心理健康教育课的目标，构建课程内容体系，编写适合各年级学生心理特点的教材，开发和整理相关的教学资源。

从国内外学校心理健康教育的发展历程看，如今的心理健康教育课正经历着重要转折。

第一，心理健康教育课的关注点由问题解决逐渐转向问题预防。早年学校心理健康教育课主要用于应对已经发生的一些问题，比如学习困难、适应障碍、退缩或攻击等问题。近年来，心理健康教育开始关注如何更早地预防心理问题的发生，比如提前教给学生一些问题解决的方法，教给学生一些求助的策略，等等。

第二，心理健康教育课的目标由被动适应逐渐转向主动发展。传统的学校心理健康教育目标主要是个体调整心态，被动地适应环境。如今的心理健康教育课有很多发展性主题，比如形成健全人格，探寻积极品质，发挥优势和潜能。自我完善和主动发展成为心理健康教育课的主要目标。

第三，心理健康教育课的活动由单一线性逐渐转向多元网络。过去的心理健康教育课在学校教育体系中具有鲜明的独特性和排他性，强调工作的专业性和独立性。如今的心理健康教育课常常由非心理健康教育专业的教师落实，而且会与其他相关人员形成积极的互动关系，在学校、家庭和社区之间建立互通的教育网络。

专栏

21世纪的学校心理学

学校心理学关注在教育过程中，与儿童、青少年、家庭，以及各个年龄阶层的学习者有关的心理学实践。有研究者对21世纪的学校心理学发展趋势，做了如下预测（迈瑞尔，2007）：

1. 学校心理学家将服务于更多不同的人群，服务对象在诸如种族、语言、文化背景、家庭环境等方面，显现出更大的差异性。

2. 学校心理学家多样性的增加幅度，将落后于其服务人群，在西方主要体现为“白人和女性”化。

3. 学校心理学家将继续短缺，这种人员短缺在某些乡村地区尤为严重。美国学校心理学会推荐的学校系统中，每1 000名学生对应一个学校心理学家的比率，在很多学校难以实现。

4. 公共部门的财政压力将进一步制约增长并要求创新服务的方式。消极地看，这会导致学校心理学家“做得更多，回报更少”；积极地看，学校心理学家需要从解决学生问题的工作模式，转变为强调系统和预防的工作模式。

5. 学校心理学家的角色将得到扩展。他们将帮助学校系统中不同的人员，解决各种有关咨询、培训和干预等问题。

6. 学校心理学家将有更多新的和有效的技术工具。21世纪的学生和家庭面临着很多新问题和新困惑，这需要开发更好的问题解决技术和工具。心理学和教育学基础研究的不断成熟，也会催生新技术和新工具。

7. 学校里“处在危险中”的儿童和青少年所占的比例将上升。身在21世纪的儿童和青少年将面临社会、行为、健康和经济等问题的挑战，他们需要得到更多有效的心理健康教育项目的支持和帮助。

8. 公共学校将变得更加专业化、独特化、聚焦化、个体化。这些尝试包括强调特别主题的学校，比如提供艺术、科学和技术的教育。

9. 干预测评将依旧重要并将变得更为有用。学校心理学家将测评和分类结果更多地运用于制定干预方案和提供咨询等方面。

10. 在21世纪，学校心理学家将会有一个光明的未来。

本章小结

1. 学校心理健康教育是现代教育的重要内容。通过心理健康教育课、心理辅导、学科和文化渗透等多种途径，学校心理健康教育能够健全学生人格，发展学生积极心理品质，将其培养成为合格的社会主义建设者。

2. 心理健康教育课是学校心理健康教育的主要途径，在世界各个国家都得到重视，经历了局部探索到全面规范的过程。近年来，全球社会和经济变化加剧，各国人才培养目标随之不断调整，心理健康教育和心理健康教育课受到前所未有的关注和重视。

3. 通过多年发展，我国心理健康教育已经形成较为完备的课程体系，在课程目标、内容、实施和评价等方面，充分考虑到心理健康教育课的本质特征，成为落实立德树人根本任务、培育和践行社会主义核心价值观的重要渠道。

思考练习

1. 说明在学校中开设心理健康教育课的意义。
2. 解释心理健康教育课、心理健康教育和学校教育之间的关系。
3. 讨论心理健康教育课未来的发展方向。

第二章

心理健康教育课的设计

学习目标

1. 举例说明心理健康教育课设计中的常见问题。
2. 结合心理健康教育课的案例，说明设计思维的特点。
3. 运用心理健康教育课的设计流程，分析某个教育主题。
4. 用自己的话，谈谈心理健康教育课设计的原则。
5. 将设计心理健康教育课需要考虑的要素，制作成思维导图。

章节导读

作为课程实施的主体，教师不单要理解课程设计的原理与依据，熟悉心理课程的主题架构，掌握大量课程活动的素材和模式，还要具备创造性解决问题的设计思维，能够根据学生心理需求，将课程素材和模式进行组合排列，考虑课程系统的各种要素及其之间的关系，对课程进行调整和改进，形成高度灵活和系统化的教学方案。这是运用心理学、教育学、传播学和设计学等相关理论和方法，搭建教学流程的教学设计过程。

本章第一节从设计思维的角度，论述课程设计的含义和课程设计流程，教师可以借鉴通用设计程序，按照共情、聚焦、建构和优化四个环节，设计心理健康教育课。第二节论述心理健康教育课的设计原则、设计要素和注意事项，帮助教师形成系统的课程设计观。如此设计的心理健康教育课，更具方法论上的意义，能够适用于更为多样性的问题情境。心理健康教育课设计的核心，在于运用各种相关理论和技术，最终创造性地解决教育教学问题的能力。

第一节　课程设计概述

一、课程设计的含义

课程设计是心理健康教育的重要环节，内容包含教育者的理念、观点、操作流程和方法技术，我们可以从四个角度理解课程设计的含义。

第一，从纵向上课程设计可分为宏观、中观和微观三个层次（丛立新，2000）。宏观课程设计主要解决课程的基本理念问题，包括价值意义、根本目的、主要任务、基本结构等，体现为课程宗旨、课程性质和课程目标和内容的指导原则等。在我国往往由国家对此做出规定和要求。中观课程设计主要以宏观课程设计为前提和依据，旨在进一步说明课程的知识体系，将其具化为课程大纲或标准，并以教材或课本的形式表现出来。微观课程设计在接受和认可宏观和中观课程设计基础上，由教师根据学习者的身心特点、学习环境和课程资源等课程要素，对学习活动进行系统的安排和调控。这种划分明确了教师参与课程设计的范围，强调了教师作为微观课程设计者的主体地位。

第二，从横向上课程设计是完成一项课程计划的过程（施良方，1996）。课程计划一般包括确定课程目标、选择和组织课程内容、实施课程和评价课程等阶段。研究者通常将课程开发看作一个完整体系，课程设计主要关注课程采用的特定组织方式，具体为选择课程目标与组织课程内容。

第三，从实施上看，课程设计对教学实践具有指导意义（皮连生主编，2000）。我国教育理论中一直存在着课程与教学分离的情况：课程强调教育的目标与内容，研究“教什么”的主题；教学强调教育的过程与方法，研究“怎么教”的主题。教学设计是运用现代学习与教学心理学、传播学、教学媒体论等相关的理论与技术，分析教学问题和需要、设计解决方法、试行解决方法、评价试行结果，并在评价基础上改进设计的系统过程。

教学设计过程的具体产物是经过验证的教学系统实施方案，包括教学目标和实现一定教学目标所需的整套（印刷的或视听的）教材、学习指导、测试题、教师用书等，以及对所有教与学的活动和教学过程中所需的辅助工作，做出具体说明的教学实施计划。教学设计是对微观课程设计的具体化，强调课程实施中的设计意识，旨在拓展设计在课程中的运用范围。

第四，从操作上看，具体的课程活动（可以是系列活动）需要考虑诸多因素。在这个层面上，课程设计更多侧重于计划方案的可行性和实效性。包括的因素有：

（1）对象：课程的参与者有哪些人？他们在身心发展上有何特点？

（2）主题：想要解决的问题是什么？涉及的心理健康教育主题是什么？

（3）目标：心理教育最终的结果是什么？学生的变化是什么？

（4）形式：活动以何种形式开展？想要哪些支持条件？

（5）流程：一共有哪些活动？按照什么时间顺序开展？

(6) 时间：活动一共想要多长时间？何时开始，何时结束？
(7) 评估：如何确认目标是否达成？谁最有发言权？
(8) 问题：最可能出现的问题有哪些？解决办法是什么？

对于心理健康教育课而言，教师需要重点考虑以下问题：
(1) 正常个体在某一阶段的正常发展的特征、期望、任务和行为是什么？
(2) 学生团体在某一阶段的发展特征、期望、任务和行为是什么？
(3) 学生团体在发展过程中受到哪些阻力？
(4) 如何促进学生团体的发展过程？

这些问题有助于教师确定学校心理健康教育课“教什么”和“怎么教”的问题。当教师进一步思考“教什么”和“怎么教”背后的原理和规律，有意识地决定和调整课程设计时，就开始运用“为什么这么教”的设计思维。

二、设计思维

教育教学涉及复杂的情境，其中充满各种矛盾和问题。比如：家长关注自己孩子的利益，而班主任则需要保证班级每个孩子的公平；有些学校依靠成绩和分数竞争生存，学生则需要身心健康发展；教育面临诸多改革，教师和家长却存在种种疑虑。这些问题没有标准答案，无法直接运用理论知识或他人经验加以解决。这意味着教师需要借助设计思维，对各种信息进行分析，给出合理解释，形成符合逻辑的判断，尝试各种可能的方法，规划解决方案。

美国设计心理学家唐纳德·诺曼认为，设计思维不是设计师的专属权利——无论是艺术家、作家、科学家、工程师还是商务人士，所有的创新者都在实践中不知不觉地经历这个流程。

心理健康教育课以学生行为习惯、情感态度和认知信念为主要内容，具有发展学生积极心理品质、预防学生身心问题的功能。作为课程设计的主体，教师需要掌握设计思维，像设计师一样思考自己的工作，成为课程设计师。设计思维运用于心理健康教育课，主要有以下三个特点。

（一）设计思维关注问题解决

一个人不知道怎样做才能达成目标时，问题就产生了。爱因斯坦说，提出一个问题比解决一个问题更重要。拥有设计思维的教师具有问题意识，能够在“理所当然”的现象中发现“不同寻常”的情况，在具体情境中运用相关知识和理论，尝试各种可能方案，解决实际问题。

比如学校教育学生遇到老师要主动问好，然而缺乏敬意的问好流于表面，无法从实质上增进师生间的情谊。有教师设计了一堂题为“好在哪里”的心理健康教育课，请同学讲述老师值得尊敬和感恩的故事，以激发学生发自内心地向老师问好。

（二）设计思维需要深度思考

深度思考既要将事物分解为不同因素，又要具有全局和整体视野；既能做出逻辑严密的判断，也能迸发灵光一现的顿悟。拥有设计思维的教师，能够揭示事物的本质特征和内在联系，在看似杂乱无章的现象中发现要点、结构和关系。

比如遇到校园欺凌问题，我们会自然地想到要教育欺凌者对他人感同身受，教育受欺凌者学习自我保护。然而很多研究发现，受欺凌者在人际交往方面存在问题，独来独往增加了受欺凌的概率。对这个现象进行深度思考，提升受欺凌者的人际交往能力，让他们拥有更多伙伴，是防止校园欺凌的一条重要路径。

（三）设计思维带来组织变革和创新

在问题解决的过程中深度思考，会激发教师对头脑中已有的知识经验进行重建和改组，发现事物的新特征和新关系。这种设计思维带来的创新，如果能够整合到学校各个层面，从校长、管理层、班主任、学科教师到后勤人员，就会形成持续不断的影响力，引发组织文化的变革。

比如近年来校园危机频发，很大一部分危机事件由师生谈话引起。教师根据心理辅导会谈原则和技巧，设计出有准备的教育谈话清单，能有效减少师生谈话引发的校园危机事件。大家接受为谈话做准备的思维方式，继而开发出家校沟通的准备清单，全校教师都开始重视人际沟通的品质和效果。

三、心理健康教育课的设计流程

在设计思维研究领域，为生产出满足用户需求的产品，设计师们做出很多努力，逐渐在理念和思路上达成共识，形成较为标准的设计流程。这些标准的、稳定的、可以复制的流程，能将设计思维传递给行业新手，并且允许使用者不断完善和改进。

比如英国设计协会提出双钻设计流程，将设计过程分为四个阶段（见图 2－1）：第一阶段是探索（discover），设计师采用调查和访谈等方法，对用户面临的问题进行重新梳理和设定；第二阶段是定义（define），设计师结合已有问题解决方案，在限制条件下提

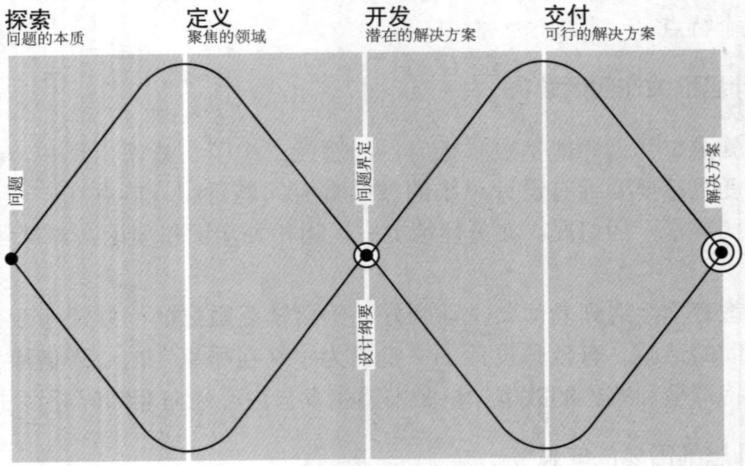

图 2－1　双钻设计流程

出可能的突破点；第三阶段是开发（develop），设计师采用头脑风暴等方法，确定具有可行性的解决方案；第四阶段是交付（deliver），设计师拿出产品的原型进行测试，通过收集反馈数据进行产品改进和修正。

双钻设计流程的第一阶段和第二阶段关注如何找到正确问题，第三阶段和第四阶段关注满足用户需求。第一阶段和第三阶段主要运用发散思维，视野拓宽；第二阶段和第四阶段主要运用辐合思维，视野聚焦。这种“双发散-辐合设计”流程，成图后仿佛两个钻石，所以称为双钻设计流程。

心理健康教育课的设计包含主题、团体和个人三个要素，根据心理教育的特点，课程设计可分为四个阶段：共情、聚焦、建构和优化（见图 2-2）。

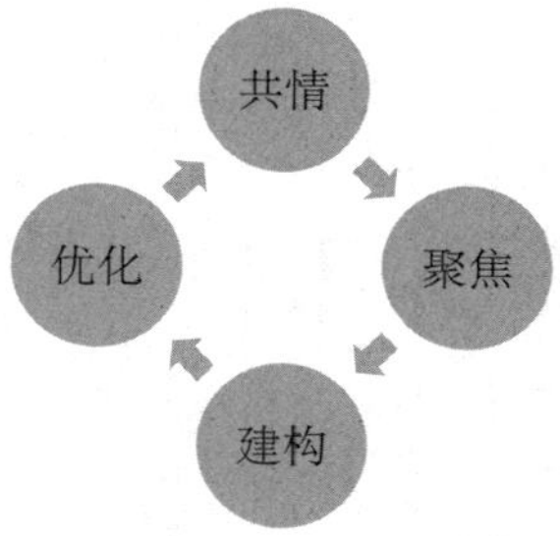

图 2-2　心理健康教育课的设计流程

（一）共情

共情是教师对学生需求的分析和理解。斯坦福大学设计学院的设计思维课，将共情作为设计首要考虑因素。顾客到商场买电钻并不是需要电钻本身，而是需要使用电钻在墙上打孔，孔洞才是顾客的真正需求。学生违规吸烟并不是喜欢尼古丁带来的兴奋，而是需要吸引异性的关注，需要成为团体一员，需要展示叛逆的自我。如果教师无法理解学生这些内在需求，课程设计就会流于肤浅。

（二）聚焦

聚焦是教师对课程主题的梳理与提炼。教育现象纷繁复杂，从不同视角都可以有相应的解读和问题解决思路，并没有一个唯一和确定的核心。比如对于学生违规行为，可以从个人特质角度解释，也可以从学校管理角度解释，还可以从家庭教养角度解释。教师要对教育现象进行拆解，找到能用心理教育原理解释、能用心理教育技术解决的部分，设计心理课程。

（三）建构

建构是教师对课程方案（教案）的规划。教师在教学中最容易出现的问题，是过于关注活动的新颖性和趣味性，忽视活动的针对性和逻辑性。好的课程设计像一个洋葱，在原理、环节、活动和技术等要素上具有清晰层次，层次之间和层次内部逻辑自洽。只有形成这样的教案，教师才能把握课程方向，避免出现踩西瓜皮上课，上到哪里算哪里的问题。

（四）优化

优化是教师对课程设计的评价、调整与迭代。有人认为，教师千篇一律的教学工作，是造成职业倦怠的主要原因。其实问题不在“千篇”，而在于“一律”。设计好的心理课程不但要重复上，更重要的是：每上一次都要认真总结经验，真诚反思问题，然后对课程设计进行刻意修改和调整，进入下一次的实验和优化环节。只有形成循环反复的流程，通过快做、快错和快改，课程才能不断迭代，教师才能持续成长。

专栏

设计思维的四种模型

设计思维是使用我们全部感官，进行信息加工的心理过程。为便于理解，这个过程可被比喻为四种角色：调研的旅行者、分析的记者、整合的编辑和制作原型的工匠（佐宗邦威，2019）。

1. 旅行者。像旅行者那样怀揣旺盛的好奇心，访问服务对象的日常生活，沉浸到自己陌生的生活场景中。旅行者不制定严格的路线和计划，只是带着自己的眼睛、耳朵、鼻子、舌头和嘴巴，和遇到的人聊天，参加当地的活动，全身心去感受属于他们的日常生活。为了将这种感受和体验保留下来，旅行者会尽可能多地拍照、记笔记，将感受写成日记。

2. 记者。记者思考的问题是：我看到了什么？采访之后，记者要回顾旅行记录的资料，区分事实和解释。分析什么能正确传达服务对象的想法和感受，什么是自己真实的感受和想法，慢慢去理解这些信息。还可以将这些记录和已有的相关材料进行交叉比对，找出支持的材料和反对的材料。

3. 编辑。编辑思考的问题是：服务对象需要什么？编辑会反复咀嚼占有的材料，从各个角度去理解，试着得出不同的结论，找到一些与当下生活和现实比较契合的切入口。然后使用关键词、图标、比喻等易于理解的形式，突出材料所反映的事实与观点。通过编辑，可能会形成文案和宣传图片等内容。

4. 工匠。工匠反复思考的问题是：我们如何实现编辑的想法？工匠通过速写、组装、建模等方式，将前期充分加工的信息和材料，制作成可观可感的实体，可能是服务流程，可能是产品。然后请服务对象提出使用反馈和修改意见。

第二节　心理健康教育课设计架构

一、心理健康教育课的设计原则

心理健康教育课设计，主要用来解决课程规格问题。有了课程规格，就可以有意识地选择主题内容，框定教学策略，有效监测教学质量和水平。心理健康教育课的设计一般遵循以下原则（郑希付，罗品超主编，2016）。

（一）科学性

心理健康教育是一项科学性、实践性很强的教育工作。在设计课程时，须有科学依据，符合学生心理发展特点和规律。在主题确定、单元设计、教学方法选择、教学过程设计等环节，要以特定的心理学和教育学理论为指导。

（二）适宜性

心理健康教育课要贴近学生，与学生学习、生活和生涯发展息息相关。为保证教学取得理想效果，课程设计须达到因人（符合学生年龄发展的特点）、因时（符合学生在特定情境中的身心需求）、因地（考虑学生所属地区的经济、社会和文化特点）和因势（符合时代和国家对学生培养的标准和期望）的要求。

（三）系统性

某个特定领域的课程设计，可由一个综合性主题和一系列主题单元构成。系列主题之间须保持螺旋上升和前后衔接。一般而言，小单元主题在一次课中完成，主题要明确具体。单元主题与综合性主题可以是分总的关系，也可以是综合性主题的一个环节。

（四）可操作性

心理健康教育课要注意目标和活动设计的可操作性。首先，教学目标可操作性体现为明确具体，能观察、测量和评定，具有可达成性。活动环节可操作性体现为操作步骤清晰，活动指令明确。比如，活动开头学生做什么？何时停止可以进行下一步？活动需要哪些条件和情境？活动需要匹配何种信息技术手段？

（五）互动性

互动包括学生与学生之间、学生与教师之间、学生与教学主题之间的互动。互动不仅是达成课程目标的主要手段，也是衡量教学设计是否有成效的重要指标。在心理健康教育课中，学生的认知改变、情绪调节、良好行为建立等，都依赖于教学互动。

（六）多层性

心理现象具有多维性和复杂性，学生心理发展存在多样性和差异性，心理健康教育课应根据不同主题、不同学生而采取不同的教学形式和教学方法。课程设计需要综合考虑课程主题与内容、学生年龄特征、班级情况、时间地点等诸多因素，合理选择和组合各种方法。

二、心理健康教育课的设计要素

在心理健康教育课的设计中，既要从课程设计的四个阶段出发，完成设计的关键任务，也要考虑到与此相关的外围因素。

（一）关键设计要素

一是设置目标与任务分析，确定学生需要掌握的心理知识和技能、需要形成的心理品质和态度。开展从学生现有水平，到课程目标之间所需能力的任务分析，确定完成这个任务所需遵循的学习规律和学习历程。

二是设计活动与信息技术，选择合适的教学活动与教学环节，确定与学生学习规律和学习历程相匹配的教学流程。选择能够完成学习目标，并且在教学活动中能引导学生进行最优学习的信息技术。

三是确定教学策略与评价，选择符合学生心理品质养成和团体辅导特点的教学策略和辅导技能。确认学生学习目标达成情况，据此做出课程设计调整等教学评价内容。

（二）其他设计因素

除关键设计要素外，心理健康教育课还要考虑一些其他因素，包括时间、材料、场地和相关资源。

1. 时间

学校开设心理健康教育课的周期或频率不尽相同，有每周一节、双周一节或每月一节等。无论采用何种周期或频率，都要在设计上精益求精，力求课程设置与学生成长点相匹配。

首先，特定主题的心理健康教育课要考虑学生的身心发展规律和特点。比如：学生开始进入青春期，班级出现较为明显的男女学生交往过密现象，影响学风班风时；或是学习难度突然提升，同学们在学习策略上存在问题，影响学业成绩时。其次，心理健康教育课的时间安排要符合校园生活节奏，有特定的时间契机。比如新生适应课一般放在学期伊始，考试焦虑和压力调适课一般放在临近考试时。

2. 材料

心理健康教育课是以活动为主的课程，活动实施要借助较多工具。常见的有彩笔、卡纸、口哨、丝带、气球等，用于团体游戏、小组探究和分享展示。某些特定心理健康教育课还要用到较为专业的心理工具，比如生涯卡牌、价值观量表、兴趣爱好挂图等等。教师可根据自身工作需求，准备一个工具箱，收集整理常用活动材料。

3. 场地

心理健康教育课须有专门的活动教室作为教学场地。这个场地应处于安静位置，与教学区有一定距离，避免影响到学科教学，方便学生自由而安全地分享心理感受。对于一些场地要求比较高的心理健康教育课，比如潜能拓展、心理测评、放松训练等，需考虑安排在户外、操场、实践基地、练功房等专业场地。

场地布置要在采光、色调、绿植、灯光、软硬度等各种细节上下功夫，为来此活动的同学创设安全、温暖、明亮、舒心的物理环境，感染、优化学生的心理环境，帮助他们获得安静愉悦的心境。

4. 相关资源

心理健康教育是系统工程，渗透于学校的方方面面，需要进行整体资源协调。比如配备拥有心理学专业背景和上岗资格证书的专职教师；建设专业规范的心理辅导室（含咨询室、放松室、团体辅导室和活动课教室等）；购置心理测量软件、心理沙盘、心理放松设备等；在图书馆陈列身心健康教育类书籍、期刊、音像制品；定期开展心理健康教育周、健康教育主题宣讲、心理影视剧展播等活动。这些资源的协同与调动，能为心理健康教育课的实施提供有力的系统支持。

三、课程设计的注意事项

心理健康教育课在活动选材、活动组织、师生关系、活动引导和信息技术等方面，均有一些注意事项。

（一）活动选材生活化

心理健康教育课的活动材料，要根据学生特征和实际需求灵活使用，贴近学生现实生活，避免理论化倾向。学生的真实生活经验，是心理健康教育课最好的教学素材。教材中呈现的案例要立足学生生活经验，再通过创设和模拟各种现实情景，引导学生讨论和演练。

（二）活动组织多样性

心理健康教育课应注重学生在活动中体验和反思，综合运用多种活动形式，积极引导学生参与其中。尽量选用新颖的教学活动、多样的教具、多彩的教学材料，避免枯燥无味的活动。在具体操作上，可以将某种理论观点的解释，与游戏活动相结合。在呈现案例讨论时，用角色扮演形式呈现案例，比用幻灯片文字形式呈现更加生动。

（三）和谐的师生关系

心理健康教育课应强调平等、民主、尊重、共情的师生关系。学生只有感到教师和班级的温暖，才愿意敞开心扉，把自己真实的经历、想法和感受表达出来。教师要灵活运用各种教学策略，与学生建立良好的关系，用鼓励的方式让学生充分发表观点，使用幽默语言吸引更多的同学投入教学之中。

（四）学生是活动主体

心理健康教育课应强调学生主体地位，强调关注自身生活，强调学生助人自助。教学活动要为学生提供能有效解决问题的资源，要以游戏、讨论、演练等方式开展，给予学生发问、思考的机会。比如在体现学生主体的角色扮演活动中，教师可以根据教学目的，综合运用多种角色扮演的方法，增进教学效果。具体表现为：

（1）鼓励学生自然真诚地扮演角色，而非以固定剧本形式刻意扮演。

（2）给予学生足够时间去体验相关角色的情感，探索自己的情感。

（3）给予全班学生角色扮演机会，即使是重复扮演，也尽可能让每位学生去体验。

（4）角色扮演后引导学生自我反思，进行问题分析、讨论与总结。

（五）启发式引导

在心理健康教育课中，教师常采用提问方式，进行启发式引导。具体手段有：

（1）采用开放式提问，以更好地激发学生的思考和探索。

（2）提问针对学生当前活动和感受，比如：你现在有怎样的感觉？现在心情如何？

（3）以开放的态度面对学生回答，避免简单地用对与错去回应和判断学生的发言。

（4）注意追问和引导尺度，要接纳和理解学生分享，而非用事先预设的追问来引导学生的发言，引导过度会喧宾夺主，导致辅导变成灌输。

（六）用好信息技术

有效的信息技术与恰当的板书，能帮助教师更好地达成教育目标。使用信息技术与板书时，要注意以下几点：

（1）视频能吸引学生注意，促进学生理解和感悟。但视频使用要注意度的把握，不能用它代替学生亲身体验活动。

（2）避免简单地将教师预先准备好的结论性总结，直接用多媒体呈现给学生。多关注学生现场生成的内容，不能用教师的结论代替学生的探索过程。

（3）在分享环节，教师要利用好板书，捕捉和记录学生此时此地的想法和感受。

（4）尊重学生的真实体验，用学生自己的语言记录，不能太过简单和太过概括。

（5）板书的结构和逻辑要准确、清晰。

本章小结

1. 课程设计是教师根据学习者身心特点、学习环境和课程资源等课程要素，对学习活动进行系统安排和调控的过程，内容反映了教育者的理念、观点、操作流程和方法技术，是课程开发的重要环节。

2. 运用设计思维进行心理健康教育课设计，有利于心理健康教育课的科学化，有助于在心理学、教育学等理论和心理健康教育实践之间建立桥梁，逐步培养教师的设计思维和系统思维。设计思维是对现实生活进行深度思考、努力解决现实问题的思维方式，长期坚持能够带来组织变革和创新。

3. 心理健康教育课的设计可分四个阶段：共情、聚焦、建构和优化。需要完成的关键设计任务包括：设置目标与任务分析，设计活动与信息技术，确定教学策略与评价。同时，心理健康教育课要考虑时间、材料、场地和相关资源等因素，在活动选材、活动组织、师生关系、活动引导和信息技术等方面，也均有一些注意事项。

思考练习

1. 根据心理健康教育课案例，分析其中存在的问题。

2. 运用设计思维，分析一个心理健康主题。

3. 将心理健康教育课设计需要考虑的因素，制作成思维导图。

第三章

心理健康教育课的理论基础

学习目标

1. 举例说明脑神经科学如何影响心理健康教育课的设计。
2. 根据团体领导者风格特点，分析自己的团体领导风格。
3. 举例说明埃里克森的心理社会发展理论对心理健康教育课设计的启示。
4. 举例说明布朗芬布伦纳的生态发展理论中，影响学生发展的五种环境类型。
5. 举例说明积极心理学在心理健康教育课中的运用。

章节导读

心理健康教育是一种多层次多方面的教育活动，这个过程涉及学生的大脑状态、班级的团体氛围、家庭、社区和文化等多种要素。

在微观层面，教师需要了解学生大脑的结构和运作规律，尤其是与教学活动关系密切的情绪主题。通过探明神经联结、神经可塑性和神经递质等大脑结构与功能，教师可以将课程设计建立在学生最为基本的心理运作机制上。在中观层面，教师需要了解班级团体的动力机制，包括团体氛围、团体凝聚力和团体领导者。这些团体动力学的原理有助于教师选择合理的活动序列和活动素材。在宏观层面，教师需要了解影响学生发展的个体成熟因素、人际和组织因素、家庭和社会因素。

当具有这种全面和系统的视角时，教师就能考虑到各层次和各方面的影响因素，协调各种积极和消极的影响力量，调用各种显性和隐性的教育资源，设计出最优的心理健康教育课。

第一节 脑神经科学

心理品质是大脑神经机能的体现。神经系统的结构、功能、发展、基因和生物化学性质，是理解人类行为、认知和情感的核心。学习、记忆、思维、想象、情感等心理健康教育主题，都建立在神经调节和控制的基础上。科学的心理健康教育课设计聚焦于学生如何学习，并充分考虑脑神经的特点和规律。

在过去，大脑对人类来说，是一个无法窥探只能猜测的黑箱。21 世纪以来，脑结构和脑功能扫描技术日益成熟，科学家可以通过磁共振成像（MRI）、正电子发射断层扫描（PET）、功能性磁共振成像（fMRI）、脑电图描记（EEG）、经颅磁刺激（TMS）等技术，对脑神经的特点和运作规律进行研究。

虽然关于大脑，至今还有很多未解谜团，但是近年来脑神经科学的很多研究发现已经成为教育规划和课程设计的重要依据。

一、神经联结

人类的神经系统由数以亿计的细胞构成，这些神经细胞彼此联结，形成中枢神经系统和外周神经系统。中枢神经系统由大脑和脊髓构成，神经元是大脑信息加工的基本单位。

每个神经元都由一个细胞体、很多树突和一个轴突组成。细胞体负责提供能量，维持神经元的生存和繁殖。树突是细胞体上的树枝形纤维，它们数量众多，能够接收来自很多其他神经元的信息输入，并将这些信息传递给细胞体。轴突是细胞体的延伸部分，它们形态细长，负责将信息从细胞体传给其他神经元。神经系统借助神经元树突和轴突的联结，可以在几毫秒内，实现大脑和双手之间的信息传递。

一个神经元与另一个神经元的连接处，称为突触。在微观层面，不同类型和强度的刺激，会引发突触形态的变化，这是学习和记忆的基础。微弱而短暂的刺激，可引发几分钟至几小时的突触形变，从而使大脑产生短时记忆。强烈而持久的刺激，引发蛋白质合成，促使突触形态固化，提升信息传递效率，最终使大脑产生长时记忆。

神经联结机制意味着环境和经验，对学习具有重要影响。有研究者将老鼠放在两种环境中，一种是复杂环境，里面充满各种定期更换的活动设施，比如滚轮和梯子，群居的老鼠有机会进行探索和玩耍；另一种是贫乏环境，只有一个空荡荡的笼子，老鼠独自或与其他一两只老鼠生活。

当这些老鼠发育成熟后，让它们完成走迷宫等学习任务。结果发现：复杂环境中成长的老鼠学习速度更快，更少犯错误。如果给予奖励，在复杂学习任务中，它们比贫乏环境中成长的老鼠表现更加突出。复杂环境中成长的老鼠，视皮层中的突触拥有量，比贫乏环境中成长的老鼠高出 20%～25%（引自布兰思福特等编著，2013)。这个研究表明，儿童成长需要正常的人际互动和经验活动，严重的环境剥夺会导致儿童大脑发育迟缓。

大脑发育需要丰富的环境刺激和活动经验，心理健康教育课设计要考虑视觉、听觉、触觉、味觉和运动等多种感官体验，从情感、认知、身体和人际交往等多个层次提供发展机会，在任务驱动和人际合作中，激发学生积极主动地投入心理课程之中。

二、神经可塑性

20 世纪 60 年代，研究者想知道，大脑功能的发育是否受限于特定时间的感官刺激。有研究者给刚出生的小猫的一只眼睛戴上眼罩，三个月后摘下眼罩。结果发现：早期视觉剥夺，导致遮蔽眼所对应的大脑视神经联结严重退化，进而导致遮蔽眼失明。研究者认为，在动物发育的特定时期，只有接受特定的感官刺激，所对应的大脑感觉区域才能发育完善。这就是通常所说的“关键期”（critical period）。

这个研究让人们认识到大脑发育具有时间窗口，同时也形成了发育后的大脑固定不变的观念。然而后来研究发现，成人的大脑神经联结会因练习而发生改变。视觉、语音辨别等能力可以通过补救训练，获得功能改善。如今人们更多使用“敏感期”（sensitive period）而非“关键期”，来描述大脑的这种发育特点。表 3－1 列出了不同心理能力与脑区的关系（沙博 D，沙博 M，2009）。

表 3－1　不同心理能力与脑区的关系

	心理能力			
	认知能力	技术能力	关系能力	情绪能力
主要功能	思考	动手	交流	感受
功能模式	逻辑和推理	运动和智力	言语和非言语	非理性和冲动
学习方法	认知性	程序性	经验性	联想性
记忆	陈述性记忆	程序性记忆	关系性记忆	情绪性记忆
相应脑区	海马体和大脑皮层	大脑皮层、梭状回、小脑	大脑皮层	杏仁核和前额叶

伦敦是个街道犬牙交错、密如蛛网的城市。出租车司机需要记住大约两万五千条街道，熟知单行、禁行和无法通行的巷道，才能拿到营业执照。有研究者扫描了这些男性导航专家的大脑，发现出租车司机的海马体后侧，显著大于非出租车司机，这种大小差异与驾驶出租车的年资相关（引自布莱克莫尔，弗里思，2016）。海马体的大小随着使用频率而变化，这意味着大脑具有可塑性，持续的刺激会使信息传递通路变得敏感，从而加强特定的神经网络联结；而减少刺激则会导致神经网络联结削弱甚至消失。

学习和训练不但会引发心理变化，还会引发生理变化，我们将这种现象称为神经可塑性，即新的经验能够重组和改变大脑的结构和功能。换句话说，学习信念和认知极大地影响着大脑和学习。因此，心理健康教育课要帮助学生形成积极乐观的解释风格，对学习和生活抱有向上进取的态度，养成终身学习的信念和习惯，同时给予学生深度思考的时间，让学生赋予生命以个人意义。

三、神经递质

大脑神经元之间并不直接相连，它们不是通过电信号，而是通过突触化学信号，实现信息传递。携带信息穿越突触间隙的化学物质，就是神经递质。研究者在大脑中已经发现了 100 多种神经递质。一些神经递质刺激神经元兴奋，一些神经递质抑制神经元兴奋，还有一些神经递质既有刺激作用，又有抑制作用。这些神经递质对我们的情绪和感觉，具有重要影响（如表 3－2 所示）。

表 3－2　主要神经递质及其功能

名称	功能
多巴胺	控制随意运动，影响睡眠、情绪、专注、学习和识别奖赏的能力
乙酰胆碱	刺激神经兴奋，参与肌肉运动、学习和记忆
去甲肾上腺素	抑制神经兴奋，参与心脏肌肉、肠道和泌尿生殖道活动
血清素	控制多巴胺和去甲肾上腺素的功能，调节睡眠、情绪、专注和学习
催产素	稳定情绪，促进人际合作，增进情感依赖与联结
γ-氨基丁酸	抑制神经兴奋，平息不安、紧张和痉挛等
胺多酚	刺激神经兴奋，保护身体免受疼痛，减轻压力感

我们总是先处理感觉，然后才进行思考。受神经递质的调节，学习在适度挑战中得到提升和增强，在威胁、紧张和高压下受到抑制。重复的压力会导致大脑海马体区域的树突萎缩，持续而剧烈的压力会降低记忆能力。当学习环境充满敌意，学生感受到威胁和焦虑时，大脑就会进入应激状态，产生战斗或逃跑的自主反应，无法保持专心，无法进行学习和思考。

对此，心理健康教育课应特别注重团体氛围和团体关系，创设高挑战、高新奇、低威胁、低焦虑的团体环境，满足学生安全、归属和尊重等基本需求，减少可能造成学生应激反应的因素，为学生营造一个放松、友善、鼓励挑战、容纳错误的成长空间。

四、脑神经科学对课程设计的启示

综合以上成果，脑神经科学对课程设计和教学有以下几点启示（王建雅，陈学志，2009）：

（1）刚出生的婴儿已经具备与成人数量相当的神经元，其发展重点在于形成与其他神经元交汇的突触网络；大脑各区皮质发育速率不同，感官皮质比组织思考皮质优先成熟，因此感官训练应先于思考学习。

（2）突触的存留取决于突触被激活的频率与程度，因此，学生主动投入、经常练习的学习成果总是被优先保留。教学应以孩子熟悉的事物为起始，从微系统的生活能力培养拓展至大系统的社会适应。

(3) 学习终身有用。部分感知能力，如语音辨别的能力，虽有较佳的教育时机，但成人大脑仍具可塑性，人们不应因错失敏感期而忽略给学生提供学习的机会。

(4) 环境的刺激对大脑具有滋养作用。人类的大脑皮质终其一生都会随着经验而发生改变，不断学习与适应环境是大脑的本质。

(5) 学习过程的增强与回馈将促发多巴胺的分泌，巩固学习的联结，特别是立即、具体多元的回馈。

随着脑神经科学的发展，我们能够更为细致地理解学生行为背后的神经原理和大脑机制。这些原理和机制有助于我们设计出更为科学有效的心理健康教育课。

专栏

情绪脑与心理健康教育

Jane（化名）就是一场灾难。看起来她来上学的唯一目标，就是投身于与老师之间的战斗。她鄙视所有人，从校长一直到学校人力办公室人员。学校的规章制度对她来说毫无意义。Jane 上课时会戴着她的 iPod。在课堂上，她会未经任何许可就离开教室，然后在门厅与她的朋友打电话交谈。一位不知情的老师只是问："你不是应该在教室里吗，年轻女士?"话音刚落，一连串的咒骂立即就会喷薄而出。常规的纪律约束对于她基本上是无效的，因为她的行为总是表现出适应不良。

Jane 所在班级的心理老师基于刚刚学到的新知识"设置一种积极的情绪氛围"，决定让全班学生一起参与一个小小的实验。他们会在一周内无条件地对 Jane 保持友好。无论她是多么气人，无论她说了什么还是做了什么，无论她怎么把情绪带到活动里来制造骚乱，他们都要对她很友好。第一个对 Jane 做出敌意反应的人将会输掉。当然，整个班级都参与这个赌局，打赌一直持续。

开始，Jane 看起来根本没有注意到，对于同学们和心理老师对她无故发飙的忽视，依然保持一副对抗的姿态。然而到第二天，她开始怀疑："你们为什么都不对我发火了?"这时，她离开班级的次数从平均 4 次下降到 0 次。在她的行为评估表上，使用脏话和其他破坏性的行为，在心理老师的课堂上已经下降了 60%之多。值得注意的是，她在另外三个班级的行为评估表上没有什么明显的改变。

到第三天，心理老师打电话给 Jane 的家里，汇报 Jane 在学校的巨大的行为转变。Jane 真正开始参与一些课堂活动，甚至在被提问时没有像以前一样发脾气，而是放下她的耳机。到第四天，Jane 开始主动参与到整个班级里来，她不再是一个表面上看起来破坏性十足的学生了。到第五天，心理老师最终向 Jane 说明了这个实验。她看起来有些受宠若惊，因为得到了那么多人的积极关注。再也没有什么能否认设置一种积极的情绪氛围所产生的力量了。

在这个案例中，老师关注学生的情绪体验，在班级中创建积极的团体氛围，主动与学生家长联系，向学生与家长传递关爱友善的信息。

资料来源：哈迪曼，2018。

第二节　团体动力学

美国心理学家勒温在 1939 年发表的《社会空间实验》一文中首次使用“团体动力学”概念，用以探索团体发展规律、团体内在动力，以及团体与个体、团体与团体，以及团体与整个社会的关系。在勒温看来，团体并非大于个体之和，而是不同于个体之和。团体的本质不在于个体之间的相似或差异，而在于个体作为成员，彼此之间的影响和依存。团体的结构特性由成员之间的相互关系决定，而非由单个成员本身的性质决定。

心理健康教育课的最大特点，是学生在团体环境中学习。团体并非个体的简单叠加，而是作为一个整体，具有独特的运作规律。与个体的松散集合相比，团体有三个特征：团体成员具有共同目标，团体具有特定组织和规范，团体成员之间有互动。

心理健康教育课的设计必须考虑团体的影响，尽量减少团体学习的消极因素，引导团体学习的积极因素。团体动力学有很多典型的研究主题，团体凝聚力、团体领导者和团体氛围是心理活动课设计尤为关注的主题。

一、团体的凝聚力

团体凝聚力是团体对成员的吸引力、领导者对成员的吸引力以及团体成员之间的吸引力。这种具有“我们”感觉的吸引力，一方面由团体领导者的领导风格、团体的活动定向、团体的外部压力、团体组织结构等因素决定，另一方面由成员的动机与需求、成员对团体的期待与认知所决定。

团体凝聚力越强，对团体成员的影响力越大。团体在很大程度上影响个体的认知和态度。成员在凝聚力强的团体中，倾向于按照团体规则和要求行事，在行动上与其他成员保持一致。

研究发现，当人们听说与自己类似的人，喜欢某段音乐时，他们会更喜欢这段音乐。当大学生看到身穿本校 T 恤的人有欺骗行为后，他们在随后实验中产生欺骗行为的可能性会增加；当大学生看到欺骗者身穿对手学校的 T 恤时，他们在随后的实验中则变得更加诚实（引自迈尔斯，2016）。

团体凝聚力是心理健康教育课能否成功的重要因素。樊富珉（2005）提出，凝聚力强的团体有七个特征：

（1）团体的团结不是由外部压力造成，而是来自团体内部。

（2）团体内的成员，没有分裂为相互敌对的小团体的倾向。

（3）团体本身具有适应外部变化的能力，并具有处理内部冲突的能力。

（4）团体成员彼此之间有强烈的认同感，成员对团体有强烈的归属感。

（5）每个团体成员都能明确团体的目标。

（6）团体成员对团体的目标及领导者持有肯定的、支持的态度。

（7）团体成员承认团体的存在价值，并具有维护此团体继续存在的意向。

当团体具有高凝聚力时，成员会努力达成团体目标，更加认同在团体中的角色和地位，更愿意接受团体管理和规范，更愿意投入团体活动中。在高凝聚力的团体中，成员彼此关怀，互动更加开放，在其中获得的社会支持更多。

团体的内部影响因素包括团体规模、成员结构、团体形象、团体目标、团体规范、人际互动、团体领导、团体氛围等；团体的外部影响因素包括社会文化、竞争压力等。在设计心理健康教育课时，要充分考虑影响团体凝聚力的这些因素，进行权衡协调。

二、团体的领导者

团体领导者是在团体运作过程中，带领和指引团体成员，实现团体目标的人。在多样化的班级中，学生拥有不同的家庭背景和人格特质，在行为模式和互动模式上有很大差异。心理健康教育课中，教师是团体的天然领导者，要保持真诚与一致的态度，倾听不同意见，共情不同感受，引导团体的冲突力量用于问题解决，和成员共同成长。

在团体动力学中，不同领导风格对团体的影响，是经典的研究主题。勒温系统研究了专制型、民主型和放任型三种领导风格，获得很多有价值的发现（见表 3－3；引自徐西森，2003）。

表 3－3　不同团体领导风格的比较

	专制型	民主型	放任型
特点	团体所有事均由领导者决定；所有步骤方法由领导者指挥；成员的任务由领导者决定，成员不知下一步该如何；领导者凭借个人观点评价成员工作；领导者在团体过程中对人冷淡。	领导者鼓励并协助所有事务的讨论和决定；目标步骤已有共识；成员自由与任何人共事，工作分配由团体共同决定；领导者客观评价成员工作，不过多介入团体活动。	领导者避免参与决定，完全由成员决定；领导者只在成员要求时提供信息，但不参与讨论；领导者不参与工作分配、人员配对；领导者对成员的活动与团体过程不评价、不调整。
对人的假设	否认人的独立判断力；认为人无成熟的鉴别力，从事任何工作都必须由专家和权威决定。	拒绝接受一个固定责任来引导团体，认为团体的成长并不是领导者的全然责任，而是应该由每个成员来负责。	团体成员自己负责团体的发展；领导者相信成员的角色与自己相同，拒绝接受任何的功能、责任、关系；认为人是无法加以约束的。
行为表现	对成员的行为会做许多分析、解释，以帮助人解决困难；若是带领小团体，倾向于去做判断和评价。	希望了解团体成员的能力、需求，适当地以团体关系来帮助成员发挥，用技巧协助成员了解团体，提供良好氛围与资源给成员；协助成员消减其焦虑。	对成员的一切不予引导，完全取决于大家的讨论；将团体模糊不清的事务、状况扔给成员自己去解决，不做指导。
沟通形态	成员彼此互动少，各自与领导者交流，常见于团体初期。	成员之间沟通充分且有系统，常见于团体中期以后。	团体沟通混乱，无目标，成员私下互动，影响团体动力。

团体领导者对于心理活动课的成效，具有举足轻重的作用。在心理健康教育课中，教师犹如交响乐团的指挥，具有决定团体基调、引导团体发展的重要作用，主要肩负以下三项职责。

（一）营造开放而安全的团体氛围

心理活动课最大的优势，在于学生能够在模拟情境中，安全地探索现实生活中可能遇到的问题。教师要保证团体互动情境与真实社会生活之间的同质性与相似性，同时还要保证学生在尝试各种问题解决方法时，受到的冲击处于可控范围之内。当学生想要表达时，教师要给予积极的鼓励；当学生可能受到伤害时，教师要维护学生的心理安全。

（二）调动全体成员积极投入团体活动

在心理活动课中，个体成长在人际互动中发生与实现。教师要主动协调影响团体凝聚力和团体氛围的各种因素，关注每位成员的想法和感受，鼓励他们真诚表达，做出与旧有人际互动模式不同的行为方式，从领导者和成员的反馈中获得成长的洞察和感悟。

（三）用示范性方式参与和引导团体活动

在由学生组成的团体中，教师拥有天然的权威和地位，言行在团体中更具影响力。教师要具有领导者意识，明白自己的言行不仅是针对个体的示范，更是面向全体的示范。无论是引导成员做出适当行为，还是纠正成员的不当行为，教师都要以身作则，时刻为成员提供可以学习模仿的榜样。

三、团体的氛围

在不同领导风格的影响下，成员会形成在团体中互动行事的某种共识。这种共识用言语或非言语的方式表达出来，就形成团体的氛围。在团体发展的不同阶段，团体氛围会有所不同；而不同的团体氛围，也会影响团体的发展趋势。团体领导者的核心任务，就是调节和引导团体氛围。优秀的领导者能够营造出与团体目标相一致的团体氛围。

钟志农（2007）认为，团体氛围对个人的影响可能是正向的助力，也可能是负向的阻力：在心理辅导课上，如果教师认真营造出一种温暖、安全和接纳的气氛，那么班级成员就能够做到自由表露、相互反馈、解除心理防卫、认真探索自我，以促进个体的成长，此系团体助力所起的积极作用；如果教师的前期工作没有做好，师生之间相互信任的辅导关系没有建立起来，学生感到有压力或者感到无章可循，那么团体成员就会相互封闭、三缄其口，或者信口开河、调侃成风，于是团体阻力生焉。

团体氛围有各种类型，根据凝聚力的变化程度和性质，大部分团体氛围处在防卫和接纳两极之间。

在接纳的团体氛围中，成员彼此真诚关怀，不带评价地倾听他人，不轻易插话和打断他人，能够共情他人的想法和感受，支持他人的自我表露。成员在接纳的团体氛围中，会产生强烈的归属感，表现出较高水平的合作沟通意愿，坦诚地开放自己，希望增进成员之间的信任和理解。

而在防卫的团体氛围中，成员或是表现默然，或是会评论他人，表现出一定程度的优越感，彼此试图说服与支配对方，具有敏感的自尊，固执己见，隐藏自己的真实想法，无法觉察自己和他人的真实感受。

团体氛围主要体现为团体成员之间的沟通。教师在团体中要示范良好的人际互动模式，多使用好奇、描述、共情、平等、尊重、协商式的沟通语言，减少控制、评价、防卫、攻击、专断、优越式的沟通语言。

第三节　发展生态学

心理健康教育课的设计要考虑学生发展特点。发展在时间维度上是毕生的，包括一生的适应和成长，也包括一生的削弱和衰退。发展在内容维度上是多样的，每个年龄阶段都有特定身心发展主题，包括生理、个性、社会情绪、认知和语言等内容。同时，发展在环境维度上，受所处特定文化背景影响，包括家庭、同伴、学校和时代等因素。学生心理发展在与他人和社会文化持续互动中，作为整体逐渐完成。心理社会发展理论、生态发展理论和积极心理学体现了这些现代发展和教育的观念。

一、心理社会发展理论

美国心理学家埃里克森认为，学生在发展中会面临挑战，如果能顺利应对这个挑战，心理就会得到成长；如果无法应对挑战，心理发展就会停滞。埃里克森将个体发展划分为八个阶段，每个阶段包含一个发展任务。埃里克森称这些发展任务为“主要德行”，可以用来概括人在一生各个阶段充满生机的某些品质和主要的生命力量。

这个发展任务为我们设计心理健康教育课，提供了内容架构。我们下面分析与心理教育设计密切相关的前五个阶段。

（一）信任对不信任

第一个发展阶段是信任对不信任（出生到 18 个月）。在人生第一年，如果婴儿受到温暖而敏感的照顾，他们就会产生愉悦和安全感；如果婴儿受到忽略和冷漠对待，就会产生不信任的感受。

（二）自主对羞怯

第二个发展阶段是自主对羞怯（18 个月到 3 岁）。2 岁开始，很多婴儿学会了走路，能够充分利用语言与他人交流，开始产生自主掌控的需求。如果家长能够支持婴儿，让他们自由探索，独立完成自己的事情，婴儿就会产生自主感；如果家长过分严苛，限制婴儿的独立行动，婴儿就会产生挫折感和无力感。

（三）主动对内疚

第三个发展阶段是主动对内疚（3 岁到 6 岁）。3 岁后，幼儿行动力进一步加强，他们对世界充满好奇，有饱满的精力来探索环境。如果师长允许幼儿安全地进行探索活动，幼儿就会在跑动和玩耍中获得主动性；如果师长过于强调规范和纪律，幼儿就会从惩罚和约束中，感受到内疚。

（四）勤奋对自卑

第四个发展阶段是勤奋对自卑（6 岁到 12 岁）。儿童进入学校后，拥有了更为丰富的发展资源，他们希望在这个广阔的天地中完成任务，获得成就感。如果学校能够提供多样化的舞台，儿童就会找到自己勤奋的发力点，获得对生活的掌控感；如果儿童无法达成他人设定的成功标准，总是体会到失败和失落，就会形成消极的自我概念，产生自卑感。

（五）同一性对角色混乱

第五个发展阶段是同一性对角色混乱（12 岁到 18 岁）。青少年开始思考自己和他人的异同，对各种自我概念进行统整。如果青少年对"我是谁"和"我将成为什么人"有清晰的认识，就会达成"自我同一性"；如果青少年无法就此获得新认识，就会处在角色混乱状态。

埃里克森的心理社会发展理论，有助于我们理解小学生和中学生的发展任务。张春兴（1998）认为，埃里克森所指的发展危机，是事实性的，是普遍性的，是人人都会体验到的。这就像驾驶汽车初次进行长途旅行一样，旅途中可能遭遇到的坎坷险阻，是无法事先完全防范的……在历程中个人所能为者，以及教育对他所能为者，不是避免危机的发生，而是尽可能将危机转化为契机。

埃里克森认为，个体在青春期后开始思考"自我"的一些问题：我有哪些身体特征？我父母（老师）如何期望我？我以往的成功经验如何？我现在有什么问题（如学业成就与人际关系）？我的现实环境有何条件与限制？我希望自己将来如何？

根据这些学生思考的"自我"问题，在设计心理健康教育课时，小学阶段要尽可能多考虑勤奋主题，培养学生的好奇心与求知欲；中学阶段要关注同一性主题，鼓励青少年进行自我探索，多角度思考生活和人生道路的选择。

二、生态发展理论

美国心理学家尤里·布朗芬布伦纳认为，人的心理是一个开放系统，发展所处的各种环境，塑造着人类心理的特性，而且各种环境之间由于文化的作用，形成密切联系。他据此提出生态发展理论，来解释不断成长的有机体与其所处的不断变化的环境之间相互适应和相互改造的过程。布朗芬布伦纳将这些影响个体发展的环境，分为五种类型。

（一）微观系统

微观系统包括学生自身的身心特征，以及家庭、同伴、学校和居住地等。这是学生投入大量时间的环境系统，父母、教师等与学生密切接触的人都处在这一层，构成学生发展的微观系统。在微观系统中，学生是所处环境的积极参与者，他们和各种因素遵循双向互动原则。比如父母教养方式影响儿童发展，而儿童人格气质则会影响父母教养方式。师生关系和同伴关系也是如此。

（二）中间系统

中间系统是两个或多个微观系统之间的联系，比如家庭、学校、社区、父母工作场所之间的联系。如果微观系统之间是支持性或补充性关系，那么环境对学生发展就会产生积极影响；如果微观系统之间缺乏联系，或者是非支持性联系，那么环境可能对学生发展产生消极影响。家校关系就属中间系统。

（三）外部系统

外部系统是指学生虽然没有在其中发挥主导或积极角色，却受其影响的环境，比如大众传媒、社会福利服务、法律服务、健身场地和文化场馆等。从家庭层面看，家长的文化水平、职业状况、经济收入和社会地位等属于外部系统；从学校层面看，教师的专业素养、兴趣爱好、人际交往模式等属于外部系统；从社区层面看，地域的经济水平、管理者的教育观念、社区人员的生活习惯和人际交往方式等属于外部系统。

（四）宏观系统

宏观系统是指学生生活的文化环境，包括学生所处的社会经济地位、群体习俗习惯、地域价值观念和社会信念系统等。所有微观、中间和外部系统，都是在宏观系统的广阔背景下得以存在。

比如埃里克森强调，青少年要积极探索各种身份角色，形成自我同一性。然而这是个体文化主导下，英美社会的教育观和发展观。在亚洲很多国家，集体文化占主导地位，强调个体要服从社会规范，遵循社会传统，青少年具有固定身份和角色，比如好学生、乖孩子等。因此，教师在集体文化主导的社会中，遇到自我同一性的心理教育主题时，就需要考虑到宏观系统的影响。

（五）时序系统

时序系统是学生发展所处的社会历史状况，比如改革开放、计划生育政策、互联网浪潮等。布朗芬布伦纳将这些影响分成两类：生涯轨迹因素和生涯意外因素。生涯轨迹因素包括大多数人生命发展中的常规事件，包括入学、入职、婚恋、退休等；生涯意外因素包括各种突发事件，比如亲人的生、老、病、死，离异、迁居、彩票中奖，等等。

近年来，这种多层嵌套式的发展理论，引发心理健康教育对多元文化的重视。一方面，生态发展理论让我们从社会系统的角度来理解人类行为，更为全面地考察一个人发展的各种影响因素；另一方面，生态发展理论提醒我们，心理健康教育课的设计，不但要关注课堂中看得到的情况，还要关注学生的同伴群体、家庭社区、地域时代发生的事情。

教师要意识到每个学生家庭和社会背景的差异性，了解各种环境对学生产生的影响，尊重学生群体具有的文化、信仰和价值。同时，反省自己如何受文化背景和信仰观念影响，形成特定的心理健康教育观和学生发展观。

三、积极心理学

美国心理学家马丁·塞利格曼认为，二战以来的心理学主要致力于人类问题的解决和补救，虽然在认识、治疗和预防心理疾病方面取得了很大的进展，却忽略了对正常人群的研究。积极心理学不仅关注疾病，也关注人的力量；不仅要修复损坏的地方，也要努力构筑生命中美好的东西；不仅致力于治疗抑郁痛苦的创伤，也致力于帮助健康的人们实现人生价值。积极心理学的主要研究领域涉及积极情绪、积极心理品质、积极人际关系等主题。

（一）积极情绪

积极情绪是我们生活和工作中感受到的、比较持久的正性情绪，包括喜悦、感激、宁静、兴趣、希望、自豪、逗趣、激励、敬佩和爱等。积极情绪能让人感觉良好，扩展认知和思维，建构资源并提升韧性。

如何提升积极情绪呢？弗雷德里克森（2010）给出了一些建议。

1. 真诚最重要

慢下来，花点时间理解“由衷”这个词，真正地从内心感受积极情绪。不真诚的积极情绪完全不是积极情绪，它是消极情绪的伪装。

2. 找到生命的意义

无论是否承认，我们每天都在对自己经历的事情做出解释，建构意义。当我们将不愉快甚至是悲惨的情况，以积极的方式重新定义时，就能提升积极情绪。

3. 品味美好

对于发生在我们身上的事情，尤其是那些正面的事情，我们可以有意识地创造、强化并延长自己对它们的由衷的享受。

4. 数数你的福气

我们可以选择让日常生活中平凡、沉闷和普通的事情迸射出令人喜悦的火花，作为名副其实的值得珍惜的礼物收藏。定期把注意力投入生活中感到被赐福的方面，能够提升我们的积极情绪。

5. 计算善意

意识到别人对自己的友善和自己对别人的友善，有意识地增加善意，比如志愿活动、公益活动和助人行为，都能够让人感受到积极情绪。

6. 追随激情

寻找学习、工作和生活中让自己全身心投入的事情，感受随着活动挑战的增加，自己能力不断增长的过程，能够让人获得积极的情绪体验。

7. 梦想未来

为自己建构理想的未来，非常详细地将之形象化。尤其对于长期目标，将每天的进展、动机与未来相匹配，能够提升人们的积极情绪。

8. 利用优势

每天都有机会做自己擅长的事情的人，更容易获得积极的心理体验。我们都应花时间寻找自己的优势，并且频繁地使用这些优势。

9. 与他人在一起

心理“欣欣向荣”的人往往与其他人有着温暖和信任的关系。努力培养温和性情与同情心，我们会享受到更多的积极情绪。

10. 享受自然的美好

当天气晴好时，在户外花 20 分钟以上时间的人，具有更广阔和开放的思维、更大的工作记忆容量、更多的积极情绪体验。

11. 保持开放

对一个积极体验分析和思考太多时，会削弱这个体验，降低从中获得的积极情绪。我们需要通过正念、冥想和放松，从整体上感受当下的自己和发生的一切。

情绪情感是心理健康教育课的标志性内容，无论是课程的设计还是教学，教师都要关注学生在活动中的情绪体验，努力引导学生增强自我的积极情绪。

（二）积极心理品质

积极心理品质是积极心理学的研究重点之一，涉及幸福感、满意感、希望、自我决定、建构未来的乐观主义态度和对生活的忠诚等内容。研究者对积极心理品质相关文献进行综述后，提炼出各种文化普遍接受与公认的六种美德：

（1）智慧与知识：能够通过获得与利用知识而获得幸福生活。

（2）勇气：对外在或内在的压力毫不畏惧，能够为达到理想的目标而坚持奋斗。

（3）仁爱：重视与他人的关系，乐于助人。

（4）正义：能够合理地处理自己与社会、集体或他人的关系。

（5）节制：善于控制自己的情绪和行为。

（6）精神超越：重视获取精神力量，提高个人修养。

表 3-4 呈现的是与这六种美德对应的 24 种积极心理品质。

表 3-4　对应六种美德的 24 种积极心理品质

美德	优势
智慧与知识	1. 创造力：思索新颖而有价值的方法来产生概念和做事情。
	2. 好奇心：对新事物有浓厚的兴趣；开放式体验；乐于进行探索和发现。
	3. 热爱学习：愿意掌握新的技能及知识，不管是出于自愿还是其他要求。
	4. 开放的心智：通过全方位信息来思考事物，做决定时能公平权衡所有的证据；良好的判断力。
	5. 洞察力（智慧）：能对他人提出明智的建议；能着眼于对己对人都有意义的世界。
勇气	6. 正直（可靠、诚实）：自我表现诚恳；对自己的感觉和行为负责。
	7. 勇敢：不畏威胁、挑战、困顿或苦痛；依觉悟而行，不论其是否被普遍认同。
	8. 坚持（有毅力）：做事有始有终；坚持行为方向，不畏障碍险阻。
	9. 有活力（热情积极、有魄力、有精力）：使生活充满激情和能量；感觉活跃、活泼。
仁爱	10. 善良（慷慨、关怀、同情、无私）：为他人帮忙，做好事。
	11. 爱人与被爱的能力：珍惜与他人的亲密关系，有能力与他人建立爱的联结，相互关照。
	12. 社会智商（情绪智商、个人智商）：了解他人以及自己的感受，善于应对不同场合，展现合适的举止。
正义	13. 公正：依照公平和正义的观念平等对待所有人；避免让个人偏见误导对他人的判定。
	14. 领导能力：促进集体中的个人在其中能完成事情；善于维持良好的集体关系。
	15. 公民意义（社会责任、忠诚、团队协作）：作为集体或团队中的一员好好工作；对集体忠诚。
节制	16. 宽恕和宽容：宽恕做错事的人；接纳他人的短处；给予他人第二次机会；不心怀报复。
	17. 谦虚/谦逊：让成绩说话；不自夸，不自大。
	18. 审慎：细心地做出自己的选择；不会冒不当的风险；不说也不会做事后后悔的事。
	19. 自律（自控）：管理自己的感觉和行为；守纪律；控制自己的欲望和情绪。
精神超越	20. 欣赏美丽和卓越（敬畏、赞叹、上进）：欣赏美丽、卓越的事物；欣赏人们在生活的不同领域的娴熟表现。
	21. 感恩：知道并感谢发生的好事情；多多表达谢意。
	22. 希望（对未来乐观）：对将来有最好的展望，并努力实现它；认为未来是可以掌控的。
	23. 幽默：喜欢笑，喜欢逗乐；给他人带来欢笑；看事物的光明面。
	24. 精神信仰（虔诚、守信、有追求）：有对更高追求、生活意义以及宇宙意义的信仰。

《中小学心理健康教育指导纲要（2012 年修订）》明确提出要“培养学生积极心理品质”。我国研究者班华认为，心理教育主要是指主动的、积极的、发展性的心理教育。这是与现代教育精神一致的心理教育，是以人的发展为本，旨在优化人的心理素质、提高人的心理机能，进而促进人的整体素质发展，形成健全人格的心理教育。心理健康教育

课要致力于培养学生的这些积极心理品质，增强学生的适应性，使之拥有更多的心理资本。

（三）积极人际关系

人际关系是心理健康教育课的重要内容，我们不但要教给学生处理人际冲突的技巧，还应培养他们良好的个性和品行、人际交往和沟通的能力，使之与同伴建立支持性的友谊。在积极心理学中，有关积极人际关系的主题很多，这里主要介绍感恩和宽恕。

1. 感恩

感恩是个体对他人做出有益事情，表达感谢的积极心理品质。我们身边有很多一直帮助和支持我们的人——父母、老师、朋友、同学，我们却很少正式地对他们表达感谢之情。研究发现，感恩与心理健康水平、抑郁、焦虑等情绪显著相关，表达感谢能给人带来美好、幸福的感觉，而且能够增进同伴之间的友谊，提升社会支持水平。

运用感恩增进学生积极的人际关系，方法有很多。比如：感恩日记，每周不定期记录自己对他人的感谢；感谢信，写信给那些曾经帮助过自己的人，表达自己的感激；感恩拜访，亲自看望帮助过自己的人，当面表达感谢。

2. 宽恕

宽恕是个体发自内心地原谅那些曾经误会或伤害自己的人，并且明确表达谅解的积极心理品质。研究发现，宽恕能够消除愤怒，减轻痛苦，修复心理创伤。具有宽恕之心的人，心境更加平和，更能体验到积极的力量。

宽恕干预训练能帮助个体探察心理防御机制，让个体认识到愤怒对自己有害无益；帮助个体理解宽恕的意义，认识到宽恕是解决问题的有效方法，并做出宽恕决定；帮助个体共情伤害者，做出宽恕伤害者的承诺，并采取实际的宽恕行动；帮助个体明白，自己也有需要别人宽恕的事情，从而释放消极情绪，增加积极情绪，恢复正常的人际关系。

专栏

积极学校的特征

作为助人成长的教育机构，学校是重要的积极组织。积极的学校具有明确和公认的学习目标：学习的立足点是什么？学习的努力方向在哪里？目标能够增强学习的动机，加大对学习过程的投入，增强克服困难的勇气，有助于取得期望的成就。积极的学校应该在避免负性事件，比如暴力、物质滥用和其他不健康行为上，起到重要作用。同时，积极的学校还能够帮助学生获得道德成就感。彼得森（2010）对积极学校的特征做了如下描述：

1. 学生认为学校的课程是相关的。

2. 学生认为他们对自己在学校所发生的事情，有控制能力。

3. 学生认为学校的纪律政策是坚定、公平、透明的，并且持续发生作用，目的在于矫正和培养能力，而不是惩罚。

4. 学生认为学校的奖励系统是合理的，学校能够看到学生的成就，并对他们的积极行为进行奖励。

5. 存在强有力而且有效的学校管理机构。

6. 学校校长表现出很强的领导能力。

7. 适量的练习任务使学校更加人性化，增强学生与教师之间的接触，进而增强学生的归属感和联系性。

本章小结

1. 心理健康教育课面向全体学生，其成效体现在每个学生的健康发展中。心理健康教育课的设计需要考虑个体、团体和环境等影响因素和学习条件。发展观和系统观成为心理健康教育课设计的原理与基础。

2. 在微观个体层面，影响心理健康教育课设计的主要因素是大脑的特点和神经系统的运作规律。在中观团体层面，团体动力学是心理健康教育课设计需要考虑的主要内容。在宏观环境层面，学生所处时代、地域、社群和家庭等系统生态因素，都会影响心理健康教育课的目标和成效。

3. 积极心理学是心理健康教育课设计的重要依据，无论是教育理念、教育目标、教育内容还是教育策略，都对心理健康教育课的设计具有重大启发和借鉴意义。而且积极心理学强调创设有利于个体成长和发展的积极环境，包括家庭、班级、学校和社区。这种系统发展的观念是现代心理学和教育学的重要特征，也是心理健康教育发展的方向。

思考练习

1. 举例说明脑神经科学对课程设计的启示。
2. 说明如何在班级中营造良好的团体氛围。
3. 举例说明生态发展理论的五种环境。
4. 组织团体练习一项积极心理品质。
5. 利用 24 种优势，分析自己和同学的积极心理品质。

第四章
目标设置与任务分析

学习目标

1. 能用自己的话，叙述布鲁姆和加涅的目标分类学说。
2. 用良好目标的标准，分析心理健康教育课的目标实例。
3. 利用共情地图，分析心理健康教育课的主题。
4. 利用“五个为什么”，分析心理健康教育课的主题。
5. 学会书写规范、良好的心理健康教育课目标。

章节导读

在标准的课程设计流程中，目标设置和任务分析是最为重要、最为基础工作。恰当的目标设置能够减少课程教学的不确定因素，指导教师选择教学策略，指导督导者开展教学评估，指导学生自我调节学习。

明确的目标有助于开展有效教学。本章第一节论述布鲁姆和加涅的目标分类理论，以及按照这种两种理论书写良好教学目标的原则。第二节介绍采用共情地图和“五个为什么”进行主题分析，以及以使能目标为核心的任务分析。这些方法有助于教师从更为基本的原理出发，探寻合理的教学目标。

虽然课程指导纲要中都会明确课程目标，但任何目标的设置都需要结合学生的特点和学校的现状，需要深刻理解心理健康教育课所处的教育系统，细致分析教育系统包含的各种教学资源，对其加以充分利用。目标设置并非属于教学前期的静态工作，而是贯穿教学始终的动态工作。

第一节　目标设置

教育活动是一个动态变化的决策过程，为保证学生学有所得，教师需要具备目标意识。良好的目标意识能保证教师选择合适的心理活动方式，准确地评估心理活动的成效，具有导教、导学和导评的功能。教师要时刻问自己：我为什么要做这个活动？这个活动真的能帮助到学生吗？我怎么知道这个活动是合适的？

然而心理健康教育课的目标设置并未受到应有的重视。林孟平（2005）指出：

> 在有关辅导的著述中，有一个令我十分惊讶而担忧的现象，那就是无论论及个别辅导还是小组辅导，其目标往往都不受重视，甚至干脆不提及。根据我的观察，有些辅导员只是在为辅导而辅导，却不清楚辅导过程的取向和目标，难怪其效果有限，甚至还出现不良的后果。我个人深信，除了辅导员本身的修养之外，在学理上，他必须清楚地掌握辅导的目标，才能期望辅导收到良好的成效。或者，干脆地说，辅导员修养的重点之一，就是清楚自己工作的取向和目标。

为保证心理健康教育课的有效性，教师要重视课程的目标设计，时刻以目标为教学活动导向。教育心理学中的目标分类主要基于布鲁姆和加涅提出的理论，这两种理论是课程目标设计主要的依据。

一、布鲁姆的目标分类学

以美国心理学家布鲁姆为首的研究委员会从 20 世纪 50 年代起，用分类学将课堂教学目标分为认知、情感和动作技能三个领域，每个领域的学习结果按照从低到高分为不同层次。

（一）认知领域的目标分类

布鲁姆认为，有意义的学习不但需要学生记住所学知识，还要理解和运用这些知识，应对学习和生活的新情况，解决出现的新问题。为此，认知领域的目标分为六个层次：知识、理解、应用、分析、评价和创造。

知识是对学习的材料以大致相同形式保持的认知过程，比如学生能够回忆出不合理信念的具体内容。理解是从新知识中建构意义、与已有知识联系的过程，比如学生能为每种不合理信念列举生活实例。应用是使用程序完成练习或解决问题的过程，比如学生能识别各种不合理信念。分析是将材料分解为构成要素并确定彼此关系的过程，比如学生能够说出和区分各种不合理信念的关键特征。综合是组合各种元素，形成内在一致的或功能统合的整体，比如学生能够采用起名字等方式，提升对不合理信念的觉察。评价是依照标准做出判断，比如学生可以根据一个人的言语，判断他具有何种不合理信念。

（二）情感领域的目标分类

根据价值观由外在学习，逐渐转变为学生内在兴趣、态度和倾向性的价值内化过程，情感领域的目标分为接受、反应、价值化、组织、价值与价值体系的性格化五个层次。

接受是愿意注意特殊现象或刺激，比如学生意识到想法能够影响情绪。反应是主动参与学习，比如学生愿意分析自己具有的不合理信念。价值化是学生将特定的对象、现象和行为，与一定的价值标准联系起来，包括接受某种价值标准、偏爱某种价值标准和为某种价值标准做出奉献，比如学生认为共情是人际交往重要的原则与技术。组织是将许多不同的价值标准结合起来，克服彼此的矛盾，形成内在一致的价值体系，比如学生认同积极进取的人生态度。价值与价值体系的性格化，是指个人能够长期管理自己行为，将道德准则、价值标准内化为行事方式、生活模式和个性品质，比如学生形成成长型思维模式。

布鲁姆的目标分类学适用于较大教学单元的目标设置，能够帮助教师为不同年段的相同主题，设计螺旋上升的目标体系，并且在教学结果的测量和评价上具有较好的可操作性。比如同样是情绪管理，小学低段的目标设置为分辨不同情绪，准确表达情绪，努力保持积极情绪；小学高段的目标则可设置为理解情绪的产生机制，记录日常情绪波动，形成适合自己的情绪管理方式。

二、加涅的目标分类学

美国心理学家加涅吸取了现代认知心理学的最新成果，将学习目标看作对学习结果的描述，按不同学习结果分为五类目标，即言语信息、智慧技能、认知策略、动作技能和情感态度，阐明了学生学习能力的本质。

（一）言语信息

言语信息是学生能用语言表达的知识，比如对情绪命名，知道情绪和大脑神经递质有密切关系，能在情绪和认知之间建立联系。

（二）智慧技能

智慧技能是学生运用概念和规则办事的能力，比如能够区分友情和爱情，能识别他人的表情，能够理解转变认知会引发情绪改变的规则。

（三）认知策略

认知策略是学生运用有关人们如何学习、记忆或思维的规则，支配并提高其学习、记忆或思维的能力，比如能够识别出自己具有的不合理信念，通过自我对话进行辩驳，进而形成合理的信念，调整好自己的情绪。

（四）动作技能

动作技能是学生通过练习获得的、按一定规则协调自身肌肉运动的能力，比如腹式呼吸、渐进式放松等。

（五）情感态度

情感态度是学生习得的对人、对事、对物和对己的反应倾向，比如学生能够将错误看作成长契机，认真分析错误，从错误中获得进步。

当代教育心理学认为，学习是个体内在能力或倾向相对持久的变化。这些内在能力或倾向就是加涅所说的学习结果。在《学习的条件和教学论》一书中，加涅阐明了每类学习结果的学习过程和学习条件，还论述了测量学习结果的行为指标，为教师实现目标提供了具体的教学建议，有助于导学和导教。

心理健康教育课在设定目标时，不但要考虑同一主题在不同领域的学习结果，还要考虑每个领域目标达成的程度和水平。在设计小的教学单元或课时教学目标时，加涅的目标分类学具有较强的指导意义。

三、良好教学目标的书写

教学目标调控心理健康教育课的实施以及效果评估，是教师预期教学达到的结果或标准，体现为学生课中和课后产生的心理或行为上的变化。传统教学目标中包含“培养”“掌握”“理解”等词语，突出问题是用“教学要求”代替“学习结果”，目标语言表述含混不清。这种目标很难起到导学、导教和导评的作用。通过对学习结果横向类别和纵向层次的分析，可以设计出较为清晰、准确的教学目标。

在心理健康教育课中，良好的教学目标需要遵循以下书写原则。

（一）主体性

目标陈述的不是教师做什么，而是学生的变化，即学生经历学习活动后的行为变化和学习结果。在目标陈述中，目标主语应是学生。比如“帮助学生掌握情绪调节的方法”，就是以教师为主语；恰当的表述应该是“学生掌握情绪调节的方法”。

（二）需求性

活动目标要考虑学生的年龄、已有知识与经验和能力发展可能，基础是学生的心理需求和兴趣，而非教师或成人的外在管理要求。比如“遵守异性交往的准则”，更多体现为管理要求；恰当的表述应该是“认同并运用异性交往的准则”。

（三）序列性

具体活动目标要处在学生最近发展区，保证通过探索和努力可以实现，并与心理健康教育课的总体目标、年级目标和学期目标保持一致，从而形成持续提升的发展序列。比如对于“组织”这个学习策略而言，小学中段学习目标是“用自己的话概括学习材料的基本含义”，而小学高段学习目标可能是“比较不同学习材料的相同和不同之处”。

（四）全面性

活动目标要尽可能聚焦于培养学生高层次的思维水平和情感态度，既要考虑不同学习领域，也要考虑领域的不同层次，通过分层次目标的逐步推进，最终实现和达成总目标。我们可以使用布鲁姆的目标分类表来检核目标和活动的全面性（如表 4－1 所示）。

表 4－1　教学目标和教学活动分类表

知识维度	认知过程维度					
	知识	理解	应用	分析	综合	评价
事实性知识						
概念性知识						
程序性知识						
反省认知知识						

（五）聚焦性

活动目标切忌面面俱到，罗列很多却无法实现。任何教学目标都受到教学时间和教学对象的限制，好的教学目标要针对特定问题，在特定时间内可以实现。这需要考虑某项学习目标的形成规律和活动用时。当出现很多子目标时，教师需要运用任务分析的技术，对子目标进行排序，确定优先目标，突出心理健康教育课的核心主题和重点内容。

（六）情境性

活动目标要考虑目标实现的外在环境条件和内在心理条件，并且具有一定的弹性，必要时可以根据实际情况进行调整和修改。比如学习辅导中的“检查”，有使用检查清单和不使用检查清单的条件，有独立完成、小组合作和在教师指导下完成的条件，有快速检查和仔细检查的条件。在不同的条件下，学生可能会有不同行为表现和学习结果，这需要教师根据学习任务要求和学生认知发展水平来确定。

（七）可测性

学生学习结果描述力求明确、可观察，多使用具体可测量的行为动词。心理健康教育课关注学生在情感、态度、价值观等心理品质方面的变化，但只有通过外部行为表现，我们才能确认变化是否发生、发生的性质和程度如何。以布鲁姆认知领域教学目标为例，我们可以选用一些明确的行为动词描述目标（如表 4－2 所示）。

表 4－2　描述认知领域教学目标的行为动词

认知目标	行为动词
知识	界定、描述、指出、标明、列举、选择、说明、配合、背诵等
理解	转换、辩护、区别、估计、解释、引申、归纳、举例说明、推测、摘要、预估、重写等
应用	改变、计算、示范、表现、发现、操纵、修饰、操作、预估、准备、产生、关联、解答、应用等

续表

认知目标	行为动词
分析	图示、细述、分辨、区别、指明、举例说明、猜测、关联、选择、分开、再分等
综合	联合、编撰、组成、创造、计划、归纳、修饰、设计、重组、重建、重改、重写、总结等
评价	鉴别、比较、对比、检讨、分辨、解释、指明、阐释、关联、总结、证明等

资料来源：路海东主编，2000。

专栏

五成分目标法

书写教学目标最大的问题，就是目标陈述不明确。为了让目标能够详细说明学习结果，加涅（1999）开发了五成分目标法，包括行为发生的情境、习得能力的类型、行为的对象、行为动词，以及工具和限制条件。

1. 行为发生的情境。学生面临的情境是什么？例如，当目标是学生“管理情绪”时，是在平静时刻还是在冲突时刻？情绪管理的难点在于方法难以迁移，学生的情绪反应高度依赖于情境。当我们希望学生在冲突时刻能够管理情绪，就需要在学习和练习时，创设尽可能真实的情境。

2. 习得能力的类型。在运用行为目标时，经常会出现目标描述动作和实际运用动作之间存在一定差距的情况。例如，当目标是学生“管理情绪”时，教师和学生并不清楚所谓“管理”具体指什么。在习得能力方面，“管理情绪”更多指在特定情境中运用情绪管理技术，觉察和表达情绪。

3. 行为的对象。对象成分主要指学习者行为表现的内容。例如，在“管理情绪”的目标中，对象是“情绪觉察”还是“情绪表达”，其实并不清晰。为了明确对象，可以将目标描述为“觉察情绪产生时的身体感觉”。

4. 行为动词。行为动词描述了行为是如何完成的。表 4－2 中提到的认知领域教学目标的行为动词，就是为了达成这个目的。

5. 工具和限制条件。在某些情境中，行为表现需要使用特殊工具，需要某种限制条件。例如，在“管理情绪”的目标中，可能会使用生物反馈仪，以评估初始情绪状态和最终情绪状态。限制条件可能是允许出错的范围，或者行为正确率等。

第二节　任务分析

教育问题具有不确定性，这让教育问题的解决过程具有很多自身特点。首先是时间有限，教师面对众多学生，每时每刻都有新问题产生，教师需要在尽可能短的时间内，处理完成手头问题。其次是信息不足，很多问题发生时，教师并不在场，只能根据学生讲述和自己的日常经验，依据有限的信息做出判断。再次是目标不清，学生心理出现困扰，可能是自身心理建设问题、家庭系统问题或近期压力事件所致。先解决哪个问题，或者哪个问题最重要，教师在时间有限和信息不足的条件下很难判断。最后是存在风险，当前学生心理缺乏弹性，社会支持系统不足，教师语言和行为可能引发学生强烈的情绪反应和极端行为，造成危机事件。

当心理健康教育课以团体形式呈现，人数增加会放大以上特点时，问题复杂性和不确定性表现得更为突出。找到真正问题，开展任务分析，成为心理健康教育课程设计的首要任务。

一、主题选择

在中国，心理健康教育是舶来品。课程关注的主题，以往属于德育工作范畴。传统德育工作将复杂问题表面化和简单化，用这种思维模式开发心理健康教育课，会出现新瓶装旧酒的问题。

传统德育刻板而简单化的工作思路，可概括为：表层性的联想，上纲上线的判断，口号式的引导（李晓文，2010）。多年来，指称特定的行为表现的词语，成为标示某些行为属性的标签，这种标签化的指称在相当程度上成为教育工作者的思维定势。行为表现与词语的简单对应，形成了问题属性的判断。任何年级学生在任何背景下出现某种表现，都能够用相应词语来指称。一旦指称被采用，便确定了问题类型。词语两级的定型性联想又形成教育对策的习惯思路。一旦选择了某种评价，也就定位了矫正问题行为的目标。

比如学生到八年级会开始花费大量时间玩手机，于是老师认为学生缺乏自控能力，不会管理时间，设计一堂题为“学会自控，告别手机”的心理活动课，讲解沉迷手机带来的危害，制定不玩手机的约定，训练自我控制的方法。深入思考就会发现，在手机出现之前，学生会沉迷网络、游戏、言情和武侠小说。从管理角度看，沉迷手机是因为没按规定和要求行事，而从心理教育角度看，问题的背后是学生心理需求没有得到满足，或是没有采用适当方式满足心理需求。

为了避免刻板僵化的传统工作思路，教师可采用共情地图和“五个为什么”的方法，找到课程核心主题。

（一）共情地图

共情是我们根据自我意识，理解和回应他人体验的过程。美国心理学家罗杰斯认为：“共情意味着进入另一个人的私人知觉世界，像他感受的那样，去感受他的痛苦或快乐，像他觉察的那样，去觉察其中的原因；意味着暂时生活在他人的生活中，巧妙地在其中运转而不去做任何判断。在那个人的内在世界里，你是知心的陪伴者。”可见，处于共情状态的教师不但会看到学生的外在行为，还会尝试站在学生的立场和视角，理解他们身上出现的问题，觉察他们内心的想法和感受，探索他们深层的需求和动机。只有这样，才能将课程聚焦在他们迫切想要解决的问题上。

采用共情的思路选择心理健康教育课的主题，可以通过以下几个问题，评估学生的内在需求（皮连生主编，2004）：

（1）实际的行为表现：当前学生的行为表现怎样？在学习中表现出的知识、技能是什么样的状况？

（2）理想的行为表现：应该发生哪些改变？这需要描述预想的行为表现以及所需要的相应知识、技能等。

（3）感受：学生对教学有什么样的感受？这需要关注与教学有关的问题。

（4）原因：为什么教学或学生的学习中存在问题？这些问题是由什么原因造成的？这需要关注产生问题的各种根源。是缺少知识或技能吗？是环境起到了妨碍的作用吗？是缺乏合适的激励吗？是学生缺乏学习动机、价值意识吗？

（5）解决办法：办法最好根据原因来寻找。如果缺乏知识、技能，就对学生进行培训、支持和帮助；如果环境存在问题，就去改善教学环境、条件和方法；如果激励措施不当，就需要改善激励政策，增强激励效果；如果缺乏动机，则需要监督、培训、辅导和提供信息。

带着对这些问题的思考，我们可以绘制出共情地图。共情地图按照大脑信息加工的五个层面分析学生的需求和问题：所在所处、所见所闻、所言所行、所思所想、所觉所感（见图 4－1）。

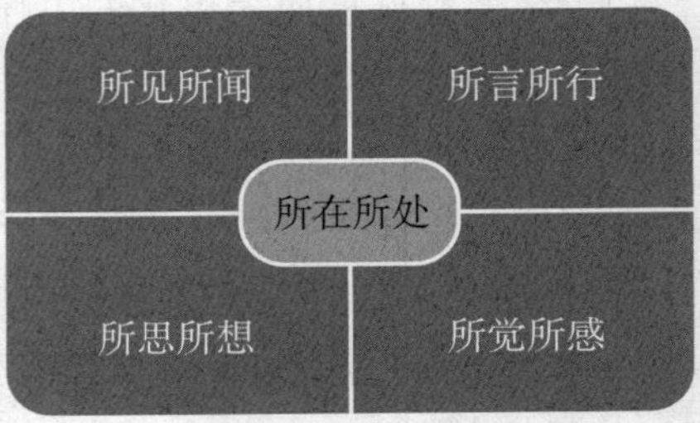

图 4－1　共情地图

情境是引发问题的重要因素，所在所处分析学生出现问题的背景，包括家庭情况、人际关系和应激事件等影响因素。所见所闻指学生出现问题时，看到了什么，听到了什么，能否找到触发问题的具体刺激。教师对学生的问题描述常常过于笼统，所言所行是将学生问题还原到可观察、可测量、可定义的程度。所觉所感是体察学生身处特定场景，看到和听到特定信息时，内心产生的情绪情感反应。所思所想是根据学生表现出的“刺激-反应”关系，推断学生的认知模型和信息加工模式。

教师可采用可视化技术，将共情地图绘制在白板上，用抽象符号代替共情地图中的几个要素，比如画眼睛和耳朵代替“所见所闻”等，然后通过头脑风暴将具体内容写在便笺上，粘贴在共情地图的相应位置。

（二）“五个为什么”

全球房屋短租网站 Airbnb 的三位创始人一度生活拮据，没有固定工作和稳定收入，只有一个租来睡觉的房间，每到月底都为下个月的租金发愁。他们注意到，每年商业会议期间，酒店旅馆人员爆满，很多人找不到住宿地方。他们想：为什么不能将我们的房间租给他们？于是他俩把房间仅有的三个空气垫租给那些人，有了第一份收入。后来，他们又想：为什么我们不把其他人不住的房间收集起来租给别人？于是两人创建了全球房屋短租网站。

这个故事启发我们，找到问题根本原因，探寻创造性解决方案，需要多问为什么。日本丰田汽车公司最早提倡“五个为什么”的方法[①]，对遇到的问题进行深入探寻。比如管理者发现公司大楼外墙每年都要定期维修，便采用“五个为什么”探寻（如表 4-3 所示）。

表 4-3　“五个为什么”案例

为什么	原因
为什么大楼外墙每年要定期维修？	因为墙壁受到酸蚀损害。
为什么墙壁受到酸蚀损害？	因为外墙每天会被大量鸟粪弄脏。
为什么外墙会被大量鸟粪弄脏？	因为大楼周围经常聚集很多燕子。
为什么大楼周围经常聚集很多燕子？	因为外墙上有许多燕子爱吃的蜘蛛。
为什么外墙上有许多蜘蛛？	因为外墙上有很多蜘蛛爱吃的飞虫。
为什么外墙上有那么多飞虫？	因为房间里有很多适合飞虫繁殖的尘埃。
为什么尘埃适合飞虫繁殖？	因为窗户照进来的光线会刺激飞虫繁殖。
解决方案：拉上窗帘。	

美国设计心理学家诺曼说：“我有一条简单原则——从来不去解决问到我的问题。为什么有如此相互矛盾的原则？因为咨询我的问题从来都不是真正的、根本的和本质的问题，通常只是问题的表面。在设计中，成功设计的秘诀就是理解真正的问题是什么。”

在心理健康教育课的主题设计阶段，采用“五个为什么”的方法，能够鼓励教师发现问题原因后，继续询问原因背后的原因，直至找到真正的问题所在。例如，可以用“五个为什么”分析学生的手机成瘾问题（如表 4-4 所示）。

表 4-4　用“五个为什么”分析学生手机成瘾问题

为什么	原因
为什么学生沉迷手机？	因为手机网游和聊天对学生有吸引力。
为什么网游和聊天能够吸引学生？	因为学生生活单调，人际关系不好。
为什么学生生活单调，人际关系不好？	因为学生过于关注学习、考试和成绩。
解决方案：增加学生生活的丰富性和多样性，改善学生人际关系。	

二、任务分析的内容

1980 年，叶圣陶在小学语文教学研究会成立大会上提出，要给小学语文教学初步建立起一个较为周密的体系，明确几个关键问题：语文课到底包含哪些具体的内容？要训练学生的到底有哪些项目？这些项目的先后次序该怎么样？反复和交叉又该怎么样？学生每个学期必须达到什么程度？毕业的时候必须掌握什么样的本领？

教师在心理健康教育课的设计中，也要考虑类似的问题。解决这些问题的方法是任

① 虽然名为“五个为什么”方法，但使用时并不限定只问 5 次。

务分析。任务分析是教师在开始教学活动前，分析教学目标中需要学生习得的能力（或倾向）构成成分和层次关系，为确定环节目标、安排学习顺序和创设教学条件提供科学依据。

心理健康教育课的任务分析主要有以下三项内容：

（1）运用加涅的学习结果分类理论，分析教学目标中的学习类型。

运用加涅的目标分类学，我们可以将心理健康教育课的学习结果，简单地分为三大类：基本技能、高级技能、情感与品德。

基本技能是指学生能用自己的语言，解释行为、认知、动机和人际等心理健康知识，表达自己的心理状态，识别他人的心理状态。高级技能是指学生能运用行为、认知、动机和人格等心理健康知识和技能，管理自我的心理状态，给予他人恰当的心理帮助和支持。情感和品德是指学生通过心理健康课的学习而形成的情感、态度、品德和价值观的倾向性。

（2）根据心理健康教育主题和学生心理发展特点，确定教学终点目标和学生起点能力。

确定教学终点目标和学生起点能力之间的差距，称为行为表现分析。美国教育心理学家奥苏贝尔曾在其著作《教育心理学：一种认知观》中说："影响学习的唯一重要因素，就是学习者已经知道了什么。要探明这一点并据此进行教学。"

在开始新学习前，学生已有知识、技能、态度和人际关系，对于新的学习至关重要。有经验的教师常常在课前，运用谈话、测验和作业等调查形式，了解学生具有的能力水平、对教学主题的认知和态度、学习的动机和偏好。在设计心理健康教育课时，尤其要关注班级团体的特征，包括学生的同质性和异质性状况、班级沟通和氛围、班级一般的行为表现等。

（3）分析完成不同学习类型的必要条件和支持性条件，确定使能目标和排列顺序。

由于学习类型不同，想要达成学习目标所需的条件也不相同。任务分析中的学习条件主要有必要条件和支持性条件两种。必要条件是构成高一级能力的基础组成部分。支持性条件是有助于加快或减缓新能力学习的条件。

比如目标"运用乐观的解释风格，分析自己生活中遇到的事件"，这是一种高级心理健康技能。必要条件是：学生能用自己的语言，说明乐观解释风格的含义；在不同的解释风格中，学生能识别乐观解释风格。支持性条件是：学生具有运用乐观解释风格的态度和动机；学生具备从不同视角理解事物的认知能力。

在教学终点目标和学生起点能力之间，学生需要掌握的知识、技能和态度属于教学子目标，称为使能目标。确定使能目标常常采用逆推法。教师可以从教学终点目标开始，反复问这样的问题："学生要达到这个目标，必须预先具备哪些知识和能力？"一直追问到学生的起点能力为止。这些使能目标可以用线框图排列，便于安排具体的教学活动。

当前面的步骤都完成后，教师就可以从起点能力开始教学，逐级实现各使能目标，依次推进，直至达成终点目标。

本章小结

1. 心理健康教育课的专业性，体现为基于科学实证的教学设计系统。本章主要论述教学设计系统中的目标设置和任务分析部分。

2. 课程目标是预期的学生的学习结果，是心理健康教育课的起点和终点。布鲁姆和加涅的目标分类理论，是课程目标设计的主要依据。书写目标时，要从主体性、需求性、序列性、全面性、聚焦性、情境性和可测性等方面考虑。

3. 确定目标后，教师可以使用共情地图和“五个为什么”等技术，进行心理健康教育主题分析，然后开展心理健康教育课的任务分析。任务分析有助于单元设计时进一步厘清概念、规律，为单元设计后面的环节提供依据和方向。在任务分析时，教师运用加涅的学习结果分类理论，分析教学目标中的学习类型；然后根据心理健康教育主题和学生心理发展特点，确定教学终点目标和学生起点能力；接着分析完成不同学习类型的必要条件和支持性条件，确定使能目标和排列顺序；最后从起点能力开始教学，逐级实现各使能目标，依次推进，直至达成终点目标。

思考练习

1. 运用良好目标书写的原则，分析心理健康教育课的具体案例。

2. 运用任务分析技术，写出心理健康教育课的学习类型、起点能力、终点目标和使能目标。

3. 运用教学目标和教学活动分类表，分析心理健康教育课的具体案例。

第五章

活动流程与体验设计

学习目标

1. 能用自己的话，解释班杜拉榜样学习的四个阶段。
2. 运用心理健康教育课的四个阶段，写出一篇较为规范的教案。
3. 用自己的话，说明团体领导者在心理健康教育课不同阶段的主要任务。
4. 运用体验设计的方法，为某堂心理健康教育课提供教学建议。
5. 举例说明如何对一堂心理健康教育课进行体验设计和优化。

章节导读

心理健康教育课的教学活动，目的是帮助学生从一种心理状态，达成另一种心理状态。为了更好地帮助学生实现这种心理状态的发展，课程设计需要在教师的教学事件和学生的心理活动之间，建立恰当的激发关系。

活动流程是为了达成教学目标，学生必须经历的学习程序。如果说任务分析是此岸，教学目标是彼岸，那么活动流程便是从此岸到彼岸的桥梁。本章第一节论述学生在心理健康教育课中的心理品质形成过程，介绍班级教学中团体动力的形成过程，进而设计出心理健康教育课的基本流程。

教育是为学生和家长提供服务的事业，服务质量取决于学生和家长的体验。重视学习体验是未来教育的重要发展趋势，也是心理健康教育课的本质特点。本章第二节论述心理健康教育课的体验设计，主要内容包括服务领域和心理健康教育课中的体验设计，以及体验设计的方法。心理健康教育课以学生体验为核心，教师需要在教学设计中多考虑体验设计的因素。

第一节 活动流程

心理健康教育课的活动流程需要考虑两方面的因素：一是学生知识、技能、情感、态度、价值观的心理品质形成过程；二是团体建立、运作和消解的团体动力发展过程。班级教学时间相对有限，活动流程设计要力求将心理品质形成与团体动力发展科学而艺术地结合起来。

一、心理品质的形成过程

现代认知心理学在探索知识学习的过程中，对个体信息加工过程有了一致认识，据此形成广义知识的三阶段教学模型。

第一阶段是新知识的理解，包括学习者的注意和对学习结果的预期、激活原有知识、有选择地知觉外界呈现的新信息、积极地将新信息与个人原有的相关知识（包括表象、概念原理和事实等）联系起来等教学步骤；第二阶段是知识的巩固和转化，包括引起学生的反应、提供反馈与纠正、对复习与记忆提供指导等教学步骤；第三阶段是知识的测量与评价，包括提供提取知识的线索、提供技能的运用等教学步骤。

三阶段教学模型将教师教学活动与学生学习活动联系起来，按照陈述性知识和程序性知识的不同学习过程，设定对应的教学步骤。这个流程有效地解决了心理健康教育课中知识、技能、问题解决和心智策略等心理品质的流程设计问题，但不适用于情感、态度、价值观的流程设计。

心理健康教育课中情感、态度和价值观学习流程的设计，主要依据班杜拉的榜样观察和模仿学习理论。班杜拉认为学生可以通过旁观者的身份，在观察和模仿榜样行为表现的过程中，获得替代性的学习经验。榜样观察和模仿学习分为四个阶段：注意、保持、再现和动机。

（1）注意阶段。观察者的注意聚焦在榜样表现示范的行为特征上。一般而言，学生更容易关注那些具有吸引力、高可信、成功、权威、有趣的榜样。这也是学生喜欢仿效明星的衣着、发型、动作和生活方式的主要原因。教师在选择榜样和示范行为时，要注意榜样的这些特点。

（2）保持阶段。观察者将注意到的示范行为信息，转化为表象或编码为语义，储存在记忆中。教师需要为学生提供多样而大量的练习机会。学生在练习时，可以不断复述自我指导的语言，增加行为内化的可能性。

（3）再现阶段。观察者模仿榜样行为。教师要指导学生尽量使自己的行为与榜样的示范行为保持一致。

（4）动机阶段。观察者反复再现模仿行为，获得各种强化的机会。有些强化来自师长恰当的表扬，有些强化来自同伴的支持，还有些强化来自学生自我的发展目标。教师要合理调控各种强化因素，逐步让学生形成自我强化的心理机制。

班杜拉的榜样观察和模仿学习理论为心理健康教育课的活动流程设计，提供了板块要素和活动序列的规范指导。缺少其中任何一个环节，情感、态度和价值观的学习可能不会发生，或者发生后难以转化为行为，难以持久保持。

二、团体动力的形成过程

心理健康教育课以团体活动的形式展开，团体会将环境和个体紧密地联系在一起，个体在团体中扮演不同角色，个体之间相互作用、彼此影响，呈现出一种持续性的、整体性的特征和演化轨迹。

团体动力学的本质是个体在团体中此时此地受到的影响。这种影响有时候起到促进发展作用，学生积极进行自我探索，彼此真诚沟通，团体具有较强的凝聚力和归属感；这种影响有时候也会起到阻碍发展的作用，学生封闭自我防范他人，彼此疏离或攻击，团体气氛松散或紧张。与自然演化的团体不同，教育团体要求领导者运用引导技术，推动团体向特定目标发展。这个发展历程长可按年计，短可按天计。领导者要借助团体动力的势能，完成不同的团体任务，由此出现了团体发展的阶段。心理健康教育课的流程设计，要充分考虑团体动力学因素，发挥团体积极作用，控制团体消极影响。

团体活动表面上由团体成员的言行构成，本质上由团体成员“如何”与“为何”如此言行组成。很多团体咨询的研究者都对这个流程进行过探索，形成了各具特色的团体阶段发展理论。

美国心理学家罗杰斯根据自己多年的团体领导经验，将团体动力历程分为 14 个阶段：自由活动阶段，个人抗拒表达和探索阶段，叙述以往的经验阶段，表现消极情感阶段，表达与探索与个人有关信息的阶段，表达与其他成员相处的即时感受阶段，团体发展出治疗能力的阶段，达到自我接纳和改变的阶段，打破伪装阶段，提供与接收反馈阶段，面质阶段，将帮助延伸到团体之外的阶段，发展出基本的真实关系阶段，在团体内外做出行为改变的阶段。罗杰斯的团体历程划分，有助于教师细致地体察团体成员的心理感受和行为变化。

美国学者柯瑞（Corey）将团体咨询简化为六个阶段：组团阶段（形成团体），初始阶段（定向与探索），过渡阶段（应对阻抗），工作阶段（凝聚与创造），最后阶段（巩固和结束），后续事务（效果评估和追踪研究）。柯瑞对团体历程的划分有着更为清晰的阶段性和界限性，在实际操作中易于把握。

我国研究者樊富珉将团体咨询分为创始阶段、过渡阶段、规范阶段、工作阶段和结束阶段，并论述了各阶段团体的特点和领导者的任务，有助于教师推进团体动力发展，恰当运用团体引导技巧（如表 5－1 所示）。

表 5－1　团体发展各阶段特征与领导者的任务

发展阶段	团体特征	领导者的任务
第一阶段：创始	客气，有礼，试探	相识，营造良好关系，订立团体规范，建立彼此信任

续表

发展阶段	团体特征	领导者的任务
第二阶段：过渡	内心冲突，有不满情绪，攻击，抗拒	鼓励分享内心感受，鼓励给他人反馈，建立团结和凝聚力，学习接纳自己和他人
第三阶段：规范	亲近，亲密，彼此接纳，有凝聚力	自我评估，认识个人行为主权，体验和建立责任感
第四阶段：工作	自主、主动，具有治疗功能，充分互动	相互尊重、愿意分享，解决问题，运用团体资源，尝试新行为
第五阶段：结束	舍不得离别，担心缺少支持	支持，肯定成长，巩固改变成果，处理离别情绪，追踪

三、心理健康教育课的流程

团体动力发展是一个变动不居的历程，各个阶段只是为了方便领导者推动团体发展而人为划分出来的。心理健康教育课流程设计的重点，在于引导学生体验自己在课程中“如何”与“为何”行动。

为方便教师把握课程的活动流程，我们从微观层面将心理健康教育课分为开始、过渡、工作和结束四个阶段。每个阶段都有团体发展的特有动力特征，教师在每个阶段都需要设计恰当的互动，使用合适的教学技术，完成特定的教育任务。

（一）开始阶段

在学校情境中，我们默认教师与学生之间、同学之间具有一定的关系基础。不同的课程主题，需要不同的心理准备和心理氛围。开始阶段主要针对活动主题，做好心理铺垫工作。由于“首因效应”，开始阶段对学生的课程投入程度有着巨大影响。

1. 领导者的主要任务

首先，通过倾听、积极回应等心理辅导技术，示范尊重、接纳和关怀的态度，帮助成员建立友善和共情的关系。这种关系有助于每个人在接下来的活动中真诚交流，相互提供心理支持。

其次，介绍课程的基本规范和注意事项，比如真诚、保密、不伤害他人、言行对事不对人等等。这些规范和要求形成团体活动的边界，保障成员心理安全，有助于成员觉察自己和他人的越界言行。

最后，运用趣味性的游戏和视听欣赏等活动，营造自由而安全的团体氛围。成员不断探索团体和领导者的边界，在不伤害自己和他人的条件下畅所欲言。团体更具包容性，对各种真诚的表达给予接纳和关怀。

2. 建立良好的辅导关系

几乎所有的辅导理论都强调，辅导关系是决定心理健康教育成功的第一要素。课程目标的达成也必须以良好的辅导关系为基础。在课程中，学生的自我探索、对问题困难的探索、情绪改善和认知调整、人际分享互动产生、经验整合等都须以一定辅导关系为背景。罗杰斯认为，良好的辅导关系取决于团体领导者自身的态度特质，即共情、真诚和无条件积极关注。辅导关系对学生人格的影响远大于领导者所采用的治疗技术。严格地说，心理健康教育课中没有专门环节用来建立辅导关系，但辅导关系是贯穿始终的灵魂要素。

3. 组织暖身活动

心理健康教育是心灵与心灵的沟通，要达到教育目标，需要营造安全、开放、轻松的气氛，让学生进入一种放松、温暖的心理状态。只有在良好的气氛与情绪状态下，学生才能积极投入活动中获取成长。因此，在心理健康教育课的开始阶段，常用使用暖身活动。

暖身活动形式很多，中等程度的肢体运动是常用技术，因为身体放松能减缓紧张与焦虑的情绪。暖身如同交响乐的序曲和前奏，一般放在上课铃响前后，形式为简短的游戏、视频、故事、演讲等。目的是让学生身心安顿下来，进入心理健康教育课的轨道和"磁场"。一些暖身活动还具有主题导入（抑或说点题）的功能。

（二）过渡阶段

在学校团体辅导中，教师扮演的领导者具有更为主动的引导作用。当开始阶段在成员之间的关系和团体的动力氛围方面打好基础后，教师通过过渡阶段切入课程主题。

1. 领导者的主要任务

首先，用生活故事、影视片段、情景表演等教学策略，为学生呈现课程的核心主题，帮助学生感知课程想要解决的问题。要注意的是，呈现主题单一明确，材料鲜活熟悉，这样学生才能容易地识别其中包含的矛盾和困惑。

其次，围绕主题情境，设计一些关键问题。这些问题涉及是什么、为什么和怎么办等要点。教师一方面可以通过这些问题，将学生的注意力聚焦在课程主题上；另一方面可以通过学生反馈，检查课程目标设置的合理性。

最后，运用团体动力学，鼓励全体学生参与主题讨论。教师可以按照"分组讨论—代表发言—成员补充—班级回应"的程序，激活学生参与热情，主动承担发言和分享的责任。教师主要起激发和催化团体动力的作用。

2. 创设心理情境

过渡阶段常常需要创设一个心理情境，将教学关注的问题初步呈现出来，让学生走近问题，置身其中，有所感知和觉察。情境创设的方法多种多样，比如教师讲解案例或播放视频，也可排演小品或情景剧。具体形式可根据实际需要灵活择选，出发点都是让情境更加生动、具体、形象，贴近学生生活，触动学生心弦，做好自我探索与合作分享的心理准备。

（三）工作阶段

工作阶段是心理健康教育课由问题走向目标的关键阶段。学生在这个阶段围绕核心问题，充分探索问题解决的各种可能方案，是课程占时最多的核心环节。

1. 领导者的主要任务

首先，激发学生全身心的心理体验。心理课程最大的特点在于体验，而体验无法通过知识讲授和他人替代完成，只能学生在此时此地进行亲身感受。工作阶段可以运用具身认知的心理原理，尽可能多地邀请学生通过身体动作，进行表演和练习，增强心理体验的强度和深度。

其次，引导学生经历自我探索的过程。问题解决的历程本质上是学生自我探索的历程。学生可以在心理课程创设的安全情境中进一步开放自我，在多重感官的体验中，觉察自我真实的心理状态，表达内心的真实感受，体会面对人生各种挑战时，内心触发的言行、情绪和认知。

最后，鼓励学生之间的交流和分享。团体形式的心理课程最大的优势，是成员的多样性和互助性。团体多样性的观点是宝贵的课程资源，为学生提供了丰富的理解事物和他人的视角。团体互助性的特点为学生展示了良好人际互动的模式，有助于大家将其迁移到现实生活中。

2. 设计体验活动

心理健康教育课的最终目标是学生获得心理品质的发展和成长，这种发展和成长主要通过一系列专门设计的活动完成。心理健康教育课之所以被不少研究者定义为活动课，是因为活动既是它外在的形态特征，也是它内在的原理机制。心理健康教育课的基点是各种活动，学生在课堂上眼动、脑动、身动、心动，全身心参与体验。

活动的另一层含义是互动，指师生和同伴之间的经验分享、思想碰撞、言语交流、体验共鸣。唯有调动起多种感觉器官、心灵感官和精神触角的活动，思考、思想、经验、感受和智慧才会源源不断地渗入个体的心智模式中。

心理健康教育课中，主要有三个关键因素，会影响活动的质量。第一，承担角色。心理健康教育强调体验性学习，一个成功的活动设计必须提供一系列角色活动，让学生有角色扮演的机会，在安全的情境中尝试新经验和新行为。第二，维持挑战与支持的平衡。在活动设计时，要给学生提供适度的挑战性任务。挑战性任务是那些具有一定难度，但需经过努力才能完成的任务。过分容易获得成功体验，不具备强化的价值。同时，教师还要提供一定的心理支持，如鼓励、肯定、指导等，让学生获得需要的资源。第三，促成持续发展。活动设计要注意妥善安排活动之间的顺序，既要环环相扣，又要与总体目标保持一致。

3. 催化自我开放

自我开放是指学生将个人的心理状态，如感受、经验、行为等与他人分享，以增加彼此信任的心理活动。心理健康教育课能给学生提供一个安全的人际环境，学生可以从容地开放自我，正视过去否定过的经验，把那些经验融合于当下的自我，实现自我的转变与发展。

自我开放能促进人际互动，也是同伴互动的结果。领导者适时、适地、适度的自我开放，不仅能为学生提供观察、模仿和学习的榜样，促进学生的自我开放，而且也能营造安全、自由的气氛。在这种不断升华的自我开放与同伴分享中，学生开始打开内心世界，拓展外部视野，为新领悟的产生与新经验的整合打下良好的基础。

心理健康教育课的目标是助人自助。在工作阶段，课程活动应充分调动学生自身的教育资源，鼓励学生深入自我探索，而不是依靠教育者的说教或外在社会规范。学生通过自我检查、自我领悟、自我实践，促进自我成长。

4. 聚焦交流分享

按照观察表演和模仿学习的原理，学生只有在广泛良性的互动和分享中，才有机会获得新的想法与感受，引发学生领悟，开启心理改变与成长的大门。心理健康教育课关注团体动力的掌控与顺应，鼓励学生互动与分享是工作阶段的核心活动。领导者要充分应用教育资源，激发学生与学生、学生与教师之间的交流与分享，形成心理改变的良性机制。

领导者要关注交流和分享的三个关键点。第一是小组活动的组织。一般以小组合作与全班展示为基本形式。小组组建采用组内异质、组间同质的原则，小组一般4～6人，保证人际互动深入有效。第二是问题驱动，充分讨论。领导者要设计广度和深度兼顾的问题，切忌泛泛而谈。好的互动和分享需要充裕时间，切不可用一句“因为时间关系”，让原本热烈的分享讨论戛然而止。第三是领导者适时引导。领导者要把握时机，做好小结，提炼升华。或因势利导，将讨论和交流引向更深广的时空。

(四) 结束阶段

结束阶段是心理课程回顾学习体验的阶段，由于“近因效应”，结束阶段会决定课程留给学生的基本印象。

1. 领导者的主要任务

首先，帮助学生总结和整理学习成果。课程过程中的活动带给学生很多感性体验，结束前的整理和总结能够将这些感性体验上升到理性思维的高度，将新学到的内容整合到学生已有生命体验和心智模式中。

其次，见证学生的成长和收获。为了强化学生初步形成的心理体验与心理品质，教师可以运用颁奖、赠言、送礼物、合影、齐唱等具有仪式感的活动形式，让学生留下欣喜、振奋和激动的记忆。

最后，帮助学生将学习成果从课程延伸到生活。真正的改变往往发生在心理课程以外的世界，教师可以通过实践作业、行为实验、合约承诺等形式，督促学生将课程中学到的经验用到生活中加以检验，通过现实反馈找到适合自己的问题解决路径。

2. 完成经验整合

心理健康教育课的结束阶段，学生有机会表达自己的真实感受，分享自己的成长体悟。通过同伴彼此观察和彼此学习，学生开始认识自我，实现经验整合。学生彼此回馈的内容可以是对同伴的赞美、鼓励、祝福，也可以是课程的收获和感受，还可以是让自己感动的故事。在活动结束前提供师生之间、学生与学生之间的回馈机会，不但能强化本单元的辅导效果，而且为延续下一单元的课程奠定良好基础。为进一步深化学生在课堂活动中获得的体验，教师可以布置一定的家庭作业，鼓励学生把学习成果迁移到日常生活中。

心理健康教育的每堂课都像在创作一首诗、一首曲子、一篇散文、一幅画，充满各种变化和流动、创造和生成，很难以一种固定模式涵盖所有样式。当教师专业能力和课程体悟达到一定水平时，他们在基本环节和流程上的“刻意执着”就会相应淡化，表现出更多基于专业自信和风格偏好的“无痕”处理，课堂表现会更加圆融成熟和浑然一体。

专栏

创设有助于学习的环境

哈迪曼（2018）提供了以下有助于学习发生的环境创设方法：

1. 提供一致的课堂期待和公平，用温和的策略来维持纪律。

2. 设计严谨的、鼓励差异化的、更有意义的教学活动。

3. 关心班级里所有的学生。

4. 提供相互辅导与小组合作的机会。

5. 通过便条、通知和电话或者电子邮件，向学生和家长传递积极的信息。

6. 针对每一个学生设置个性化的学习目标。

7. 确保每一个学生有一次在课堂上被提问的机会，或者参加一项特别的任务，比如设计一次布告栏或者装饰工作站。

8. 使用角色扮演的方式解决冲突，特别是基于教学内容的活动，比如文学或者社会研究课程。

9. 为跨年级的互动创造机会，比如学习辅导、舞台表演和其他艺术课程等。

10. 在班级里树立温暖和友善的模范。

第二节 体验设计

从本质上讲，教育是一个服务行业。未来教育将从“管理型”转变为“服务型”行业，家长将以学校提供服务的水准，衡量学校的办学水平。这个水准则需根据教育服务对象——学生和家长的体验来确定。很多行业已将客户体验作为工作的核心内容，积累了值得借鉴的经验。

一、服务领域的体验设计

有研究者调查全球500多家著名的以服务为导向的企业，根据客户感受将服务体验分为五个等级。第一级为不良体验企业，占30%，它们服务冷淡、随意而散漫，导致顾客服务没有人情味，令人很不愉快。第二级为一般体验企业，占30%。这些企业的员工敷衍了事，满足现状，提供的服务平庸乏味，令人毫无兴致。第三级为良好体验企业，占25%。在这个层级，员工通常会参与其中，表现得十分友好且讨人喜欢；大多数顾客也拥有积极的体验，感觉自己受到重视和欢迎，重要性十足。第四级为极好体验企业，占 12%，它们一直保持强劲的关联性服务，员工竭尽全力，为每位顾客创造专属服务和相应的服务体验。第五级为绝佳体验企业，占 3%，每个企业员工都专注于为每位顾客创造一种独特的体验，这会让他们远远优于其竞争对手。

迪士尼就是一家具有五级绝佳体验的企业，莱夫勒和丘奇（2018）将迪士尼的体验设计概括为 I. C. A. R. E. 原则，对心理健康教育课的体验设计极具启发。

（一）印象（I）

持久而深刻的印象会使客户形成根深蒂固的看法，使企业和客户之间建立紧密的关系。员工极力维持整洁的个人形象，带着积极自豪的热情投入工作。迪士尼的活动都有意识地运用视觉、嗅觉、听觉、味觉和触觉，为客户提供全方位的绝佳服务。员工和客户的每次接触、游乐场的每次活动展示都经过精心准备和反复演练，给人留下专业的印象。

印象原则强调服务提供者的基本素质。作为课程引导者，教师要具有强烈的工作热情，一旦进入团体，就全身心投入，真诚面对自己的想法和感受，对学生的想法感到好奇，想要了解学生真实感受，并且为了让学生在课程中获得极佳体验，对设计进行全方位演练和打磨。

（二）联结（C）

创造让客户的理智、情感和个人合而为一的体验，与客户建立长期而有意义的关系，让客户肩负起“向全世界专门介绍你”的使命。员工要熟悉企业产品和服务的各个方面，根据客户的需求提供匹配的服务。员工会照顾到每一位客户，主动利用各种技术媒体，与他们进行沟通。这种服务会让客户感受到尊重和肯定，愿意和员工建立信任关系，成为企业的终身客户。

联结原则强调用更宽广的眼光看待提供的服务。在课堂教学中，教师是活动引导者，他要主动配置影响学生课程体验的各种内容，包括场地、道具、材料等要素，并承担起课程成效的主体责任。

（三）态度（A）

用全新的眼光看待人，在自我和他人的期望中不断进步。员工相信“人们理应获得更好的待遇”，他们思维积极正向，他们的精神坚定乐观。员工具有这种态度后，他们就会尽全力展示自我卓越的一面，关注到工作和他人中优秀向上的方面，坚持不懈地努力提供更加优质的服务。

态度原则强调教师要善用期望效应，对学生健康和成长充满诚挚期盼，一方面用发展的、正向的思维模式和情感基调，展示出自身乐观、向上的态度，另一方面关注学生优势和特长，培育学生积极、进取的心理品质。

（四）回应（R）

仔细思考客户的需求，在内容、时间、地点、方式和互动等方面，尽可能满足客户的期望。员工要对各种类型的客户需求保持敏感，共情客户的感受，在问题出现之前做好应对准备。员工注重与客户互动的各个细节，将其标准化和规范化。客户感觉自己的需求被摆放在员工心中重要的位置，并得以优先解决。员工勇于承担问题的责任，永不惧怕道歉，将客户的问题和抱怨，转变成一次提升服务体验的机会。

回应原则体现为课程带领中的各种沟通技巧，包括积极倾听、复述语义、澄清总结、示范引导、共情支持等。适当运用这些技巧，能够为学生营造安全而自由的自我探索空间，从而获得更为深刻的自我觉察。

（五）绝佳特质（E）

绝佳体验的背后，有一个专业团队，负责体验设计和执行。推进绝佳体验的过程，一方面带给客户优质的服务，另一方面形成了组织独特的文化——对卓越和完美的不懈追求，这成为推动组织和员工发展的核心动力。在这种文化中工作，员工参加各种专业培训，不断发展自己提供服务的能力。员工彼此合作，共同提升服务体验的水准。处于这种文化系统中，每个人都产生非凡的体验，每个人都乐在其中。

绝佳特质原则强调一种不断自我提升、持续自我完善的组织文化。这种追求卓越的文化鼓励教师避免一成不变的活动安排和程式化的技术运用，主动开拓新的活动形式，探索新的互动模式。只有具有创造性和冒险精神，教师才能不断带给学生惊喜，为他们创造新奇体验。

这些体验设计原则从另一个角度，论述了领导者的素养和技能。心理健康教育课的领导者是发挥团体效能的关键，优秀的领导者能够遵守国家法律和职业伦理，具有良好的人格特质，对团体辅导理论有充分的理解，掌握团体带领的专业技能，拥有丰富的团体辅导经验。领导者要对自己的特长和不足有清晰认识，有所为有所不为，才能营造出绝佳的心理课程体验。

二、心理健康教育课中的体验设计

与其他课程相比，心理健康教育课的特殊性在于其对学生心理体验的关注。在课堂中形成特定的想法、情绪、期待和需求，产生特定的、一定强度的心理体验，是课程的重要目标。为了达成这个目标，教师可以从场景设定、流程优化和情感触发等方面进行体验设计。

（一）场景设定

人们在生活中拥有丰富的心理体验，这些体验和不同的生活场景联结在一起。比如，在家庭场景中，学生说话和做事比较自由，会更多体验到轻松、愉悦的感受；在课堂场景中，学生努力学习，会更多体验到紧张、焦虑的感受。不同的人由于生活经历不同，会在同一场景中产生不同的心理感受。比如在考试场景中，有些学生会更多体验到紧张的感受，而有些学生则会体验到兴奋的感受。为了让学生产生与活动目标一致的体验，教师要设定合适的活动场景。

心理健康教育课开始，教师会提出全体都要遵循的活动规则，如真诚、保密、投入等等，并请大家举手表示赞同。这就是一个场景设定过程，通过这个前置的仪式，大家对于接下来的活动性质、边界和态度都有了清晰认识。暖身作为心理活动课的第一个环节，常常使用游戏的方式设定活动场景。通过学生在游戏中互动，我们想要营造自由而安全的活动场景，所以一般不会带有比赛竞争和排名选优的元素，避免同学之间形成紧张和对抗的关系氛围。

在过渡阶段，教师会创设引发学生心理困惑的场景；在工作阶段，教师会创设学生解决心理困惑的场景。这些场景创设常使用情景剧的方式。为了保证课堂能够再现和还原生活场景，保证课堂中学习到的心理知识和技能，能够更好地迁移到生活场景中，情景剧的人物、情节、对话和方法都需具备高度的真实性和针对性。

比如在一堂小学五年级“如何应对父母唠叨”的活动课中，教师总结出换位思考、主动认错、表达情绪等方法，并请学生模拟演练。如果教师请每组学生选一种方法，每种方法在情景剧演练中都能顺利解决唠叨问题，那么场景就不具备真实性和针对性。教师可以固定场景，然后请学生选用不同方法演练，在比较中找出合适的方法；教师也可以请学生通过探索，找到不同情景与方法的组合匹配。只有在真实和具有针对性的场景中练习，才能有助于课堂学习的迁移性。

（二）活动优化

学科课以教师教授知识和技能为主，学生活动多为知识和技能的巩固练习。在心理活动课中，学生在教师设定的场景中开展身心活动，直接从自身体验中获得心理成长。活动是人们在时间轴线上的一系列行为事件，组织活动比讲授知识需要更多实践性知识，需要考虑的要素包括活动的难易程度、学生的身心状态、场地的活动条件、可能发生的意外等。很多教师在职前教育中，没有接触过活动流程优化的技能，导致心理活动课常常出现学生不动、活动失控、为活动而活动等问题。

教学活动常体现为学生完成某项任务，包含活动要点和活动顺序。要想顺利完成任务，教师需要将任务分解成连续步骤，对任务流程进行设计，包括规则讲解、示范练习、开展活动、分享反馈等环节。教师还需要考虑活动的出发点、场景和支持材料等。

比如在一堂小学三年级“如何树立自信心”的活动课中，老师请同学们看一张写有“我很棒”的纸条，然后说：“请将纸条的意思表示出来。”第一位同学说：“我很棒。”老师说：“用动作表示。”然后学生竖起了大拇指，老师请他回到座位。第二位同学上来依然说：“我很棒。”老师又说：“用动作表示。”学生照前一位同学的样子也竖起大拇指，老师说：“用自己的方式表示。”学生呆立在讲台上无所适从了。

要想组织好这个活动，老师首先要向大家讲解活动规则：“看到纸条上的话语，用自己特有的动作表示出来。”然后在展示台的场景中，举一个例子进行示范练习，比如给大家看一张写有“我很伤心”的纸条，请同学们用自己的身体语言表达出来。当确认大家都理解了活动规则后，开始正式的活动。学生活动后，最好请他们谈谈活动感受。

（三）情感触发

好的体验设计能够让心理课的活动触及学生的内心世界，引发学生的情绪反应和情感体验。在商业领域，能够触发情感的点称为痛点、爽点和痒点；在影视戏剧领域，能够触发情感的点称为笑点、泪点。心理活动课想要在有限的时间内和有限的活动中达到这样的效果，除了要设定合适场景、遵循合理流程，还可以抱着真诚和好奇的态度，使用个人化、叙事化和细节化等策略。

个人化是指教师引导学生将自己代入特定场景的教学策略。比如教师为初中生播放完一段励志视频，请同学分享感受。有同学说："这段视频让我看到了一个坚强不屈的灵魂。"很多教师都会认为学生的回答精彩漂亮，然而这个回答并未反映出学生自己内心的感受。教师可以追问："如果你是这个人，遇到这样的人生挫折，会有什么想法和感受？"

叙事化是教师引导学生由讲道理进入讲故事的教学策略。比如教师请小学二年级的同学，讲述让自己感到骄傲的事。有同学说唱歌跳舞，有同学说扎辫子拔牙。如果教师只是满足于这种概括性的标题语言，就无法触发学生的情感。教师可以追问："听上去这件事情令人难忘，能不能给我们讲讲当时发生了什么？"

细节化是教师引导学生运用想象产生画面感的教学策略。比如当学生说，自己感到骄傲的事情是参加架子鼓大赛时，教师可以追问："当时舞台是如何布置的？台下做了哪些人？他们的表情是怎么样的？开始和结束时，大家如何反应？"

三、体验设计的方法

体验设计有很多具体的操作方法，常用的是基于教学事件脚本的探索方法，包括故事板、沙盘推演和剧场排练等技术。

（一）故事板

教师将心理课程的各种活动，按照一定的逻辑和顺序进行组合排列。确定每个活动的任务、规则、人物、工具和场景后，将这些关键事件的详细过程，制作成线性的图片或视频。

在课程设计时，教师能够抽象地把握课程流程的板块环节，但对活动的具体操作和实施流程，缺乏直观和感性的认识。连环画一样的故事板能够用形象的方式，帮助教师还原活动的本原和细节，不断优化学生的学习体验。

（二）沙盘推演

和故事板相比，沙盘推演是更为逼真的教学活动模拟。教师可以用小型人偶和简单道具摆出活动的模拟场景，根据教学脚本或故事板，演绎活动展开的情景和过程。

沙盘推演能够还原出教学事件真实的空间关系和人际关系，有助于教师从第三方视角理解自己和学生在教学事件中的处境和感受。通过沙盘推演，可以对活动路线、人物位置、场景把控等细节进行效果优化和提升。

（三）剧场排练

为了制造更为逼真的感受，教师可以采用类似剧场排练的形式，通过角色扮演体验活动过程。剧场排练能够为教师带来身体和感官的直接冲击，更容易与学生产生共鸣，找到提升学习体验的切入口。

如果学生在课程中，能够解决现实问题，满足心理需求，体验到放松、愉悦、快乐、感动、振奋等情绪情感，就会增加生活的多样性和丰富性，找到更多生活的价值和意义。

专栏

不同动机学习者的体验设计策略

任何人都可能成为任何类型的学习者，这取决于学习主题和学习环境。针对不同动机的学习者，德克森（2016）提出了不同的学习体验设计策略。

内在动机学习者的体验设计策略包括：

1. 对学习之神说“谢谢”吧。真的，你的生活将会容易很多。

2. 确保学习者花足够的时间在他们自身的问题上。你可能只需让他们有一些常规的活动或挑战，如果学习者解决了自身问题，将会取得更大的进步，这对他们很有意义。

3. 使学习者成为自己的老师。内在动机学习者将基于自身的内在动机进行学习，如果他们能够适当地分享他们的学习经验，他们将能够学习到更多。他们这样做将会使其他学习者有更广泛的学习方式。同样，这也能适当减轻你的压力，使你和你的学习者达到双赢。

外在动机学习者的体验设计策略包括：

1. 转变他们的心态，尽量增加内在动机。想想什么能够帮助他们找到学习主题中的内在动机？和他们交谈，了解他们学习这些信息用来做什么。尝试增强他们的学习内容与现实工作的联系，并获得他们的认同感。

2. 让他们告诉你。在讲授知识之前，让你的学习者告诉你即将学习的知识的用途或重要的原因。如果是你告诉他们的话，可能会被抵制或质疑，但如果是他们自己想到的原因，就会更容易接受。

3. 寻找痛点。如果学习者不熟悉学习内容，他们就无法将他们的困扰和你所提供的解决方案有效地联系起来；但如果你能够弄明白，什么困扰着他们，并且告诉他们如何可以减轻这种困扰，你便能够使外在动机学习者转化为内在动机学习者。

4. 避免太多空泛的理论和背景知识。可以尝试用有趣的方式描述知识，但外在学习动机者更希望知识唾手可得。我们需要将具体的例子和具有挑战性的问题，直接关联到他们的现实工作与生活。事实上，这适用所有的学习者。如果你有很多背景故事，你无法精确描述这些故事的重要性，就应该使内容简明扼要（或至少将这些不重要的信息，放置在不太重要的地方）。

5. 利用有趣的诱导性问题，唤醒他们的内在动机。如果你从真正有趣的挑战或谜题开始，让学习者面临需要解决的问题，他们的外在动机将开始逐渐转化为内在动机，就像解开了谜题或是取得了胜利（唤醒内在的心理）。请记住，这里的“有趣”是指“对他们（外在学习者）来说是有趣的”。

本章小结

1. 心理健康教育课的流程设计，是教师为达成教学目标而为学生设计的学习程序。心理健康教育课的流程设计主要依据班杜拉的榜样观察和模仿学习理论，从注意、保持、再现和动机等方面进行规划。

2. 结合团体动力学的发展历程，心理健康教育课的流程可以分为开始、过渡、工作和结束四个阶段。每个阶段都有团体发展的特有动力特征，教师的任务包括建立良好的辅导关系、组织暖身活动、创设心理情境、设计体验活动、催化自我开放、聚焦交流分享、完成经验整合等。每个阶段都需要设计恰当的互动，使用合适的教学技术，完成特定的教学使能目标。

3. 流程设计完成后，为了帮助学生在教学中形成特定的想法、情绪、期待和需求，产生特定的、一定强度的心理体验，教师可以采用基于教学事件脚本的探索方法，包括故事板、沙盘推演和剧场排练等技术，从场景设定、流程优化和情感触发等方面进行体验设计。

思考练习

1. 在心理健康教育课的设计中，运用班杜拉榜样学习的四个阶段。
2. 根据教师在心理健康教育课不同阶段的任务，模拟可能发生的问题和应对。
3. 从体验设计的角度，分析一堂心理健康教育课。

第六章

活动组织与教学技术

学习目标

1. 用自己的语言叙述促进参与、分享和反思的技术的内涵和作用。

2. 列举技术使用实例，包括倾听、真诚、共情、鼓励、自我表露、提问、引导和聚焦等。

3. 说明这些教学技术适用的情境和条件。

4. 在小组讨论中刻意练习这些教学技术，获得同伴的真实反馈。

5. 分析心理健康教育课中，教学技术使用的情况。

章节导读

为了达成教学目标，教师需要使用心理健康教育的各种教学技术，促进学生互动，推动团体动力，增强心理健康教育课的有效性。没有哪种教学技术能适用于所有的教学情境，也没有哪种教学技术能达成所有的教学目标。教师在决定使用何种教学技术时，有时会感到困难，这是因为在复杂的课堂环境中，往往需要合并使用多样化的教学技术才能奏效。本章将心理健康教育课的教学技术分成促进参与的技术、促进分享的技术、促进反思的技术，但其实每一种技术的应用范围都可以用于不同的教学阶段，服务于不同的目的。技术是中性的，在成人未能真心地欣赏和接纳、真诚地信任和尊重孩子时，这些技术便失去力量，成为空洞、没有灵魂而徒有形式的技术，也会让人感到乏味。教师应有意识地调动心理健康教育课中静态和动态的要素，充分体现积极主动的设计思维。

第一节　促进参与的技术

有家长向老师反映，虽然学校禁止学生带手机，但是孩子只要回家，趁家长不注意就去玩手机或者其他电子产品，一到周末或者假日更是一玩就停不下来。于是老师想在课堂上和同学们探讨合理使用手机的问题。

这位老师的课程设计思路如下：首先关注手机带来的好处，然后谈过度使用手机的弊端，最后总结怎样合理使用手机，并和同学们做个约定。思路挺清晰的，但你有没有发现，这里面忽视了一个重要的方面，就是判断标准。家长和学生对于“合理使用”电子产品的标准并不统一，有的学生认为每天玩一个小时合情合理，但家长却认为每天一小时，一年积累下来就荒废了半个月的时间，不知会落后同班同学多少。而不同家长的看法也不一样，有的家长认为每天玩半个小时没问题，有的家长看到孩子抱着手机超过十分钟就会过去干涉，极端一点的家长甚至认为孩子就不应该碰手机。

所以这节课想要帮助学生解决的问题是什么呢？是教学生怎么合理安排时间吗？如何培养自律吗？讲讲大脑的机制，理解我们为什么会对某些东西上瘾，从而抵御诱惑吗？如何在家与家长协商实现“双赢”吗？

他们（学生）又会对哪些具体内容感兴趣呢？

心理健康教育课的主题都可以有很多个切入点，想要在一节课的时间包山包海都说全，显然是不现实的。每所学校的学生都有各自的特点，同一个主题未必适合所有学校。同一节课，拿到不同班级的教学策略也应有所调整。教师选择的切入点要贴近学生生活，与学生的发展阶段相契合，考虑学生真正关心的问题。只有把好的理念落到实处，心理健康教育课才不会变为专题演讲，学生才会成为学习的主人，而不是课堂的“观光客”。

一、倾听

（一）教室中的伪倾听

倾听的前提是专注，专注的目的是告诉学生，你正在注意他们，并鼓励他们更加开放地谈论自己的想法和感受。做到了专注，学生会感觉到自己说的东西是有价值的，自己值得被倾听。专注可以鼓励学生说出他们的想法和感受，因为他们会觉得教师对他们所说的东西感兴趣，这样学生就更容易参与到课程当中来。

有些时候，教师看上去很专注，但他却不一定是在倾听，他有可能在想接下来的教学任务、下一个问题问什么，或者估算课程剩余的时间。日本著名教育家佐藤学先生在《静悄悄的革命》（2014）一书中描述了这样一种课堂情境：“授课者虽然在嗯、嗯地点头，热心地倾听着学生的发言，但是发言的学生却不觉得老师已经把自己的话听进去了。”

有两种常见的“伪倾听”，第一种在新手教师的课堂上比较常见。由于教学经验不足，新手教师对于学生的课堂发言难以自如应对，于是他们在听学生发言之前，就预先准备好了“台词”。这种倾听方式看上去对学生给予了及时的反馈，但这种反馈实则缺乏针对性，学生会感觉自己的发言可有可无，教师对自己不够重视，渐渐地失去发言兴趣。

与此相对，另外一种伪倾听时常出现在有一定经验的教师身上。有的教师过于注重“正确的答案”，希望学生的发言能套进正确的答案里，对于学生的发散性思维与独立见解缺乏接纳的心态。这部分教师往往很用力，想方设法把学生引入自己预设的教学轨道上，敷衍或忽视那些背离自己想法的发言。在这种课堂氛围下，学生要么沉默，静静地看你“表演”，要么选择配合演出，迎合教师，说些假大空的“正确的废话”。怎么样才能确认自己真的在倾听呢？你可以简要概括刚刚学生发言的要点，看是否准确了解了他的意思。

比如，在“如何面对考试焦虑”的课堂上，老师问同学们对焦虑怎么看。有位同学说焦虑是一种很糟糕的情绪，会影响自己发挥正常水平，并且讲了自己上次数学考试没考好的经历。老师点点头，接着问道：“你刚刚说了焦虑带给你的负面影响，我们知道凡事都有两面性，那么焦虑有没有给你带来过好处呢？”学生不假思索地答道：“没有。”“能不能再想想看？”学生一时语塞。老师示意他坐下，转而问全班：“谢谢这位同学，他刚刚跟我们分享了焦虑不好的一面，有没有人觉得焦虑也有好的一面呢？”另一位学生举手：“焦虑虽然会让我感到压力，但压力就是动力，会督促我进步，我会更努力地抓紧时间学习，如果我都复习到位了，我就不会焦虑了。”

对于上面那位说自己因焦虑而影响到考试成绩的同学，很难想象在这个过程中他有什么实质性的收获。发现了吗？即使学生足够配合，一节课下来学生也只是知道了教学内容，常常下了课就把知识“还给”老师。如果这位老师能够耐下心来，暂时放开自己预设的内容，不急于兜售自己的知识（让学生重新评估焦虑、接纳焦虑……当然这并没有错），而是让学生充分表达焦虑的体验，引发共鸣，再问问同学们在焦虑的时候会做些什么，效果怎么样。让学生充分认识焦虑，生成自己的焦虑解决方案，而不是在 PPT 上提前总结好一套应对焦虑的标准流程让学生齐声朗读。

（二）倾听过程中的非言语行为

美国心理学家艾帕尔·梅拉比通过一系列研究发现，在面对面的交流中，55%的情感内容是由非言语行为暗示的，比如面部表情、姿势、体态、眼神等，38%的内容由声调表达，只有 7%的内容是用语言说出来的。非言语行为在人际互动中发挥着重要的作用，借助一定的身势语言对说话人的话语做出适当反应，即使不说话，也能够传递“我正在倾听”的信息。倾听中比较常用的非言语行为一般包括点头、目光接触、面部表情及身体前倾等。其实在人类社会中，关于非言语行为都有一定的约定俗成的规则，相信你并不陌生。所以在这里我们只做概述，你无须刻意学习，只需在教室里稍加留意。

1. 点头

点头既可以是中性的含义，表示接收到了信息（听到了、知道了），鼓励对方继续说，比如“嗯，了解”“然后呢”“还有补充吗”，也可以在态度上表达同意或者赞许，比如“是的”“没错”“很好”。为了准确表达你的意思，在点头时可以结合语言线索加以区分。

2. 目光接触

回想一下学生时代，老师提了一个问题，如果你不想回答，你会怎么做呢？绝大多数人一定第一时间低下头，或者假装翻书、记笔记，回避老师的目光，因为你知道，一旦和老师的目光对上，很大概率就会成为“天选之人”。

对于说话的人而言，避免注视对方，常常是焦虑、不舒服或者不想再与别人交流的信号。对于倾听者而言，太少的目光接触，会让说话的人觉得听者对谈话没有兴趣，并且在回避这个话题。而太多的目光接触有时也会使对方感觉不舒服，特别是在有明显的权力不对等的关系的时候，会有胁迫的感觉，学生有可能会感觉被支配、被控制。所以讲话时看着学生，在听学生讲话时让学生感受到被关注，是心理健康教师最基本的倾听态度。

3. 面部表情

早在人类拥有语言之前，人们就运用面部表情来传达情绪和信息了。比如皱眉可能代表不满意或者困惑，眉毛上扬可能代表惊讶，单侧眉毛上扬可能意味着怀疑……有的老师在专注或者思考的时候会无意识地皱眉，有的老师在听到学生的回答时习惯性地显得很惊讶，还有的老师习惯性地微笑。微笑是一个大家公认还不错的表情，尽管微笑使人看起来很友好，而且能够鼓励学生表达，但过度的微笑也可能被看作是不够真诚、不够投入的表现，有时也会阻碍学生探讨深入或者严肃的话题。

教师倒不必像明星、公众人物那样需要严格的表情管理，做到 360 度无死角，表达对学生的兴趣和关心，同时配合学生所讲的内容，做到与学生有情感的联结即可。

4. 身体前倾

如果你到新手教师的课堂听课，你会发现刚毕业不久的老师在上课的时候，常常把自己的活动范围限定在讲台附近，从讲台的一端走到另一端，颇像走在孙悟空给唐僧画的那个“妖怪勿进”的圈里。除了场地所限等客观原因，只在讲台上活动可能意味着你胆怯或者你很懒，所以把讲台作为屏障。这样和学生交谈会有一种距离感，比较好的做法是在问问题时离开讲台，到学生中去，在学生发言的时候靠近他们，身体微微前倾，不要让讲台束缚你。

如果你以前从未注意过自己在教学中的这些小细节，不妨询问一下熟悉自己的好友、同学、同事，看看在他们眼中，你的常规表情、习惯动作是什么，或者你也可以观看自己的教学视频，这会有助于你从旁观者的角度观察自己，进而做些调整。

二、真诚

教书育人是教师的天职，教师作为教的人，似乎在各方面都理应比学生懂的更多；学生作为被教的人，似乎在各个方面都应该向教师学习。正所谓“学高为师，身正为范”，时间久了，我们平日的言行举止也烙印上了教师的特征，而我们自己则躲在了教师这个角色的背后。

（一）对自己真诚

我们来想象一个场景：你为一节心理健康教育课做了很充分的准备，而且为了更了解这个班级，还特地和班主任聊了几次，设计了很棒的活动。结果当你站上讲台的时候，却发现好几个学生心不在焉。这个时候请诚实地面对自己：你看到这样的场景，会有什么感觉呢？可能感到挫折、沮丧，或者有点生气，大部分老师总归不会有什么正面的感受。

如果你已经从事教育工作一段时间了，你会发现老师常见的应对方式有这样几种：

（1）指责。这是多数老师条件反射式的反应，认为自己在课堂上有权力管理学生，好一点的能来个深呼吸尽量压抑情绪，略带指责："后面那几位，上课注意听讲啊，别走神。"没压抑住的可能就直接开启嘲讽模式，或者叫起来回答问题顺便罚个站。

（2）讨好。个别老师也会采用这样的方式，为了争取学生的配合，他们可能用相当温和的语气说："来，看我这里啊，我知道你们刚上完体育课，可能有点累，克服一下。"

（3）理智。这类老师喜欢各种摆事实讲道理："上课要认真听讲啊，不能因为不考试就不认真听，心理健康和身体健康同样重要，国家卫健委的统计数据显示我国青少年心理疾病的发病率可是逐年增加的，所以同学们一定要重视心理健康教育课。"

（4）视而不见。这类老师选择忽视学生开小差的事实，不予处理，当作没看到。只要互不影响，你玩你的，我讲我的。

这些应对方式多多少少都有点用，但还有一种应对方式更符合心理教师这个角色设定，那就是真诚一致。真诚一致大致可以分为三步：第一步觉察自己的感受，第二步确认自己内心的期待，第三步选择适当的方式与学生沟通。

具体而言，首先觉察自己的感受，你可能感到有一点生气、沮丧、挫折，承认自己的情绪，不急着马上应对。当你接纳了情绪之后，你才能认清自己情绪背后的观点、期待。为什么学生不认真听课，老师会有负面的感受呢？急性子的老师会说："什么为什么，他不认真听课我不生气难道还谢谢他？""没有为什么，我是老师他是学生，不认真听课就是他不对。"学生的行为引起你的不满，一定是你的某些需求没被满足、某些期待落空了。不然跟你毫无关系的事，怎么会引起你的情绪反应？我们可以从三个角度来探寻情绪的来由：

（1）在这件事情中，我怎么看待自己："我备课这么认真，资历这么丰富，教出过不少好学生，我当然值得赢得学生的尊重。"

（2）我怎么看待对方："学生就要好好学习，上课认真听讲，他们的眼睛都应该看着老师，跟上老师的思路，努力吸收知识。"

（3）关于这件事别人会怎么看我："如果这个时候校长、主任从教室门口路过，他们看到我的课堂上有学生开小差，会怎么看我呢？我的课不吸引人吗？我没有能力组织好课堂吗？"

安顿了自己的情绪并且清楚了原因之后，我们要做的就是和学生真诚地沟通这件事情。你可以从你看到的行为入手，因为行为是显而易见的，不必揣测，只需要客观描述："××，我看到你看向窗外/在下面写什么东西/眼睛好像闭上了……是有什么事吗？"这个时候不要问学生为什么不听课，我们听到“为什么”一类的问题，下意识就会给自己找借口，为自己辩护。所以你只要陈述事实，问他怎么了，然后反映学生可能有的感受、期待，说出你的课堂要求和期待，请学生选择接下来该怎么做。如果学生给出的理由是你可以接受的，比如身体不舒服、很难专心，你可以提出替代方案，比如请他课后想办法补上学习内容，下节课你会问他问题等等。

这样你既明确传递出你的要求，也同时关注到了学生的小状况，让学生参与到解决问题的过程中来，没有指责与命令，始终充满尊重和人文关怀。

（二）对学生真诚

人们在交流的时候，语气传达出的信息有时远远大于内容。如何通过语气传达出真诚呢？对于小学低年级的学生，教师为了便于学生理解，可以多用一些形象化的词语，多用语法简单的短句，配合一定的手势动作。但需要注意，只要不是在教幼儿园的小朋友，就请用正常的语气语调跟学生交流，不要太夸张。越是高年级的学生，教师与学生对话越要使用对待成年人的语气。如果教师经常用哄孩子的语气提问，而孩子却能用冷静理性的语气表达自己的想法，那么其中的角色是错位的。

永远不要低估学生的能力，特别是在信息获取如此便利的互联网时代，学生可能都还不会打字，就可以在吃早餐的时候随口问问语音助手，轻轻松松获取他想知道的知识。他们接触到的相当一部分资讯，是我们所不了解的。对话的理想语气应该是：我们彼此都是有思想的独立的个体，我们彼此尊重，并且乐于交换彼此的想法。

学生希望得到老师和父母的信任，所以我们给他们的不应该是自上而下的“教导”。如果你扮演一个全知的角色，就意味着学生是无知的，那他们为什么还要去思考？想要学生更积极地参与到课堂中来，尊重他们，表现出充分的信任是很重要的态度。我们信任学生，同时也希望这可以成为一个良好的示范，以此也能换来学生对我们的信任。

（三）对内容真诚

语言的“语”，繁体为“語”，言＋吾，用口中所言表达真我。这里的“真”并不是相对“假”来讲的，而是指课堂场景中教师的教学话语是否脱离了学生的真实世界。

有些教师在心理健康教育课的教学过程中仍参考学科教育的模式，总是试图追寻既定的教学目标，忽视学生“主体参与”。教学话语内容始终围绕教材以及事先准备好的幻灯片，对学生进行知识传递，以为这样就算是完成了教学任务。心理健康教育课的目的不是要教给学生真理，不需要学生背概念、定理，需要的是学生参与、体验、领悟。所以课堂中的话语内容应该关注到学生内心的、动态的、富有情趣的生活世界，这样的知识才不是“死的”。

如果台上的老师讲的都是道理，而没有自己的理解和感悟，学生又有多大可能说出由衷的肺腑之言呢？如果学生不能把文本知识与自身经验建立联系，在课堂中就很难有参与感，即便你给他机会让他谈想法，他也仍旧无话可说。将课程内容与学生真实的生活世界联系起来，让知识融入生活，使之在其中不断流动、发展，这样搭建起的课堂，才是真正有生命的课堂。

三、共情

共情是指个体在人际交往中，对他人的情绪、情感感同身受的同时，产生理性认知并给予他人相应反馈的一种能力。人本主义心理学家卡尔·罗杰斯曾建议将共情融入教学当中，认为教学应以学生为中心，教师必须广泛了解学生，对学生真诚尊重，力求营造情感融洽的学习氛围，促进学生端正学习态度，使其实现自我成长。

在心理健康教育课上使用共情，可以起到以下三个作用：第一，和学生站在同一视角，从而更能准确地掌握信息；第二，学生会感到自己被悦纳、理解，得到关注，有助于建立融洽的师生关系；第三，促进学生的自我表达、自我探索，使学生能够更积极地参与到课堂中来。

（一）如何表达共情

使用共情最重要的是态度，不适合把它当成“技术”“工具”来学习。工具是用来解决问题的，无论是谁，只要按照说明书上的方法做，一般都能达成目的。开瓶器就应该能打开瓶盖，锤子就应该能砸开核桃，解决不了问题，这个工具就是没用的。如果我们面对的是瓶盖或者核桃那就简单多了，然而面对一个个成长中的独特的个体，我们不能如此傲慢。

1. 描述非言语行为

这是最直观的方法，你可以通过描述学生的非言语行为推测他此刻的感受、想法。非言语行为包括学生的表情、姿势、动作等等。例如：

老师：××，我看到你站起来一直在搓手，代表小组发言有点紧张是不是？担心自己说不好？

2. 对深层情感的反馈

如果老师觉察到学生话语之外的情感，就可以进行反馈。这并不是在分析学生的行为，而是推测学生可能的情绪感受。这种情绪是学生尚未意识到的，但言下之意已经呼之欲出。例如：

学生：反正只要不是满分，在我爸眼里我永远都还有努力空间。他说以后英语不好的人就是文盲……别管我花了多少时间在英语上，他只看结果，根本不关心我做了多少……

老师：嗯，英语这门学科让你有挫败感。你花了很多工夫想要学好，但似乎还是不能让爸爸满意。你怕被爸爸看不起，而他又不理解你，你有点难过对吗？

这个例子里学生对学习英语感到挫败是很容易看到的。尽管学生没有直说，但老师还觉察到了更深层的情绪，就是觉得爸爸关心成绩多过于关心他，这让他觉得难过。如果老师的感觉是符合学生实际情况的，学生就会感到老师是懂他的，更愿意与老师互动。即使学生认为老师说的和实际情况有点偏差，比如他认为与其说是伤心不如说是生气，恨不得再也不学英语了，那也没关系。至少你说对了一半，还是用猜测的语气询问，而人其实都喜欢纠正别人，他会修正你的说法。总之不管你的推测对不对，都起到了增进理解、促进沟通的作用。

3. 指出矛盾的感觉和想法

学生所呈现的复杂感受以及矛盾的想法，往往暗示真正的问题所在。只有让学生清楚地意识到这些冲突，他才能更好地理解自己，重新认识问题，进而在之后做出更明智的选择。例如：

学生：讨人喜欢、受大家欢迎当然好啊，我想成为那样的人……但是我觉得很难，感觉总是在边缘，融不进去……不过没关系，这不重要……

老师：我好像听到你心里有两种声音，一种声音是你很想成为受人欢迎的人，但另一种声音说这对你不重要……是这样的吗？

我们在看待困扰的时候常常会有冲突和矛盾，老师以一种观察的姿态指出学生话语背后的冲突，学生在一定程度上就可以更好地理解他的处境。否则在矛盾的想法中来来回回地兜圈子，始终无法迈出朝向问题解决的一步。

4. 运用隐喻

有时学生难以具体地描述自己的情绪，或者陷在某种情绪里难以继续思考，教师就可以将学生的处境用一种更直观、更容易理解的情境做类比。这个情境可以源自常识、故事、绘本，也可以是学生熟悉的文学或影视作品。由于讨论的是隐喻的情境，学生就跳出了“只缘身在此山中”的局限，更容易启发思考。例如：

学生：当了十年的学生，生活的轨迹基本上是家—学校—补习班三点一线，每天就是学习、考试，周围的人都在忙自己的事，就像生活在真空里一样，多我一个不多，少我一个不少，没人会注意到我……

老师：听你这么说似乎像是生活在蚁穴中的蚂蚁，所有的蚂蚁都非常忙碌，他们不会一起聊天，不会一起玩耍，每天都周而复始地重复同样的事，可能即使你偶尔离开，他们也不会注意到……

（二）表达共情的注意事项

共情需要教师将专注、倾听、真诚综合运用到一起，传达所听、所见、所思、所感。如果你可以熟练掌握前面的内容，到这里，你就可以建构出一段富有同理心的谈话，营造一种开放、信任的氛围，使学生感觉自己是被理解、被接纳的，愿意参与进来，袒露心声，进一步探索自我。

共情在心理健康教育中的重要性无须多言，因此在进入下一主题之前，我们仍有必要做一些小提醒：

（1）试着用学生的眼光看问题，把自己放到学生的处境上，尝试感受学生的内在。

（2）表达共情的时候，语言要符合学生的使用习惯，比如学生说自己最近很“丧”，你就可以使用他的词语进行反馈，这样比较容易被理解和接受。

（3）如果不太确定自己的理解是否正确，可以使用询问的口气来表达，欢迎学生修正。

（4）你只是理解了学生，而不是成为他。你仍然要有自己的立场，可以提出和他不一样的想法。

（5）共情的表达要适当，课堂毕竟不是咨询室。对于不同的学生、不同的话题要选择适当的时机，而且不宜做深度分析，比如学生的家庭情况就不适合在课堂上深入探讨。

（6）非言语行为是一条不错的线索，别忽视了它。你可以留心观察学生的非言语行为，同时在学生说话的时候也可以身体前倾、点头，并投以鼓励的眼神。

（7）记得自己的教师身份，你面对的不是个别学生，还有班上的其他人，要让其他人也有收获。

第二节　促进分享的技术

一、鼓励

（一）鼓励在教育中的作用

在心理学领域，说起鼓励，我们就不得不提到一个人：人本主义心理学先驱、个体心理学的创始人阿尔弗雷德·阿德勒。虽说现在的孩子都越来越宝贝，在成长过程中却仍不可避免会遇到一些挑战。

通常在什么情况下，老师会鼓励学生呢？也许是当学生做出从未有过的尝试或改变的时候；也许是当学生在行动的过程中遭遇困难或挫折，想要放弃的时候；也许是当学生在某件事情上失败了，情绪低落的时候；也许是当学生已经做出了一些努力，取得了一定的成效，但难以坚持的时候……

阿德勒认为鼓励作为一项行为改变的重要技术，能引导个体发展社会兴趣，展现出人本身所具有的自主选择、决定的能力。阿德勒学派的学者也一致认为，鼓励能有效降低悲观主义，引导并促进有利的社会行为产生。简言之，阿德勒学派所倡导的鼓励，允许人可以犯错，失败时不用自责；信赖人的潜力，相信人有能力引导自己的生活，解决自己的问题。

鼓励是教育过程中十分必要的条件。有了鼓励，孩子对自己的爱、接纳与信任就会日益增加，勇于面对人生中的挑战。孩子不需要再用不良的行为来获取所需要的注意力、关爱、肯定、价值感与归属感，就能在团体中找到自己的一席之地，贡献自己的力量，发现自己的价值。

孩子得到鼓励之后，常常更有自信、不怕失败、更愿意尝试新事物。在学习领域获得鼓励的孩子更能投入学习活动，态度也变得更加主动、专注，更愿意努力练习，还会表现出更多创意。在人际领域，被鼓励的孩子，人际适应也更为良好，具体表现为：更能观察他人的言行与心理需要，更愿意与人合作、分享和帮助别人，更有群体认同感和归属感（张英熙，2013）。将鼓励应用在课堂场景中，有助于师生之间建立互相信任、互相尊重的关系。少了外力强制的要求和控制，孩子通过成人的鼓励得到了成人积极的关注、获得了归属感这类正向的经验，也会使孩子更乐于与成人合作。

（二）鼓励的原则

鼓励是一个催化的过程，帮助个人发展内在的资源与勇气，往积极正面的方向前进。鼓励不是操控，不应该只被用来强迫孩子学习，或被视为解决孩子问题的工具，更不该在孩子不良行为消失时停止鼓励。教师运用鼓励时，应着眼于积极的目标，帮助孩子建立自尊、发展正向生活形态及社会兴趣。例如，以鼓励表达对孩子的接纳，使孩子建立良好的自我概念和品格，增添孩子面对挑战的勇气和合作的行为，从“我不能”转变为“我愿意尝试”，促进孩子的全面发展。

综合阿德勒学派的伊迪丝・奈瑟（Edith Neisser）和唐・丁克迈耶（Don Dinkmeyer）的观点，教师在给予孩子鼓励时应遵循以下基本原则：

（1）相信孩子是可以把事情做好的。

（2）鼓励孩子去试试看，结果不理想也没有关系。

（3）失败也是有价值的，可以从中学习新的经验。

（4）不设过高标准，使孩子有成功经验。

（5）尊重孩子的想法，肯定他已做出的努力。

（6）接纳孩子，使他自己也能喜欢自己。

（7）鼓励孩子为了自己的目标做出行动。

教师能给予学生最基本的鼓励，就是即使学生的表现和你的预期相去甚远，你也仍然不会否定这个学生的价值，让他觉得自己一无是处。接纳孩子、信任孩子，尊重孩子的独特性，着眼于孩子已经做到的、做得好的、做对了的，甚至肯定他有努力做的意图，减少挑错的次数，不放弃任何一个孩子，重视过程胜于结果，相信孩子一定会有改变或者进步，即使只有一点点，有了鼓励的支持，他也会持续进步。总之，鼓励就是给学生勇气，是一种借由互动传递给学生的感受，让学生感觉到自己的存在本身就具有价值。鼓励的内容是学生的优点、长处和贡献。鼓励的目的是帮助学生培养对自己的积极信念与态度。学生被看见、被关注，就会表现出更多相同的行为。老师的鼓励能发挥一种引导的功能，使学生产生新的关注焦点、具体努力的方向，以及更强烈的努力意愿。

比如，有一位老师想鼓励一名不太自信的学生，就对他说：“没关系，你知道吗，你永远是你自己的第一名。”老师的初衷是鼓励，但学生却说：“那和最后一名有什么区别?”老师急忙说：“你不要看低自己呀，只要努力，你一定会进步的。你要自己跟自己比，不要跟别人比。”学生嘴角抽了一下，也没说什么，只是点点头谢谢老师。老师心满意足地拍拍学生的肩膀。

其实学生想表达的是，老师的那句话里面只有一个人，所以第一名和最后一名是一样的。而老师一心想着要鼓励学生，一心想着“输出”正能量，并没有意识到学生真正要表达的意思。

（三）鼓励的“公式”

鼓励其实需要多重技术的结合，通常包括建立关系、积极聆听、及时回应、相互尊重等。比如：使用共情与学生建立信任，让学生在接纳的氛围中认识自己，并有做自己的勇气；在学习中陪伴并协助学生，使学生逐步建立自信，激起学生不断努力与尝试的动力；用一双发现的眼睛发掘并点明学生的优点，帮助学生认识自己的独特；根据学生的发展程度赋予学生特定的任务，对学生表达信任——“我相信你可以完成”，并在完成之后对学生表示欣赏；看重学生的努力，肯定学生付出的心血，这同时也达到了让学生看重自己的目的；在学生面对挫折时，表现出对学生的信心，激发学生对自己的积极看法；即使在学生犯错时，也要包容学生的错误，鼓励和帮助学生找出问题；协助学生以幽默感面对挫折，帮助学生在失败中发现意义，用正确的方法鼓励学生向正确的方向努力。

当然，鼓励的传递，仅凭认知和态度的转变远远不够，还需要语言的表达。有的老师苦笑着说：“让我说学生的不足或者改进方向，我能说一节课，但是让我鼓励学生，除了‘你真棒’‘没关系，继续努力’之类的，还真是不知从何说起。”鼓励本身也是有方法有技巧的，不需要长篇大论，也能达到效果。这里我们提供五个公式，帮助你了解在不同的情况下，鼓励的话怎么说。

(1) 肯定特质或能力的鼓励＝指出特质或能力＋描述实际的行为表现或具体事件。例如：“能向别人道歉、承认自己的错误不是件容易的事情，刚才你做到了！我发现你很勇敢，也是个负责任的孩子。”

(2) 指出贡献与感谢的鼓励＝具体行为＋该行为带来的影响。例如：“谢谢你帮忙分发活动材料，让同学们不必等太久，保证了咱们班的课程进度。”

(3) 看重努力与进步的鼓励＝描述成果或表现＋指出努力与进步。例如：“这学期你的作业很认真，周记的字都在格子里，写得很工整，正是因为你的努力，语文成绩进步很大。”

(4) 表示信心的鼓励＝陈述支持信心的客观依据＋我相信……。例如：“这个单元的题目比较难，不过你之前的基础不错，只要多加练习，老师相信你的解题速度会提上来的。”

(5) 传达接纳与认可的鼓励＝描述具体的行为、表现、情绪、意图、态度与兴趣。例如：“上课时，我发现同学们都能专注听讲，每个人的眼睛都看着黑板，你们投入学习的态度，会让你们用最少的时间学到最多。”

二、自我表露

自我表露是构成个人沟通能力不可或缺的要素，是指个体与他人交往时，自愿地在他人面前将自己内心的感觉和想法真实地表现出来。德勒尔加等（Delerga et al.，1993）把自我表露分为两种类型：描述性自我表露和评价性自我表露。描述性自我表露主要是指对事实信息的表露，包括有关个人的思想经历等；评价性自我表露是指个人对自己的感受评价或判断的表露，包括自我评价、内心感受等。

根据自我表露内容的性质，自我表露也可分为正向的自我表露和负向的自我表露。正向的自我表露主要指表露的内容是有关个人积极向上的部分，不会对自己产生不良影响；负向的自我表露主要指表露的内容是个人试图隐瞒的或不愿意表露的部分，会对自己的形象产生不良影响。那些积极自我表露的人，会对个体形成更大的吸引力，尤其在关系发展的初始阶段。正向的自我表露在交往初期较多，随着关系的深入，负向的自我表露可能会增多。

（一）自我表露的好处与风险

伯格和麦奎因（Berg & McQuinn，1986）提出，自我表露对人际关系的建立和保持有着一定的影响，是一种减小人际距离和发展亲密关系的重要方式。因为表露有关私密性质的信息，能够带来更多的亲密感，能够增进双方更多的自我表露行为，增加表露信息者的人际吸引力。我们喜欢那些和我们分享故事的人，我们不仅喜欢听别人自我表露，而且能感到他们的吸引力，并产生正向情感。当朋友分享个人的、亲密的信息时，我们会觉得自己被信任，友谊也得到巩固。相反，自我表露程度低的人更容易体验到更强烈的孤独感，在生活中呈现出人际退缩、自我评价低，或者由于在交往中总是表现边缘，而被同伴忽视、冷落，更进一步引发焦虑、敏感的消极情绪体验，甚至影响学业。

对相当一部分人而言，向别人敞开心扉谈自己的感受和观点是非常困难的。他们担心不被认同，害怕被拒绝、被嘲笑，也担心对方辜负我们的信任，这些都会阻碍自我表露。因此，当基于互联网的社交媒体成为一种选择时，相当一部分人更愿意在虚拟世界中进行程度更深的自我表露。

当然自我表露不可避免地会带来一定的风险，其中较常见的风险包括：

（1）可能会引起他人的退缩或拒绝。

（2）可能遭到来自不同对象的攻击、嘲笑、漠不关心。

（3）表露的信息被对方用来在关系中获得控制或权利。

（4）混淆个人界限。

（二）课堂中的自我表露

课堂中的自我表露一方面来自学生，另一方面来自教师，需要师生将课堂主题与各自的生命经验相结合，提供多元的资讯及回馈，增进彼此的了解，产生认同感。无论是教师的自我表露还是学生的自我表露，都要建立在一定的关系基础之上，在课程开始就营造一种安全的氛围。如果环境不够包容，在课堂这种公开的场合，选择沉默或者只说“正确的话”是最保险的方式，而这也是对个人成长最没帮助的方式。

1. 鼓励学生适度自我表露

班级是学生在家庭之外最重要的成长和发展的场所。学生长期在班集体中一起学习、一起生活。他们的年龄相仿、生活形态相近，他们关注的问题大多也有一定的代表性。特别是在青少年阶段，学生的人际交往对象主要就是父母、老师、同学。由于学生的自我意识高涨，亲子冲突常常是很多青少年要面对的问题。他们对成长也有着大大小小的困扰。

想法经过语言的整理会变得更清晰，从而使我们对事情的理解更深入。学生在同伴的圈子里分享彼此的想法之后，如果有人表示“深有同感”，他们的心里就会感到莫大的支持和安慰；如果有人还有不错的解决方法，也可以当作观察学习的榜样或参考，这比起老师的榜样看上去更具吸引力；而当有人提供了不一样的经验、想法时，他们也有机会听听另一种声音。当然这可能会引起课堂暂时的混乱，但教师可以提前与学生商定课堂规范，使这个讨论对学生后续的思考以及问题解决有实际的价值，帮助学生判断什么样的行为是群体可以接受的、什么是不能接受的。

想要学生在课堂上自发地表达自己的想法、感受需要一个过程，教师可以观察学生在课堂上的非言语行为，比如有没有明显的情绪波动、是否存在似乎有话说却欲言又止的情况等等。如果有学生出现这些状况，关注到他，并做出邀请："××，刚刚这个话题，我看到你似乎有不同的想法，要不要说说看？"如果学生比较犹豫，我们可以让他保持自己的节奏，或者表示没关系，可以再想想。鼓励学生自我表露要注意保护学生的隐私，像兴趣爱好、学校经历、学习情况、观点态度这些一般是学生比较没有顾忌的，但交友情况、家庭情况、父母关系等内容可能会是部分学生比较敏感的话题。教师只需去引导，不必催促他们一定要说点什么。强迫学生盲目地多说只会引起学生的抵触。

除了考虑自我表露的潜在风险以外，学生可能一开始对自我表露时该说些什么不是很清楚，或者对自我表露存在一定的误解。事实上，除了自己的感受想法以外，自我表露的内容还可以是对方行为背后的动机。如果不喜欢对方的做法，告诉他，并提出替代的方法，然后开启讨论如何改善、解决的循环。

教师可以用举例或者角色扮演等多元的形式让学生练习。比如在谈论友谊的主题时，请同学们思考："好朋友在课上提出了一个想法，你没有表示支持，她对这件事耿耿于怀，觉得你背叛了她，下课也不找你玩了，你主动跟她说话她不太理你，你会怎么做呢？朋友的这种反应，有没有她的道理呢？"

除了老师举的例子，也可以由学生提出他们觉得在自我表露时觉得困难的场景，让学生自己来讨论怎么做比较好。教师只给出基本原则：在遵守课堂秩序、尊重教师与同学的基本框架下，表达真实感受，而不是发泄情绪，尝试在理解对方的基础上，共同寻求解决问题的方法。

课堂教学是由多个环节或部分组成的，自我表露毕竟是教学过程中的一环，并非越多越好。课堂时间有限，也没有办法要求每个人都说自己的故事。所以在实践中应结合课程目标做调整，以免占用过多时间，影响课堂教学的完整性。

2. 教师的自我表露

教师的自我表露可以表明教师对课堂的投入，有助于增进学生对教师的理解与信任。教师的自我表露也可以反过来促进学生的自我表露。教师的自我表露主要有两方面的内容：一是当学生发言完毕时，向学生表明自己此时对学生言行的感知；二是告诉学生自己过去的一些情绪体验、经历。针对课程内容讲一个名人轶事远不如讲述自己的亲身经历吸引人。教师通过自我表露表示自己曾经和学生一样有过类似的经历，可以很好地表示对学生的理解。学生会认为如果老师也遇到过类似的问题，那么证明这个问题很常见，不会显得自己很无能或者很蠢，如果老师成功解决了问题，那么也能增强自己解决问题的信心。例如：

学生：我应该是有拖延症。我知道如果能很快写完作业就能玩一会儿，但还是不想写，坐在书桌前连张纸我都觉得好玩，每次都要到十点多爸妈催我了，才赶着把作业写完，然后早上起来就很困。

老师：你让我想起了我上学那会儿，我应该是个拖延症晚期患者。我还记得写期末报告找资料，然后就开始看别的网页，也不知道自己在干什么。每天都跟自己说明天不能拖了，最后还是会拖到截止日期的前一刻。非常纠结，想摆脱拖延，那真是费了好大的劲儿。

教师在使用自我表露时要有明确的目的。如果是想共情学生，让学生知道你有类似的经历就好了，不能喧宾夺主。故事无须讲得多么精彩，不要把课堂变成你的经验交流会，自己在台上口若悬河，学生在台下不为所动。教师的目的是借助自我表露来促进学生的自我表露。展现开放的态度可以有良好的示范作用，促进学生的参与和互动。

三、提问

提问和考试是让学生参与到课堂中来的终极大招。尽管教师可以设计更多的活动，让自己所讲的内容更生动、更幽默，但总有学生无动于衷。因此，除了确定教学目标、设计活动激发兴趣，你要问一些问题，鼓励学生参与进来。有的老师总能关注到一些重要的细节，抛出一些关键性问题，从而让全班学生的头脑在一节课的时间内不停地运转。但是更多的时候，教师陷入的是“自问自答”的状态。可见，通过简单提问的方式，并不一定能达到让学生融入课堂的效果。

（一）课堂提问存在的问题

在很多课堂上，我们都能发现“IRE”式的对话结构，即教师提问（initiation）—学生应答（response）—教师反馈（evaluation）（冯鲁红，2013）。这种由教师主导的对话很有结构性，每个人都知道流程，但却使得课堂中师生间的交流显得沉闷，难以出现思维的闪光。总结其中的原因无外乎以下几方面：

（1）教师提问以封闭式问题居多，如“是否”“有没有”“可以不可以”等，留给学生思考想象的空间较少，更多是希望从学生那里得到确切的回答、完成既有的教学步骤，过渡到下一个教学环节。学生自动选择了“捧哏”的角色，不必仔细思考，顺着说就是了。

（2）教师关注答案多于关注学生。当学生给出的答案不符合预期时，教师可能选择忽略或者点下一个同学来回答，直到学生的回答基本符合教师预期为止。这在一定程度上打击了学生思考和回答问题的积极性，毕竟去猜老师心中的答案，不是一件足够吸引人的事。

（3）针对讲授内容的提问比较多，针对学生回答之后的追问很少，比如问学生是怎么得出这个答案的，他选择某个立场的原因。

（4）习惯于讲授—指令—提问—再次讲授的流程，或讲授完直接提问再发出指令。这样的提问目的仅仅是要确保学生准确接收到了老师所讲的内容或指令，抑制了学生的主观能动性，纵使设计了好的活动操作或自我反思环节，由于未能给学生预留充分的时间分享或深入探索，学生获得体验也是表层的、不深入的，影响学生的课堂参与感，活动难以达到预期的目的。

(5) 无论是被动回答还是主动回答，学生回答问题之后得到的反馈都不太够。在有些老师的课堂上，学生很少能得到教师的表扬、肯定等正面回应。有学生甚至抱怨："反正他叫你起来回答问题，你回答就好了，随便你说什么，说'不知道''老师我没想好'都行，反正他都是谢谢你之后，继续讲他的。"提问似乎只是课堂的装饰，之后就进入下一个教学环节。教师没能通过提问真正从学生那里得到更多有价值的信息，也没有促进他们进一步思考。

(二) 如何提问

提问的目的是帮学生澄清和探索自己的想法，并不一定要从他们那里得到明确的答案。和答案比起来，心理健康教育教师更注重学生的思考过程和方式。想要达到这样的目的，掌握一定的提问方法会事半功倍。

1. 开放式提问

封闭式提问用于澄清和确认事实，开放式提问能够促进学生分享，进一步探索。封闭式提问不是不能用，而是由于其答案已经暗含在问题中，不利于对话的展开，所以需要结合课程设计与开放式提问搭配使用。区分一个问题是不是开放式问题，除了字面上包含"有没有""是不是""对不对""好不好"以外，还有一个方法就是看能不能把这个问题问得再开放一点。

为了避免模式化，开放式的提问在句式上也要有所变化，比如：

- 你说的这一点很特别，能再跟大家具体说说吗？
- 关于××，你能再多说一点吗？
- 你提到了××，当时的情形是什么样的呢？
- ××对你而言意味着什么？
- 事情过去有一段时间了，现在的你对这件事有什么感觉呢？

2. 追问时少用"为什么"开头

追问发生在学生回答了你的问题之后，你的追问针对的是具体的个人，所以这时候应减少以"为什么"开头的问题，比如："为什么你会这么想？""为什么你不选 A 方案？"这听上去感觉像是在质疑学生的想法很奇怪，或暗示学生的想法不对。对于听到这句话的学生来说，第一时间想到的就是去解释，不由自主地启动防御机制替自己辩护。你可以用"什么""怎样""如何"来替换"为什么"，例如："刚刚你给了××一些很好的建议，你是怎么想到的？"

3. 问题要聚焦

提问的句式可以是开放性的，但问题不能提得太大。提问的精细程度，直接决定了学生回答的详细程度。

一位老师在讲提升学习动机时问学生："你读书为了什么呀？"学生站起来一本正经地说："为了中华崛起。"大家一阵哄笑。"那你会怎么做呢？""上课认真听讲，课前预习，课后复习，保质保量完成作业……"

老师又叫了同桌起来：“那你读书是为了什么呢?”“以后赚钱，过好的生活。”

同样是询问学习动机，另外一位老师是这样问的：“同学们回想一下，过去有没有某个时候，你学习起来特别有动力，特别有劲儿？……不拖拉，也不发愁……那是什么样的情形呢?”

聚焦性的问题指引学生逐一思考问题的不同层面，能够帮助学生加深对问题的理解，也为不善表达的同学提供一个可以依循的结构，提供发言的方向。

4. 对于一些心思敏感的学生，需要设置问题的情境

比如在讨论中学生的早恋、网络过度使用等主题时，当你问学生“你是怎么想的?”“是你的话你会怎么做?”，如果他们自身有这样的困扰，或是他们的朋友有类似的困扰，这时候被老师叫起来回答问题，他们可能会有顾忌，出于压力而做出一些敷衍的回答。如果事先设置一个案例，问学生案例中的同学会怎么做，可能给他的生活带来什么影响，由于学生不是当事人，而是事件的旁观者，可以去分析、议论、假设、建议……这样学生就比较容易多说一点，而且内容更易反映出学生内心真正的想法。

5. 把握提问时机

提问是为了促进学生的思考，不是打断、转移、抑制他们的思考。一位老师在请学生分组做了角色扮演之后，整个课堂气氛都变得很活跃。大家议论纷纷，都想表达自己的见解，这时老师说：“我给大家三分钟时间来好好思考一下，整理一下自己的思路。”也许教师是出于课堂纪律的考虑，也许是已经对课堂环节分配好了时间，也许是希望学生的思考更成熟一些。三分钟过后，老师请学生发言，说说在刚刚的角色扮演中，有什么心得体会，学生们回答问题的积极性明显不如之前。

认真思考再回答问题本身没错，只是在不断变化的课堂氛围中，如果教师能够做出适时的调整，并不只是按部就班地完成教学设计，而是呵护学生积极表达的愿望，也许他们会更愿意分享自己，教师也更能听到他们真实的想法。

（三）回应

如果一个孩子在期望得到鼓励的时候没有得到鼓励，在应该得到惩罚时没有受到惩罚，这就是没有回应，也叫作无反馈。无反馈容易引发个体难以确认自身的价值，产生困惑，甚至产生向外或向内的攻击性。很多家庭对孩子漠不关心，孩子想方设法都不能得到足够的关注，就是一种无反馈。

教师提问的时候希望同学们纷纷举手，踊跃发言。同理，学生回答问题之后也希望得到教师的回应。当然大家都期待得到积极的、正面的回应，不过即使是负面的评价、批评也比没有回应要好得多。

教师的回应总结起来大致有四类：

（1）教师清楚了解学生所说的，只是发表评论，或问一个希望得到更多资讯的问题。

（2）为了延伸性的合作，引出学生更完整的讲述。

（3）提出问题表达困惑，便于更清楚准确地了解学生。

（4）用问题将话题转移到自己比较了解或者评价较高的事情上。

这四类回应没有高低之分，在应用上主要取决于教师当时的目的。教师在回应过程中需要注意以下原则：

(1) 回应不是点评，不能只是评价学生发言内容的对错好坏。学生的态度、说话的方式、思考的角度……都是可以回应的内容。

(2) 要具体而有针对性。教师在课堂上给予学生的口头反馈，往往很简单，如“很好”“说得不错”“你的想法很奇特”“哦，你是这样想的”。没有差别的回应用在任何学生身上都可以，学生不会感到自己的发言内容是有价值的。

(3) 不只是回应有待加强的方面，还要具体指出做得好的方面。看到学生的优点比指出他的不足更能鼓励人进步，也会让学生更愿意表达自己的想法。

(4) 回应是针对此时此地的，过去的表现和成绩可能有关系，但不是重点。看重学生此刻的表现，用成长的视角拓展他们发展的可能性。

(5) 平衡启发性与指导性。根据学生的发展水平，决定回应时是多一点直接建议还是多一点启发性的话语让学生自己探索。

教师可以选择的回应方式有很多，比如简述学生的观点、继续追问、帮助学生厘清观点、整理学生的观点、问同组的学生是否有补充、与不同观点的学生辩论等等。总之，教师在回应学生时应保持一定的敏感度，回应对学生而言重要的事，回应的内容应该和学生的叙述相关。

第三节　促进反思的技术

一、引导

意大利教育家蒙台梭利提出“实践是最好的老师”的教育思想，她形象地解释说：“对孩子来说，听到的容易忘记，看到的记忆不深，只有亲身实践和体验的才刻骨铭心，终生难忘。”因此，体验是促使学生“心动”的催化剂，是解决知行脱节问题的关键。体验教学就是以培养学生独立、自主、创新等主体精神为目标，以营造教学氛围、激发学生情感为主要特点，以学生自我体验为主要学习方式，力求在师生互动的教学过程中，实现认知过程和情感体验过程的有机结合。

引导不在于告诉学生什么是对的，而是协助学生去思考，找出生命的可能性。本章前两节，我们了解了心理健康教育教师课堂中常用的重要技术。这一部分我们将介绍几种总体策略，帮助你系统地将这些技术用起来，形成适合自己的“技术组合”。

（一）三阶段引导模式

特里·博顿（Terry Borton）的三阶段引导模式参照经验学习的循环，由三个问题构成，包括 What——发生了什么、So What——所以怎么样，以及 Now What——现在又怎样。

1. What

侧重活动本身发生的事件或观察感受到的事实，主要探寻发生于小组及个人的活动经验。以问题描述为主，重点在于事实的发现。比如："你刚刚经验到了什么？你发现了什么？别人发现了吗？你的感觉如何？"

2. So What

这是转化性提问，涉及活动过程中所发生的事实现象与生活的联结性，目的是询问学生的解释，引导学生联系自身，思考经验到的结果对于个人的意义。比如："从刚刚的活动中，你有什么样的收获？你想到生活中有什么类似的情况吗？"

3. Now What

这是行动导向的提问，为最重要的环节，旨在将活动中所学到的经验带到下一阶段活动，进而转化为实践，在真实生活中运用。比如："经过这个活动，我们学到了××。那么，生活中的哪些地方能够发挥出它的作用呢？刚刚的经验如果用在生活中，需要注意什么呢？有什么需要改进的地方呢？"

专栏

体验学习循环

体验学习是以活动来促进参与者利用自身的能力、小组内的分工合作、人际沟通、领导与被领导、面对挑战和压力的问题解决历程，旨在循序渐进地达到活动的设定目标，在过程中学习并得到乐趣。

体验学习循环是体验学习理论的实际应用，虽然体验学习的理念来自杜威，但体验学习循环，却因为研究者和研究方向的不同有很多种。其中最具代表性并为人们普遍应用的是库伯（Kolb，1984）的四阶段学习循环，这是由体验、反思、归纳及应用再回到体验组成的体验学习循环模式（如图 6－1 所示）。

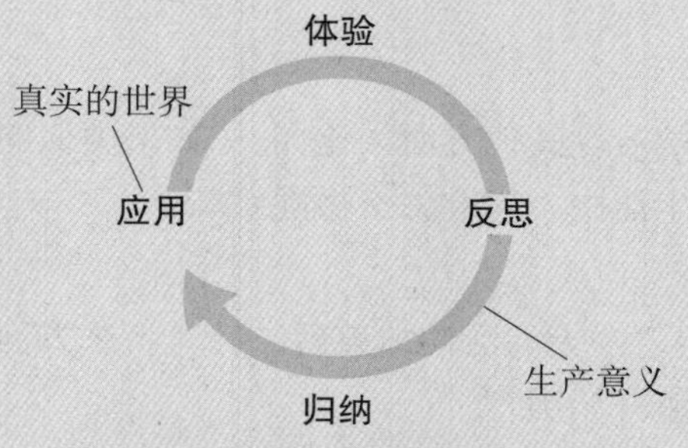

图 6－1 库伯的四阶段体验学习循环

1. 体验阶段（experiencing）。学习者不受已有经验的局限，而是采取开放性和包容性的心态，置身于新的环境，获得新的经验。这个经验可以是直接经验，也可以是间接经验。

2. 反思阶段（reflecting）。参与者在活动体验的过程中，借由所见、所闻、所感，省思问题产生的核心，并联结过去的经验寻求问题的解决方法。

3. 归纳阶段（generalizing）。将思考的想法与经验做归纳与联结，形成对问题的整体认知，归纳并吸收他人的经验，有助于在面对新的情境与挑战时迅速做出应对。

4. 应用阶段（applying）。体验学习的成效就是个人能够应用活动经验，把学习到的知识和技能迁移到外在的世界中去。这个阶段着重于将活动经验应用于正确的情境，并将体验学习的经验在日常生活中真正实行。

（二）漏斗法

依次运用不同系列的“漏斗”，引导学生将最初的经验逐步转化为实际生活中的行动。六个“漏斗”依次为回顾、回忆与记忆、感受与影响、综合、应用、承诺。漏斗法的特点在于以参与者为中心，按经验学习法的顺序聚焦学习体验，并逐步建立实践承诺。因此，教师须按小组及组员需求计划引导内容与方向。

1. 回顾

回顾重要及明显的内容，比如：“刚刚的活动过程中，你们小组的沟通情况是怎么样的?”

2. 回忆与记忆

回溯关键事件，比如：“回想一下，哪个时候讨论进行得不太顺利?”“当时你听到了什么?”

3. 感受与影响

陈述感受并识别其个人、小组及任务的影响，比如：“你们的感觉如何?”“当你提出了意见，但似乎没有人听的时候，你有什么感觉?”“对活动任务有什么影响?”

4. 综合

总结学习重点，比如：“就刚刚对问题的讨论，能够总结出哪些要点?”“你对其中的哪几点比较有感触?”

5. 应用

将所学应用于工作或学习等其他方面，比如：“如果类似的情况发生，你的处境是什么样的?”“具体用在你的生活中，你会怎么做呢?”

6. 承诺

促进改变行动，比如：“今天的活动结束后，针对××方面，你会做些什么和之前不同的事吗?”“你计划从哪里开始呢?”

（三）分配思考角色——六顶思考帽

六顶思考帽是英国学者爱德华·德·波诺（Edward de Bono）博士开发的一种思维训练模式。它以蓝、白、红、黄、黑、绿六种颜色来表示思维，用帽子作为比喻，给思考一个指引地图。这个活动可以刺激学生多元思考，培养学生的批判性思维。

六顶帽子思考法是一种集体性的思考，利用六种不同颜色的帽子来引导学生进入不同的思考维度。而这些戴帽者在分享意见后，可互相交换帽子，重新依照帽子所代表的思考角色，再进行一次活动。

六种颜色的帽子代表的意义如下。

1. 蓝色帽子

蓝色帽子代表思考历程，负责调控思考的整个过程。它负责安排思考的先后顺序和分配思考时间，指引思考的方向，就像一个乐队的指挥。思考一旦开始，我们就要戴上蓝色帽子，对所思考的问题进行定义，为整个思考的过程确定目标和方向，之后再考虑从哪些方面进行思考，再计划每个方面思考所花费的时间。在集体讨论的时候，蓝色帽子就是主持人的角色，确保参与讨论的人按照预定流程进行思考。比如："问题已经完成了多少?""我们的目标是什么?""下一步是什么?"

2. 白色帽子

白色帽子代表资讯。"巧妇难为无米之炊"，思考问题也需要第一手原料。解决问题和做出决定都离不开对事实的了解。白色思考帽的作用就是帮助我们充分搜集数据，探索所有需要了解的信息。它确保我们客观全面地去了解事物，在此基础上再做进一步的思考。在小组探讨问题的时候，所有参与者都要说出自己所掌握的信息和了解的情况。通过这顶帽子，我们可以了解自己不知道而别人知晓的信息，达到信息共享，不至于大家在信息不对称的情况下对一件事情进行讨论。

白帽思考使我们获得更有质量的信息。我们做出任何的决策都会依据所掌握的信息，而很多错误的决定都源于对某些信息不了解，错误的信息则会影响我们的判断。戴上白色帽子就意味着要去思考是否遗漏了一些信息，以及如何取得这些信息。

3. 红色帽子

热情的红色象征情感、直觉。红帽思考是我们最常使用的一种传统思考方式。当我们喜欢某个人的时候，自然容易接受他提出的观点。反之，当我们不喜欢一个人的时候，即使他提出的观点很好，通常我们也难以耐心地听下去。红色思考帽为情感、感觉、直觉提供了表达的机会，也只有让别人把感觉表达出来，我们才能对事情有所判断和衡量。它就像是温度计一样可以测量大家处在什么状态，了解小组内对某一观点的支持或反对程度。红色思考帽创造了更多的机会去让组内成员释放情绪和互相了解感受，并让个人意识到如何控制和调节自己的情绪。使用红色帽子时，可以限定时间，比如在30秒之内给出答案，而不用去证明感受的合理性。

4. 黄色帽子

黄色象征阳光与乐观，表示"价值和利益"。戴上黄色思考帽，能让我们把注意力集中到发现价值、好处和利益方面，尤其是别人不容易寻找出价值的地方。同时，黄色思考帽可以让我们寻找到机遇和积极的方面，特别是在遇到问题和困难时，更要学会戴上黄色思考帽，鼓励学生设想充满希望与有利的情境是怎样的，想想优点是什么，哪一个比较有利，都有哪些人会受益，等等。

5. 黑色帽子

谨慎的黑色，表示风险和问题。戴上黑色思考帽，只专注缺陷，找到问题所在。生活中我们无时无刻不面临选择和决定。在做决定之前，我们不得不对风险和潜在的问题做思考。虽然有的风险仅凭直觉很难一眼发现，但只要多努力一点就会找到。这种努力就是黑色思考帽所能做到的，使我们一段时间只专注于对风险和问题的寻找，这样很多问题就相对容易被发现。在小组讨论中，我们还可以发挥团队的力量，让成员一起从不同的层面和视角去查找问题和风险。

6. 绿色帽子

生机勃勃的绿色表示“创意和想法”，涉及成长、活力和生命。绿色思考帽为创新提供了培育的土壤，鼓励学生计划未来，选择新的想法与新的行动。戴上绿色思考帽，我们就专注于想点子，寻找解决办法。在这个时间段，不对想出来的方案做评价，任由成员发挥创造力。通常别人提出想法的时候，我们会自然地进行判断，考虑这个主意是否可行，又会考虑为什么不行。当别人提出为什么不行的时候，我们就会辩论为什么行。这样一来，很多有价值的观点在萌芽状态就被抹杀了。绿色思考帽要求把所有的点子都排列出来，不进行判断，鼓励把这些已有的点子作为“跳板”而引导到更新的想法上去。比如：“我们还能用别的方法做这件事吗?”“可能发生什么呢?”

在使用六顶思考帽的时候，顺序可以根据需要调换，比如讨论情绪性的话题时可以是红—黄—黑—绿—白—绿—红—蓝，讨论中性话题时可以是蓝—白—绿—黄—黑—蓝—红—黑—红—蓝，需要学生重点发挥创造性思维时可以是绿—白—绿—蓝—黄—红—蓝。以上给出的流程只是参考，不一定要完全按照这个顺序，而进行多长时间的讨论也要根据主题难易程度和学生的思考进程来把握。

二、聚焦

引导学生反思的时候，很多新手教师要么无从下手，要么想法太多自己也混乱。此时聚焦就像是一盏聚光灯，你可以根据需要，选择不同的范畴，或在某一个范畴之下深入探讨，或让学生关注他们忽视的部分。聚焦的范畴包括话题、人、活动。

话题是最常涉及的范畴，包括所有在小组内发生的、不以个人为中心的议题，如与主题有关的观点、成员关心的话题，以及短时间可以处理的议题。可以请学生在小组内轮流发言，或者两人一组谈谈对××问题的看法，之后再回到大组进行统整。

聚焦于人，通常是为了引导一些表现特殊的学生，比如沉默寡言的、情绪激动的、扰乱课堂纪律的或打破规则的等等。教师不对他们的行为做评价，如实描述学生可观察到的外在表现，帮助学生觉察自身的状态，包括身体感受、情绪体验、态度想法等。当学生表达了自身的感受之后，可以询问同组的同学，谁有类似的想法或感受，谁有不一样的体验，具体是什么。

聚焦于活动，目的多半是将焦点放在活动进程上，也可以当作聚焦于人或话题的准备。教师通过观察活动的进程，发现一些值得注意的特殊时刻。比如学生在活动中遇到困难或者观点产生分歧，只要不影响整体进程，教师无须立即做出反应，可以继续留意他们接下来是如何应对的，然后将这一过程简要地反馈给学生，询问他们对此的看法。

善于使用聚焦可以帮助教师把握课堂节奏，不至于混乱或迷失。

三、教学生学会提问

课堂中，教师是知识的拥有者和传授者，这是一个不争的事实，因而教师也就成了知识的代言人。学生如果习惯了这种身份设定，在学习过程中，也就没有思考的动力。

提出一个问题往往比解决一个问题更重要。其实很多教师意识到了这一点，他们会在课程中间时不时地加一句："大家有问题要问吗？有的话举手示意我。"教师给学生预留了提问的机会，然而在现实的课堂上通常难有回应。有的学生是"不敢问"，有的学生不想引人注意，觉得在公开场合提问的压力比较大，有的学生担心自己的问题不够深刻，会显得很蠢被人笑，还有的学生是"不会问"，他们没有提问的习惯，不知道如何提问。

对于"不会问"的学生，在请他们提问之前可以留出适当的思考时间。有了本章之前提到的种种策略，他们会渐渐学会思考，并参照教师的提问方式进行提问。而对于"不敢问"的学生，教师可以透过对非言语行为的敏锐观察，直接拣选出想要提问却欲言又止的学生，用能够被他们接纳的语言邀请学生提问，在提问之后通过重述问题内容或肯定的方式，强化学生提问的勇气和行为；也可以采用分组的方式，请学生在小组里提问，待小组简要讨论之后再放到班级范围进一步讨论，这样就会减小学生提问的压力。对于习惯被动回答问题的同学，教师还可以根据学生表述的内容进行追问，促使学生进一步体悟。

苏格拉底说："人类最高级的智慧就是向自己或向别人提问。"问题，是思考的开始。心理教师应发挥自身学科特征，减少对课堂的控制，激发学生的自主性。若能鼓励学生主动提问，那么学生的思考能力会有更好的发展，也有利于后续课程内容的深化，对于学生的成长意义重大。

专栏

态度改变的教学原则

心理健康教育课的很多教育目标，都属于态度改变类型。对此，加涅（1999）提出了一些教学指导原则。

1. 向学习者提供多种选择。态度改变中的首要问题可能是学习者不知道有哪些选择。

2. 向学习者提供做出行为选择的正反方面的理由。学习者需要知道，所要求的行为选择会产生何种结果。大多数现存的行为之所以发生，是由于它们有积极结果，或者它们已经成为人们的习惯。良好的行为既有长期的收益，又有短期的代价，这也需要告知学习者。

3. 提供与所要求的行为相关的榜样。"按我所说的做"并不如"像我这样做"有效。对学习者来说，榜样的突出特征越多，学习者采用榜样所呈现的行为的可能性就越大。

4. 确保环境支持所要求的行为选择。比如学生在观察榜样行为后，教师需要提供能够模仿榜样行为的机会。

5. 如果可能，将所要求的行为纳入更大的价值框架中去。态度是价值观的反映，如果学生认为自己的班级很重要，就会为了班级的荣誉做出行为改变。

6. 识别和教授那些能使所要求的行为选择成为可能的技能。

7. 当行为选择出现时，认可并奖励该行为选择。教师可以刻意关注这些行为出现的情况，有意忽略错误行为和没有出现期望行为的场景。

8. 不要粗心大意地惩罚合乎要求的行为。

9. 允许学生建立自己的合乎要求的行为目的。在以态度、情感和价值观为教学目标的学习过程中，学生会经历意识、接受和评价等发展阶段。在这个过程中，学生需要将外部要求和内部需求结合起来，方能取得进步。

10. 使用模仿、角色扮演和小组合作等教学策略，这些教学策略能够支持榜样学习。

11. 不要无意地将你想要改变的行为与不相干的行为匹配。

本章小结

教学技术是指教师在课程实施过程中，为了保证课堂的有效组织、促进学生领悟、发展团体动力，进而实现教学目标而采取的一系列技术。在课程实施过程中，有意识地使用这些技术能够让课程实施者，特别是初学者有迹可循。使用这些技术的目的是促进学生参与、领悟与反思，最大限度地发挥团体的功能。运用任何技术都是为了更有效地帮助学生不断成长。本章根据学校心理健康教育课的实施过程，介绍了教学中促进学生参与、分享和反思的技术的内涵、重要性、使用方法。

思考练习

1. 教师怎样做到真诚一致？
2. 简述共情在课堂教学中的作用。
3. 你认为鼓励学生的时候，还应该配合使用哪些技术？为什么？
4. 为避免陷入“自问自答”的状态，教师在提问时需要注意什么？

第七章

课程评价与专业发展

学习目标

1. 用自己的话论述心理健康教育课的评价原则和内容。
2. 举例说明心理健康教育课的评价指标与标准。
3. 使用心理健康教育课评价表，给一堂心理健康教育课打分。
4. 举例说明使用各种评价方法时的注意事项。
5. 使用复盘的方法，回顾自己最近的一次教学活动。

章节导读

在目标导向的课程设计中，教师和学生都需要清楚地知道学习要达到什么目标、达成目标最好的途径是什么，以及目标是否已经达成。想要知道目标是否已经达成，需要系统收集证据，进行全面评估。本章第一节论述了评价反馈，主要内容包括评价的目的和类型、评价的原则与内容、评价指标与标准，以及评价方法。这些评价主题，有助于教师在连续的课程设计中，落实计划、建构、执行和沿用等教学决策。需要注意的是，课程设计体系中的评价，需要不断接受评估和改进。根据不同目的，心理健康教育课的评价可以分为诊断性、形成性和总结性三种类型。这三种类型最终的目的是有效教学和教师成长。本章第二节论述了教师专业发展的两种路径：复盘和知识管理。这两种专业发展路径都以教师成长为重心，无论教学目标达成与否，都希望从中受益，汲取具有参考价值的信息，用于专业的不断升级和迭代。

第一节 课程评价

教学设计的功能包括调整教学和改进教学，这些工作建立在教学评价的基础之上。过去人们认为，评价是教学完成后的结果分析。如今人们已经认识到，评价是教学中自始至终的重要工作。20 世纪 90 年代初，美国教师联合会、全美教育测量委员会和全美教育协会联合制定《教育评估中的教师能力标准》，其中描述了教师在教学各个阶段的评价职责（见表 7-1；引自桑切克，2007）。

表 7-1 教师在教学活动中的评价职责

教学前	教学中	教学后
我的学生具有取得成功必备的知识和技能吗？	学生在听我讲课吗？	我的学生学到了多少知识？
什么会让我的学生感兴趣？	学生理解教材吗？	下一步我该做什么？
什么会激发我的学生？	我应该向谁提问？	我需要重新讲授全班学生都不明白的内容吗？
我应该计划多长时间，以完成每个单元的教学？	我应该提什么类型的问题？	我应该给出什么样的成绩？
我应该使用何种教学策略？	我该如何回应学生的提问？	我应该告诉学生哪些知识？
我应该怎样给学生打分？	我应该何时停止讲课？	下次我该如何改变教学？
我应该使用什么类型的小组学习？	哪些学生需要额外帮助？	测验成绩真的反映了学生的所学内容及能力吗？
我的教学目标是什么？	哪些学生不应该干预？	学生在哪些地方存在误解？

一、评价的目的和类型

评价有助于检验课程是否实现了教学目标、实现程度如何，从而判定课程设计的效果，并据此做出改进课程的决策。樊富珉（2005）梳理了心理健康教育中评价的主要目的：

（1）评价可以满足领导者对介入团体工作效果的好奇与专业上的关心。

（2）通过评价获得的资料，可以帮助领导者改善领导技巧。

（3）评价有助于向机构、资助者或社会显示和证明团体工作的有效性。

（4）评价可以帮助领导者评估团体成员的进步状况，并从整体上了解是否达到团体预期的目标。

（5）评价允许团体成员及其有关人员自由地表达他们对团体的满意和不满意。

（6）评价可以协助领导者收集能与其他团体工作者分享的相关知识和信息。

（7）评价可以帮助团体领导者验证团体工作的假设。

根据这些不同目的，心理健康教育课的评价可以分为诊断性评价、形成性评价和总结性评价。诊断性评价是对课程设计或教学实施中的某一过程进行评估，对问题进行判断和原因分析。形成性评价一般在课程开发或教学过程中进行，用于对教学活动进程中出现的偏差做出调整，提高心理健康教育课的教学质量。总结性评价一般是在心理健康教育课完成后进行，用于从总体上判断教学成效，为课程的进一步建设提供依据。

二、评价的原则与内容

心理健康教育课的评价，一方面要考虑到心理健康教育课的相同特性，需要掌握一些特定的原则；另一方面也要考虑到地区和学校的差异，在不同内容上有所侧重。

（一）评价的原则

心理健康教育课的评价，有自身的一些原则，内容包括以下几个方面（聂衍刚主编，2012）。

1. 客观性和实用性

首先，应以实事求是的科学态度对待心理健康教育课的评价。依据课程的特点设定客观的评价标准和评价途径，从而避免主观偏见。同时，各项评价指标应具体明确，具有可操作性，避免使用模棱两可的语言表述。另外，各项评价指标和标准要切实可行，符合当前心理健康教育课的发展现状，避免使用过高或过低的标准。

2. 发展性和开放性

因为学生的心理素质随着年龄的变化、随着时代的变化而不断地变化和发展，所以，心理健康教育课的评价应充分体现发展性和开放性。对教学效果的评价要着眼于学生各项心理素质的发展特征和规律，使用动态性评价。另外，课程评价的内容要具有开放性，随着学生年龄变化和社会发展，进行相应调整。

3. 形成性和主体性

心理健康教育课注重学生在活动中的体验，其评价也注重过程性评价，注重形成性和主体性。尊重学生的主体地位和教师的主导地位，鼓励学生对课堂教学进行客观评价，鼓励教师对自身教学效果进行自评。同时也倡导师生自评与他评相结合，比如领导、专家、同事的评价。

4. 特殊性和灵活性

要考虑各学校的实际情况和特殊需求，评价的指标和标准、方式和途径要有一定的灵活性。另外，还要考虑到个体差异，不能要求班级里的每一个学生都达到统一的发展标准。

（二）评价的内容

心理健康教育课有自身的特点，评价时需要关注以下几个方面的内容（李坤崇，1999）：

（1）教师的专业知识与能力是否充分？教师是否能胜任辅导教学？若仅因配课而担任课程，是否能自我充实以提高专业的知识与能力？

（2）教学单元设计是否合适？教学是否以学生为中心？是否能顾及学生旧经验？

（3）学生特质能否充分了解？是否了解班级的文化？是否了解学生的互动模式或讨论状况？是否了解学生喜欢探讨的主题？是否能善用学生的语言与学生进行互动？

（4）辅导目标是否顾及认知、技能、情意？是否包括活动单元目标、行为目标？

（5）教学过程是否流畅？教学方法是否生动有趣？是否能提高学生的学习兴趣？时间安排是否适切？

（6）评价工具是否具有较好的信度与效度？是否有适合评价目标的评价工具？若无适合的评价工具，教师能否自行编制？

（7）评价技术是否具备？是否了解评价工具的编制方法与过程？是否了解如何验证信度与效度？是否了解命题原则？

（8）评价人员是否包括教师、家长、学生？评价是否包括学生在不同情境下的行为和态度？家长与学生是否能积极地参与？

（9）评价是否涵盖开始、实施、结束与追踪等阶段，并兼顾安置性、形成性、诊断性、总结性等评价？

（10）对评价结果的解释是否正向化、鼓励化、增强化？是否能顾及团体表现与个人努力？

（11）教师教学反思是否切实？活动或教学结束后，是否填写"班级团体辅导教师活动自评表"？能否随时自省教学方法、教学内涵、师生互动、学生学习成效？

（12）教师能否剖析班级团体辅导在班级情境、教材内容、人数、时间或地点方面的限制？能否寻求替代或解决的策略？

美国 1983 年制定的《团体领导者训练的专业标准》规定，一个合格的团体领导者需要具备知识能力、技术能力和督导能力三方面的条件（见表 7-2）。这可以作为教师自我评估的工具，为教师专业发展提供方向与主题（引自樊富珉，2005）。

表 7-2 团体领导者的专业标准

知识能力	技术能力	督导能力
• 了解各种团体心理咨询的主要理论 • 了解团体动力学的基本原理以及团体历程的关键内容 • 了解自身的优点、缺点、价值观及对团体领导发挥作用有所影响的个人品质 • 了解团体工作特有的伦理与专业问题 • 了解团体工作研究的最新信息 • 了解团体成员可能会采用的促进性或妨碍性角色与行为 • 了解团体工作的优点与缺点，以及作为一种治疗干预形式所适宜或不适宜的情境 • 了解团体发展的各个阶段，成员相互影响的特质，以及身为领导者的责任	• 筛选和评价想要参加团体的当事人的情况 • 对团体咨询有明确的定义，并向团体成员解释目的和方法 • 诊断团体成员中的自我破坏行为，并对表现出这些行为的成员，给予建设性的干预 • 示范适宜的团体行为 • 以正确、适当的方式，诠释非言语行为 • 以适时有效的方式运用技术 • 在团体历程的关键时刻采取措施 • 运用团体咨询的主要技术、策略和方法 • 促进团体及个人自身的改变 • 使用辅助性的团体方法，如家庭作业 • 与协助者一起有效地工作 • 有效地终结一次团体活动，以及解散整个团体 • 运用追踪过程来维持及支持团体成员 • 运用评价工具评估团体活动的效果	• 评价团体历程的录像带 • 观察团体咨询的过程 • 作为一个团体成员参加一个团体 • 在督导下协同领导团体 • 单独领导一个团体，既得到督导者的指导反馈，也对自己的表现进行评估与自我分析 • 在督导下作为一名团体领导者进行实务工作

三、评价指标与标准

心理健康教育课的评价要制定有效标准。这个标准既要符合有效教学的基本方向，又要考虑心理健康教育课的特殊性，不能简单沿用一般学科课程标准的逻辑体系。刘宣文（2002）据此论述了心理健康教育课的评价指标与标准。

（一）辅导目标、内容与方法的评价

心理辅导活动课目标的评价应着重以“人格的健全发展”这个总目标为依据，并遵循以下原则：

（1）适应时代需要的原则。

（2）符合儿童心理发展规律的原则。

（3）心理成分整体协同发展的原则。

（4）可操作性原则。

辅导内容应依据辅导目标来确定。换句话说，什么因素对于受教育者的心理发展是最需要的，它就应当成为心理辅导活动课的主要内容。对辅导方法的评价要考虑其是否正确、适当，是否有一定的艺术性和创造性。

（二）辅导活动、过程与作业的评价

对暖身活动的评价要看辅导教师能否根据本单元的主题，运用生活中的资源设计相应的活动，以激发学生兴趣与动机。另外，还要看暖身活动是否能创设安全、接纳、轻松的氛围，引导学生进入辅导活动之中。对活动设计的评价要考虑以下方面：

（1）必要性。活动应依据目标来展开，所设计的活动符合辅导目标才有必要性。

（2）适切性。活动设计应符合学生的经验与心理发展水平。

（3）参与性。活动设计应能最大限度地激发学生参与的积极性。

（4）活动设计要促成学生的持续发展，辅导活动应有次序性、延续性、累加性。

对活动情境创设的评价考虑情境是否来源于学生的生活实际，是否符合学生的心理发展水平和年龄特点。

对辅导过程的评价要考虑以下方面：

（1）辅导过程是否具有安全、接纳、温暖、尊重的团体气氛？

（2）团体中是否建立了民主、平等、合作的辅导关系？

（3）辅导中是否有广泛、良性的学生互动和师生互动？这是团体动力的一个重要指标。

辅导作业是课内辅导的延伸，它的内容应联系学生的生活实际，拓展、强化学生所获得的知识、态度和行为。

（三）对教师表现和学生反应的评价

对教师表现的评价要考虑以下三个重要方面：

（1）辅导教师是否具备共情、真诚、无条件积极关注等良好的态度特质，并在辅导过程中进行了正确的表达？

（2）辅导教师在整个辅导过程中是否能够创设、确立并维持安全和温暖的环境、信赖和理解的和谐气氛，并鼓励学生相互分享，引导学生自我探索？

（3）教师的角色是否到位？心理健康教育课要求教师更多地扮演好朋友、小组成员、心理专家、团体领导者等角色。

对学生反应的评价要考虑以下三个重要方面：

（1）学生是否能积极主动地参与到辅导活动中来？

（2）活动中学生能否自然、投入地扮演所取得的角色？

（3）辅导中学生是否有自我体验、自我开放与自我探索？

（四）辅导效果评价

心理健康教育课效果的评价应从集体和个人两方面来进行。

1. 集体角度

从集体角度看，辅导效果的评价标准如下：

（1）全校是否形成重视心理辅导的氛围？

（2）学科教学是否借鉴心理健康教育课的某些做法，将心理辅导渗透到学科教学中去？

（3）校风是否有积极的改观？

（4）班级团体的凝聚力是否增强？

（5）班级的满意度、荣誉感是否增强？

2. 个体角度

从个体角度看，辅导效果的评价标准如下：

（1）辅导目标的达成度。学生是否通过辅导达到了预期的具体辅导目标？这应结合起始评价来评估。起始评价所得的资料既可作为课程设计参考，又可作为评价课程辅导效果的依据。

（2）学生能否把知、情、行三个维度上所获取的辅导效果整合起来，并促成自我成长？

（3）学生对心理健康教育课有无形成积极兴趣与态度？

（4）辅导教师是否具有进一步钻研相关理论的兴趣与行为？

（5）辅导教师是否在与学生建立的这种新型人际关系中体会到自我价值的实现，并在行为表现上以更积极饱满的情绪投入为学生服务之中？

将这些内容整理后，可以形成心理健康教育课的评价表（见表 7－3；钟志农，2007）。

表 7-3　心理健康教育课的评价表

评价标准	具体要求	权重	评价			
			A(1.0)	B(0.8)	C(0.6)	D(0.4)
辅导目标达成	选题有针对性，符合学生年龄特征，并非盲目模仿。	5				
	对辅导主题及核心概念理解正确，把握无重大偏误。	10				
	能对学生偏离主题的发言进行妥善引导。	5				
设计思路清晰	整体设计有创意，不照搬教学参考资料。	5				
	活动形式活泼生动，具有较强的动感。	10				
	活动线索清晰有序，每一步骤紧紧围绕主题需要。	5				
活动过程氛围和谐	催化团体动力，气氛和谐活跃，学生参与积极性高。	10				
	小组认真互动，全班分享有启发性，发言有真情实感。	10				
	自觉遵守团体规范，现场活而不乱。	5				
辅导技巧运用得当	辅导教师高度尊重学生，教态、语言有亲和力。	5				
	注重倾听、关注、共情、重述、具体化等技巧的使用。	10				
	注意适时引导，对学生发言的回应简洁又比较到位。	10				
辅导效果明显	学生在活动中有感悟、有体验，情感投入度较高。	5				
	能自主提出解决自身困惑问题的对策，促进自我成长。	5				

四、评价方法

心理健康教育课的评价有诸多方法，包括量化和质性评价方法。量化方法主要包括心理测量法、问卷法。质性方法主要包括观察法、访谈法、作品分析法。

（一）心理测量法

心理测量法是教师采用与课程内容和目标有关的心理测量工具，在课程实施前后进行测验，评价学生心理发展水平变化。心理测量法具有客观性，可以收集到量化数据，采用统计软件分析后可获得客观结果。运用心理测量法时，要注意测量工具的选择是否符合学生年龄特征，注意测量工具是否具有良好的信效度，注意测量情境和过程及结果解释是否已标准化。

（二）问卷法

问卷法是教师运用标准问卷，向学生了解课程实施情况，以及学生心理活动和变化的方法。教师可根据心理健康教育课的基本理论，自行设计调查指标，然后编制问卷题目和选项。可采用封闭式提问，也可以采用开放式提问。最后对收集到的结果，进行量化统计分析或质性分析。问卷法具有灵活性，教师容易掌握。但信效度缺乏严格检验，测量的准确性和结论的推广性都有限制。

（三）观察法

观察法是教师在自然情境下，对心理健康教育课前后学生的行为进行直接观察、记录、分析和解释的方法。采用观察法时，首先要明确观察内容，形成可操作的观察内容体系；然后要明确观察的时间，选择适当的观察策略和记录方式。常用的观察策略有参与式观察、行为核查表式观察和取样式观察。最后，采用质性方法分析观察结果。

（四）访谈法

访谈法是教师与学生进行访问和谈话的方法。访谈法不仅可以了解学生心理的变化，还可以深入了解心理变化的原因。教师不仅可以对学生进行访谈，还可以对家长、同学、班主任进行访谈，了解他人对学生的看法和态度。访谈前，教师编制科学有效的访谈提纲；访谈时要注意创设良好氛围，帮助访谈对象真诚表达自己的想法；访谈后对结果进行质性分析。

（五）作品分析法

作品分析法是教师对学生在课程中形成的作品进行分析的方法。作品分析法可以更加深入地了解学生心理变化及其变化原因。常用的作品包括学生的心理日记、心理绘画、自我分析报告等。分析学生作品时，教师要保持客观态度。

心理健康教育课一方面可以由教师开展自我评价，另一个常用的形式是邀请督导组织教学研讨。督导是教研员或专家依靠专业知识和技能，帮助教师解决专业问题的历程。通过对教师、学生和活动历程的评价，督导能够更好地帮助教师改进心理健康教育课，提升教师专业能力。

第二节　专业发展

心理健康教育课的评价具有导学、导教的功能，还有一个重要功能是促进教师专业发展。这里介绍两种教师专业发展的路径：复盘和知识管理。

一、复盘

很多情况下，课程注重准备和实施，课后缺乏总结反思。这导致很多教师课上了不少，但相同的问题总是重复出现，长年累月的课程经验无法转化成有意识的知识和能力，无法用于提升日后的工作水平。为了更好地反思教学实践，从中提炼有助于专业发展的规律，可以采用复盘的形式进行课程评价。

复盘是围棋术语，本意是对弈者下完一盘棋后，将双方的下子过程重新摆一遍。心理健康教育课的复盘是教师从过去的经验、实际工作中进行学习，有效总结经验、提升能力、发展专业的成长过程。心理健康教育课的复盘可分为回顾、反思、总结和迁移四个步骤（邱昭良，2018）。

（一）回顾

课程结束后，教师要根据预期目标进行历程回顾，找出值得再一次重复的亮点和做法，找到需要改进的不足和短板。回顾阶段主要回答问题有：

（1）最初设计的课程目标是什么？

（2）目标实现的关键结果是什么？

（3）目标达成度如何？

（4）哪些指标可以反映目标的达成度？

（5）心理课程的思路和策略是什么？这些思路和策略都按设计落实了吗？哪些落实到位，哪些没有落实？

（6）课程活动是如何开展的？在什么情况下，发生了哪些事？

（7）基于目标与实际结果，哪些地方做得好？哪些地方未达预期或有待改进？

（二）反思

当课程图景重新展现后，教师要对现象背后的原因进行分析和反思，找出成功或失败的关键因素。反思阶段主要回答的问题有：

（1）课程活动有价值的亮点是什么？成功的促成因素是什么？其中，主观因素有哪些？客观因素有什么？

（2）成功的关键因素是什么？是否可以再次使用？

（3）课程活动的关键问题是什么？造成问题的因素是什么？其中，主观因素有哪些？客观因素是什么？

（4）造成问题的关键因素是什么？今后如何避免？

（三）总结

复盘的核心意义在于用经验教训提升专业能力，对课程活动和团体动力进行深入反思，萃取出能够运用到以后课程设计中的规律和策略。在回顾和反思的基础上，总结阶段要明确提炼的知识主题，营造良好的研讨氛围，设计引发思考和探索的活动，引导分享者碰撞出教育智慧的火花。总结阶段主要回答的问题有：

（1）大家可以从这次课程活动中学到什么？有何感受和领悟？

（2）是什么因素，促使课程顺利实施？教师是如何做到的？

（3）有哪些做法，可以坚持和推广？

（4）有哪些做法，以后可以少做或不做？

（四）迁移

通过复盘总结出的知识，只有能够迁移到新情境和新问题中，才真正属于教师的专业能力。这种迁移和转化能够让教师明确今后开始做什么、继续做什么、停止做什么。迁移阶段主要回答的问题有：

（1）如果再开展类似课程，有哪些建议？

（2）接下来该做些什么？该补充的是什么？该停止的是什么？

（3）哪些课程经验可以直接转化为教学策略？

（4）哪些课程主题需要制订专项改进计划？

随着生物科学、认知神经科学、组织管理科学等上一级学科的发展，学校心理健康教育不断涌现出新理念和新技术。教师要保持终身学习的姿态，形成“目标—主题—内容—历程—复盘”的工作闭环，在重复的教学工作中获得专业迭代，把经验持续地转化为能力。

二、知识管理

人们常常认为，教育更像艺术，因为优秀的教学经验很难准确地表达、传播和大规模复制。这里的教学经验属于知识维度中的内隐知识，大部分属于知识类型中的程序性知识。而能够明确表达和传递的知识往往属于外显知识，大部分属于陈述性知识。

如今创新浪潮席卷全球各个行业，教育无法置身事外。教师要尝试着通过复盘，整理和发掘自身实践经验，将个人化的内隐知识萃取提炼后，形成更具普遍性的教育外显规则，并能迁移应用到新情境中。当教师能够不断积累内隐知识、不断将内隐知识转化为外显知识，对外显知识进行重组和更新时，就能实现教育创新。这种内隐知识和外显知识的相互转化，就是知识管理的过程。

心理健康教育课的知识管理一般可以分为分享、结晶、联结和内化四种模式。

（一）分享

教师通过直接的沉浸体验，实现个体之间内隐知识的彼此传递。在学徒跟随师傅边缘性参与教学实践的历程中，虽然师傅很少直接对学徒进行语言上的明确指导，学徒还是可以通过观察、模仿、想象和重复练习，学得师傅的技艺。这种内隐知识的传递，需要老师和徒弟置身具体的实践场景，形成深厚的感情联系，通过亲身的体悟方能获得。

（二）结晶

教师通过对话、反思和课题研究，可以将个人的内隐知识用语言文字表述出来，实现由内隐知识到外显知识的传递。这种表述可以采用比喻、类比、象征等手法，也可以采用概念、假设、模型等形式。教师常常使用形象思维，对事物本质进行直觉性理解。比如将老师比喻为花匠，将学生成长历程比喻为“静待花开”。这种直觉性理解常常能够跨越现实的限制和阻碍，成为创造新知识和新理念的重要路径。

（三）联结

教师对外显知识进行整理，将拥有的各种概念整合为完整的知识体系，便于他人继续使用和传播。联结是学校教育通常使用的知识管理方式，可以通过文件、会议、交流、读书会等方式，对不同形式和内涵的知识，进行各种角度的重组。这种知识要素的重组和知识结构的重塑是催生新知识的重要途径。

（四）内化

掌握了外显知识后，教师可以通过“做中学”的方式，在实践中不断使用和练习，将其转化为个人的内隐知识。只有将公共的外显知识转化为个人的内隐知识，知识才能体现为个人能力，成为个人有价值的资本。有时候，通过共情地阅读或聆听他人的故事，也可以使我们感受到故事想要传递的现实和本质，进而内化故事讲述者的共享经验。

这四个知识转化过程在现实中能够形成知识体系的螺旋结构。首先，教师在学校营建的学习共同体中，通过紧密的人际互动，感受彼此经历和教学经验，一方面分享自我的内隐知识，另一方面内化他人的内隐知识。其次，在有意义的深度对话、集体反思和复盘互动中，教师通过恰当的类比和象征，将难以明晰言说的内隐知识表达出来，形成意义结晶。结晶后的外显知识与学习共同体内既有的知识形成网络联结，形成知识拓展与创新。

通过这样的知识管理体系，课程设计能更好地转化为有价值的经验知识，为下一次的重新设计奠定良好的基础。学校逐步成为学习型组织，教师终将成为终身学习者。

专栏

工匠型心理助人者的特点

为了追求助人效果的最大化，伊根（2008）发展出具有工匠特色的心理助人模式，体现出以下一些特点：

1. 出发点不是学派的理论，而是服务于当事人的最大成效。工匠直接对市场负责。工艺学的目标是如何制作出好产品。

2. 没有形成从少数几个基本原因出发的系统性理论。工艺学是围绕着效果，而不是原因来展开的。

3. 开放性。为了取得最佳服务效果，工匠希望将所有有用的理论和方法都有机地结合起来。工匠不存在理论或学派的门户之见，不管什么学派的方法，在他看来都只是工具，只要效果好，都可以拿来用。

4. 方法的可操作性。工匠从整体论角度，探求生产产品的操作方法学，不是聚焦

考试和成绩的不合理信念，让学生感到焦虑。比如学生会认为，如果考不好自己就是一个失败者，必须考好才能获得老师和家长的认可，等等。

学生在校园生活中，经常会遇到各种挫折和压力。他们常常将自己的情绪和行为反应，归因于外界因素。ABC 理论能够帮助学生反省自己的想法，逐步建立理性思维，形成更具适应性的情绪和行为反应。

（二）不合理信念

埃利斯认为，不合理信念是造成心理困扰的主要原因。埃利斯总结出 11 种常见的不合理信念：

（1）一个人应该被周围每一个人喜欢和称赞。

（2）一个人必须能力十足，在各方面都有成就，这样才有价值。

（3）有些人是邪恶和罪恶的，应该受到责骂与惩罚。

（4）事情不如意是可怕的灾难。

（5）不幸福和不快乐是外界造成的，个人无法控制。

（6）我们必须关心危险的事情，而且必须时刻忧虑其危险性和可怕性。

（7）逃避困难与责任，比面对困难与责任容易。

（8）一个人应该依靠别人，而且需要一个比自己强的人做依靠。

（9）过去的经验与事件，决定和影响目前的行为，而且影响不会消失。

（10）一个人应该为别人的难题与困扰而感到紧张和烦恼。

（11）每个问题都仅有一个正确、完善的解答，我们必须找到它，不然将是莫大的灾祸。

中国文化注重道德教化，老师和家长对学生有很多“应该”和“必须”的要求。如果学生无法理解这些要求，不能根据自己和环境的实际情况进行调整，就会出现很多不合理信念。辨别和改变这些不合理信念，是学校心理健康教育的重要主题。

（三）全然接纳

我们从小生活在他人的评判系统中。当他人评判与自我判断出现不一致时，我们常常会放弃自己的观点，认同他人的判断，一味向他人证明自己的能力与价值，这是很多情绪困扰的主要来源。

准确地进行自我评价，接纳自我与他人，是理性情绪行为疗法的主要目标。这种接纳表现为承认自己无法改变很多事情，承认自己和他人都不完美，停止抱怨自己和谴责他人，容忍事态发展的不确定性，努力改变自己的信念和行为。

学生常会将家长和老师的评价，作为自我真实的样子，从而导致缺乏准确的自我判断能力，自我评价或者高估或者低估。通过接纳自我和接纳他人的学习，学生能够意识到，焦虑、愤怒、内疚和冷漠等很多情绪困扰，是由他人的评价与我们不合理的信念引发的。我们可以通过学习，理性地审视自我和他人，为自己的情绪负责，减少自我的情绪困扰。

二、理性情绪行为团体辅导的阶段

理性情绪行为团体辅导具有主动、直接的特点，能够帮助学生在最短的时间内理解问题所在，缓解情绪困扰。在学校情境中使用，可以设计为三个阶段。

（一）团体接纳与理论介绍

处在团体中的人，会考虑自己在他人眼中的形象，在意他人如何评价自己，担心同伴不会认同真实的自我。在团体动力形成初期，教师要为学生营造无条件接纳的团体氛围。

教师可以请学生想象，自己身处困境时的感受，然后试着用遗憾和失望，替代沮丧和无能感。教师可以采用击溃羞辱感的练习，让学生接纳自己的不完美。击溃羞辱感的练习有：穿着奇装异服，向陌生人提出无理的要求，当众表演自己不擅长的才艺，和动物说话，等等。

同时，教师简要介绍 ABC 理论，说明事件、想法和情绪反应之间的关系，解释各种不合理信念，帮助学生区分事实与想法。教师可以采用想法日记，请学生留心自己产生情绪时，内心的自动化想法，并将这些想法记录下来，然后运用 ABC 理论分析自己的实际问题。

（二）驳斥不合理信念

团体成员理解各种不合理信念含义后，就进入挑战和驳斥不合理信念阶段。识别不合理信念容易，放弃不合理信念很难。即使看到不合理信念对自己造成的种种负面影响，想要放弃这些不合理信念，还是需要学生付出很多努力。

教师可以采用检查证据的方法，请学生写出支持不合理信念和反对不合理信念的证据；可以采用角色扮演的技术，请同学分别扮演不合理信念与合理信念两个角色，然后进行辩论。

团体辅导结束后，教师可以给学生布置作业，鼓励学生阅读心理自助书籍，观看一些克服压力、愤怒和焦虑等心理主题的影视剧。

（三）发展合理信念

已经形成的不合理信念具有强大力量，无法直接消除。最好的办法是用合理信念替代不合理信念。在发展合理信念阶段，教师要帮助学生监控自己的消极对话，用合理信念语句替代它。

在团体辅导中，教师可以采用句式转换的技术，将不合理信念的自我陈述，转换为成长型思维的表述。对于高年级同学，可以运用逻辑分析法，检验学生不合理信念中，不符合逻辑的部分，比如以偏概全、过度推论、忽视基础概率等。教师也可以鼓励成员在表格上写出自己经历的事件、感受和自动化的想法，然后请小组成员依次写出对事件的其他理性解释（如表 8－1 所示）。

表 8-1　替代性想法表格示例

日期	事件	感受	想法	替代性想法	现在的感受
周二	吃饭时小明和小红看着我忽然笑起来	紧张、不安	他们在嘲笑我的衣服	他们在讨论自己的事情	轻松很多

理性情绪行为疗法是当前主流的心理疗法，近年来在理论和技术方面都有长足发展，并且获得了脑神经科学的实证支持。通过示范、教导和训练，理性情绪行为团体辅导能够帮助学生实现期望的行为转变，在学校中有着广阔的运用前景。

第四节　焦点解决团体辅导

焦点解决短期咨询是由史蒂夫·德·沙泽尔（Steve de Shazer）、茵素·金·伯格（Insoo Kim Berg）和其同事，于 20 世纪 80 年代发展出的心理治疗方法。这种疗法以来访者的资源为基础，将注意力放在来访者的问题解决上，协助来访者达到他所期望的结果。

作为一种后现代短期心理疗法，焦点解决短期心理咨询强调，咨询师尽量用最少次数和最短时间，帮助来访者有效解决问题，并能将这种问题解决能力，迁移到日常生活中。这种特点较为适合学习繁忙、时间紧张的校园情境。

一、焦点解决团体辅导的理念

传统心理辅导较为关注问题，一般包括描述问题和搜集数据、评估问题、计划干预、干预、评估和追踪等内容。焦点解决团体辅导不否认问题存在，但认为问题是问题，学生是学生，“问题”并不代表学生本质上有问题。从根本上讲。焦点解决是一种面向希望、目标导向和强调改变的辅导理念。

（一）关注优势

很多心理辅导理论都关注问题，会请学生描述问题状况，据此了解问题发生的历史和各种表现。辅导对话常围绕问题展开。这种对问题的分析和探寻，会给学生贴上负面标签，造成学生的无助和无力。辅导过程始终笼罩着消极和低落的氛围。

焦点解决团体辅导强调积极因素，关注学生的力量和资源，不会过于关注学生的缺陷和弱点。在辅导中，焦点解决取向的教师相信，学生具有摆脱困境和解决问题的能力。教师会鼓励学生寻找自身的资源，尤其是重新发现以前没有觉察到的资源。这种辅导能够增强学生的自信，营造出充满乐观和希望的辅导氛围。

（二）聚焦解决

焦点解决是一种目标导向的辅导理念，其目标可能是解决问题，也可能是实现预期，最终都指向学生的发展和进步。焦点解决团体辅导主张，学生出现问题，主要是因为他们使用的问题解决方法不恰当。与其纠缠学生过去的问题产生和表现，不如将辅导重点聚焦在当下的办法和未来的改变上。

语言在我们感知和界定世界的过程中，扮演着重要角色。焦点解决取向的教师认为，学生的生活经验中除了问题和挫败，还有办法和成功。教师的任务不是挑剔学生的错误，而是与学生的内在世界建立联结，帮助学生以积极方式重构个人故事和生活经验，从正向视角寻找解决办法。

（三）积极行动

焦点解决取向的教师，会和学生一起讨论过去。对于过去无效的办法，教师会提醒学生少做或不做。一旦找到过去经验中蕴含的资源和成功解决问题的办法，教师就会鼓励学生将其运用到当下的问题情境中。如果发现大家都困在了问题的陷阱里，教师就会鼓励学生做一些不一样的事情，避免停滞不前。

想要在短期内达成目标，必须快速行动。焦点解决取向的教师会鼓励学生从力所能及和简单易行的部分做出一点小改变。在一个开放系统中，不断产生的小改变，像从高处滚落下的小雪球，会形成越来越大的雪球，最终产生巨大的改变。

二、焦点解决团体辅导的阶段

焦点解决团体辅导聚焦于团体成员的已有资源，在辅导过程中强调对学生赋能。在团体辅导中，表现为如下假设：

（1）尽管生活充满挑战，但所有人都具有力量，这些力量能汇集起来，改善人们的生活质量。咨询师应该尊重这些力量，尊重来访者选择朝哪个方向运用这些力量。

（2）当来访者解释这些力量的时候，通过对力量的持续强调，可以增强来访者的动力。

（3）对力量的发掘要求来访者和咨询师之间，要有一个合作探索的过程。专业咨询师不会为来访者决定，为改善他们的生活，他们必须做些什么。

（4）对力量的强调，让咨询师避免冲动地去做判断、就问题指责来访者，转而去发掘来访者在最艰难的环境下，是怎样成功地渡过难关的。

（5）所有的境况——即使是最黯淡的境况，都包含可资利用的资源。

根据赋能的原则，焦点解决团队辅导发展出一套办法构筑法，内容包括：描述问题，制定良好的目标，探索例外，访谈结束时进行反馈，评估来访者的进步。根据办法构筑法，焦点解决团体辅导可以分为以下几个阶段。

（一）建立关系与制定目标

动机是学习的重要前提，只有学生有改变意愿，辅导才能起到帮助作用。建立良好的关系和设定恰当的目标，是激发学生主动改变的重要因素。

很多学生进入课堂时，会做好被教导的准备，容易形成防御性的互动模式。为营造安全而开放的辅导氛围，在焦点解决团体辅导开始时，教师会有意采用“远离问题”的活动，主题为学生的兴趣爱好和生活乐趣等。学生在这些活动中，能大胆表露真实的自己。教师也在观察学生的过程中，寻找学生的资源、能力和优势。

作为一种短期心理辅导模式，焦点解决团体辅导强调目标导向。当团体成员之间建立起良好关系后，教师会带领大家明确活动目标。比如在“预防欺凌”的团体活动中，首先教师请大家思考：参加这个活动后，自己会有何改变和收获？然后在小组内分享和交流自己的想法；最后将各小组的目标贴在海报上，教师进行整理归类。

良好的目标具有如下特征：正向叙述、自主行为、近期改变和具体言行。在小组讨论目标过程中，教师可以根据以上特征，引导学生制定恰当目标。

（二）寻找资源与启动改变

目标确定后，团体辅导就进入寻找资源和启动改变的办法构筑阶段。焦点解决团体辅导中最常使用的寻找资源技术就是寻找例外。所谓例外，是指来访者拥有却忽视的经验，包括过去成功的经验、部分成功的经验、问题正向意义的洞察等。教师可以使用以下语言，启发学生寻找例外：

- 这个问题什么时候得以避免（部分得到解决）？
- 在什么情况下，问题会缓解（没有恶化、变得轻微、次数少一些）？
- 在没有问题的时候，生活是什么样子的？
- 出现什么情况时，问题会发生改变？
- 有没有在其他领域遇到过类似问题？你是如何应对的？
- 如果问题得到解决，生活将发生什么样的变化？

这些成功的生活经验，蕴含着大量的资源。一旦发现学生找到这些资源，教师就要给予真诚的鼓励，并且建议学生在自己可以掌控的范围内，尝试简单易行的行动探索。

学生可能理解了改变的重要性，具有了改变意愿，甚至制定了改变计划。然而实际中的改变必然会遇到各种阻碍，只有切实行动和克服阻碍，才能实现改变。首先，教师可以先请学生描述过去的成功经验；然后，用“你是如何做到的”总结出有效办法；最后，采用角色扮演或技术演练的方式，探索过去的有效方法如何克服各种可能的困难，并将其运用到当前问题情境中。

（三）强化进步与迁移生活

为了能让一个行为持续出现，需要给予这个行为即时反馈。当学生通过演练，探索各种改变路径后，教师就可以组织团体，进行 EARS 的交流和分享。E（elicit）是引出例外和改变，A（amplify）是描述和放大这些例外和改变，R（reinforce）是反复探索和强化这些例外和改变，S（start again）是重新开始。

比如在“预防欺凌”的活动中，当学生演练了预防欺凌的技术后，教师就可以请大家谈谈：在刚才的演练中，最有效的行为是什么？当这么做的时候，有什么想法和感觉？对方有什么反应？如何在现实中使用？

团体活动结束时，教师可以给学生布置家庭作业。家庭作业可以是回想自己的进步，可以是尝试新的改变，可以是观察例外如何发生，可以是提升自我觉察。这些家庭作业可以帮助学生将课堂中学习到的技能，迁移到日常的生活中，帮助学生形成问题解决的能力。

第五节　非指导团体辅导

非指导团体辅导是一种人本主义取向的团体辅导模式，由卡尔·罗杰斯发展而成。人本主义是心理学流派中继精神分析和行为主义之后的“第三势力”，该流派认为人类具有自我实现的趋向，个体在适合的环境中能主动成长。非指导并非不指导，相对于众多心理辅导过于重视诊断、解析、建议和教导，非指导辅导更为强调润物细无声的辅导艺术。

理解、接纳和尊重是儿童发展的基本需求，非指导团体辅导将学生作为团体活动的中心，关注儿童的真实感受，理解儿童的真实想法，接纳儿童的真实自我，帮助儿童发展自己的目标。这些充满人性关怀的辅导理念，在当下的学校教育体系中，能够给儿童以极大的支持和帮助。

一、非指导团体辅导的理念

就像“非指导”这个词语的含义一样，人本主义认为只要提供促进成长的环境和条件，无需过多演示、引导和指示，学生就能形成积极正向的自我发展能力，获得建设性成长，过上创造性的生活。在非指导团体辅导中，为了让学生能够自发探究和自主建构，达成促进成长的目标，教师需要具备三种品质。

（一）真诚

真诚在人本主义的辅导理念中处于首要地位，描述的是一个人在行为、感受和思想等各个方面，达到和谐一致的状态。当教师有勇气面对自己内在的真实世界，并且敢于展示真实的自我时，就能帮助学生更好地实现自我整合。

在非指导团体辅导中，教师可以放下教师必须如何的面具，自然地表达自己真实的情感和想法——无论是积极的还是消极的内容，努力成为一个坦诚的、可靠的、表里如一的人，向学生展现出一个“为了迈向真实人性而努力的典范”。

在心理健康活动课上，这种真诚尤其会表现为教师情绪感受的自我表露。比如：“看到大家不按规则做游戏，老师感到有些生气。”“听你这么说，老师很担心。”“老师不理解你的意思，请再说一遍。”这种表达向学生传递了一种信息：每个人都可以开放自己的经验，每个人都可以通过自我开放获得成长。

（二）无条件积极关注

在教育情境中，教育者会对学生的言行和想法，带有个人预设。如果学生达成标准，教育者感到满意，会给予积极鼓励。如果学生没有达成标准，教育者感到失望，会表现出消极态度。这都属于有条件的关注。

人本主义理论认为，一个人的存在本来就有价值，不能单凭行为表现和外在标准进行衡量和评判。在无条件积极关注的状态下，无论学生表现如何，我们都应给予他们关怀、接纳和肯定。

在学校课堂教学中，教师总是想要得到自己预设的答案。学生会努力猜测教师的预设，然后给出教师满意的答案。在心理活动课中，教师全然关注学生的想法和感受，不带预设和评价地开展活动。当学生表现出不满、委屈、羞愧、愤怒等负面感受，表达出与社会期许不一致的真实想法时，教师都会认真倾听，重视学生的这些想法和感受。这种无条件的积极关注，有助于学生悦纳自我，增强他们应对问题的信心和能力。

（三）共情

共情是教师与学生不断互动、持续了解学生的经验、和学生一起探索内在世界的历程。在罗杰斯看来，共情“意味着进入另一个人的私人知觉世界，并且能完全自如地处于其中，包括时刻对另一个人内心流动的感受的不断变化的意义保持敏感，如恐惧、勃然大怒、温柔、困惑，或任何他正在体验的某种情绪”。

很多心理学理论较为强调问题的诊断和解释，这些描述往往采用已有的病理取向的语言系统，过于关注于此会出现选择性注意的问题，忽略学生自认为比较重要的体验和经验。在非指导团体辅导中，教师会努力站在学生的立场和角度，尝试理解和接纳学生的感受和想法，并且能够透过这些感受和想法，揭示出学生内在的需求和动机，以此整合学生的行为、情绪、认知和动机。

二、非指导团体辅导的阶段

罗杰斯在团体辅导的理论和实践方面，做了很多开创性工作。无论是 5～7 人的工作坊、50～200 人的中型团体，还是 600～800 人的大型团体，罗杰斯都秉承人本主义的理念：完全开放，既没有领导，也没有阶层。从中可以总结出非指导团体辅导的运作原则：

（1）让成员从角色扮演，转向更直接地表达自己。

（2）让成员从对经验的依赖，转向对外部事实的开放。

（3）让成员从与内部和主观经验脱离，转向关注内部主观经验。

（4）让成员不再从外部世界寻找答案，进而形成以内部世界指导生活的意愿。

（5）让成员从对人际关系的封闭、恐惧和缺少信任，转向更加开放地与他人进行交往。

根据人本主义理念和以上原则，非指导团体辅导可以分为以下几个阶段。

（一）营造团体氛围

人们进入陌生的场景，会表现出符合大众规范的、能够被他人接受的自我形象。为了帮助学生探索真实的自我，教师会在团体辅导的初始阶段，鼓励学生讲述自己的故事，表达真实的感受。

非指导团体辅导主要通过教师的无条件积极关注，促进学生之间形成信任关系，从而营造真诚与合作的团体氛围。教师会仔细倾听每位成员的讲述，尊重学生自我表露的节奏和进度，接纳学生各种消极的想法和感受。

团体初始是奠定团体动力的重要阶段，和其他团体辅导模式相比，非指导团体模式强调教师对团体成员的信任，不主动提供信息和指示，保持团体的安全和开放，鼓励成员自己探索团体规则、活动形式和学习目标。

（二）设定真实问题

罗杰斯区分了两种学习类型。一种是无意义的学习，“这样的学习只涉及脑，它发生在脖子以上，没有任何情感卷入，也没有任何个人意义，它与整体的人没有任何关系”。还有一种是有意义的学习，学生有认知和情感卷入，能够自我主动投入。

有意义学习往往来源于对问题的认识和解决过程。非指导团体辅导主张以与学生自我和生活相关的真实问题，作为辅导议题。真实问题能够激发学生的好奇心和学习动力，引发学生真实的想法和感受。

当学生想要了解和解决问题时，他们变成了信息搜寻者，教师的责任就是富有想象力地提供学习资源，在学生和可用信息之间起到穿针引线的作用。这些资源包括思维导图、知识地图、问题索引等学习大纲，文章书籍、影音信息、网络资源等学习材料，博物馆、社区、大学、研究机构等社会文化资源，还包括相关领域的工作者、专业人员和研究人员等人力资源。

（三）体验式学习

很多团体辅导都有明确的活动目标，非指导团体辅导不会刻意预设活动目标，而是更加看重学生学习的过程和经历，鼓励学生创造性地利用各种学习资源，参与到各种学习活动中，丰富自己的学习体验。

不同的学习方式，会产生不同的学习体验。有些团体采用以教师为中心的辅导模式，非指导团体主要采用以学生为中心的辅导模式。以教师为中心到以学生为中心可以看作一个辅导连续体，方式包括：授课、提问、练习与实践、展示、讨论、小组合作、有指导的发现、合约、角色扮演、探究、自我评估等。

合约是学生制定的活动目标和活动计划，是非指导团体辅导中较有特色的辅导方式。首先，教师向成员解释合约的功能及其如何发挥作用；其次，成员制定学习合约，并努力遵守合约要求；最后，教师和学生一起评估合约的进展。在非指导团体辅导中，合约能让学生在自由和责任之间取得良好的平衡，成为自主的学习者。

（四）自我评价

罗杰斯认为评价的核心在于学习者自身，“学习者很清楚学习内容是否能满足自己的需求，能否将他引向他自己想要了解的领域，是否恰好填补了自己的空白”。

在非指导团体辅导中，教师会请学生采用作品或汇报的形式，对学习结果进行自我评价，内容包括：采用何种标准进行评价，哪些目标已经实现，这些目标在多大程度上得以实现，等等。如果团体使用过学习合约，那么合约的完成度也可用于评价。

在心理健康教育课中使用非指导团体辅导，会根据学生的具体情况，强化辅导的结构性和目标性。教师也会提醒学生觉察自我言行的恰当性，提供一些真诚的反馈，帮助学生更为深入地探索和整合自我。

专栏

团体辅导领导者的能力和技术要求

美国团体工作专家学会对团体辅导的领导者，具有一些专业上的能力要求（引自林家兴，2014）：

1. 了解各类团体的功能和转介标准，以便可以适当地转介个案。
2. 具备团体动力和团体治疗的基础知识。
3. 了解团体领导者的个人特质对团体的影响，以及领导者如何在团体情境中应用伦理守则。
4. 熟悉团体动力和效果的研究文献。
5. 了解团体的历程阶段和成员角色。
6. 了解团体对成员的利弊风险，以及筛选团体成员的标准。
7. 熟知团体工作的定义、目的和类型。
8. 重视评价在团体历程中的角色。

另外，团体领导者在运用团体技术时，应该避免：

1. 使用不熟悉的技术。
2. 使用技术来提升自己的能力。
3. 使用技术只是为了制造情绪的张力。
4. 使用技术来压迫成员。

本章小结

1. 学校心理健康教育活动是有计划、有组织的教学过程，具有特定的结构性和程序性，能够形成便于操作、易于评价和不断改进的教学模式。在目标导向的教学设计理念下，教学模式的开发与选择要充分考虑活动目标的特性。

2. 学校心理健康教育课的目标可以分为三类：认知、行为和人格。认知目标强调发展学生信息加工的能力和水平，涉及问题解决、创造力、认知信念等内容。行为目标强调发展学生的生活适应能力和良好行为习惯，涉及人际交往技能和时间管理技能等内容。人格目标强调发展学生的积极心理品质，涉及情绪管理、自我概念、人生目标和生活意义等内容。

思考练习

1. 辨识日常对话中的不合理信念。
2. 根据焦点解决团体辅导模式，设计心理健康教育课的流程。
3. 用自己的话解释非指导团体辅导的三个重要理念的含义。

第九章

自我概念辅导

学习目标

1. 掌握自我概念的基本知识及相关理论。
2. 熟悉自我概念的测量工具。
3. 掌握自我概念辅导和提升的方法。

章节导读

9 岁：我叫……。我的眼睛是黑色的，头发也是黑色的。我喜欢运动，我家里有四个人。我视力很棒！我有很多朋友！我生活在……。我的爸爸有 1.8 米高。我的老师是……。我是班上最聪明的男生！我喜欢吃……。我喜欢上学。

11 岁半：我的名字是……。我是个女孩，很诚实。我不漂亮。我的成绩马马虎虎。我的大提琴拉得不错。我喜欢几个男生。我很愿意帮助别人。总的来说我是不错的。但是我脾气不太好，有些男生和女生不喜欢我。

17 岁：我的名字是……。我是女孩，是独一无二的。我是天秤座，很犹豫不决的那种。我情绪比较容易波动，但是我愿意说出来。我有我的抱负，不过总体上我也挺孤独的。我有我自己的原则和坚持，固执起来很可怕，不过我觉得我是对的。

从上面对“我是什么样的人”的三个不同回答，可以看出自我描述是朝着更抽象、更集中于心理的方向发展的。我们只有更加清楚地了解儿童青少年自我概念的发展脉络，才能更加精准地引导学生向内探索，从而成为更好的自己。

稳定而成熟的自我概念是学生心理健康的基础。自我概念模糊可能导致自我评价、自我体验、自制力方面的问题，具体表现为：过高或过低评价自己，导致自信心、自尊心受挫；由于体验的偏差，往往出现自卑、焦虑或逆反心理；因自我控制能力差，常常出现耐挫力过弱的问题。

第一节　自我概念概述

一、自我概念的内涵

自我概念是自我意识的一种认知活动形式，被定义为个体对作为一个整体的自己的意识和体验相对稳定的观念系统（林崇德等主编，2003）。在操作性定义上，自我概念是有关自己的外貌、能力、技巧、学业水平、社会接受性等方面的自我知觉，包括主体自我、镜像自我、理想自我三个方面，每一个方面都从身体自我、能力自我、人际自我、人格自我四个角度来阐述。

自我概念、自我、自我意识这几个概念常常被互用。在西方心理学中，自我意识是自我的一个子概念，因为自我意识仅仅被看作对自己的感知和注意。当把自我作为知觉对象来研究时，自我也称自我概念，也就是个体对自己所有方面的认知。

综合来看，自我概念是一个多维度、多层次的心理系统，具有复杂的心理结构。自我概念的结构有两种比较重要的分类。

（一）自我认知、自我体验和自我调节

从自我认识的过程看，自我概念涉及认知、情感、意志三个方面，包括自我认知、自我体验和自我调节三个子系统。

自我认知是自我概念的认知成分、首要成分，也是自我调节的心理基础，包括自我感知、自我观察、自我分析和自我评价等。其中，自我分析是在自我观察的基础上对自身状况的反思。自我评价是对自己能力、品德、行为等方面的社会价值的评估，它最能代表一个人自我认知的水平，评价方式包括他人评价、自我分析、与和自己有相似性的人进行对比，以及与自我期望相比较。

自我体验是个体自己怀有的一种情绪体验、一种态度。自我体验的内容十分丰富，比如自尊心与自信心、成功感与失败感、自豪感与羞耻感等。

自我调节是自我概念的意志成分，主要表现为个人对自己的行为、活动和态度的调控，包括自我检查、自我监督、自我控制等。自我检查是主体在头脑中将自己的活动结果与活动目的加以比较、对照的过程。自我监督是一个人以其良心或内在的行为准则对自己的言行实行监督的过程。自我控制是主体对自身心理与行为进行主动掌控的过程。

（二）现实自我、理想自我和投射自我

从自我认识的观念看，自我概念可分为现实自我、理想自我和投射自我。

现实自我回答了我认为我是什么样的人的问题，是个体对自己被环境熏陶和与环境互动时所表现出的综合的现实状况和实际行为的认识，是个体从自己的立场出发对现实中的我的看法。

理想自我回答了我希望成为什么样的人的问题，是个体从自己的立场出发对将来的我的希望，也即想象中的我。理想自我是个体想要达到的完善的形象，是个人追求的目标。理想自我的内容尽管也是客观社会现实的反映，包括对来自他人和社会的规范要求以及它们是否满足个体需要的反映，但由这些内容整合而成的理想自我却是观念上的、非实际存在的东西。

投射自我，又叫镜像自我，是个体想象中他人对自己的看法，如想象中自己在他人心目中的形象、想象中他人对自己的评价，以及由此而产生的自我感。投射自我和现实自我之间往往有距离。当距离加大时，个体便会感到自己不为别人所了解。

在上述三种自我中，现实自我和理想自我是罗杰斯对自我概念的分类。理想自我虽非现实自我，但它对个人的认知、情绪和行为的影响很大，是个人行为的动力和参考系。现实自我和理想自我的形成与社会环境的影响密切相关。现实自我产生于自我同社会环境的相互作用，理想自我则产生于这种相互作用中他人和社会规范的要求内化后在个体头脑中整合而成的自我的理想形象。

一般而言，理想自我可以在现实自我和社会环境之间起积极的调节作用，指导现实自我积极地适应社会环境，使自我意识得到健康发展。但是如果自我实现受阻，又不能得到疏导，就会产生焦虑，并导致理想自我和现实自我之间可能产生矛盾冲突，引发个体内心的混乱，从而造成生活适应上的困难。

二、自我概念的相关理论

（一）自我结构理论

詹姆斯于1890年在《心理学原理》中首次提出自我的概念，指出自我包括客体我及主体我。客体我又称为经验我，是经验与意识的主体，包括所有属于个体的东西；主体我是个体知觉、想象、选择、记忆和计划的主体。

客体我由物质我（the material me）、社会我（the social me）与精神我（the spiritual me）三部分组成。

物质我包括生理自我，即个体对自己身高、体重、容貌、身材、性别等的认识以及对生理病痛、温饱饥饿、劳累疲乏的感受，还包括个体对与身体特质密切相关的衣着、打扮的意识，以及对外部世界中与个体紧密联系的人和物（如家属、财产等）的感受。物质我在情感体验上表现为自豪或自卑，在行为上表现为对身体健康和外貌美的追求、物质欲望的满足、对自己所有物的维护等。

社会我包括个体得到的来自他人的认同、尊重、赞美，以及由此得到的荣誉与名誉，还包括个体对某一时代、国家、民族的归属感和在群体中的地位、作用，以及受人尊敬、欣赏的程度。社会我在情感体验上也表现为自豪或自卑，在行为上则表现为追求名誉地位、与人交往、与人竞争、争取得到他人的认可等。

精神我包括内在的特质，如个体对个人的思想、气质、道德判断、性格、情绪等的认识和体验。精神我在情感体验上表现为自豪、自尊或自卑，在行为上表现为追求智慧和能力的发展、追求理想和信仰、注意行为符合社会规范等。

后来，奥尔波特根据自我的发展阶段，把自我概念分为三种形态，即生理自我、社会自我和心理自我，这种分类与物质我、社会我、精神我的分类是一一对应的。

（二）心理社会发展阶段理论

埃里克森在他所提出的人生八个发展阶段中，认为青少年处于自我辨识与自我认定的时期。如果个人对自己的了解深入，知悉个人应扮演的角色，并知道人生的意义与方向，则有助于个人价值体系的形成，使个人的生活哲学得以建立，并使人生的方向与目标不至于产生迷失与混淆。青少年如果辨识自己顺利即能发展出忠诚的美德，因而能对自己的价值观产生信赖。同时因为有了忠诚的美德，青少年能发展出较为稳固的自我认同感：不管外界有何挑战及诱惑，青少年都能相信自己或坚持有所为、有所不为。

根据埃里克森的理论，青少年自我认同的完成历程涉及以下的六个层面：

（1）对自己投注心力并且有稳定的承诺。

（2）建立一套价值观与信念，以形成个人的意识形态基石；有一套教育与生涯目标，以形成个人的职业基石；建立个人与异性及同性的熟识感与亲密感，以形成个人的人际基石。

（3）认同过程会受个人内在因素、人际因素与文化因素的影响。其中，个人内在因素包括个人的本能特质，人际因素包括对尊敬的人的认同与对未来期望的表达，文化因素则涵盖个人所成长的国家、社区、次级文化团体的价值观。

（4）主动和努力地去检核各种类型的工作、朋友与人生哲学，并审慎地加以选择吸收。

（5）越能发展出自我认同感的青少年，越能评价自己与他人之异同，越能认识到个人的优势与限制。

（6）认同的形成具有延续与稳定的特质，但其发展从未终止。如果这个时期的心理危机不能克服，就会造成“心理社会迟滞”（psychosocial moratorium），将不利于未来成人角色的恰当发展。

（三）自我概念理论

罗杰斯于 1970 年提出自我概念理论。该理论中的自我概念可以简要地归纳为以下四点：

（1）个人对自己的了解与看法称为“自我概念”，即“我是个什么样的人?”“我能做什么?”，包括个人的知觉、意见、态度、价值观等，构成具有独特性的“我”。

（2）自我概念是主观的，个人对自己的看法未必与自己所具有的客观条件相符合，有的人客观能力颇高而且颇有成就，但可能在他自己看来却是一个失败者。

（3）个人时时以自我概念为依据，评价自己的待人处事的经验。如果所得结果与自我概念不符合，就会产生焦虑，焦虑累积过多难免引起情绪的困扰。

（4）自我概念可随个人经验的增多而改变，进而发展出现实自我与理想自我。理想自我与现实自我越接近，或是理想自我是以现实自我为基础发展而来，个人的适应就越良好，生活也就越幸福。

罗杰斯认为，自我意识是人格形成、发展和改变的基础，是人格能否正常发展的重要标志。

三、自我概念的测量工具

从自我概念的理论来看，自我概念是多维度、多层次的，这给自我概念测量工具的研发带来了很大的空间。

（一）田纳西自我概念量表

美国心理学家费茨（Williams H. Fitts）于 1965 年编制了田纳西自我概念量表，并在 1988 年进行了修订。

该量表将自我概念分为外在结构和内在结构。

外在结构是基于自我意识的内容维度，包括生理自我、道德自我、心理自我、家庭自我、社会自我。其中，生理自我指的是对身体、健康、外表等方面的看法，道德伦理自我指的是对自己的品德、举止、意志等方面的看法，心理自我指的是对个人价值、情绪、人格等方面的看法，家庭自我指的是和家人相处的感受及家人对自己的看法，社会自我指的是在人际交往中和他人相处的感受。

内在结构则是基于认知、情感、行为，包括自我认同、自我满意或接纳、自我行动。其中，自我认同指的是个人对自己的认识，自我满意或接纳指的是个人对现况的满意或接纳程度，自我行动指的是个人在接纳或拒绝自己之后，实际所采取的相应行为。

中文版的量表由林邦杰于 1978 年修订，共 70 题，包含自我概念的两个维度和综合状况共十个因子，即：

（1）结构维度：自我认识、自我满意、自我行动。

（2）内容维度：生理自我、道德自我、心理自我、家庭自我、社会自我。

（3）综合状况：自我总分和自我批评。

前九个因子的得分越高，自我概念越积极；自我批评得分越高，自我概念越消极。量表采用五点评分法，适用于 12 岁及以上的人群。

（二）青少年自我意识量表

聂衍刚等于 2007 年编制了青少年自我意识量表。该量表从心理功能的角度看待个体的自我意识，包含自我认识、自我体验和自我调节。其中，自我认识包括对体貌、能力、行为、道德、社会角色、社会关系等方面的自我评价、感觉、分析等，自我体验包括自尊感、自信感、自卑感、内疚感等，自我调节包括自觉性、自我控制、自我监督等。量表共有 38 题，包括体貌评价、能力评价、品德评价、自尊感、自信感、自觉性、情绪自控、自制力与坚持性等维度。

四、自我概念的辅导和提升

在自我意识的辅导和提升方面，有一些专业训练方法，比如自我指导训练、内部归因训练等。在学校情境中，可以借由自我认识、自我体验、自我调节的发展历程，从生理自我、心理自我、社会自我等三大方面，依据学生心理特点有序地开展辅导活动。不过，从根本上来说，中小学生在自我概念方面需要做好客观认识自我、积极悦纳和有效控制自我的工作。

（一）客观认识自我

古人曰："人贵有自知之明。""贵"字不仅表明一个人有自知之明是多么难能可贵，而且意味着一个人要有自知之明也不是一件轻而易举的事。那么，为什么有自知之明不是一件轻而易举的事呢？这不仅是因为"当事者迷"，而且还因为人的确难以客观地观察和把握自己。衡量他人是比较容易的，我们可以毫不费力地如实评价，你可能会当某人的面说一些言不由衷的吹捧话，但你的内心清楚地知道此人的真正瑕疵。而对于你自己，你则不那么苛刻和严厉了，面对你自己的一言一行，你过滤缺点的网便有很大的网眼，也许并不是你有意为之，而是你的自尊心有意使然。

古人曰："吾日三省吾身。"我们可以从以下几个"我"中去认识自己。

1. 通过自我反省来认识自我

自我反省可以从自己眼中的我和自己心中的我两方面入手。自己眼中的我为个人实际观察到的客观我，包括身体、容貌、性别、年龄、职业、性格、气质、能力等。自己心中的我指自己对自己的期许，即理想我。我们还可以从实际的我、别人眼中的我等多个"我"来全面认识自己。但是，对于学生而言，虽然有多个"我"可供认识，但形成统合的自我概念比较困难。现代社会的急剧变迁、改革开放后多元价值的影响，使现在的学生的自我认识难以客观、全面。

2. 通过别人的态度和评价来认识自我

不同关系的人对自己的反应和评价不同，别人会对我们的品质、能力、性格等给予清晰的反馈，从而增强我们对自己的了解。当许多人的看法一致时，这些看法对我们认识自己更有意义。这符合符号互动学者库利提出的"镜中我"（looking-glass self）概念：我们感知自己就像别人感知我们一样，镜子中的我或别人眼中的我就是我们感知的对象，我们常常依据别人如何对待我们来了解自己，这一过程称为反射性评价。

不过要客观看待外界看法和评价，当外界的否定性评价过多时，要谨防出现马丁·塞利格曼实验中出现的习得性无助。尤其当一个学生拥有这种信念时，他会感到不能从环境中逃脱出来，进而放弃脱离环境的努力。如有的学生会说："无论我如何努力，我也不会成为受大家欢迎的人。"事实上，"习得性无助"是一种严重的自我意识障碍，它抑制了人改造与影响环境的能力，强化了顺从甚至屈从，并将之转化为内在信念。

（二）积极悦纳自我

积极悦纳自我是发展健康的自我体验的关键和核心。具体地说，帮助学生积极悦纳自我可以从如下三方面着手。

（1）感恩过去的自己。平静而又理智地看待自己的长处与短处，冷静地对待自己的得与失。既不以虚幻的自我补偿内心的空虚，也不以消极回避漠视自己，更不以怨恨、自责以至厌恶来否定自己。不管过去经历了多少困境和挫折，都让今天的自己更加具有生命的厚度。要关注自己从过去学到了什么、有什么成长，因为是过去的自己成就了现在的自己。

（2）专注于现在。接受自己，喜欢自己，觉得自己独一无二，这样才能有价值感、自豪感、愉快感和满足感。

（3）对未来保持乐观。对未来充满憧憬，树立远大的理想，并以此激励自己不断地克服消极情绪。

（三）有效控制自我

有效控制自我是健全自我概念、完善自我的根本途径。一般说来，帮助学生有效控制自我可以从如下三方面着手。

（1）设定积极而可行的生活目标，并对结果有合理期待。设定合乎自我实际情况的抱负水平，确立合适的理想自我，即面对现实，确定自己的具体奋斗目标，把远大的理想分解成一个个子目标，由近及远、由低到高，循序渐进，逐步加以实现。关键是每个子目标都应适当、合理，经过努力可以达到，否则会丧失信心。

（2）培养坚强、坚持、自制、自尊、自信、乐观的积极心理品质。一方面增强挫折耐受力，自觉主动地认清目标，聚焦问题解决，为实现目标而努力排除干扰、克服困难，正确地面对成功与失败。另一方面激励自己不断奋进，在任何情境中，都尝试从积极乐观的角度看问题，从长远的利害做决定；同时，对生活环境中的一切多欣赏，少抱怨。

（3）增加行动力，并保持做事的弹性。有不如意之处设法改善，坐而空谈不如起而实行。同时，不要让自己的生活僵化，为自己在思想与行动上留一点弹性空间。偶尔放松一下身心，将有助于自己潜力的发挥。与人坦率相处，让别人看见你的长处和缺点，也让别人分享你的快乐与痛苦。

第二节　自我概念辅导课程设计与教法

一、教学目标

林崇德指出，中小学生的心理健康标准为敬业、乐群和自我修养。其中，自我修养指的是：善于正确地评价自我；通过别人来认识自己；及时而正确地归因，并能够达到自我认识的目的；扩展自己的生活经验；根据自身实际情况确立抱负水平；具有自制力。这可以作为自我概念辅导的总体教学目标。基于这个总目标，结合教育部发布的《中小学心理健康教育指导纲要（2012年修订）》，各学段不同的自我概念辅导教学目标如表9－1所示。

表9－1　不同学习阶段学生的自我概念辅导教学目标

学习阶段		教学目标
小学	低年级	帮助学生认识班级、学校、日常学习生活环境和基本规则；使学生有安全感和归属感，初步学会自我控制。
	中年级	帮助学生了解自我、认识自我；帮助学生建立正确的角色意识，培养学生对不同社会角色的适应。
	高年级	帮助学生正确认识自己的优缺点和兴趣爱好，并在各种活动中悦纳自己；积极促进学生的亲社会行为，使之逐步认识自己与社会、国家和世界的关系。
初中		帮助学生加强自我认识，客观地评价自己，认识青春期的生理特征和心理特征；帮助学生把握升学选择的方向，培养职业规划意识，树立早期职业发展目标。
高中		帮助学生确立正确的自我意识，树立人生理想和信念，形成正确的世界观、人生观和价值观；帮助学生在充分了解自己的兴趣、能力、性格、特长和社会需要的基础上，确立自己的职业志向，培养职业道德意识，进行升学就业的选择和准备，培养担当意识和社会责任感。

二、教学内容设计

自我概念心理辅导的内容主要围绕自我认识、自我体验、积极认知、自制力训练和自我肯定等过程，覆盖生理自我、心理自我、社会自我三大方面，具体如表9－2所示。

表9－2　自我概念辅导的教学内容设计

模块主题	教学内容
自我认识	通过自画像、了解别人眼中的自己、周哈里窗、身体意象等方式了解自己的生理自我、心理自我和社会自我，形成对自我客观的认识，能够客观评价自己、评价别人。针对高年级的学生，可以协助他们对自己的气质、性格进行梳理，了解性格中的优势和盲点。
自我体验	通过优点大轰炸、价值观拍卖、角色扮演、个性温度计、高自尊特点分析等方式，充分体验和感受自尊、自豪、自信、成就感等自我概念中的重要情感品质。
积极认知	通过归因训练、案例讨论等方式，帮助学生对生活、学习中的得失进行合理归因，既不过分悲观，也能从归因中找到进步的方向。
自制力训练	通过聚焦问题解决、引导积极认知、教授情绪控制技巧等方式引导学生在面对困境时管理好自己的情绪，调整不合理的认知，制定目标，克服困难。
自我肯定	通过自我肯定训练、人际场景角色扮演等方式带领学生用真诚、适当的沟通方式表达自己，包括学习自我肯定的行为模式，勇敢且适当地向他人提出要求，并肯定地表达出自己的情绪、想法或意见。

三、教学方法指导

（一）帮助学生把抽象的概念具体化

学生对于自我概念的认识是非常抽象的，他们可能并不清楚自我概念和自己的生活、学习有什么关系。建议教师在课堂上多用一些真实的案例来解释自我概念的知识，而不是用理论去解释理论。

（二）利用时间的维度帮助学生认识到自我概念的重要性

自我概念辅导是其他心理健康主题辅导的基础，其难度在于如何帮助学生认识到自我概念的重要性。辅导时，应帮助学生看到自我概念的特点，同时让学生看到自我认识清晰的人在学习、生活、人际交往中的具体行为表现和认知态度，从而为学生树立学习榜样。

第三节　自我概念辅导课例与分析

一、小学生自我概念辅导课例与分析

（一）课程主题、对象和时间

主题名称：认识自己，树立信心。
适用对象：小学五年级学生。
上课时间：45 分钟。

（二）辅导策略

采用焦点解决团体辅导策略。该辅导模式强调积极因素，关注学生的力量和资源，注重寻找解决问题的方法。教学中，教师应注意以下几点：（1）在“1 分钟鼓掌”环节，让学生明白自己对自己的认识是有限的，而且现实中的自己要比理解中的自己更优秀。（2）在“我的优点”环节，让学生寻找自己的优点，关注自己的优势，尝试积极认识自己。（3）在“戴高帽”环节，让学生学会关注同学的优势，并帮助同学寻找他们的优点，促进同学更加关注自己的优势。

（三）教学目标

（1）通过活动，让学生看到自己的优点和长处，增强自信心。
（2）通过分享，让学生看到更多积极、正向的自己，正面认识自我，形成积极的自我。
（3）使学生学会用积极的眼光看待别人，学会称赞、肯定他人。

（四）理论分析

自我认识是自我意识的认知成分，是个体对自己生理、心理和社会三方面的认识，包括自我觉察、自我分析、自我评价等。罗杰斯认为，自我认识能力的发展对学习生活的各个方面都具有深远的影响。自我认识的发展是自我意识发展水平的主要标志，而小学阶段是自我意识发展的重要时期。

提高小学生的自我认识能力主要在于提高他们的自我评价水平。客观的自我评价对学生的心理发展具有重要意义。自我评价过低，学生会觉得自己没用，消极应对，没有勇气去迎接挑战，会产生自卑的心理。反之，自我评价过高，学生会盲目相信自己，产生骄傲自满的思想，会影响同伴关系，无法静心学习。

根据埃里克森的心理社会发展理论，小学阶段的儿童正处于获得勤奋感、避免自卑感阶段，该阶段的任务是发展勤奋，建立自信心。在这一阶段，应当鼓励孩子努力获得成功，激发他们的勤奋感，使他们相信自己是有能力的，敢于挑战，充满成就感。自我认识主要有自我觉察、他人反馈这两个主要的途径。

（五）学情分析

小学生的自我意识会随年龄增长而不断发展，但在不同的阶段发展速度是不相同的，其中三年级到五年级处于相对平稳阶段，到了五六年级又会出现第二个上升期。从小学四年级开始，儿童抽象思维逐渐占主导地位，他们的自我评价、自我监控和独立性都有了新的发展。小学高年级还是个体建立勤奋、克服自卑的重要时期。随着年级的增加，小学生的学习任务加重，学习成绩分化，部分同学在学习上出现困难，逐渐遭受各种挫折，容易形成自卑的心理。另外，学生大多是独生子女，他们的日常活动总离不开父母。研究发现，独生子女有明显的两极分化：一部分学生表现出较大的攻击性，而另一部分学生表现出胆小自卑的个性。当前，家长、老师习惯于纠错的教育，平时会经常指出学生的缺点。所以，大多数学生对于自己的缺点很熟悉，自我评价过低，缺乏自信心。

（六）教学资源

（1）教学工具或材料：彩色大卡纸、便笺等。

（2）教学设备或场地：活动教室，学生按 6～8 人一组排好位置。

（七）教学活动

1. 暖身活动：一分钟鼓掌（5 分钟）

活动目标：活跃课堂气氛，吸引学生的注意力，同时让学生领悟每个人对自己的了解有限，从而顺利引出主题。

指导语：各位同学，今天上课前，我们先来玩一个游戏——一分钟鼓掌。假设你正在参加自己喜欢的明星的演唱会，你想为他鼓掌。如果你竭尽全力去鼓掌，你觉得自己一分钟最多能鼓掌多少下？大家预估后再实际鼓掌，看看数目差距。活动要求每位同学一定要竭尽全力去鼓掌。

活动程序：

（1）请学生根据情景来预估自己的鼓掌数目。

（2）学生进行鼓掌尝试，并记录自己的鼓掌数目。

（3）教师请学生比较预估鼓掌数目和实际鼓掌数目。

（4）教师提问：预估数目与实际数目不一样的原因是什么？怎样让我们实际鼓掌的数目与预估的一样？

（5）请几位同学分享自己的观点。

结语：是啊，我们的实际鼓掌数目很难与预估的一样。虽然我们会根据自己的经验及时调整，但依然还是难以做到。这就像我们想了解自己一样，虽然我们及时补充对自己的认识，但永远无法完全认识自己。认识自己是我们一生的任务，今天我们就来聊聊这个话题。

2. 我的优点（15 分钟）

活动目标：让学生自己发现自己的优点并与同学分享，从而肯定自我，形成积极的自我意识。

指导语：平时，我们经常听到长辈说“××家的孩子”，我们被动去比较。那么，你们想不想做“别人家的孩子”呢？下面，请大家跟着老师一起来玩一个游戏，名字叫“认识我是你的荣幸”。

活动程序：

（1）每位同学写出自己的四个优点或特长，并以“认识我是你的荣幸，因为……”的句式组织好。

（2）请每个人找一个搭档，两人进行分工，一人说一人听。

（3）说的同学将刚写好的句子与伙伴分享；听的同学请简单重复对方的话，并点赞。

（4）两人交换角色，重复刚才的活动。

（5）邀请同学上讲台，在全班同学面前分享自己的优点。

结语：刚才同学们都找到了自己的部分优点。大家大胆、真诚地展示了自己的优点，请再给自己加上自信、勇敢的优点。其实，我们不是缺少优点，而是缺少善于发现自己优点的眼睛。当你与同学分享自己的优点时，你有哪些感受和想法？

3. 戴高帽（15 分钟）

活动目标：让学生学会通过他人的视角来寻找自己的优点，强化自信心。

指导语：“不识庐山真面目，只缘身在此山中。”这两句诗告诉我们，有时候我们对自己的认识会存在片面性。那么，同学眼中你是怎样的人呢？接下来，我们玩一个叫“戴高帽”的游戏。

活动程序：

（1）请学生把准备好的高帽都戴在头上。

（2）为每一位小组成员找优点，并以“认识你是我的荣幸，因为……”的句式写在便笺上。

（3）至少为每一位组员写一个优点，而且与他自己写的不一样。态度要真诚，不能毫无根据地吹捧，尽量从个性品质、为人处世等方面入手。

（4）小组内交流，并把便笺贴在相应组员的高帽上。

(5) 各组派代表进行分享。

结语： 收到同学们给的不一样的优点，大家有什么感受呢？优点和缺点不是固定的，在一定条件下，这两者是可以互相转化的，让我们用发展的眼光来看待我们的优缺点。

4. 小结（5 分钟）

活动目标： 全班齐唱《我相信》，并以歌词做总结，升华主题。

活动程序：

(1) 全班齐唱《我相信》。

(2) 请几位同学上讲台说说本节课的收获。

结语： 经过本节课，每位同学对自己的认识更深了一些，也找到了自己未发现的闪光点。优点无所谓大小，请多看看自己的优点，让我们更加自信地迎接挑战。有句话叫“有自信的人不一定会赢，但没自信的人一定会输”。正如歌词中所唱的，“生命中的每一刻都会精彩万分，I do believe”，相信大家会越来越自信！

5. 彼此回馈（5 分钟）

请每位同学向本组同学表达感受，谢谢他们对你的关注和肯定，并填写如下课堂反馈单：

本节课上，你最大的收获是______________________。

你发现了自己新的优点是____________________________。

对于本课的建议是______________________________。

（八）活动延伸

找自己身边的亲人和重要朋友，请他们说说你的优点：

很荣幸有你这样的朋友，因为______________________。

很荣幸有你这样的朋友，因为______________________。

很荣幸有你这样的孩子，因为______________________。

很荣幸有你这样的孩子，因为______________________。

很荣幸有你这样的（　　），因为____________________。

（九）效果评价

课后，教师对本节课的效果进行评价（如表 9-3 所示）。

表 9-3　小学生自我概念辅导课评价表

评价标准	具体要求	权重	评价			
			A (1.0)	B (0.8)	C (0.6)	D (0.4)
辅导目标达成	学生较好地完成上课活动，达到教师上课的要求。	10				
	根据找到的优点，帮助学生更积极地认识自己。	10				
	针对无法找到优点的同学，教师及时给予引导。	5				

续表

评价标准	具体要求	权重	评价			
			A（1.0）	B（0.8）	C（0.6）	D（0.4）
设计思路清晰	上课思路清晰，各环节流畅，贴近学生的实际水平。	10				
	活动形式活泼生动，具有较强的动感。	10				
活动过程氛围和谐	催化团体动力，营造了轻松、活跃、安全的课堂氛围。	5				
	学生喜欢课堂活动，参与的积极性高，有良好的体验和感悟。	10				
	课堂组织有序，学生遵守团体规范，现场活而不乱。	5				
辅导技巧运用得当	关注学生、尊重学生，教态自然，语言有亲和力。	5				
	运用倾听、共情、重述、具体化等辅导技巧，及时回应学生。	10				
辅导效果明显	学生在活动中有感悟、有体验，并且愿意继续完成课后练习。	10				
	学生找到自己和同学的优点，更积极地认识自己，促进自我成长。	10				

二、初中学生自我概念辅导课例与分析

（一）课程主题、对象和时间

主题名称：独一无二的我。

适用对象：初一学生。

上课时间：45 分钟。

（二）辅导策略

采用自我觉察策略，让学生辨别和了解自己的感觉、信念、态度、价值观、目标、动机和行为。教学中，教师应注意以下几点：（1）通过“我的手印”活动，让学生明白每个人的手都不一样，从而认识到每个人更加不一样。（2）通过“我眼中的自己”活动，让学生多维度去思考自己，尝试全面认识自己。（3）通过“他人眼中的我”活动，让学生看到不了解的自己，帮助学生更全面地认识自己。（4）通过“探索未知的我”活动，让学生掌握了解自己的方法，更加全面地了解自己。（5）通过“我的周哈里窗”活动，让学生全面、直观地了解自己，形成客观、全面的自我概念。

(三) 教学目标

(1) 让学生了解周哈里窗的基本理论，懂得运用周哈里窗来认识自己。
(2) 让学生学会多方面客观认识自我，从而接纳自我。
(3) 让学生认识到每个人都是独一无二的，树立客观的自我意识。

(四) 理论分析

美国精神分析学家埃里克森认为，建立自我同一性和防止自我同一性混乱是十二三岁至十七八岁个体发展的任务。所谓自我同一性是指自己能意识到自我与他人相区别而存在，以及自我的连续性和稳定性，亦即个人的内部状态与外部环境的整合与协调一致。

周哈里窗是由美国心理学家约瑟夫·勒夫特（Joseph Luft）和哈里·英汉姆（Harry Ingham）提出来的一个模型。该模型根据我们对自己的了解、不了解和他人对我们的了解、不了解，将个体的认知分成四个部分：开放我、隐藏我、盲目我和未知我。开放我是自己的外在特征，比如外貌、身高、体重等明显的特征。我们的基本信息，也是了解自我、评价自我的依据。隐藏我是自己知道而别人不知道的部分，一般是我们内心的秘密和个人隐私，比如童年经历、辛酸历程等。盲目我是自己平时没有觉察到的部分，也就是别人知道而自己不知道的部分。正所谓“当局者迷，旁观者清”，它们是自己没有察觉到的不经意间的一些小动作、行为习惯等。未知我就是自己不知道且别人也不知道的部分，比如尚未开发出来的能力、特点等。

(五) 学情分析

由于生理上的变化，青春期的孩子总有一种惶惑的感觉。他们自觉或不自觉地将自己的思想从一直嬉戏于其中的客观世界抽回了很大部分，重新指向主观世界，使思想意识再一次进入自我，从而引发自我意识的二次飞跃。其突出表现是，内心世界越发丰富起来。他们在日常生活和学习中，常常将很多心智用于内省。这个阶段的学生往往会去探索“我是谁”“我在这个环境所处的位置如何”等问题；希望了解他人对自己的看法，平时也通过同他人的比较来增进对自己的认识。

(六) 教学资源

(1) 教学工具或材料：白纸、便笺、笔、“周哈里窗”纸等。
(2) 教学设备或场地：活动教室，学生按 6～8 人一组排好位置。

(七) 教学活动

1. 我的手印（5 分钟）

活动目标：借由游戏的方式让学生认识到每个人都是独一无二的。

指导语：请同学们在 A4 纸上方（或笔记本空白处）写上自己的名字，画下自己的手印（把手按在纸上，用笔画手的轮廓），并与小组里的每位同学进行对比，你们有什么发现呢？

活动程序：

（1）在A4纸上方写上自己的名字，画下自己的手印（把自己的左手按在纸上，用笔描绘手的轮廓）。

（2）小组内每个同学进行对比，看看大家的手印是否相同。

（3）全班寻找是否有一样的手印。

结语：从刚才的活动中，我们会发现：没有完全相同的两个手印！是啊，每个人都是独一无二的。那么，这个独一无二的“我”到底是怎么样的呢？我们了解自己吗？今天，就让我们一起来认识自己。本次活动的主题就是：独一无二的我！

2. 我眼中的自己（10分钟）

活动目标：让学生在自我思考中认识自己、了解自己。

指导语：你是谁呢？你是一个怎样的人呢？当听到老师的问题时，你的脑海里有过什么念头？请大家静静地思考，在纸上写下你的答案。

活动程序：

（1）教师问“你是谁”，请同学尝试回答老师的问题，教师适当反问。

（2）请大家静静地思考“我是谁”。

（3）每个学生在纸上写下20句“我是谁”。要求学生尽可能去写，数量越多越好。

（4）写完后，请大家看看自己写的答案，并在自己愿意让别人知道的答案旁打钩，不愿意让别人知道的打叉。

（5）小组分享：请把愿意和大家分享的答案读出来，不愿意分享的答案不做处理。

（6）小组分享后，请三位同学进行班级分享。

结语：同学们已经尽力写了“我是谁”，虽然感觉有点困难，但是大家都完成了一些。“我是谁”是一个永恒的话题，希望大家课后继续去思考。

3. 他人眼中的我（10分钟）

活动目标：通过同学的反馈和评价，让学生更加全面、深刻地认识自己，了解不知道的自己。

指导语：同学们，我们已经知道了自己眼中的自己。那么，同学眼中的你是怎样的呢？下面我们一起来完成照镜子的活动，看看同学眼中的自己。

活动程序：

（1）以小组为单位，为小组成员写下对他的印象，包括欣赏的方面和需要改善的方面。要求不足的方面不能超过欣赏的方面。写完后，顺时针方向传给下一位同学。请每位同学秉承真诚、真实、善意等原则来评价，并写上自己的名字。

（2）写完后，交还给本人。

（3）思考并分享：

- 同学的哪些评价，跟你自己的认识不一样？你可以跟对方进行交流。
- 看到他人的评价，你有什么感受？并说说理由。

● 当他人的评价和自我认识不相符时，怎么办？

结语：他人的评价是提高自我认识的主要途径。自我认识与他人评价不相符时，我们首先要调整心态，静心反思，理性辨别到底哪些是自己的特点。对待他人评价的策略是“一听二问三思四辨五改”。

4. 探索未知我（10 分钟）

活动目标：通过活动，让大家找到探索未知我的方法和途径，帮助学生更好地了解自己。

指导语：现在，我们知道了自己眼中和他人眼中的自己，但还有一部分是自己和别人都不知道的，这就是“未知我”，也称为“潜在我”。未知我通常是指一些潜在能力或特性，我们可以通过学习、训练等把它们激发出来。那么，我们怎样来探索未知我呢？下面，小组讨论。

活动程序：

（1）小组讨论探索未知我的方法和途径，组长记录本组的观点。

（2）各组派代表分享本组的观点。

结语：谢谢各组同学的分享。未知我是我们的一部分，我们需要大胆尝试新事物，努力去探索和了解自己，这样未知我才会越来越小，我们也才会越来越了解自己。同时，“我”是会变化的，在不同成长阶段，我们要不断地去觉察自己、反思自己。

5. 我的周哈里窗（5 分钟）

活动目标：了解周哈里窗的基本理论和内涵，懂得运用周哈里窗来进一步认识自己。

指导语：通过上述活动，相信大家对自己有了一定的了解。下面，请大家把活动的成果填在“我的周哈里窗”里（如图 9-1 所示）：自己知道且别人也知道的，填在左上格；自己知道而别人不知道的，填在右上格；别人知道而自己不知道的，填在左下格；自己不知道且别人也不知道的，填在右下格。

我的周哈里窗

	别人知道	别人不知道
自己知道		
自己不知道		

图 9-1　周哈里窗示例

活动程序：

（1）请同学们将今天的活动成果填写在“周哈里窗”里。

（2）请几位同学分享一下。

结语：无论是他人的评价，还是自我的觉察，最终都会回到我们如何看待自己上。

通过周哈里窗，我们可以更加全面地了解自己。

6. 彼此回馈（5 分钟）

就近找一位同学，与他分享本节课的收获。

（八）活动延伸

每位同学继续思考“我是谁”的话题。另外，请每位同学找自己的好朋友和亲人，请他们说说他们眼中的自己是怎样的，并完善自己的周哈里窗。

（九）效果评价

课后，教师对本节课的效果进行评价（如表 9－4 所示）。

表 9－4 初中学生自我概念辅导课评价表

评价标准	具体要求	权重	评价			
			A（1.0）	B（0.8）	C（0.6）	D（0.4）
辅导目标达成	学生较好地完成课堂活动，并完成“我的周哈里窗”。	10				
	根据自己和同伴的评价，帮助学生更客观、全面地认识自己。	10				
	积极引导学生参与活动，寻找自己和他人眼中不同的自己。	5				
设计思路清晰	上课思路清晰，各环节流畅，贴近学生的实际水平。	10				
	课堂注重体验性，活动形式活泼多样。	10				
活动过程氛围和谐	催化团体动力，营造了轻松、活跃、安全的课堂氛围。	5				
	学生喜欢课堂活动，参与的积极性高，有良好的体验和感悟。	10				
	课堂组织有序，学生遵守活动规范，现场活而不乱。	5				
辅导技巧运用得当	关注学生、尊重学生，教态自然，语言有亲和力。	5				
	运用倾听、共情、重述、具体化等辅导技巧，及时回应学生。	10				
辅导效果明显	学生在活动中有感悟、有体验，并且愿意课后继续深入认识自己。	10				
	学生能结合同伴的观点更全面地认识自己，形成正确的自我概念。	10				

三、高中学生自我概念辅导课例与分析

（一）课程主题、对象和时间

主题名称： 特别的我——接纳自我的不完美。
适用对象： 高一学生。
上课时间： 45 分钟。

（二）辅导策略

焦点解决团体辅导是一种目标导向的辅导理念，其目标可能是解决问题，也可能是实现预期，最终都指向学生的发展和进步。焦点解决辅导理念认为，学生出现问题，主要是因为他们使用的问题解决方法不恰当。因此，辅导应聚焦于目标和相应的具体策略（运用“目标—例外——小步”策略）。在“补苹果”环节，教师引导学生明确自己需要改变的小目标，并聚焦在如何改变的具体行动策略上，让学生在接纳自己的不足的基础上不断完善。投射是自我防御机制的一种，指将自己潜意识中的想法反映在其他个体身上。在“说苹果”环节，让学生通过自由联想等方式呈现各种不一样的答案，从而理解人与人之间的区别；在“画苹果”环节，让学生更直观地表达自己的缺点和不足，使他们有更清晰的认识。

（三）教学目标

（1）让学生了解每个人都会有各种缺点和不足，有些是生来就有的，有些则是后天产生的。

（2）让学生了解自己的缺点和不足，并学会如何面对它们。

（3）让学生接纳自己的缺点和不足，并将缺点和不足转化为资源。

（四）理论分析

青少年期（12～18 岁）这一阶段的主要发展任务是：形成角色同一性，防止角色混乱。伴随青春期而来的许多变化往往非常突然，这会造成自我认识的混乱和不稳定。青少年必须在以前的自我和现在的自我之间寻找连接点，把现实自我与理想自我整合统一起来，建立自我同一性。他们也要把关于自己（包括新的社会角色和责任）的各种想法融合到自我意识中去。总的来说，青少年应该形成稳定和统一的自我概念。

进入青春期，个体意识分化为理想自我与现实自我，建立自我同一性就要使两者达到统一。为此，个体要认识现实自我及其与理想自我的差距，进而改变现实自我，使之与理想自我保持一致；或者修正理想自我，使之符合现实自我。根据“目标—例外——小步”，学生思考自己的缺点和不足，选择需要并且愿意改变的方面，根据自己的实际情况，制定改变策略，并落实在行动上。

（五）学情分析

高中生，处于青春中后期，自我意识显著增强，对自我形象和未来设计有着很高的

期待，但在成长中也会遭遇很多不如意。在人际比较中和各种压力下，他们常常感觉到现实自我和理想自我的差距，比如学习基础不好、个性有待完善、能力不够等，都容易使他们带着对自己的不满和失望成长，将大量珍贵的能量用于否认和拒绝自己，无法更好地发挥潜能。自我接纳是个体对自身以及自身特征所持有的一种积极态度，是人健康成长的前提。自我接纳的人能理解自身的局限，正视自己的缺点和不足，集中精力发掘自己的优势；能以建设性的态度和方法去对待自己的弱点和错误，带着积极的情绪体验去改变自己、超越自我。所以本课程主要希望学生能从自身出发，初步学会对自我的一些缺点和不足的接纳，并开始思考如何将缺点和不足转化为资源。

（六）教学资源

（1）教学工具或材料：视频资料、白纸等。

（2）教学设备或场地：活动教室，学生按 6～8 人一组排好位置。

（七）教学活动

1. 说“苹果”（10 分钟）

活动目标：让学生通过自由联想苹果公司的 logo，活跃课堂气氛，引发学生兴趣，从而引出每个人的一生中可能或多或少都会有缺点和不足。

指导语：请看课件上的图片。看到这张图片，你会联想到什么？答案没有对错，请尽情发挥你们的想象力，想到的答案越多越好。

活动程序：

（1）PPT 播放一张苹果公司的 logo，请大家自由联想，想到的答案越多越好。

（2）学生自由联想。

（3）请学生说说自己想到的答案，互相补充。

结语：听着大家各种各样的答案，我们不禁感慨：不就是缺了口的苹果吗!？刚刚有学生提到，这个苹果的“缺口”就像我们人生中的不完美。不管你多么优秀、多么意气风发，我们每个人都会有这样、那样的缺点和不足，或大或小，或明显或隐蔽。今天，我们就来聊聊我们的缺点和不足。

2. 画“苹果”（15 分钟）

活动目标：让学生通过解读“缺口”的意象，了解自己的缺点和不足，尝试去面对缺点和不足、感受缺点和不足、思考缺点和不足，初步领悟并接纳缺点和不足、超越缺点和不足的人生哲理。

指导语：人生不如意之事，十之八九。虽然这句话有点夸大，但也告诉我们一个道理：人生中总会遇到不如意的事，总会有缺点和不足，就像图中的那个“缺口”。如果我们自己就是这个苹果，你觉得图片中的“缺口”是什么？它大概有多大呢？给我们带来的影响是什么？请大家在纸上画下来。

活动程序：

（1）教师引导学生画一个苹果，用这个苹果代表我们自己，“缺口”代表缺点和不足，画的苹果可以是具体的，也可以是抽象的。画之前用缓慢简洁的语言引导学生思考：“缺口”是什么？有几个？大小如何？形状如何？画在哪里？想好之后凭着感觉，在白纸上画下来。

（2）学生一边思考一边尝试在白纸上画下代表自己的“缺口”苹果。

（3）苹果“缺口”的大小表示缺点和不足的大小。

（4）思考：

- “缺口”可能指什么？
- 看着“缺口”，你的感受如何？
- 这个“缺口”给我们怎样的影响？

（5）完成后，找一位组员进行交流。如果个别信息不想在组里分享，可以不分享。

（6）征求学生的同意后，请部分学生分享自己的苹果及思考。

3. 补“苹果”（15 分钟）

活动目标：通过播放尼克·胡哲的视频，让学生逐渐接纳因自我的一些缺点和不足而产生的负面情绪，接纳自己的缺点和不足；相信积极关注人生的无限可能，让学生努力尝试，尽量减少自己缺点和不足带来的消极影响。

指导语：我们每个人都会有一些缺点和不足，也许缺点和不足很小，小到我们不那么在意；也许缺点和不足很大，压得我们喘不过气。那我们怎么来面对这些缺点和不足呢？首先，我们来看看尼克·胡哲的故事。

活动程序：

（1）播放尼克·胡哲的视频剪辑片段。

（2）播完视频后，请学生思考尼克两种完全不同的状态带来怎样的启发。

（3）请学生完成自己的学习单（如图 9-2 所示）。

“致特别的自己”学习单

1. 尼克·胡哲的视频，给你什么启发？
2. 请选择一个自己迫切想要改变的缺点和不足。用 1～10 进行打分，1 分最低，表示很小，10 分是满分，表示这个缺点和不足非常大、非常严重。目前，你给缺点和不足打几分？
3. 如果这个缺点和不足少 1 分，你觉得它会有什么变化？
4. 我们做或不做什么，可以减少 1 分？
5. 在这些方法中，哪种方法你能做到，而且比较容易产生效果？
6. 你想对自己或自己的缺点和不足说什么？
7. 本节课的收获有哪些？

图 9-2 “致特别的自己”学习单

结语：同学们，正因为有了这些大小不一、形状各异的“缺口”，每一个“苹果”才变得与众不同。正因为有了这些缺点和不足，我们每个人才都变得独一无二。让我们努力向尼克学习，接纳自己的缺点和不足，努力尝试探索和改变，由原来关注“缺口”变成关注无限可能的人生，从而成就独一无二的自己。有时缺点和不足也可能是一种美，让我们在缺陷美的基础上进一步完善自己、超越自己！

4. 彼此回馈（5 分钟）

小组成员互相表达感谢，感谢大家的聆听和支持。如果有话想对对方说，自己去找对方并表达。

（八）活动延伸

把自己的行动计划告诉身边的亲友或老师，请大家监督自己，并及时记录行动感悟。

（九）效果评价

课后，教师对本节课的效果进行评价（如表 9－5 所示）。

表 9－5　高中学生自我概念辅导课评价表

评价标准	具体要求	权重	评价			
			A（1.0）	B（0.8）	C（0.6）	D（0.4）
辅导目标达成	学生积极参与课堂活动，达到老师的活动要求。	10				
	学生较客观地看待自己的缺点和不足，尝试接受不完美的自己。	10				
	学生聚焦某一缺点和不足，寻找完善的方法和策略，不断完善自己。	5				
设计思路清晰	上课思路清晰，各环节流畅，贴近学生的实际水平。	10				
	课堂注重体验性，活动形式活泼多样。	10				
活动过程氛围和谐	催化团体动力，营造了轻松、活跃、安全的课堂氛围。	5				
	学生喜欢课堂活动，参与的积极性高，有良好的体验和感悟。	10				
	课堂组织有序，学生遵守活动规范，现场活而不乱。	5				
辅导技巧运用得当	关注学生、尊重学生，教态自然，语言有亲和力。	5				
	运用倾听、共情、重述、具体化等辅导技巧，及时回应学生。	10				
辅导效果明显	学生在活动中有感悟、有体验，接纳自己的不完美。	10				
	学生找到自我调整的方法，并努力实践，不断完善自己，成为特别的自己。	10				

本章小结

1. 自我概念是一个多维度、多层次的心理系统，具有复杂的心理结构。自我概念的结构有两种比较重要的分类：一是分为自我认知、自我体验和自我调节；二是分为现实自我、理想自我和投射自我。

2. 自我概念的相关理论有自我结构理论、心理社会发展阶段理论和自我概念理论。

3. 自我概念的测量工具主要有田纳西自我概念量表和青少年自我意识量表。

4. 自我概念的辅导和提升可通过正确地认识自我、客观地对待自我来完成。

思考练习

1. 中小学生自我概念辅导的核心是什么？
2. 各学龄阶段自我概念辅导的重点是什么？
3. 如何将自我概念的相关理论和测量工具有效用于中小学心理健康辅导课？

第十章

人际关系辅导

学习目标

1. 认识人际关系的理论基础。
2. 了解增进人际关系的基本方法、策略和途径。
3. 掌握人际关系辅导的课程目标和理念。

章节导读

著名的医学心理学专家丁瓒曾指出："人类的心理适应，最主要的就是对人际关系的适应。"王建宗曾统计了 5 年中 6 万多人次的热线咨询内容，发现其中人际关系方面的问题占 42%，学习方面的问题占 27%，"自我"方面的问题占 20%，其他方面的问题占 10%（引自林崇德，2003）。人际关系的问题比例最高，主要涉及师生关系、亲子关系、同伴或同学关系的问题，以及对异性的看法问题。

关于人际关系的问题不容忽视，对于人际关系的辅导刻不容缓。林崇德（2003）指出，学生在人际关系方面的心理健康表现为六点，分别是：了解彼此的权利和义务；客观了解他人；关心他人的要求；诚心赞美和善意批评；积极沟通；保持自身人格的完整性。

第一节　人际关系概述

一、人际关系的概念

“人际关系”作为科学名词，首先是在 20 世纪初由美国人事管理协会提出的。1933 年，美国哈佛大学教授梅奥（George Elton Mayo）首次以心理学视角对人际关系加以诠释。简言之，人际关系是指人与人在相互交往过程中所形成的心理关系，涉及情感、认知和行为三个方面。情感成分是人际关系的基础，包括积极的人际情感和消极的人际情感；认知成分是人际关系的理性条件，指人与人之间相互认识、相互了解；行为成分是人际关系的外在表现和结果，指人际交往动作。

人际关系的建立主要取决于以下几个方面（林崇德等主编，2003）：（1）人际互动双方的社会需求是否得到满足；（2）能否现实地认识自己，正确认识别人；（3）相互交往是否有满足感；（4）能否维持自己的完整；（5）是否相互吸引。

对于中小学生来说，他们人际关系中的主要对象有同伴（异性同伴、同性同伴）、父母、教师和陌生成人。同伴关系、亲子关系和师生关系可做如下操作性定义（林崇德等主编，2013）：

> 同伴关系是同龄人或心理发展水平相当的个体在交往过程中建立和发展起来的关系，分为同伴接纳和同伴友谊。同伴接纳体现的是态度，涉及喜欢或不喜欢、接纳或排斥等；同伴友谊指两个及两个以上个体间亲密的情感联系，是一种双向关系。
>
> 亲子关系是父母与其亲生子女、收养子女或过继子女之间形成的双向人际关系。
>
> 师生关系是教育教学过程中最基本、最重要，也是最活跃的人际关系。

二、人际关系的理论基础

（一）需求层次理论

人本主义心理学家马斯洛提出人有五大需求，认为低层次的需求得到满足之后，人才会追求高层次的需求。五大需求呈阶梯上升趋势，分别是生理需求、安全需求、归属与爱的需求、自尊需求以及自我实现需求。

从马斯洛的需求层次理论来看，人际交往属于安全需求范畴。研究发现，同生物安全感的建立相似，获得社会安全感的最有效途径同样是与人交往，并由此建立稳定的人际关系。不过与生物安全感不同，一个人要获得充分的社会安全感，仅有别人的陪伴或与别人表面交往还很不够。社会安全感的本质是人与人之间的情感联系，只有通过交往，同别人建立了可靠的人际关系之后，人们的社会安全感才能得到确立。

（二）人际需求理论

心理学家舒茨（William Schutz）提出人类有三种人际需求：情感需求、归属需求、控制需求。

情感需求是指每个人有表达情感以及接受情感的需求。个体运用语言和非语言的方式表达情感，和他人建立关系，并维持彼此的情感联系。个体的情感需求是有差异的，情感需求太高或太低的个体在人际交往中往往会伴随着内心的不安。他们对于被爱或不被爱有强烈的焦虑，对于被他人接纳或拒绝也有强烈的情绪反应。唯有情感需求适中的个体，无论与他人关系密切与否，都能恰当地看待自己，更容易表达自己的情感以及接受他人的情感，也易于接受他人的接纳或拒绝。

归属需求是指个体被他人认同与接纳的需求，即个体在与他人共同活动中感到自己是团体中的一员。个体的归属需求也是有差异的。归属需求太低的人倾向于内向和退缩，其生活封闭、缺少社交，因害怕被拒绝而选择远离人群。归属需求太高的个体非常需要同伴的陪伴，渴望被需要、被注意，无法忍受孤独。唯有归属需求适中的个体，在人际交往中能够跟随情境的变化选择是否参与群体、参与多少，也可以选择一个人独处。

控制需求指个体希望通过自己的能力有效地影响周遭的人或事。控制需求低的个体期望他人来引导自己，倾向于服从权威且逃避责任，较不愿意做决定。控制需求高的个体喜欢支配他人，喜欢权力地位，并喜欢为自己及他人做决定。唯有控制需求适中的个体，才能在控制别人及被人控制中找到平衡点，并对自己充满信心。

（三）社会交换理论

社会交换理论从经济学中投入与产出关系视角研究人们的人际交往行为。社会交换理论认为，个体与他人维持人际关系的目的在于使自身利益最大化。

乔治·霍曼斯（G. C. Homans）是社会交换理论的创始人，他认为那些能够给我们提供最多报酬的人是对我们吸引最大的人，而且我们总是尽量使自己的社会交往给自己提供最大的报酬。为了得到报酬，我们也要付出代价。报酬是个体从人际交往中得到的任何有益的东西。个体对报酬的认知存在差异，同一件东西对某人是报酬而对另一个人则可能毫无意义。代价指人际关系中的负面结果，包括时间、精力、压力等。同样，代价也存在个体的认知差异。

（四）生态系统理论

美国心理学家布朗芬布伦纳提出的生态系统理论认为，个人的行为不仅受生活事件的影响，而且也受社会环境的影响。他把个体的社会生态系统划分为四个子系统，由小到大分别为微系统、中系统、外系统和宏系统。若微系统之间有较强的积极联系，个体的发展可能实现最优化，而微系统中最重要的两种关系则是亲子关系和同胞关系。其中，同胞关系是指核心家庭中兄弟姐妹之间的相互作用和相互影响而形成的心理关系。同胞关系是人生中持续时间最长的人际关系之一，是影响孩子自身发展、影响整个家庭未来的一种“强制”关系。

(五) 平衡结构理论和沟通活动理论

海德（F. Heider）的平衡结构理论是一种 P-O-X 的模式：P 和 O 各代表一个知觉主体，X 代表知觉对象，三者的相互作用可以构成一个认知场。但这个认知场时而平衡稳定，时而不平衡不稳定，人际关系改善的动力就在于人们有恢复认知结构平衡的需求。该理论可以用来解释人际关系变化的情况。

纽科姆（T. Newcomb）的沟通活动理论实际上是平衡结构理论在人际沟通领域的推广，即 A-B-X 模式：A 表示知觉主体，B 表示另一个体，X 表示与 A、B 都有关系的客体。当 A 和 B 与 X 的关系相似或相同时，A 与 B 之间将产生依恋性，反之则产生不和睦。同样，A 与 B 之间沟通的发展也将导致他们与 X 之间关系的相似性。该理论主要是探讨通过人际沟通而达到对现实的人际关系的改变。

(六) 人际关系理论

美国社会学家哈图普（W. Hartup）把儿童与他人之间的人际关系分为垂直关系和水平关系：垂直关系主要指儿童与成人（如父母、老师等）的关系，其性质是互补，主要功能是为儿童提供安全和保护，促使儿童学习知识和技能；水平关系指与那些与自己有相同社会权利的同伴的关系，其性质是平等和互惠，主要功能是给儿童提供学习技能和交流经验的机会。在社会化过程中，水平关系比垂直关系对儿童的影响更强烈、更广泛。

(七) 人际相互作用分析理论

该理论由美国精神分析学家伯恩（Eric Berne）于 1959 年创立，呈现了人与人之间互动的状态，主要包括心理地位、自我状态及沟通方式。

1. 心理地位

伯恩认为，在人的生命历程中，其人际关系主要表现为四种基本的心理地位：我没问题-你没问题；我没问题-你有问题；我有问题-你没问题；我有问题-你有问题。而在这四种心理地位中，我们所追求的目标是第一种（我没问题-你没问题）。

2. 自我状态

所谓自我状态是一种思想和感觉的系统。伯恩认为，每个人的人格都有三种自我状态，分别称为父母（P）、成人（A）与儿童（C）。与之对应，人际交往模式可以分为 P-P、P-A、P-C、A-A、A-C、C-C 六种模式。P、A、C 三种自我状态中，P、C 具有盲目性、被动性与两面性，而 A 具有自觉性、客观性与探索性。A-A 的交往模式是最健康的，双方相互尊重，能合理解决问题。

3. 沟通方式

沟通方式主要有三种。第一种是互补式，指某人的刺激行为（S）和对方的反应行为（R）互相平行。此种沟通是开放的，每种反应都在预期之中，因此双方能不断地相互沟通。第二种是交错式，指对某人的刺激行为做出非预期的反应，沟通的路线形成交叉。这种情况下，个体会体验到痛苦，因此可能会退缩、逃避，而双方的沟通可能因此中止。第三种是暧昧式，指个体表面说一件事，骨子里却表达着另一种意思。这种沟通牵涉两种以上的自我状态，一种是表面的（社会可以接受的），一种是隐藏的。

人际相互作用分析理论为团体辅导提供了理论依据，如成员可以通过在团体中观察他人的变化与示范从而逐渐了解自己的人格结构，并学会与他人进行沟通。

三、人际关系的测量工具

中小学人际关系的测量，主要有三种取向：（1）症状取向，主要从协助中小学生了解自身是否存在人际关系问题的角度入手。（2）关系取向，主要从中小学生的亲子关系、同伴关系、师生关系的状态入手。（3）能力取向，主要从需要具备的人际交往能力入手。

（一）人际关系综合诊断量表

人际关系综合诊断量表由郑日昌教授于1997年编制，由28道题组成。量表包括四个方面：人际交谈困扰、人际交友困扰、待人接物困扰、与异性交往困扰。量表采用是非题，分数越高，说明个体受到人际关系困扰越严重。

（二）儿童社交焦虑量表

儿童社交焦虑量表（Social Anxiety Scale for Children，SASC）由拉·格雷卡（A. M. La Greca）于1988年编制，是一种儿童社交焦虑症状的筛查量表，可作为辅助临床诊断、科研及流行病学调查的筛查工具。该量表由两个因子组成，包括害怕否定评价、社交回避及苦恼，共10个条目，以0～2三级计分，分数越高，表示焦虑感越强。依据儿童社交焦虑量表的中国城市常模，量表总得分≥8时，存在社交焦虑障碍的可能性。

（三）人际关系量表

人际关系量表由沃建中、林崇德于2001年编制而成，从与异性、同性、父母、教师、陌生人的关系五个方面对中学生人际关系状况和发展特点做测查，共50道题。量表采用五点计分法，分数越高，说明人际关系的质量越高。

（四）人际交往策略量表

人际交往策略量表由沃建中等人编制而成，共有12道题，内容涉及外表吸引、能力展示、品德展示、利用媒介四个维度。量表为五点计分，分数越高，说明采用某一人际吸引策略的倾向性越高。

（五）亲子关系量表

亲子关系量表（Parental Bonding Instrument）由帕克（Gordon Parker）于1979年编制而成，为了解双亲和子女关系的自评量表。测评的时候，要求对童年期父母的态度和行为做出评估。量表共有25道题，包括关心和管束两个维度，由此分出四种不同的亲子关系：（1）多关心-多管束；（2）少关心-多管束；（3）少关心-少管束；（4）多关心-少管束。

四、如何进行人际关系辅导

中小学生的人际关系主要包括亲子关系、师生关系和同伴关系。有研究认为，随着年龄增长，亲子关系对个体的影响逐渐减弱，师生关系能弥补不良亲子关系；群体社会化发展理论强调，同伴关系是儿童人际网络中的决定性因素，而家庭因素对青少年没有持久的影响。针对中小学生进行人际关系辅导时，可以从关系对象出发设计辅导内容。

（一）同伴关系辅导

随着儿童年龄的增长，儿童已经不仅仅满足于从母亲及熟悉的人身上获得信任感、安全感，他们开始尝试在同伴中找寻这种“爱与归属”的寄托，以满足他们交往的需求、爱的需求、尊重的需求。

影响同伴关系的因素可以大体分为两大类：外部因素和内部因素。外部因素指环境因素，包括家庭环境、学校环境和社会环境；内部因素指个体自身的因素，如个体的行为特征、社会认知、情感、人格因素。

在同伴关系辅导中，最重要的是帮助学生提升同伴接纳度，减少同伴拒绝度。同伴关系辅导的核心辅导内容为人际认知辅导、人际情感辅导、人际行为辅导。其中，人际认知辅导包括帮助学生认识并觉察自己的社交风格，纠正自己在同伴交往中的错误认知、旧有观念；人际情感辅导包括引导学生关注同伴在人际互动过程中产生的情感体验，鼓励其学会用合适的方式表达；人际行为辅导包括传授人际沟通技巧，以及培养受欢迎的人际特质。具体的辅导方法有如下几种。

1. 案例讨论法

刘贤臣（1997）总结了对中小学生影响较大的几类人际压力事件，包括被人误会或错怪、受人歧视冷遇、与同学发生纠纷、当众丢面子。因此辅导时可以从常见的人际压力事件出发，用案例讨论与角色扮演的方法，对这些常见的人际压力事件进行分析，协助中小学生调整认知，学习人际沟通技巧。

2. 同伴关系疗法

这是一种儿童心理治疗方法，特点是将友谊要素与治疗要素相结合（林崇德，2003）。使用于学校情境中时，可以将要帮助的同学和与其关系较好的同学结成同伴，鼓励他们经常接触，开展诸如体育锻炼、问题讨论等形式的活动，发展关系，教师对这一过程进行监督和检查。整个过程强调共情，不做评判，用愉快的方式处理人际交往中的情绪问题。同伴的选择主要着重于是否有同情心、能否积极关注他人的情感表达等个性特征。在学校里，也可以让高年级同学和低年级同学结成同伴。

（二）亲子关系辅导

亲子关系是我们每个人来到世间面对的第一种人际关系，从婴幼儿时期就开始影响着孩子各方面的发展。亲子关系的好坏，主要受孩子自身的气质类型、父母教养观念和父母性格特质的影响。在中小学校进行亲子关系辅导时，既要对父母进行辅导，也要对学生进行辅导。

关于对父母的辅导，目前国外已有相关课程做得比较系统，采用的方法多为团体训练，包括父母效能训练（parent effectiveness training，PET）、做合格父母的系统训练（systematic training for effective parenting，STEP）、亲子关系提高训练（parent-child relationship enhancement，PCRE）、父母-青少年关系发展训练（parent adolescent relationship development，PARD）、行为训练（behavioral program，BP）及亲和训练（elective programs，EP）。从这些主流的训练课程中，可以归纳出五个主要的辅导内容：（1）沟通技巧的辅导。辅导重点在于表达和聆听。这是一般亲子教育课程的主要内容之一。（2）环境设计技巧的辅导。在亲子沟通中，往往是通过利用环境而避免冲突的，例如安排较安静的环境让孩子学习。（3）改变孩子的辅导。家长在活动中学习处理孩子的行为问题，学习孩子行为管教技巧。（4）改变家长的辅导。家长进行自我改变。（5）改变家庭的辅导。学习通过家庭会议和解决问题的步骤去处理家庭问题。

关于对学生的辅导，可以主要侧重于觉察父母的教养方式、认识和接纳家庭成员不同的性格特质、唤醒对父母的情感等方面。辅导觉察父母教养方式时，可以邀请学生评估一下自己的基本心理需求，比如被爱和被关怀、归属感、自尊心、好奇心、成就感等是否在家庭中得到满足。辅导认识和接纳家庭成员的不同性格特质时，可以通过对性格特质中的优势和盲点的认识，帮助学生了解到性格没有好坏，只有不同，从而接纳因家庭成员性格不同造成的亲子冲突。辅导唤醒对父母的情感时，可以通过角色扮演，帮助学生透过家庭的冲突行为，看到行为背后自己和父母的期待和渴望，唤醒潜意识中亲子之间深厚的爱。

（三）师生关系辅导

学生的学业成绩、课堂行为的积极性、性格等，教师对学生的期望、对自我教学行为的期望、性格等都会影响师生关系。良好的师生关系对于学生知识技能和动作技能的形成、思想品德的培养、智能和体质的锻炼，以及身心和个性的全面发展都具有极大的作用。师生关系影响学生的学习动机，很多学生因为喜欢某位老师，才喜欢上他教授的科目；也有很多学生因为反感或讨厌某位老师，才对他教授的科目心存抵触，甚至厌学。良好的师生关系，让学生有强烈参与课堂教学的愿望，促使其发言和思考，并自觉完成作业。在良好的师生关系中，学生被教师接纳和信任，他们享受到教师的温暖，感受到自己的价值；学生得到教师的支持、体谅和鼓励，他们珍惜友谊，充满力量，感到自信。

在师生关系辅导中，学生部分主要侧重于对教师情感的培养、对教师角色的理解、对教师行为的认知等方面。对教师情感的培养，主要涉及建立和教师相处时的信任感；对教师角色的理解，包括对教师的责任与义务的客观认识；对教师行为的认知，主要涉及对教师的言行举止的客观认识。学生在师生关系中最看重三个方面：一是教师是否公平对待自己；二是教师是否满足了自己的基本心理需求；三是教师是否对自己提供了人际方面、学业方面的实际指导。

在师生关系辅导中，教师部分主要侧重于认识师生性格特质、加强对因材施教的认识、学习学生心理辅导技巧等方面。认识师生性格特质，有助于教师了解所在班级学生的性格特质，了解自己的性格特质如何影响和班级、学生的关系；加强对因材施教的认识，有助于教师与学生个体进行高质量的沟通，提供有针对性的指导，从而提升学生对教师的积极认知；学习学生心理辅导技巧，有助于教师提升辅导学生的能力。

第二节 人际关系辅导课程设计与教法

一、教学目标

人际关系辅导的总目标是帮助学生了解彼此的权利和义务，客观公正地了解和评价他人，关心他人的需要，诚心赞美和善意批评他人，与他人沟通时采取积极主动的态度，明确表达自己的想法，认真听取别人的意见，同时保持自身人格的完整性。《中小学心理健康教育指导纲要（2012 年修订）》指出，学校心理健康教育工作需要根据学生的身心发展特点，循序渐进地开展。面对人际关系辅导的主题，该纲要提出了不同的教学目标（如表 10－1 所示）。

表 10－1　不同学习阶段学生的人际关系辅导教学目标

学习阶段		教学目标
小学	低年级	帮助学生认识班级、学校、日常学习生活环境和基本规则；培养学生礼貌友好的交往品质，乐于与老师、同学交往，在谦让、友善的交往中感受友情；使学生有安全感和归属感，初步学会自我控制。
	中年级	帮助学生树立集体意识，善于与同学、老师交往，培养自主参与各种活动的能力，以及开朗、合群、自立的健康人格；帮助学生建立正确的角色意识，培养学生对不同社会角色的适应。
	高年级	开展初步的青春期教育，引导学生进行恰当的异性交往，建立和维持良好的异性同伴关系，扩大人际交往的范围；积极促进学生的亲社会行为，逐步认识自己与社会、国家和世界的关系。
初中		帮助学生积极与老师及父母进行沟通，把握与异性交往的尺度，建立良好的人际关系；帮助学生把握升学选择的方向，培养职业规划意识，树立早期职业发展目标；帮助学生逐步适应生活和社会的各种变化，着重培养应对失败和挫折的能力。
高中		帮助学生正确认识自己的人际关系状况，培养人际沟通能力，促进形成积极的人际情感反应和体验，正确对待和异性同伴的交往，知道友谊和爱情的界限。

二、教学内容设计

具体的教学内容设计如表 10－2 所示。

表 10－2　人际关系辅导的教学内容设计

模块主题	教学内容
走进人际世界	通过角色扮演、案例讨论帮助学生了解不同年龄阶段师生关系、亲子关系、同伴关系的特点和交往要点，包括：师生关系从亲密转向平等、民主，需要什么样的沟通技巧；什么样的品质更容易受到同伴的欢迎，如何理解小团体现象；亲子冲突为何产生；等等。
知己知彼	通过心理测评、分类分组等方式帮助学生了解自己的社交风格、在社交中的优势和盲点，学习观察对方的社交风格，从而学习调整自己，适应对方的社交风格。
理解他人	通过视频观看、共情训练等方式帮助学生学习区分人际交往中的观察和评判、感受和想法，从语言和非语言等方面理解人际交往对象，展现自己的善意。
表达自己	通过“我信息”、语言技巧训练等方式帮助学生准确、清楚、适当地表达自己的感受、想法，既尊重对方，也尊重自己，形成健康的人际关系。
不良的交往行为	通过视频观看、案例分析鼓励学生对害羞、攻击、受欺负等不良的同伴交往方式进行讨论，从表达方式、社交技巧等方面为学生的人际交往创设健康向上的氛围。
有效沟通	通过设定沟通目标、有效聆听、表达自己、影响他人、确定行动等沟通步骤，帮助学生掌握有效沟通的核心要素，从而达成沟通目标。

三、教学方法指导

（一）帮助学生寻找到适合自己的人际风格

每一个人都有自己的人际风格。教师首先要帮助学生建立这样的观念，就是要认识并接纳自己的人际风格。人际风格是个人的交往舒适区，只有充分了解每一种人际风格的特点，才能和各种人际风格的个体进行顺畅沟通。

（二）练习和体验是人际关系辅导的关键

人际关系是学生非常感兴趣的主题，同时也是较难产生好的课堂效果的主题，因为学生可能并不真的会将课堂上学习到的知识应用到实际生活中。因此要想有良好的教学效果，要为课堂设计真实的教学案例，让学生身临其境，再通过角色扮演的方式让学生学习理解自己和他人的感受，体会人与人之间沟通的不同。同时也要引导学生知道人与人之间的差异，尽可能去享受人际沟通的过程。

第三节　人际关系辅导课例与分析

一、小学生人际关系辅导课例与分析

（一）课程主题、对象和时间

主题名称：友谊小船。

适用对象：小学五年级学生。

上课时间：45 分钟。

（二）辅导策略

采用自我觉察、互助分享等策略。教学中，教师应注意以下几点：（1）在“找朋友”环节，让学生在活动中放松心情，感受自己对于团队的需求。（2）在“找船员”环节，让学生在选择队友的过程中了解自己看重的特点和品质，通过成员的分享，让大家明白哪些特点和品质更受欢迎。（3）在“友谊船桨”环节，让学生在小组讨论中找到与同学和谐相处的友谊船桨，运用船桨与自己的朋友好好相处，维护好自己的友谊。（4）在“我的友谊船”环节，让学生填写自己看重的品质，选择适合自己的相处之道，让友谊的小船能行驶起来，陪伴学生一路成长。

（三）教学目标

1. 让学生了解友谊的重要性，学会与同伴建立良好的人际关系。
2. 让学生了解同伴交往的重要品质，不断完善自己的品质，争做受欢迎的人。
3. 让学生了解和掌握同伴交往的方法，努力维护自己的友谊。

（四）理论分析

友谊是私人之间的一种亲密持久的人际关系。要建立、发展和维持这种关系，关系双方必须认识和区分自己和朋友的观点、愿望、需要、情感等。因此，儿童分化、整合自己和别人观点的社会认知能力就成为友谊发展的基础。随着儿童心理的发展，他们对同伴交往及友谊的需求更加强烈，都喜欢自己有好朋友，渴望找到知己。儿童之间的友谊对儿童的身心发展具有重要的意义，能产生三方面的作用：为其他儿童提供学习社会技能的机会、减轻社会竞争带来的压力，以及形成团体归属感。

1. 小学生人际关系不和谐的原因分析

（1）内部原因：第一，小学阶段的学生对规范的自我觉察和认知不完全，不能意识到自己的不良行为会对他人造成危害，没有主动道歉的意识。第二，小学生的争强好胜心理会导致彼此间出现摩擦。学生之间时常会有不小心的碰撞和冲突，但他们认为道歉就是承认自己错误、失败，因而往往拒绝道歉。

（2）外部原因：不同的学生来自不同的家庭，不同家庭的教育理念、教养方式会培养出具有不同行为习惯的学生。有些小学生本身就较为好动，不仅时常对其他学生动手动脚，还会说出攻击性、侮辱性的语言，并以此为乐；有些小学生则因为父母的过度呵护而变得敏感、不善于表达，因而在遇到需要道歉的场景时，很难做出恰当合宜的反应。

此外，受应试教育的影响，部分家长和教师过分注重学生的学业成绩而忽视其人际交往能力的培养。因而，在如何与人交往方面，很多小学生不仅缺少这方面的意识，更欠缺相应的策略。

2. 小学生人际关系培养策略——LEARN 五步曲

LEARN 五步曲包括：

（1）Listen（倾听）。倾听是实现有效沟通的重要前提。在小学生尚未内化正确的社会道德规范时，他们并不是很清楚什么样的行为会给他们带去干扰和影响。因而，静心、耐心地聆听被冒犯者的诉说有助于帮助冒犯他人的小学生尽快修正自己的行为。

（2）Empathize（理解）。理解是在倾听他人诉说之后产生的共鸣。只有先理解了自己行为的不当，学生才会明白被冒犯者的处境和心理感受。在马斯洛的需求层次理论中，第三层次和第四层次分别是归属与爱的需求和尊重需求，因而人的内心需求决定了每个人需要理解他人，也需要被他人理解。

（3）Apologize（道歉）。道歉是对自己造成的后果承担责任并给予对方相应补偿的行为。道歉的方式主要以口头道歉为主，以书面道歉和肢体道歉为辅。小学生之间产生摩擦一般都是因为一些小事件，因而一般采用恰当的语言表达即可使被冒犯的一方感到宽慰。

（4）Response（回应）。回应是指造成不和谐人际关系的一方以自己的实际行动修正自己之前的不恰当行为和习惯，表明自己对之前不当言行真心悔改的态度。好的行为习惯的形成是一个长期的过程，需要慢慢进行自我修正。修正是提升自我道德修养与人际交往能力的重要一步。

（5）Notify（告知）。告知是通过口头、书面等方式表达自己的改变与结果。这是LEARN五步曲的最后一步，旨在使被冒犯者真切地感受到冒犯者的诚意与改变，从而为本次人际交往画上较为圆满的句号。

（五）学情分析

小学高年级的学生，他们的人际交往的对象发生了改变，从与师长的交往慢慢转向与同伴的交往。这个阶段的学生更需要得到同伴的认可和鼓励，也更愿意与同伴相处。这时候的同伴交往，不再简单地出于我们住得比较近、你给我吃零食等原因。高段的小学生在同伴交往中，更注重内在品质、共同爱好等。他们希望能有共同的话题，希望能融入集体，成为其中的一员，而不是孤零零的一个人。

（六）教学资源

（1）教学工具或材料：海报、马克笔、白纸、长方形彩纸等。
（2）教学设备或场地：活动教室，学生按6～8人一组排好位置。

（七）教学活动

1. 找朋友（5分钟）

活动目标：增强学生之间的互动与了解，尤其是让学生体验到集体归属感和良好的同伴关系的重要性。

指导语：各位同学大家好！我们先来玩一个游戏，名字叫“找朋友”。当老师说到“几个好朋友”时，大家需要快速寻找同学组成几个人的小组。如果没有按规定找到相应的好朋友，那就需要接受新的任务——与你的好友一起表演一个节目。大家先到中间来，围成圈，按照逆时针走起来，我们开始游戏。

活动程序：

（1）请大家手拉手围成一个圈，指导老师站在中间。听到“开始”指令后，大家手拉着手按照逆时针走起来。

（2）老师说：“找啊找啊找朋友，找到 N 个好朋友。”大家立即去找朋友，自动组成一个正好有 N 个人的小组。如果 N 是 5，那就是要 5 个同学自行组成一个小组，不到 5 人或超过 5 人，都算没有找到朋友。

（3）没有找到朋友的同学表演节目，比如说说自己与朋友之间的事、与好友共同表演节目等。

（4）活动重复进行几次，变换 N 的大小，让更多的人体验到落单时的感受以及好友助阵时的心情。

（5）活动结束，教师提问：

- 当你找到朋友时，你的心情如何？
- 当你没有找到，一个人孤零零地站在中间时，你的心情如何？
- 当你的好朋友跟你一起时，你的心情有什么变化？
- 通过这个活动，你有什么感悟？

结语：谢谢大家的参与和分享。是啊，当我们找到朋友组成一组时，很激动、很开心；当我们落单后，特别渴望有一个小组能够加入；当好朋友来陪伴我们时，我们会觉得比较温暖。今天，我们上课的话题是友谊。

2. 找船员（15 分钟）

活动目标：通过大家的分享，了解具有哪些特质的同学更受欢迎。

指导语：刚刚我们确定了每艘船的限定人员。如果你是船长，你有权决定挑选哪些船员，那么你会选哪些船员，他们具有哪些特征？

活动程序：

（1）请大家在白纸上写下挑选的船员，需要具体说明挑选的原因。要求船员挑选的范围是在本班，挑选的理由尽可能从同学身上的特质去写。

（2）写好后放在老师的纸箱内，如果学生想自己介绍，白纸暂时不交。

（3）教师随机抽取，并请同学来分享自己的选择。

（4）教师快速整理，根据大家的选择，评选出“最受欢迎的船员”和“最受欢迎的特质”。

（5）请受欢迎的船员分享自己的经验。

结语：经过紧张的整理，我们评选出了“最受欢迎的船员”和“最受欢迎的特质”。让我们完善自己，做个受欢迎的人。

3. 友谊船桨（20 分钟）

活动目标：通过小组讨论交流，寻找与同学友好相处的方法，经营好每个人自己的友谊之船。

指导语：看着大家有好朋友，老师好开心。可是，昨天老师遇到了小刚，他却因为没有好朋友而感到苦恼，他想交到朋友，但不知道怎么跟同学相处。相信我们班同学也遇到过类似的困扰，下面我们一起来群策群力，找到船桨，共同开动我们的友谊之船。

活动程序：

（1）小组讨论怎样与小伙伴更好地相处，组长进行记录，并把本组讨论的观点简单地写在“友谊之船”的纸上。友谊船一共有六把桨，只有配齐了桨，船才能开动。完成的小组请举手示意。活动时间 5 分钟。时间到了，还没有完成小组的友谊船就开不动了。

（2）各组上讲台展示他们的友谊船。

（3）教师汇总各组的观点，并进行整理，形成开动班级友谊船的桨。

结语：果然是人多力量大。短短几分钟，我们已经找到了这么多桨。相信我们班的友谊小船会越开越远。

4. 我的友谊船（5 分钟）

活动目标：通过自我思考，让学生找到适合自己的朋友相处技巧，经营好自己的友谊。

指导语：我们再看一下大家找到的船桨，挑选几把适合自己的，写在彩纸上。

活动程序：

（1）同学们看收集的友谊船桨。

（2）挑选适合自己的船桨，写在彩纸上。

（3）将彩纸折成友谊船，用自己挑选的船桨去开启自己的友谊船。

（4）教师请学生思考：这么多友谊之桨，你自己具备了几把？你选择的是否真的这么重要？

结语：每位同学手里现在都拿着自己的友谊船，希望大家借手里的友谊船找到真正的好朋友，拥有自己的独特的友谊。

（八）活动延伸

根据自己挑选的船桨进行实践，并记录实践结果。

（九）效果评价

课后，教师对本节课的效果进行评价（如表 10－3 所示）。

表 10－3 小学生人际关系辅导课评价表

评价标准	具体要求	权重	评价			
			A（1.0）	B（0.8）	C（0.6）	D（0.4）
辅导目标达成	学生较好地参与课堂活动，完成“我的友谊船”。	10				
	根据同伴分享的观点，学生了解招人喜欢的品质和特点，并反思自己是否具有。	10				
	积极引导学生参与活动，让学生找寻与同学相处技巧，为良好的同伴关系做准备。	5				
设计思路清晰	上课思路清晰，各环节流畅，贴近学生的实际水平。	10				
	课堂注重体验性，活动形式活泼多样。	10				

续表

评价标准	具体要求	权重	评价			
			A（1.0）	B（0.8）	C（0.6）	D（0.4）
活动过程氛围和谐	催化团体动力，营造了轻松、活跃、安全的课堂氛围。	5				
	学生喜欢课堂活动，参与的积极性高，有良好的体验和感悟。	10				
	课堂组织有序，学生遵守活动规范，现场活而不乱。	5				
辅导技巧运用得当	关注学生、尊重学生，教态自然，语言有亲和力。	5				
	运用倾听、共情、重述、具体化等辅导技巧，及时回应学生。	10				
辅导效果明显	学生在活动中有感悟、有体验，并且愿意课后努力改善同伴关系。	10				
	学生能借鉴同伴的观点澄清自己交友的要求，并学会同伴交往技巧。	10				

二、初中学生人际关系辅导课例与分析

（一）课程主题、对象和时间

主题名称：我的多彩人际圈。
适用学生：初二学生。
上课时间：45 分钟。

（二）辅导策略

主要采用绘画表达、自我反思与觉察、同伴互助等辅导策略。教学中，教师应注意以下几点：（1）在“创意问候”环节，让学生在现有的问候模式上自由发挥，体验不同的问候模式带来的不同影响。（2）在“我的彩色人际圈”环节，让学生通过绘画的方式表达自己的人际交往圈，通过梳理更加直观地了解人际交往圈。（3）在“调整人际圈”环节，让学生根据自己画的图进行自我觉察和思考，分析自己人际交往圈，并聚焦于自己可以调整的方面，学会调整和优化自己的人际交往圈。

（三）教学目标

（1）让学生了解人际交往圈，梳理自己的人际关系。
（2）让学生学会调整人际交往原则，寻找交往的突破口，改善自己的人际关系。
（3）让学生学会增进对友情的感受和体验，形成和谐的人际关系。

（四）理论分析

初中生正处于成长发育的关键时期，随着生理心理方面的逐渐健全，社会化程度不断增加，家庭长辈不再是获得支持的唯一力量，同伴和友谊成了初中时期个体获得心理寄托和社会支持的重要来源。发展一段能够分享苦乐、肯定自我价值、提供爱和支持的和谐满意的同伴关系，建立一种满足自我需求、健全自我成长的友谊关系，对初中生的身心健康和社会性发展具有非凡的意义。随着他们的交际范围不断扩大，交际活动也会不断增强，但是由于受年龄和社会经验的制约，大部分学生对友谊的满意度下降，在一定程度上影响了他们身心的健康成长，给家庭、学校、社会的教育带来了一定的烦恼，需要加以正确的引导。

1. 友谊满意度

友谊满意度是指个体对自己友谊特征的主观界定，即个体对当前友谊质量在多大程度上使自己的内心需求得到满足的综合评价，包括个体对他人的理解（例如，对朋友能够成为知己的主观判断）以及对自我的理解（例如，友谊多大程度上满足了自己的内心需求）。

帕克提出从肯定与关心、指导与帮助、陪伴与娱乐、亲密袒露与交流、冲突与背叛、冲突解决策略等方面来衡量友谊质量，并在此基础上编制了六因子友谊质量问卷，此问卷后来被广泛使用，成为测量友谊质量最受认可的工具。

国内关于友谊满意度的测量，主要依靠对已有的研究工具的修订。例如，张琼（2013）通过修订友谊质量问卷，编制了青少年友谊满意度问卷，最终确定了友谊满意度的 5 个维度：肯定与支持、亲密交流、人际关爱、人际信任和人际冲突。

2. 人际效能感

人际交往效能感最初源自美国心理学家班杜拉的自我效能感概念，是指个体在社会交往中进行人际活动时所具备的实际交往能力以及对自身能力的信心。人际交往效能感高的个体，对自己的社会交往充满信心，在交往过程中落落大方，对于交往中出现的各种困难能够勇敢面对，主动寻找解决的办法；人际交往效能感低的个体，在交往中缺乏足够的信心，在与人交往中畏惧不前、拘谨不安，对于交往中出现的各种困难产生回避、退缩等行为。

人际交往能力效能感包括人际自我能力、人际表达能力和人际理解能力；人际交往策略效能感包括尊重与坦诚、灵活沟通；人际交往动力效能感包括主动性与坚持性。

根据社会学习理论，自我效能感并不是个体静态稳定的特征，而是一种可以通过后期经验提高的动态认知评价结构，主要受以下因素的影响：以往成败与否的经验、通过与他人对比成就而调整效能的替代性经验、身体状况和情绪状态，以及影响个体成败与否和情绪状态的情境等。因此，通过分享过去成功的交往经验、观察或模仿他人成功的交往经验、合理调整自我情绪状态、培养积极的情绪体验等，可以帮助个体建立良好的人际效能感。

舒茨的人际特质论强调，每个人都希望与他人建立良好的人际关系，但是这种需要是通过个体内驱力来实现的。人有三种人际需要：包容需要（积极向上，愿意主动与他人交往）、控制需要（利益当先，易引起人际关系失调）、感情需要（珍视情义，受人敬重）。因此，通过掌握正确人际交往策略、构建积极的友谊观，可以有效增强个体的人际效能感。

（五）学情分析

进入初中，学生的自我意识和成人意识慢慢增强，渴望得到同学或朋友们的理解和尊重，希望相互之间分享内心秘密，心灵得到慰藉。在交友方面会有自己的选择，即选择一些与自己年龄相近、经历相似、志趣相投的朋友，也希望与对方友好相处，互相帮助，取长补短。初中生迫切希望找到自己的朋友，期待身边一直有好朋友相伴。但是，初中生正处于心理成熟期，缺乏相应的人际交往能力，无法很好地解决人际冲突，这导致人际关系成为他们的困惑。大部分学生对友谊的满意度下降，在一定程度上影响了他们健康成长，需要加以正确的引导。

（六）教学资源

（1）教学工具或材料：相关学习单、彩色画笔等。

（2）教学设备或场地：活动教室，学生按 6～8 人一组排好位置。

（七）教学活动

1. 创意问候（5 分钟）

活动目标：让学生尝试各种打招呼的方式，感受不同方式带来的不同感受和效果，调动学生的积极性，活跃课堂气氛。

指导语：同学们，大家好！好久不见了，你们最近好吗？又到了我们心理课堂的时间，让我们马上开启今天的心灵之旅吧。首先，我们来进行创意问候的活动。请大家围成两个同心圆，内圈和外圈的同学一对一、面对面站好。随着音乐走起来，当音乐停止，请用你的方式向对方问候。

活动程序：

（1）全班同学围成两个同心圆，要求内圈和外圈人数相等。内圈的同学向后转 180 度，内外圈的同学一对一、面对面站定。如果有人落单，教师可以一起活动。

（2）教师播放音乐，大家随着音乐慢慢走动起来。内圈顺时针方向转，外圈逆时针方向转。

（3）音乐停，大家站定，用独特的方式向面前的同学问候。

（4）活动重复进行。要求每次用不同的问候方式与同学打招呼，可以用不同的语调、不同的话语，也可以用不同的肢体语言。

（5）请几位同学分享自己的问候方式。

结语：感谢大家的参与和分享。刚听了几位同学的分享，他们的问候方式有一些共同点，也有各自自创的方法。大家喜欢哪种问候方式呢？（举手表决）从大家的反馈中可以发现，其实每一种问候方式都有它的价值，根据不同的对象和情景，我们可以选择性使用。

2. 我的彩色人际圈（20 分钟）

活动目标： 了解人际交往圈及交友原则，梳理自己的人际交往圈，并根据自己的需要尝试调整交往策略，改善自己的人际关系。

指导语： 福布斯富豪榜是给资产拥有量进行排序。而人际圈则是对我们每个人的人际资产进行排序。一般而言，一个成年人需要与 120 个人维持不同程度的人际关系，其中包括 2～50 个心理关系比较密切的人。下面，我们一起来聊聊我们的人际圈。

活动程序：

（1）教师介绍人际圈（如图 10－1 所示）：人际圈有四个半径不等的同心圆，最中心的圆代表自己，剩下的圈代表不同的人际圈。同心圆内任意一点到中心的距离表示心理距离，某个人越接近中心，说明这个人与我们的心理距离越近。

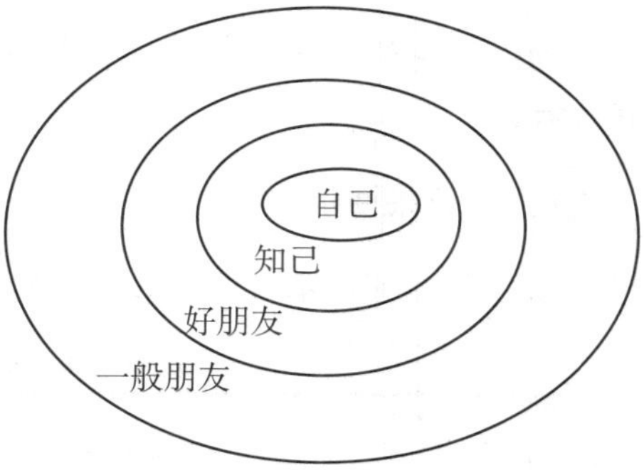

图 10－1　人际圈示意图

（2）学生用彩笔画出自己的人际圈。不同颜色代表不同人给自己的感受，颜色的比重代表其在自己心中的重要性。越靠近中心圆点，色彩面积越大，表明他与自己的关系越亲密。学生绘制时有疑问的，教师及时给予指导。

（3）教师请学生观察并思考：

- 每一级人际圈的人数分别有多少？
- 你觉得你的人际关系现状如何？
- 你的人际圈中，是否有过疏或过密现象？
- 你如何决定谁是你最亲密的朋友，谁是好朋友，谁是一般朋友？

（4）小组内分享自己的彩色人际圈。

结语： 通过这个活动，相信每个人对自己的人际交往圈有了比较清晰的了解，澄清了自己交往的原则，请大家学会经营好自己的人际交往圈。

3. 调整人际圈（15 分钟）

活动目标： 通过学生自我的思考，尝试改变自己的人际交往圈，让自己的人际关系更满足自己的需求。

指导语： 人际关系过疏与过密，都容易引发个体的心理问题，或孤独无助，或自我迷失。我们交往的圈子和范围也在不断变化中。那么，看了同学的人际圈，再看看自己的人际圈，请大家思考几个问题，并完成自己的学习单（如图 10－2 所示）。

人际关系学习单

1. 一般朋友和好朋友这两个圈之间变动的依据或理由是什么？
2. 好朋友和知己这两个圈之间变动的依据或理由是什么？
3. 看看自己的人际圈，你觉得哪个圈需要调整？怎样调整？
4. 看看自己的人际圈，如果有一个人需要调整位置，是谁？怎么调？原因呢？

图 10－2　人际关系学习单

结语： 戴尔·卡耐基研究发现：一个人的成功，15%是靠个人的专业知识，85%是靠人际关系和处事能力，全世界最成功的人都是人际关系最好的人。我们的人际圈就是我们的人际财富，请用心去经营它。

4. 彼此回馈（5分钟）

找到本节课给你启发的同学，向他表达你的收获和感谢。

（八）活动延伸

课后，每位同学尝试学习单中的计划，将实践结果记录下来，并及时完善自己的彩色人际圈。

（九）效果评价

课后，教师对本节课的效果进行评价（如表10-4所示）。

表10-4 初中学生人际关系辅导课评价表

评价标准	具体要求	权重	评价			
			A（1.0）	B（0.8）	C（0.6）	D（0.4）
辅导目标达成	学生较好地完成课堂活动，绘制“我的彩色人际圈”。	10				
	根据自我觉察和反思，学生能直观、全面地认识自己的人际交往圈。	10				
	引导学生积极思考，觉察和反思自己的人际交往圈，并进行适当调整。	5				
设计思路清晰	上课思路清晰，各环节紧紧相扣，贴近学生的实际水平。	10				
	课堂注重体验性，让学生在体验中觉察自己的人际交往圈。	10				
活动过程氛围和谐	催化团体动力，营造了轻松、活跃、安全的课堂氛围。	5				
	学生喜欢课堂活动，参与的积极性高，有良好的体验和感悟。	10				
	课堂组织有序，学生遵守活动规范，现场活而不乱。	5				
辅导技巧运用得当	关注学生、尊重学生，教态自然，语言有亲和力。	5				
	运用倾听、共情、重述、具体化等辅导技巧，及时回应学生。	10				
辅导效果明显	学生在活动中有感悟、有体验，并且愿意课后不断优化人际关系。	10				
	学生能全面客观地认识自己的人际交往圈，并尝试去调整自己的人际关系。	10				

三、高中学生人际关系辅导课例与分析

（一）课程主题、对象和时间

主题名称：魅力满分。
适用对象：高一学生。
上课时间：45 分钟。

（二）辅导策略

主要采用自我反思与觉察、同伴互助等辅导策略，让学生在自我觉察、自我分析和互助交流中明晰自己的人际交往问题，并不断优化自己的人际关系。教学中，教师应注意以下几点：（1）在“视频欣赏”环节，让学生明白人的魅力跟木桶一样，由长短不一的木板组成，魅力就像木桶的容量。（2）在“我的人际木桶”环节，让学生借助木板来分析自己的人际关系，长板代表自己的人际优势，短板代表自己的人际不足，通过小组互助分享让学生明白魅力因子。（3）在“魅力训练营”环节，让学生了解提升魅力的方法和技巧，找到可以提升个人魅力的方法。（4）在“魅力提升计划”环节，让每个学生针对自己的魅力短板，制订魅力提升计划，努力让自己成为受欢迎的人。

（三）教学目标

（1）让学生感受在人际交往中被冷落、被忽视的负面心情。
（2）借由木桶实验视频，使学生明白要做个魅力满分的人，尽早弥补缺点。
（3）让学生学会增加人际魅力的方法。

（四）理论分析

高中生处于青春期，在与他人的交往中，如果不能正确地认识自己与他人，就会出现认识的偏差或人际交往处理上的信念偏差，情绪容易冲动，极易影响与他人的交往。进入 21 世纪，很多高中生在父母的呵护下成长，成长环境比较单一。处于青春期的他们，希望自我独立，想方设法摆脱老师和父母的约束。他们迫切希望在同龄人中找到自己的同伴，但在与人交往方面缺乏经验，在人际关系中经常受挫，以致一些高中生出现心理问题，回避与他人接触，甚至不敢踏入社会。

1. 高中生人际交往中的信念系统

在学校的高中生，总是期待周围的一切按照自己的想法运作，所以，在这个有自己运转模式的环境中，摩擦和碰撞就产生了，导致信念系统中的怨恨多于快乐。人际关系中的信念系统有信念、价值和规则三个维度。信念是“事情应该是怎样的”。信念的形成有以下几个途径：（1）自己的真实体验，如处于青春期的高中生会认为我告诉你一个秘密，就应该得到你一个秘密；（2）他人的经验借鉴，如在食堂打饭时，前面的同学排好队等待，自己也会很自觉站队；（3）信任的人的经验引导，如班长很值得班里人信任，

班长认为隔壁班同学不友好，自己也会觉得他们难相处；（4）自我思考升华，如学生只有百思不得其解才去找老师，否则不会有真正进步。价值是“我能得到什么好处”，也就是做这件事的意义何在及从中能获得哪些利益。高中生会用价值来衡量友谊的质量，只看到事情有价值的一面。因此，在价值和友谊之间做取舍，与他人关系定会越发糟糕。规则是“你要怎样做”。规则是为价值和信念服务的。当我们选择了朋友，就会无意间疏远其他人。在刚入学时很多同学就已经展现了自己的交友风格，同时认为自己的选择是“对的”，并不会时刻问自己这样的做法正确与否，直至被忽略的问题导致彼此关系破裂，变得孤立无援。总之，同学之间要学会分享彼此的喜悦与纠结，这样才会了解对方的想法，创建良好的人际关系氛围，交到知心朋友。

2. 优化人际关系的策略

（1）重视人际关系理论的学习，转变自我观念。

“理论指导实践”，这是我们经常听到的一句话，它向我们昭示了在实践之前学习理论的重要性。人的成长与成熟亦是如此，人并不是一出生就会社交活动，而是在与他人不断交往过程中习得的。但过程并不相同，有快有慢，因人而异。如同样是见到熟人，有些人会主动上前与之打交道，并致以亲切的问候，也有些人紧张地支支吾吾不知所措，更有甚者还当面躲开，不同的行为表现体现了不同个体对人际关系的不同适应性。对于适应能力差的人而言，更应注重理论的学习，提高对人际关系重要性的认识，并从中获取交际的灵感和方法。

（2）学校及时引导学生脱离虚拟的网络世界，积极参加校园活动。

人际关系差的学生，往往存在一定的个性缺陷，或内向，或孤僻，当其境遇不如意时，常会自我封闭，将自我的注意力和兴趣点由人转移到手机、游戏等外在吸引力大的媒介上，最终对其自身的成长和发展产生不利影响。故而，学校应及时有效地通过讲座、集会等形式，对学生进行宣传教育，帮助其认清其中的利害关系。同时，鼓励学生多参加班团活动和社会实践活动，开拓自身的兴趣爱好，广交志同道合的朋友，扩大交际面，提高交际能力，减弱对虚拟世界的依赖。

（五）学情分析

在高中阶段，较多同学希望融入班级、寝室等团体，特别希望在自己班级中有自己的地位，希望被同学们喜欢、认可。但是，现实往往不尽如人意。前一刻还是闺蜜、兄弟，下一秒由于一些原因而吵架、闹掰，甚至形同陌路。有的同学因为一些原因而不被接纳，受到排挤，甚至被全班孤立。如果长期处在这样的人际环境中，就有可能变得言语谨慎，情绪压抑，性格内向；或是与之相反，出现暴躁、猜忌等不良性格。为此，应尽早让学生发现自己人际交往中存在的问题，扬长避短，通过提升个人魅力来提升人际交往能力，完善学生的人际关系，做一个有魅力的人。

（六）教学资源

（1）教学工具或材料：记号笔、大白纸、黑板、吸铁石、视频资料、“人际木桶单”等。

（2）教学设备或场地：活动教室，学生按 6～8 人一组排好位置。

（七）教学活动

1. 视频欣赏（5 分钟）

活动目标：通过观看木桶效应的实验视频，使学生明白拥有魅力值的重要性，激发学习的兴趣和动机。

指导语：心理学中有很多有趣的现象和效应。今天，老师准备了一个视频，请大家观看，并认真感受和思考。

活动程序：

（1）播放视频《木桶效应》。许多木板拼在一起成了一个木桶，桶中装上了水，但是，拼凑木桶的板子长度参差不齐。不难想象，水面的高度取决于最短的那块木板的高度。要求学生在观看过程中认真感受和思考。

（2）视频播完后，随机请学生分享自己的感悟。

结语：是的，长度参差不齐的木板组成了一个木桶，桶能装的水量不是取决长的木板，而是取决于短的木板。有时候，我们自己就像这个木桶，有长木板，也有短木板。这就像我们身上有一些优点，也有不少缺点。若是人际处理方式上存在缺点，我们的个人魅力值就会大打折扣。所以我们来聊聊如何完善自己，做个魅力百分百的人。

2. 我的人际木桶（15 分钟）

活动目标：通过自我觉察和思考，使学生学会发现自己在人际交往中的优势和弱势。

指导语：请大家静静地思考，回忆自己人际交往中印象深刻的事情，找找你的人际长木板和人际短木板。

活动程序：

（1）给每位同学发一张“人际木桶单”，请大家在木桶长板和短板上分别写上自己在人际交往中的优势和不足。可以是个性品质，也可以是行为表现。

（2）小组内交流自己的“人际木桶单”，并记录本组的人际长板。

（3）各组分享本组的人际长板，教师整理人际交往的魅力因子。

结语：感谢同学们的分享，这是我们班同学认同的人际交往的魅力因子，它们为我们提升自己的魅力提供了一定的方向。

3. 魅力训练营（15 分钟）

活动目标：通过组内讨论，寻找提升个人魅力的方法，帮助学生提升魅力值。

指导语：个人魅力是通过人际交往来提升的。下面，我们小组讨论如何提升个人魅力值。

活动程序：

（1）以小组为单位，寻找提升个人魅力的方法。由组长执笔写方法，其他成员集思广益。时间 5 分钟。

（2）各小组代表上台分享。

（3）教师分享人际交往中的几个重要原则：

- 真诚原则。人与人的交往，必须用真诚来换取真诚。
- 尊重原则。尊重别人是友谊得以生存的条件，是形成良好人际关系的基础。
- 宽容原则。对他人的要求要切合实际，要学会谅解别人、接纳别人。

● 热情原则。不管在什么地方、什么时间，热情的人总是容易赢得友谊。

还要克服交往中的心理障碍，包括清高、嫉妒、自卑、猜疑等。

结语： 通过集思广益，我们找到了那么多提升个人魅力的方法和技巧。请结合你自己的情况，针对自己的短板，制订自己的魅力提升计划。

4. 魅力提升计划（10 分钟）

活动目标： 总结和巩固本节课的学习成效，并制订适合自己的魅力提升计划，成为一个受欢迎的人。

指导语： 每位同学根据自己的人际短板，结合大家贡献的各种方法，制订自己的魅力提升计划。

活动程序：

（1）每位同学完成自己的魅力提升计划。

（2）请同学分享自己的魅力提升计划。

结语： 个人魅力是可以通过训练来提升的，希望每位同学都能根据自己的提升计划，不断实践，努力提升自己的人际交往魅力，成为人际关系中的“万人迷”。

（八）活动延伸

要求每位同学努力去实践自己的魅力提升计划，并及时记录实际成效。

（九）效果评价

课后，教师对本节课的效果进行评价（如表 10－5 所示）。

表 10－5 高中学生人际关系辅导课评价表

评价标准	具体要求	权重	评价			
			A（1.0）	B（0.8）	C（0.6）	D（0.4）
辅导目标达成	学生较好地参与课堂活动，完成“我的人际木桶”。	10				
	学生更客观地看待自己人际交往的优势和不足，并了解受欢迎的魅力因子。	10				
	学生积极参与活动，制订适合自己的魅力提升计划。	5				
设计思路清晰	上课思路清晰，各环节流畅，贴近学生的实际水平。	10				
	课堂注重体验性，活动形式活泼多样。	10				
活动过程氛围和谐	催化团体动力，营造了轻松、活跃、安全的课堂氛围。	5				
	学生喜欢课堂活动，参与的积极性高，有良好的体验和感悟。	10				
	课堂组织有序，学生遵守活动规范，现场活而不乱。	5				

续表

评价标准	具体要求	权重	评价			
			A（1.0）	B（0.8）	C（0.6）	D（0.4）
辅导技巧运用得当	关注学生、尊重学生，教态自然，语言有亲和力。	5				
	运用倾听、共情、重述、具体化等辅导技巧，及时回应学生。	10				
辅导效果明显	学生在活动中有感悟、有体验，并且愿意课后继续优化自己的人际关系。	10				
	学生能更全面地了解自己，能客观看待自己的人际交往，并调用资源解决人际交往中的不足，努力使自己成为魅力百分百的人。	10				

本章小结

1. 人际关系是指人与人在相互交往过程中所形成的心理关系，涉及情感、认知和行为三个方面。

2. 人际关系的相关理论有需求层次理论、人际需求理论、社会交换理论、生态系统理论、平衡结构理论和沟通活动理论、人际关系理论、人际相互作用分析理论。

3. 人际关系的测量工具主要有人际关系综合诊断量表、儿童社交焦虑量表、人际关系量表、人际交往策略量表、亲子关系量表。

4. 人际关系辅导包括同伴关系辅导、亲子关系辅导、师生关系辅导。

思考练习

1. 中小学生人际关系辅导的核心是什么？
2. 各学龄阶段人际关系辅导的重点是什么？
3. 如何将人际关系的相关理论和测量工具有效用于中小学心理健康辅导课？

第十一章

情绪智力辅导

学习目标

1. 认识情绪智力的内容体系。
2. 了解提升情绪智力的方法。
3. 掌握情绪智力辅导的要点。

章节导读

在学校心理辅导室里，同学小华正在讲述自己的烦恼。相对于窗外的阳光明媚，小华的心情却是阴云密布。小华说："老师，我最近总觉得很郁闷，每天都不知道自己要干什么，做什么事情都没劲。听着别人讲笑话，我也莫名其妙，觉得没什么好笑的。……明明前一刻，我跟同学在一起玩，心情还是不错的。可是，下一秒，我突然觉得提不起劲来。或者，因为同学的玩笑话或者一个眼神，我就很生气，觉得他们是嘲笑我，看不起我。"

小华接着说："我觉得都快不认识自己了，我变得内向，不怎么跟同学一起玩。以前，我也是一个很开朗的孩子，每天都乐呵呵的。跟同学、朋友在一起，我会经常讲笑话，是大家眼中的开心果。不知道为什么，那时候的自己总是开开心心，看什么事情都是那么有趣、好玩，每天都有说不完的话，干不完的事。可是，现在怎么会这样呢……"

在辅导室里，我们总会接待遇到各种问题的来访者，其中情绪问题是最普遍的。在这些情绪问题的背后，学生面临着相似的挑战：对情绪缺乏了解，对自己的感受不能很好地觉察，也无法及时地调节自己的情绪。这些都涉及学生情绪智力辅导的议题。

第一节　情绪智力概述

一、情绪智力的概念

情绪智力是指个体监控自己及他人的情绪，并识别、利用这些信息来调节自己的思想和行为的能力，是社会智力的一部分。这是美国耶鲁大学的萨洛维（P. Salovey）和新罕布什尔大学的梅耶（J. D. Mayer）于 1990 年提出的。1997 年，在《什么是情绪智力?》一书中，梅耶和萨洛维将情绪智力界定为精确地知觉、评估和表达情绪的能力，产生或促进思维的情感能力，理解情绪和情绪知识的能力，调节情绪以促进情绪和智力发展的能力。巴昂（R. Bar-On）于 1988 年提出了情商（emotional quotient，EQ）的概念，这是相对 IQ 而言的，是指个体应对生活学习所需要的情绪及社会的知识和能力。不同于 IQ，EQ 是一种自我管理的能力（引自徐小燕，张进辅，2002）。戈尔曼（D. Goleman）认为，情绪智力包括五大方面，具体是认识自我情绪、自我激励、管理自我情绪、认识他人的情绪、处理人际关系等（引自王晓钧，2000）。卢家楣（2005）认为，情绪智力是个体成功地完成情感活动所需要的个性心理特征，是一种以情绪情感为操作对象的能力。他将情绪智力划入能力的范畴，认为培养情绪智力就是培养对情绪情感的操作能力。综上，情绪智力可以被看作觉察情绪、分析情绪、接纳情绪、表达情绪的能力。

二、情绪智力的相关理论

（一）巴昂的情绪智力理论

巴昂的模型由五大维度组成：个体内部成分、人际成分、适应性成分、压力管理成分和一般心境成分。这些成分由 15 种子成分构成，它们均是相关的能力或技能（见表 11－1；引自徐小燕，张进辅，2002）。

表 11－1　巴昂的情绪智力结构

情绪智力														
个体内部					人际			适应性			压力管理		一般心境	
情绪自我觉察	自信	自我尊重	自我实现	独立性	共情	社会责任感	人际关系	现实检验	问题解决	灵活性	压力承受	冲动控制	幸福感	乐观主义

巴昂的理论属于多因素模型，是与取得成绩的潜能联系在一起的，而不是成绩本身（即取得成功的潜能而不是成功本身）。它是一个过程取向而非结果取向的模型。按照巴

昂的理论，情绪智力涉及智力的情绪维度、人格维度和社会维度，包括理解自己和他人的能力、与人交往的能力、适应和改变环境要求的能力，以及管理情绪的能力等。巴昂根据十余年的研究和统计分析，认为前述 15 种子成分是个人应对生活的能力和个人总的情绪幸福的决定因素，因而是情绪智力最有效、最稳定的部分。

（二）萨洛维和梅耶的情绪智力理论

萨洛维和梅耶最初提出的情绪智力理论主要包括情绪的评估与表达、情绪的调整、情绪的运用三个部分，是“能力取向”情绪智力理论的代表（见表 11－2；引自徐小燕，张进辅，2002）。

表 11－2　萨洛维和梅耶的情绪智力结构

情绪智力									
情绪的评估与表达				情绪的调整		情绪的运用			
自己		他人							
非语言觉察	语言觉察	非语言觉察	共情	调整自己的情绪	处理他人的情绪	弹性计划	创造性思考	转移注意力	激发动机

随着研究的深入，萨洛维和梅耶对其理论进行了修正，将情绪智力界定为一种与认知运作有关的心理能力，其中包含四个层面，即正确觉察、评估及表达情绪的能力，激发与产生情绪以促进思考的能力，了解及分析情绪并能运用情绪知识的能力，调整情绪以提升情绪智力的能力。

（三）戈尔曼的情绪智力理论

戈尔曼的情绪智力理论来源于萨洛维和梅耶的理论，但他的理论中包含更多人格和动机的成分，属于“混合取向”情绪智力理论。戈尔曼把情绪智力定义为控制情绪冲动、解读他人情感和处理各种关系的能力。他的情绪智力理论，也可以称为五因素理论（引自徐小燕，张进辅，2002）。其内容如下：

（1）认识自己的情绪。当某种情绪刚一出现时便能察觉即是情绪智力的核心。

（2）管理自己的情绪。调控自我的情绪，使之适时、适地、适度。这种能力建立在自我觉知的基础上。

（3）自我激励。这是基于某种目标而调动、指挥情绪的能力。要想集中注意力、把握自我、发挥创造性，这一能力必不可少。

（4）认识他人的情绪（共情）。共情是在对情绪的自我觉知基础上发展起来的一种能力，是最基本的人际关系能力。

（5）人际关系的管理。这是指与人相处时，能理解、尊重别人，能化解矛盾，消除敌意，与他人和谐相处。有效管理自己的人际关系对个体发展至关重要。

戈尔曼还指出，在所有这些方面，人与人都自然是存在差异的，虽然能力水平的最根本基础是神经系统，但人脑的高度可塑性，使人能够不断学习。

综上所述，情绪智力的理论模型主要是能力型的理论模型和混合型的理论模型两类。基于不同的理论模型，对情绪智力的评价会有不同。

三、情绪智力的测量工具

（一）情商量表

巴昂在 1997 年出版了世界上第一个测量情绪智力的标准化量表——情商量表（EQ-i）。

EQ-i 适用于 16 岁以上的人群，由 133 道题组成，内容结构与巴昂的情绪智力理论相一致，五大维度构成五个成分量表，十五个因素构成十五个分量表。量表采用自陈法，以五点计分。EQ 分数的解释是：70 以下，情商显著低下——典型的情绪能力障碍，需要改善；70～79，情商很低——情绪能力发展极不完善，需要改善；80～89，情商较低——情绪能力没有得到发展，需要改善；90～109，情商一般——情绪能力得到了发展；110～119，情商较高——情绪能力发展良好；120～129，情商很高——情绪能力得到了充分的发展；130 以上，情商极高——情绪能力发展得极好（引自王晓钧，2000）。

2000 年，巴昂还与帕克合作编制了该量表的青少年版（EQ-i：YV）。EQ-i：YV 适合 7～18 岁的儿童青少年使用，是在 EQ-i 的基础上编制的。首先由一个儿童青少年心理学专家组对成人用的 EQ-i 的 133 个项目进行评定，挑选出约 25%适合儿童青少年使用的项目，再对这些项目进行修订以更适合儿童青少年使用，并补充了一些项目，形成了一个有 96 个项目的初始量表。然后经过两次测试及因素分析，对项目进行筛选和补充，最后形成了有 60 个项目的量表。EQ-i：YV 又分两种，一种是长式情商量表，另一种是短式情商量表。长式情商量表有 60 个项目，包括 7 个分量表：（1）个体内部；（2）人际；（3）适应性；（4）压力管理；（5）一般心境；（6）积极印象；（7）非一致性指标。短式情商量表有 30 个项目，包括 5 个分量表：（1）个体内部；（2）人际；（3）适应性；（4）压力管理；（5）积极印象（引自王晓钧，2000）。

（二）多因素情绪智力量表（MEIS）及相关量表

梅耶和萨洛维于 1998 年编制了多因素情绪智力量表（MEIS）。该量表是能力测验而非自陈测验。它要求受测者完成一系列任务，以测量觉察情绪、鉴别情绪、理解情绪和控制情绪的能力。这个量表的结构效度、聚合效度和区分效度都很高。但没有预测效度的报告。后来编制者对该量表做了修订，并于 1999 年在《智力》杂志上发表。

舒特（Schutte）等人根据梅耶和萨洛维的情绪智力理论开发了自陈情绪智力量表（EIS）。它共有 33 个项目，包括 4 个维度的 12 项任务，分别是：感知情绪（4 项任务）、同化情绪（2 项任务）、理解情绪（4 项任务）和控制自我情绪（2 项任务）。

梅耶-萨洛维-卡卢索（Mayer-Salovey-Caruso）情绪智力量表（MSCEIT）采用传统智力量表的形式，主要测量梅耶和萨洛维情绪智力理论的四个层面。它是一个基础能力量表，共有 141 个自陈项目，适用于 17 岁以上的人群。

总的来说，到目前为止，MEIS 被较多研究者改编使用，它比其他情绪智力量表所包含的内涵更为完整，且具有较高的信效度。

（三）情绪能力调查表

博亚兹（Boyatzis）和戈尔曼编制了情绪能力调查表（ECI 360）。该量表是让与被试熟悉的人对被试的20种能力进行等级评定，这20种能力均取自戈尔曼的情绪智力理论。ECL 360提供了一种评价个人实力和极限的方法，可以准确地告诉人们他们应该提高哪种能力才能达到自己事业上的目标。ECL 360是一种比较完整的评价工具，包括情绪能力的所有内容，而这些能力又可以使人取得骄人的成绩（卢家楣，2005）。

此外，库珀（Cooper）和萨瓦夫（Sawaf）还编制了情绪智力地图问卷（EQ Map），用以测量情绪基本能力与成分，包括生活环境、情绪识字率、情绪能力、价值观念和信念、情绪智力成效等五大层面。

四、如何进行情绪智力辅导

人非草木，孰能无情。我们每天都在经历着各种情绪：因为交到好朋友而高兴，因为任务失败而闷闷不乐，因为别人的误解而愤愤不平……面对开心、兴奋、愤怒、悲伤、焦虑等情绪时，有人能够找到合适的途径宣泄，有人尝试压抑而假装很好，有人陷入其中而无法自拔。但有效的情绪管理不是压抑或控制，而是觉察情绪，正视自己的情绪，通过恰当的方法纾解或表达，真正做自己情绪的主人。

戈尔曼认为，情绪智力的辅导包括情绪技巧教育、认知技巧教育、行为教育三大方面。其中，情绪技巧教育包括表达情绪、评估情绪的强度、管理情绪、延迟满足、减轻压力、分辨情绪与行动的差距等；认知技巧教育包括自说自话、解读社会讯息、按部就班解决问题、了解别人观点、了解哪些行为可以接受、抱持正面人生观等；行为教育包括非语言行为教育、语言行为教育等。

钟思嘉及其团队开发的“青少年成长情商训练课程”在国内大受欢迎，主要包括自我概念、问题解决、创造力、情绪觉察、情绪处理等方面内容。

刘宣文和梁一波（2003）运用理性情绪教育方法对初二学生进行心理辅导，发现理性情绪教育对学生自我概念、情绪稳定性具有促进作用。刘宣文（2004）认为，运用相关的心理辅导理论和技术，可以帮助学生认识、接纳和恰当表达自己的情绪，学会控制、处理自己的情绪困扰，培养学生快乐、健康的情绪。

综合来看，情绪智力的辅导，可以从以下五方面入手。

（一）学会觉察情绪

情绪管理的第一步就是要觉察情绪，包括觉察自己的情绪，以及觉察他人的情绪。情绪觉察是当情绪产生时，个体借由身体反应、心理感受或对感受的思考来发掘自己产生了何种具体的情绪。生活中，我们经常会说“无聊”“烦”等词，这时候我们知道自己处在情绪当中，但我们没有细细去觉察具体是怎样的情绪，只是用这些词语来表达。“烦”在不同的语境下，差别还是有点大的。面临期末考试，我们担心考不好，这时候的

“烦”其实是担忧、焦虑；下课了，同学们三三两两在一起有说有笑，只有我一个人独自在座位上，这时候的“烦”可能是羡慕、失落等；因为下雨，本来一起约好的篮球比赛取消了，这时候的“烦”可能是无奈、难过等。只有当我们觉察到自己的情绪具体是什么时，才算跨出了情绪管理的一大步。

那么，如何提高觉察情绪的能力呢？

首先，建立情绪词典，即收集、储备与情绪相关的各类词语，并进行整理分类。当下觉得心情很好，那先看看心情好的相关词语有哪些，比如高兴、开心、快乐、爽快、欢喜、满足、愉悦、狂喜、心花怒放等。然后并对每类词语进行体验和思考，区别不同词语之间的情绪差异。这样，当自己处在某种情绪中时，我们就能在情绪词典中找到合适的词语来形容了。

其次，通过媒介来了解自己的情绪，即通过绘画、电影、音乐、卡牌、沙盘等媒介来探索和了解自己的情绪。有些时候，我们不知道自己处于什么情绪之中，就是觉得心情不好。这时候，我们可以借助各种媒介来帮忙。例如，通过绘画的方式，我们可以纾解情绪，透过作品看到自己更多的情绪和感受。

再次，关注非言语信息，即关注身体语言提供的信息，从而帮助自己更好地觉察情绪。面对考试时，你会发现心跳加快、手心出汗、想上厕所、写字手抖等等，这其实是紧张、焦虑的表现。非言语信息是非常真实的反应，当表情与言语不一致时，表情更值得相信。而且，无论什么种族，不管什么年龄，人们的情绪表达都有共同之处，面部表情、手势等都能提供非常真实、重要的信息，通过这些信息可以帮助觉察情绪。

最后，写情绪日记。每个人每天都在经历各种情绪，我们可以写情绪日记的方式来帮助觉察情绪。情绪日记主要记录每天的主要情绪，或者当天发生的重要、特别的事情所带来不一样的情绪。通过书写、整理情绪日记，我们可以很好地了解自己的情绪变化，找到情绪起伏的共同点和原因，为情绪调整做准备。

（二）学会分析情绪

当我们知道自己出现了什么情绪时，就要学会了解出现这种情绪的原因。任何情绪都不会是莫名其妙出现的，其原因只是我们暂时没有找到。所以，当我们出现某种情绪时，我们可以问问自己：“我怎么了？”“哪件事情或哪句话触动到了我？”“我这么生气是因为什么呢？”通过这样的问话，我们可以探索出现这些情绪的原因，在这个过程中看到自己的需要和诉求。如果我们能经常分析情绪，我们就会找到一定的规律，了解哪些情境会触动或影响你，了解触动自己的相关想法或生命故事，这对我们的成长非常重要。同时，当未来再遇到类似的情境或事件时，我们可以更有效地去应对。

（三）尝试接纳情绪

情绪是个体对所遇到事物的主观体验和反应，任何情绪都是我们真实的反馈。无论是积极的情绪还是消极的情绪，都是真实的，都对个体有着特殊的意义。比如考试焦虑，一般会认为这是消极情绪，对学生有不利影响。其实，当我们处于焦虑情绪时，我们会做更充分的准备，同时也充分调动全身的能量去应对考试，这其实是有助于考试发挥的。所以，情绪无所谓好坏之分，每一种情绪都有存在的价值和意义。只是，我们通常说的消极情绪不好是指长时间处在消极情绪中或情绪的强度太大，从而影响身心健康。所以，接纳情绪首先要认识到情绪没有好坏之分，每一种情绪都是有价值的。然后，无论某些情绪我们是否喜欢，我们都要允许自己有这些情绪，不要自责、内疚，不要自我贬低，与这些情绪同在。

(四) 建立理性想法

埃利斯提出了情绪 ABC 理论，认为情绪产生不是因为事件，而是因为我们对事件的看法和观念，不合理的情绪往往是因为非理性的想法。所以，改变我们的想法或信念，可以改变我们的情绪和后续的行为反应。例如，高考第一天早上，因为下雨了，两位同学因为不同的想法而产生了不同的情绪和行为反应。一位同学觉得下雨了，天气凉快了，而且风调雨顺，高考肯定顺利，就怀着愉悦的心情自信满满地去考试；另一位同学因为下雨了，湿嗒嗒的，浑身不舒服，而且下雨是老天爷哭泣，看来不是好兆头，他就带着烦闷的心情去考试了。

(五) 尝试表达情绪

在人际交往中，很多矛盾是沟通不畅导致的。生活中，很多人无法正确、合适地表达自己的情绪，从而导致误会，甚至发生争吵。例如，当儿子很晚回来时，母亲都会询问孩子“野哪里”去了，责怪孩子这么晚回家、不会提早电话通知等，儿子也会生气地嫌弃母亲唠叨等，最后母子两人会争吵起来。其实，最开始母亲见孩子没有回家，更多的是担心、着急等。如果母亲看到孩子回家，告诉孩子说“我看到你比平时晚了 2 个小时回家，我真的很担心你，今天遇到什么事情了吗?”，这样，孩子一定会好好说明，两人会愉快地交流。所以，尝试用“我信息”来表达我们的情绪，常用句式“当……时候，我……”“我希望……”等。

第二节　情绪智力辅导课程设计与教法

一、教学目标

情绪智力辅导的总目标是协助学生认识情绪以及情绪的重要性，学会辨别各种情绪；协助学生学会客观看待情绪，勇于面对和接纳各种情绪，努力形成积极情绪观念；传授学生表达、调节情绪的方法技巧，通过练习让学生更有效地管理情绪。根据《中小学心理健康教育指导纲要（2012 年修订)》，不同学习阶段学生的情绪智力辅导教学目标如表 11－3 所示。

表 11-3　不同学习阶段学生的情绪智力辅导教学目标

学习阶段		教学目标
小学	低年级	培养学生礼貌友好的交往品质，乐于与老师、同学交往，在谦让、友善的交往中感受友情；使学生有安全感和归属感，初步学会自我控制。
	中年级	帮助学生树立集体意识，善于与同学、老师交往，培养自主参与各种活动的能力，以及开朗、合群、自立的健康人格；引导学生在学习生活中感受解决困难的快乐，学会体验情绪并表达自己的情绪。
	高年级	帮助学生克服学习困难，正确面对厌学等负面情绪，学会恰当地、正确地体验情绪和表达情绪；积极促进学生的亲社会行为，逐步认识自己与社会、国家和世界的关系。
初中		帮助学生加强自我认识，客观地评价自己，认识青春期的生理特征和心理特征；鼓励学生进行积极的情绪体验与表达，并对自己的情绪进行有效管理，正确处理厌学心理，抑制冲动行为。
高中		培养学生的创新精神和创新能力，帮助学生掌握学习策略，开发学习潜能，提高学习效率，积极应对考试压力，克服考试焦虑；帮助学生正确认识自己的人际关系状况，培养人际沟通能力，促进积极的人际情感反应和体验，正确对待和异性同伴的交往，知道友谊和爱情的界限。

二、教学内容设计

综合上文的介绍，情绪智力教学内容设计可以在情绪智力的理论框架下开展，帮助个体及时觉察自己的情绪，学会调节和管理自己的情绪，具体可以从认识情绪、觉察情绪、欢迎“坏情绪”、管理情绪、提升情商等五个方面来着手（如表 11-4 所示）。

表 11-4　情绪智力辅导的教学内容设计

模块主题	教学内容
认识情绪	通过情绪脸谱、情绪游戏等活动帮助学生体验到情绪，了解情绪的丰富性和复杂性，认识到大脑中情绪是如何工作的，掌握一定的情绪词汇。
觉察情绪	通过视频观看、情绪表演等方式帮助学生通过生理反应、自我觉察学习识别自己的情绪，通过表情、肢体语言、语言表达观察并觉察别人的情绪。
欢迎“坏情绪”	通过辩论、案例讨论等方式帮助学生认识到负性情绪的积极意义，感受负性情绪背后人的正向期待，从而接纳自己的负性情绪，允许自己的负性情绪存在。
管理情绪	通过视频观看、案例讨论、角色扮演、头脑风暴等方式帮助学生认识转化情绪的多种方法，包括调整行为、补偿利益、转移注意、抽离情境、表达情绪、寻找意义等，并鼓励学生选择 1～2 种方法反复练习。
提升情商	通过绘本故事、情感账户等方式帮助学生认识到在人际关系中调动对方积极情绪的重要意义，并学习经营、管理对方的情绪。

三、教学方法指导

（一）认识和觉察情绪是情绪智力辅导的基础

情绪智力辅导是帮助学生认识、觉察、管理情绪的过程。在这个过程中，认识和觉察情绪的能力是基础，如果学生无法觉察到自己和他人的情绪，并用相对丰富的情绪词汇去准确表达自己和他人的情绪，情绪管理是缺少方向的。教师需要通过活动设计，让学生在课堂上随时做情绪觉察的练习。

（二）要能抓住情绪智力辅导的本质

情绪智力辅导最本质的其实是自我激励，就是学生能看到每一种情绪都是有能量的，每一种情绪的背后都有其正向意图，学生能接纳自己的情绪，不抱怨、责备，而是让自己内心依然充满感激。这是比较难的，但是如果能够帮助学生做到这一点，学生就能成为情绪的主人，而不是被情绪操控的人。

第三节　情绪智力辅导课例与分析

一、小学生情绪智力辅导课例与分析

（一）课程主题、对象和时间

主题名称：我的情绪脸谱。
适用对象：小学高年级学生。
上课时间：45 分钟。

（二）辅导策略

采用非指导性团体辅导策略。人本主义心理学家罗杰斯认为，学习是非常个人化的一种过程，任何人都有着积极的、奋发向上的、自我肯定的、无限成长的潜力，强调通过非指导式教学营造氛围，并通过参与式学习促使学生表达自我，从而发挥自己的潜能。教学中，教师应注意以下几点：（1）在“情绪拼盘”活动中，调动学生的积极性，营造良好的课堂氛围，鼓励学生主动表达。（2）在“绘制情绪脸谱”活动中，通过尊重、支持、共情等方式创设安全的心理环境。（3）在“我的情绪脸谱”活动中，通过共情、同伴反馈等方式来促使学生自我成长。

（三）教学目标

（1）让学生感受到情绪的丰富多彩。

（2）让学生理解情绪及其外在表现，明白不同的人对同一情绪会有共同的表达。

（3）让学生深入了解情绪，学会及时觉察自己的情绪，尝试了解情绪的产生原因。

（四）理论分析

20 世纪 90 年代初，莱文森（Levenson et al.，1992）研究了西苏门答腊岛西部的敏纳格卡巴族的成员，他们实行母系制度，信仰伊斯兰教，从事农业劳动。在公众面前，他们一般表现出负性情绪，在文化上与美国人有差异，但在自主唤醒模式上却和美国被试一样。舍雷尔和万博特（Scherer & Wallbott，1994）研究了 3 000 名被试，他们分别来自美国、巴西、法国、挪威、希腊、波兰、印度、新西兰、中国香港等 37 个国家或地区，发现他们对基本情绪的体验具有高度的一致性。艾克曼等（Ekman et al.，1987）在研究中向来自美国、新几内亚、阿根廷、巴西和日本等 10 个国家或地区的被试呈现 30 张不同情绪面孔的照片，要求他们辨认每张照片的情绪，结果表明，被试在识别这些情绪照片时出现了高度的一致性。所以，不管你属于什么种族，来自哪个民族，也不管你多大，人类的情绪表达都有一定的相似之处。

（五）学情分析

随着自我意识的发展和理解能力的增强，小学生已经能认识到自己的情绪，并对自己的情绪做出一定的反应。相对于学前儿童主要根据外部事件来理解情绪，小学生能认识到与自我评价相关的一些情绪体验，能很好地依据人的内心状态来解释情绪。小学生能够同时体验一种以上的情绪，如班委竞聘演讲时，他们能感受到兴奋、紧张、担心等多种情绪。中高段的小学生能理解针对同样的事件，不同经验的人会产生不同的情绪。小学高段的学生即将进入青春期，情绪起伏变化日益增大，时常会受到各种情绪的困扰。良好的情绪觉察能力是情绪管理的第一步，帮助小学生增强情绪觉察能力对小学生的发展具有重要作用。

（六）教学资源

（1）教学工具或材料：水彩笔、白纸、信封、情绪词语、活动用纸等。

（2）教学设备或场地：活动教室，学生按 6～8 人一组排好位置。

（七）教学活动

1. 情绪拼盘（12 分钟）

活动目标： 让学生充分罗列并了解与情绪相关的词语，帮助学生觉察自己的情绪。

指导语： 各位同学好，欢迎大家来到我们的心理课堂。此时此刻，你的心情如何？（教师随机采访几位同学。）开心、紧张、难过、生气……这些词语都是在表达我们的情绪，今天我们一起来聊聊情绪的话题。（教师板书“情绪”。）看到这两个字，大家会联想到哪些词语？以小组为单位讨论，记录员将所有答案写在 A4 纸上。

活动程序：

（1）请同学们看着“情绪”两个字，搜索自己想到的相关词语，越多越好。

（2）每组确定一位记录员和发言人。

（3）小组成员互相分享自己想到的答案。记录员记录小组的观点。

（4）每组的发言人汇报本组的讨论成果，包括共有多少个词，具体是哪些。后面的小组汇报时，重复的词语可以省略。教师记录各组分享的观点，按照喜、怒、哀、惧四类进行分类书写。

（5）同学们看看各组讨论的成果，教师进行简要的总结。

（6）教师介绍情绪相关信息，并介绍情绪的分类。

结语：谢谢各组的分享！同学们请看黑板，这些都是表达情绪的词语。根据老师板书的情况，大家有什么发现吗？是的，老师把同类的情绪词语写在了一起，高兴、愤怒、悲伤和恐惧，这就是我们通常所说的四大基本情绪。课后，我们可以不断扩充，完善我们的情绪拼盘，搜集更多的情绪词语。

2. 绘制情绪脸谱（24分钟）

活动目标：让学生更加深入地了解情绪及其外在表现，知道相同情绪在不同的人身上会有类似的表达。

指导语：脸谱是我国戏剧的一种表达方式，不同的脸谱代表了不同的人物，也具有不同的表情。下面，我们一起来制作简单的情绪脸谱，用表情、图画、文字等方式表达我们对情绪的理解。

活动程序：

（1）看脸谱说情绪。教师呈现几张简化的京剧脸谱，请同学们猜猜每张脸谱所表示的情绪。

（2）请各组代表抽取一个信封。每个信封内有4个常见的情绪词，每组从中选择3个词并分别制作3张情绪脸谱。要求小组合作完成，每张情绪脸谱代表一种情绪，正面用彩笔简单勾画出表情，反面写上该情绪的表现，包括面部表情、身体反应等。

（3）小组合作绘制情绪脸谱，限时8分钟。

（4）各小组派代表分别展示、介绍自己小组的情绪脸谱，并将情绪脸谱挂在教室里。

（5）评选最佳情绪脸谱，并简要说说自己的理由。

结语：谢谢各组的分享，让我们看到了各种不同的脸谱，深入了解了原来情绪的背后有这么多表现。同时，我们也发现一个有趣的现象：同一种情绪，不同组绘制时会有一些共同的规律，如开心时嘴角上扬、愤怒时瞪大眼睛等。不同的民族、不同的年龄、不同的性别，情绪会有共同的表达方式，即外部表现和生理反应。只要我们用心关注，我们会更容易觉察情绪。

3. 我的情绪脸谱（9分钟）

活动目标：让学生更加深入地了解情绪，并尝试觉察自己的情绪及情绪产生的情境和原因。

指导语：请大家回忆最近一段时间，有没有哪一刻觉得特别开心，是因为什么；有没有哪一刻特别生气，是因为什么；有没有哪一刻很难过，是因为什么；有没有哪一刻很担心，是因为什么……下面，请每位同学根据自己的情况，完成自己的情绪脸谱。

活动程序：

（1）教师引导学生回忆近段时间发生的事情，寻找各种情绪的体验最深的事件。

（2）根据回忆的内容，请同学们完成如下“我的情绪脸谱”：我很________（情绪词），因为________。

（3）完成后，小组同学互相分享自己的情绪脸谱。

（4）教师邀请几位同学分享自己的一种情绪。

（5）每位同学用一句话说说本节课的收获和感悟。

结语：情绪时时刻刻都在，但我们未必认识它们。每一种情绪都会有自己的外在表现，通过关注表情，我们能更好地觉察自己的情绪，发现他人的情绪，做好情绪管理的第一步。

（八）教学评价

课后，教师对本节课的效果进行评价（如表 11－5 所示）。

表 11－5　小学生情绪智力辅导课评价表

评价标准	具体要求	权重	评价			
			A（1.0）	B（0.8）	C（0.6）	D（0.4）
辅导目标达成	选题有针对性，符合学生年龄特征。	15				
设计思路清晰	活动设计形式生动，环节设置紧扣主题。	15				
活动过程氛围和谐	课堂氛围活跃积极，学生在活动中参与积极性高，分享有真情实感。	15				
	在活动安排中，学生自觉遵守团体规范，现场活而不乱。	15				
辅导技巧运用得当	学生分享对自己影响较大的情绪或者情绪事件时，教师注重倾听、共情、尊重等技巧的使用。	15				
辅导效果明显	引发学生对于情绪的思考，促进学生反思情绪产生的情境与原因。	25				

二、初中学生情绪智力辅导课例与分析

（一）课程名称、对象和时间

主题名称：欢迎“坏情绪”。

适用对象：初一学生。

上课时间：45 分钟。

（二）辅导策略

采用非指导性团体辅导策略。教学中，教师应注意以下几点：（1）在“情绪拼图”

环节，充分倾听，营造良好的课堂氛围。(2) 在“情绪拍卖”环节，调动学生的参与度，促进学生的参与式学习，在尊重的基础上引发学生的反思。(3) 在“情绪百宝箱”环节，通过营造积极、接纳、无威胁的环境促使学生在教师建议的基础上进行自我指导。

(三) 教学目标

(1) 让学生了解情绪没有好坏之分，学会接纳各种情绪。

(2) 让学生感受大家对情绪的接纳程度，学会客观地看待各种情绪。

(3) 让学生尝试接纳自己的各种情绪，特别是自己不喜欢的情绪。

(四) 理论分析

情绪是人对客观事物的态度体验和相应的行为反应，是以主观的愿望、需要为中介的一种复杂心理现象。情绪是个体对各种事物的反应，没有好坏之分。人们经常说情绪化、别闹情绪等，这里的情绪是与“不好”联系在一起的。实际上，不管是积极情绪还是消极情绪，都在我们的生活中扮演了重要的功能。

情绪具有生存的功能、人际沟通的功能、动机性功能等。生存功能主要指当面对危险情况时，我们马上会有紧张等情绪，心跳加快，呼吸急促，分泌肾上腺素，帮助我们做好反抗或逃跑的准备。人际沟通的功能主要是情绪的感受和表达，让我们更加了解自己，增进人际关系。动机性功能是情绪促使个体采取行动以应对各种情境和问题，可以是建设性的，也可以是破坏性的。

朋辈心理辅导是从朋辈辅导衍生出来的概念，是指年龄相当者对周围需要心理帮助的同学和朋友给予心理开导、安慰和支持，提供一种具有心理辅导功能的帮助，它可以理解为非专业心理工作者作为帮助者在从事一种类似于心理辅导的帮助活动。与专业心理辅导相比，朋辈心理辅导具有自发性、义务性、亲情性、友谊性和简便有效性。由同龄人担任心理辅导员，一是可以帮助心理辅导老师处理同学们较为简单的问题，二是他们相近的价值观念、经验、生活方式非常有助于解决日常社会生活中的心理问题。朋辈心理辅导不同于一般性质的聊天，又不及心理辅导的专业性，但却能产生专业心理辅导所不及的效果。因为初中生自我意识的发展，他们更愿意听同伴们的观点，因为他们才是自己人。

(五) 学情分析

中学生处于青春期，正经历着第二个人生快速发展期。这个阶段的学生，他们生理上快速发育，第二性征不断凸显，男孩子的喉结开始突出，声音变得低沉，女孩子的乳房开始发育。但是，初中生心理不够成熟，无法很好地调控自己的情绪。

中学生正处于人生发展的黄金期，心理上处于“断乳期”。他们情绪起伏大，容易两极化。初中生的认知水平和意志力还在发展中，会出现不稳定的状态。一会儿阳光灿烂、情绪高涨，一会儿阴云密布、心情低落。遇到鼓励时信心满满、充满斗志，遭遇挫折时心灰意冷、停滞不前。青少年对情绪刺激比较敏感，会因为一点小事而影响情绪，情绪也会从一个极端走向另一个极端。

（六）教学资源

（1）教学工具或材料：旧报纸、旧杂志、水彩笔、剪刀、胶水、白纸等。

（2）教学设备或场地：活动教室，学生按 6～8 人一组排好位置。

（七）教学活动

1. 情绪拼图（10 分钟）

活动目标：借由拼图的方式，让学生充分展示当下自己的情绪，并通过外化的方式了解情绪、感受情绪。

指导语：现在是×月×日的上午 10 点，从早上睁开眼睛到现在，你经历了哪些事情？此时此刻，你的心情是怎样的呢？下面，我们将玩一个情绪拼图的游戏，老师准备了旧报纸、旧杂志等素材，请大家选择能代表你此时心情的素材完成一幅你的情绪拼图。

活动程序：

（1）教师引导学生感受当下的情绪。

（2）小组长将各组的材料发给组员，旧报纸、旧杂志等放在教室讲台上，全班公用。

（3）每位同学利用现有的素材在 A4 纸上完成一幅情绪拼图，要求大家尽量用现有的素材，实在没有合适的可以自己画。完成拼图后，每个人为自己的作品取一个名字，并为自己的作品打分，范围 1～10 分。

（4）小组内分享自己的情绪拼图，并选出一幅进行全班分享。

（5）教师引导学生思考：做情绪拼图的前后，你的情绪有怎样的变化呢？你满意你的作品吗？

结语：谢谢同学们的分享！看着每一幅拼图，我们都能感受到作者的心情。通过大家的作品，我们能更加形象、生动地感受我们的情绪，理解我们的情绪。那么，你喜欢哪幅拼图，喜欢哪种情绪呢？下面，我们将进行情绪拍卖活动。

2. 情绪拍卖（25 分钟）

活动目标：让学生了解自己对于各种情绪的喜好情况，客观地看待各种情绪，尝试接纳各种情绪。

指导语：拍卖会是拍卖各种古董、艺术作品的活动，以价高者得。今天，我们将进行一场特殊的拍卖会——情绪拍卖会，今天的拍卖不看价格，而看销量。老师准备了几种情绪，每组抽一种，并精心给我们的拍品进行包装，最后看哪组的情绪销量最好。

活动程序：

（1）每组代表上讲台随机抽取一个信封。每个信封里的情绪词作为本组的拍品。

（2）针对拍品，大家仔细思考，充分讨论，尽可能写出该拍品的优点、缺点，并完成一张拍品宣传的海报。要求秉着诚信的原则，大家在写优点的同时也要写上缺点。

（3）各小组准备自己的拍品，并选一位拍卖师，限时 5 分钟。

（4）拍卖活动开始，各小组轮流上讲台拍卖自己的情绪。每个拍品介绍结束后，想竞拍的同学举手，老师统计每样拍品的销量并写在黑板上。每个人不能购买自己组的拍品。

(5) 教师总结拍卖成果，并引导学生思考：

- 你竞拍了几种情绪？拍它们的原因是什么？其中哪种是你最想要的？
- 今天没有准备，但你还是特别想要的情绪是什么？
- 哪种情绪是你特别不想要的，原因是什么？
- 今天的活动带给你的最大启发是什么？

(6) 请同学们写写这些问题的答案。教师请同学分享。

结语：谢谢所有同学的参与和分享，我们的拍卖活动顺利结束了。首先恭喜大家拍到了自己想要的情绪，我发现快乐的情绪销量最好。现在，请你假设一下，你今后的一个月，每天每时每刻都在快乐当中，你的生活会怎样，每天乐呵呵的会是你想要的生活吗？刚刚介绍时，我们发现每一种情绪都有自己的特点，也有其存在的价值和意义，都是我们的真实反应。只有各种情绪同时存在，我们的生活才会多姿多彩。

3. 情绪百宝箱（10 分钟）

活动目标：让学生尝试接纳自己的各种情绪，特别是自己不喜欢的情绪。

指导语：每天，我们都在经历各种各样的情绪。既然每一种情绪都有存在的价值和意义，那我们该怎样来接纳那些我们不喜欢的情绪呢？下面我们一起来探讨。

活动程序：

(1) 小组讨论怎样接纳我们不喜欢的情绪。

(2) 各小组派代表分享本组的观点，组长记录本组的观点。

(3) 教师分享自己的观点，并呈现几张图片，分享情绪接纳三步走方法：以客观的态度看待情绪—以好奇的心态倾听情绪—以开放的姿态接纳情绪。

(4) 每位同学用一句话说说本节课的收获和感悟。

结语：虽然接纳各种情绪有点难，但只要我们勇敢去做，我们就能逐渐接纳它们，甚至与它们成为好朋友。让我们欢迎各种情绪的到来吧！

(八) 教学评价

课后，教师对本节课的效果进行评价（如表 11-6 所示）。

表 11-6　初中学生情绪智力辅导课评价表

评价标准	具体要求	权重	评价			
			A (1.0)	B (0.8)	C (0.6)	D (0.4)
辅导目标达成	选题有针对性，符合学生年龄特征，对辅导主题理解正确。	15				
设计思路清晰	活动设计形式生动，环节设置紧扣主题，引导学生初步接纳不同情绪。	15				
活动过程氛围和谐	课堂氛围活跃积极，学生在活动中参与积极性高，分享有真情实感。	15				
	在活动安排中，学生自觉遵守团体规范，现场活而不乱。	10				

续表

评价标准	具体要求	权重	评价			
			A（1.0）	B（0.8）	C（0.6）	D（0.4）
辅导技巧运用得当	在尊重、共情的基础上引导学生初步认识负性情绪也有存在价值。	15				
	学生能够选择解决自身情绪问题的合适方法，促进自我成长。	15				
辅导效果明显	学生尝试接纳自己的各种情绪。	15				

三、高中学生情绪智力辅导课例与分析

（一）课程主题、对象和时间

主题名称：我的情绪我做主。

适用对象：高一学生。

上课时间：45 分钟。

（二）辅导策略

1. 非指导性团体辅导策略

人本主义心理学家罗杰斯强调通过非指导式教学营造氛围，并通过参与式学习促使学生表达自我，从而发挥自己的潜能。教学中，教师通过“情绪过山车”活动营造安全的课堂教学氛围，提高学生参与度；通过“情绪锦囊”活动使学生了解情绪调节的方式，促进学生成长。

2. 理性情绪行为团体辅导策略

埃利斯的情绪 ABC 理论认为，要改变消极情绪和行为障碍结果就需要改变自身的不合理信念。在教学中，教师通过“故事续接”活动引导学生认识不同的想法会导致不同的结果取向。

（三）教学目标

（1）通过绘制情绪曲线图的活动，让学生感受情绪的丰富多彩。

（2）让学生了解不同的信念会产生不同情绪，掌握通过改变信念来调节情绪的方法。

（3）通过探索情绪调节的方法，让学生找到适合自己的情绪调节方法。

（四）理论分析

美国心理学家埃利斯提出了情绪 ABC 理论，认为诱发事件 A 只是引发情绪和行为后果 C 的间接原因，直接原因是个体对事件 A 的认知和评价而产生的信念 B。他认为，当人们按照理性去思维、去行动时，他们就会很愉快、富有竞争精神，行动也会有成效。

情绪是伴随人们的思维而产生的，情绪上或心理上的困扰是由不合理的、不合逻辑的思维造成的。

埃利斯根据 ABC 理论提出了理性情绪疗法，认为理性情绪治疗的目标是尽量降低学生的自我毁灭倾向，进而协助他们拥有一个较实际、较宽大和合理的人生哲学。换言之，要引导学生接纳现实，组织和调节自己的思想，对己对人宽容和忍耐，减少对自己和他人种种不合理的要求。理性情绪辅导旨在鼓励学生以批判的态度来审视个人最基本的价值观，让学生正视一切问题，学习理智的思想，以至最终能够快乐地生活。

在理性情绪辅导过程中，要让学生认识到一个人的情绪困扰（C）并非由具体事件（A）决定，而是由一个人对此的信念（B）决定。例如，一个 16 岁男孩，个子矮小，体弱多病，他就否定自己、自卑、郁郁寡欢，退出正常社交。那么，他的信念（B）是什么呢？他认为："男孩子应该强壮高大，才有男子气，否则任何女孩都不会垂青，而我太可悲了，一辈子都不会被女孩子喜欢。"

（五）学情分析

随着生理的成熟，高中生的心理也在快速发展，逐渐趋于成熟，比初中时更加理性、理智。高中生的思维能力快速发展，抽象逻辑思维比较完善，具有从不同角度来看待自己的信念和想法的能力，能对自己的不合理信念进行辩论和思考。大多数高中生需要面临高考，高考的重要性、特殊性给学生带来了巨大的压力，让学生的情绪起伏变化。不合理的信念影响他们的情绪，从而给他们的学习生活带去不良的影响。

（六）教学资源

（1）教学工具或材料：水彩笔、白纸等。

（2）教学设备或场地：活动教室，学生按 6～8 人一组排好位置。

（七）教学活动

1. 情绪过山车（10 分钟）

活动目标：让学生感受过去一周的情绪体验。

指导语：上一节课，老师要求大家去感谢你的情绪日记，今天我要来检验成果了。请大家拿出你的情绪日记，看看你过去一周发生的情绪变化，完成近一周的情绪曲线图。x 轴表示时间，y 轴表示情绪的强烈程度，并注明具体的情绪名称和产生的原因。完成后，老师要求同学来进行分享。

活动程序：

（1）每位同学完成自己的情绪曲线图。

（2）请同学分享的自己情绪曲线图，分享一种情绪即可。

结语：谢谢几位同学的分享！大家都挑选了比较不一样的事情进行了分享，我们也感受到了不同的情绪。

2. 情绪锦囊（20 分钟）

活动目标：让学生搜集情绪处理小妙招，在同伴分享中寻找处理情绪的好方法。

指导语： 俗话说，山人自有妙计，相信我们每位同学也有处理情绪的妙计。我们再回到情绪曲线图上，看看哪些情绪在 x 轴下面。面对这些情绪，你是怎么处理的呢？面对负性情绪，你有哪些情绪处理的小技巧呢？下面我们一起来完善我们的情绪锦囊。

活动程序：

（1）每位同学选一种消极情绪，写一写应对这种情绪的技巧。

（2）小组交流：每位同学在组内分享自己的情绪处理方法，小组长记录大家的答案。

（3）各组派代表分享本组的情绪锦囊。

（4）教师进行整理、汇总。

结语： 感谢每一位同学的无私分享，让我们看到了这么多情绪处理妙计，让我们的情绪锦囊变得鼓鼓的。看到大家都分享了自己的情绪锦囊，老师也有了灵感，跟大家分享一下我的处理方式。

3. 故事续接（15 分钟）

活动目标： 让学生了解不同的信念会产生不同情绪，掌握通过改变信念来调节情绪的方法。

指导语： 美国心理学家埃利斯提出了情绪 ABC 理论，认为情绪的产生不是因为遇到的事件 A，而是我们对于这个事件的想法和信念。比如，今天下雨了，我很开心因为天气很凉快，而你很烦因为没法打篮球了。同样是下雨，我们的想法、信念不一样，最后导致的情绪结果也不同。所以，转变我们的不合理信念，可以调节我们的情绪。下面，老师给出一个故事的开头，请大家来续接。续接时，注重不同的想法，根据想法来推演故事发展。

活动程序：

（1）教师呈现如下故事开头，各小组来续接，至少完成一个故事。

> 在班会课上，班主任老师下发了这次期中考试的成绩。小乐的总分是 453 分，各科成绩分别是语文 78 分、数学 56 分、英语 70 分、物理 79 分、地理 88 分、历史 82 分。而小乐同桌的成绩是 500 分。

（2）各小组续接故事，老师进行整理并板书。

（3）请同学分享观点。

（4）每位同学从情绪曲线图中选择一种消极情绪，尝试改变想法和信念，看看是否会有什么不一样。

（5）每位同学写一写本节课的收获。

结语： 情绪调节的方法有很多，我们要做的是挑选适合自己的方法。不管你选用什么方法，前提是符合校纪校规要求，不危害身体健康。情绪有多种多样，如果你不想成为情绪的奴隶，那么请选择适合自己的情绪调节方法，真正做情绪的主人。

（八）教学评价

课后，教师对本节课的效果进行评价（如表 11－7 所示）。

表 11-7　高中学生情绪智力辅导课评价表

评价标准	具体要求	权重	评价			
			A（1.0）	B（0.8）	C（0.6）	D（0.4）
辅导目标达成	选题有针对性，符合学生年龄特征。	15				
设计思路清晰	环节设置紧扣主题，教学的重难点突出。	15				
活动过程氛围和谐	课堂氛围活跃积极，学生分享内容具有启发性。	10				
	活动安排中，学生自觉遵守团体规范，现场活而不乱。	10				
辅导技巧运用得当	学生掌握通过改变信念来调节情绪的方法，并能够运用于实践。	10				
	学生能够选择解决自身情绪问题的合适方法，促进自我成长。	10				
辅导效果明显	学生在活动中有感悟、有体验，并且能及时调节自己的情绪。	15				
	学生能找到适合自己的情绪调节方法，促进自身的健康成长。	15				

本章小结

1. 情绪智力可以被看作觉察情绪、分析情绪、接纳情绪、表达情绪的能力。

2. 情绪智力的相关理论有巴昂的情绪智力理论、萨洛维和梅耶的情绪智力理论、戈尔曼的情绪智力理论。

3. 情绪智力的测量工具主要有情商量表、多因素情绪智力量表及相关量表、情绪能力调查表。

4. 情绪智力辅导可以从学会觉察情绪、学会分析情绪、尝试接纳情绪、建立理性想法、尝试表达情绪等方面入手。

思考练习

1. 中小学生情绪智力辅导的核心是什么？
2. 各学龄阶段情绪智力辅导的重点是什么？
3. 如何将情绪智力的相关理论和测量工具有效用于中小学心理健康辅导课？

第十二章

学习心理辅导

学习目标

1. 了解学习的内涵及其重要性，掌握学生学习的特点。
2. 了解学生常见的学习心理问题和学习相关理论与规律。
3. 掌握各种学习心理问题的辅导策略。
4. 在学习相关理论和规律的指导下，运用多种辅导策略设计合理的教学活动方案。

章节导读

张华现在是一名高中二年级的学生，他学习成绩差，常旷课去网吧打游戏。在进入高中之前，他一直是班里的“尖子生”，被老师重视、受同学尊重，家长也对其抱有很高的期望。他在学习上一直很自信，每天放学先快速完成家庭作业后，他还会看看书和电视。他的中考成绩很好，顺利进入了当前高中学校的重点班。入学后他才发现高中班级里的同学是来自各地的佼佼者。高中的学习难度陡然增大，他不知道怎样才能完成成堆的学习任务，所以就经常拖延，难题也越积越多。巨大的学习强度让张华没有多余时间去放松自己，这让他觉得高中生活很枯燥。一次次考试下来，张华都考得很差，在学习上他感到越来越自卑，随后开始排斥学习，还告诉自己不是学不好而是学习根本没有意义，最终以上网打游戏的方式来逃避学习、躲避家长和教师。

在学习阶段转变期产生的学习适应不良以及由此带来的学习动机下降问题是学生最普遍出现的学习心理问题之一。此外，教师在教学中还会遇到许多其他常见的学习心理问题，如缺乏学习策略、考试焦虑等。那么导致这些问题的原因是什么？我们又该如何对学生进行学习心理辅导？本章将围绕这些问题进行探讨。

第一节　学习心理概述

中小学生在学习生涯中会遇到各种各样的学习问题，主要表现为缺乏学习动机、学业情绪消极、学习策略低效、学习习惯不良等。这些问题会对学生的学习效率、成绩以及人格发展等产生重要影响。为了缓解这些问题带来的消极作用，教育者首先要了解这些学习心理的含义和相关理论知识，并在此基础上对学生在学习过程中产生的相应问题予以辅导，从而帮助其提升学业表现。

一、学习心理的内容

（一）学习动机

学习动机（motivation to learn）是激励并维持学生朝向某一目的的学习行为的动力倾向。学习动机能够对学生的学业活动产生重要的影响。一般来说，学习动机可以分为内部动机和外部动机。内部动机（intrinsic motivation）是指个体对学习本身的兴趣引起的动机。动机的满足在活动之内，它不需要外界的诱因或奖惩来使行动指向目标，行动本身就是一种动力。例如，一个学生喜欢数学，他便会在课上认真听讲、积极发言，及时完成数学作业，同时能在学习数学知识和解决数学问题中体验到快乐和充实感。外部动机（extrinsic motivation）是指由外部诱因所引起的动机。动机的满足在活动之外，个体不是对学习本身感兴趣，而是对学习带来的结果感兴趣。例如，学生努力学习可能是为了得到奖励、为了取悦家长和老师或是为了避免惩罚等。

受内部动机驱使的学生有追求成功的目标倾向，他们对学习本身具有好奇心、愿意尝试和挑战、有明确的目标，他们积极地参与学习活动，在面对困难时能够坚持去解决和突破，在学习活动中有满足感（Fredricks et al.，2004；Van Steenkiste et al.，2006）。而受外部动机驱使的学生有避免失败的目标倾向，他们更愿意选择没有太多挑战性的任务，在遭遇难题和挫折时容易放弃，且一旦达到目的或外部诱因撤去后，学习动机就会下降（Lee et al.，2010）。可见，动机的类型影响着学生在学习活动中的成就目标倾向和坚持性。不过，内部和外部动机并不总是非此即彼的，学生往往同时具有两种动机，如既对学习本身感兴趣，也想满足家长和教师的期望、获得其夸赞和奖励。所以在教育过程中，我们要强调内部动机，但也不能忽视外部动机的作用。尤其是对于那些对学习没有兴趣或缺乏信心的学生，教师可以通过提升其外部动机促进其学习参与度，再逐步引导其外部动机向内部动机转化。

一般来说，学习动机越强，学生的学业表现越好。但学习动机过强也可能会致使个体产生紧张、焦虑等情绪，从而干扰个体的认知活动，对其学习效果产生消极影响。根据耶克斯-多德森定律，学习效率与学习动机之间并不是简单的线性关系，而是倒U形曲线关系（图12-1），即学习活动也有一个最佳动机水平，过低或过强的学习动机都会使学习效率下降。其中，动机强度的最佳水平会随着任务难度的变化而变化。对于较简单的任务，动机强度的最佳水平会高一些；对于较难的任务，动机强度的最佳水平会低一些。

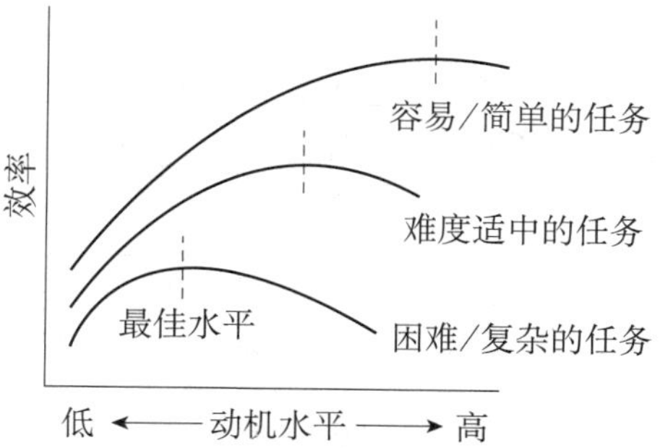

图 12－1　耶克斯-多德森曲线

（二）学业情绪

在学习过程中，与学生学习相关的情绪体验，如愉悦、自豪、焦虑、羞愧和厌倦等，即为学业情绪（academic emotions）。它不仅包括学生在课堂学习和做作业过程中的情绪体验，也包括学生在考试中以及在学业成功或失败后的情绪体验等（董妍，俞国良，2007）。佩克伦等（Pekrun et al.，2002）依据愉悦度和唤醒度将学业情绪分为四个维度：积极高唤醒度的情绪（如愉快、自豪）、积极低唤醒度的情绪（如放松、满意）、消极高唤醒度的情绪（如生气、羞愧）和消极低唤醒度的情绪（如厌倦、无助）。

在中小学群体中，最常见的消极学业情绪有学业厌倦感和考试焦虑。学业厌倦感（academic boredom）是个体在学习过程中产生的一种对学习活动失去兴趣，不愿从事该活动的消极情绪。当感到自身无力改变不良的学习表现时，学生便可能逐渐产生学业厌倦感（Zhen et al.，2017）。学业厌倦感与个体极低的学习动机相关联，低水平的学习动机和学业厌倦感会相互作用导致学生学习不良。学业厌倦感是各种学习心理问题中最具危险性的问题，可能会导致学生成绩差甚至辍学。具有厌学情绪的学生往往在学习过程中长期地缺乏积极情绪体验，对于自己的学习能力缺乏自信心，学习效能感低下，消极学业情绪持续累积，最终导致其对于学习产生厌倦感。不当的教育教学方法以及应试教育下的题海战术等也可能会导致学生产生学业厌倦感。

学习焦虑（academic anxiety）是个体对当前或预计的难以应对的学习情境产生的紧张、担忧的消极情绪，常伴有明显的生理反应。它往往与过高的学习动机相关联，当学生的学习动机过强而任务难度又过高时便会产生学习焦虑。学习焦虑包括一般学习焦虑和考试焦虑。前者针对一般学习情境，具体表现有精神紧张、失眠、注意力不集中、思维迟钝等；后者针对考试情境，具体表现有慌乱、胃肠不适、记忆受阻、思维抑制、心跳加快、呼吸急促甚至晕倒等。考试焦虑是最为典型和最具危害性的学习心理问题之一，它包括认知、生理和行为等三种成分（图 12－2）。其中，认知成分指的是以担忧为特征的、由消极的自我评价所形成的意识体验。例如："如果这次考试考得差，我怎么面对老师和父母？"生理成分是指伴随焦虑情绪所表现出的生理反应，如肠胃不适、心率加快、多汗尿频、食少失眠等。行为成分则是指个体通过防御或逃避所表现出的行为方式，如坐立不安、胡乱填答、借故缺席考试甚至自杀（刘学兰，何先友编著，2004）。

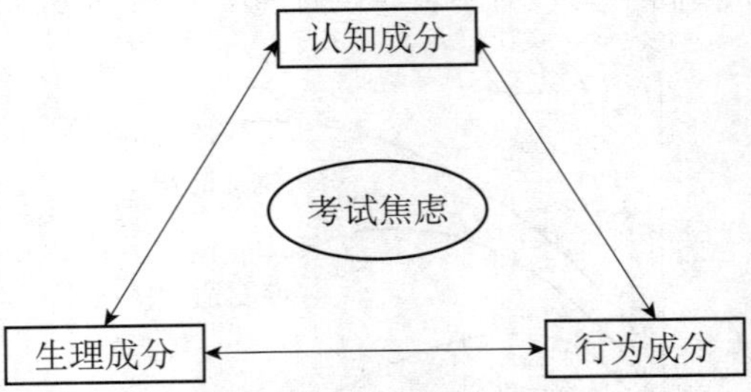

图 12－2　考试焦虑的三种成分

适度的焦虑可以维持我们大脑的兴奋性，增强学生学习的积极性和自觉性，提升注意力和反应速度，因此有利于学习活动的进行。但过度焦虑会引发个体的认知阻塞，严重干扰其注意、记忆和思维等认知过程。艾森克和卡尔沃（Eysenck & Calvo，1992）的加工效能理论（the processing efficiency theory）指出，侵入性的思维和担忧会侵占焦虑个体的认知资源，阻碍其对于大脑中信息的提取，进而对其学业表现产生消极影响。这就是为什么在考试时一些学生面对原本会做的题目只觉得大脑一片空白。此外，过度焦虑还会分散个体的注意力，使个体的思维活动陷入凝滞状态，从而干扰其分析和解决问题。可见，考试焦虑与学习之间也呈现出倒 U 形曲线关系，其本质上就是耶克斯-多德森定律所强调的动机强度最佳水平问题。轻度的考试焦虑无须调试，但中度和重度焦虑会严重影响学生的身心健康和学习效率，有必要进行自我调节或诉诸他人帮助。

（三）学习策略

学习策略（learning strategies）是指学习者为了提高学习效果和效率，有目的、有意识地制订的有关学习过程的复杂的方案。它具有主动性、有效性、过程性和程序性等特征。学习策略的种类很多，其中迈克卡（Wilbert Mckeachie）等人根据学习策略涵盖的成分，将学习策略分为认知策略、元认知策略和资源管理策略（图 12－3）。认知策略是加工信息的策略，元认知策略是对自己认知过程进行调控的策略，资源管理策略是辅助学生管理可用的环境和资源的策略。成功的学生使用这些策略帮助他们适应和调节环境以适应自己的需要。个体必须掌握和灵活运用一定的学习策略，才能有效地提升自身学习效率。

- 学习策略
  - 认知策略
    - 重复策略　如重复、抄写、做记录、画线等
    - 精细加工策略　如想象、口述、总结、做笔记、类比、答疑等
    - 组织策略　如组块、选择要点、列提纲、画地图等
  - 元认知策略
    - 计划策略　如设置目标、浏览、设疑等
    - 监控策略　如自我检查、集中注意、监控领会等
    - 调节策略　如调整阅读速度、重新阅读、复查、使用应试策略等
  - 资源管理策略
    - 时间管理　如设置目标、浏览、设疑等
    - 学习环境管理　如自我检查、集中注意、监控领会等
    - 努力管理　如调整阅读速度、重新阅读、复查、使用应试策略等
    - 社会资源利用　如寻求教师或同伴帮助、与小组一起学习等

图 12－3　学习策略的分类

（四）学习习惯

学习习惯（learning habit）是指学生在学习过程中经过反复练习而形成的一种稳定的、自动化的学习行为方式。稳定性指的是当个体形成一定的学习习惯后，其行为方式具有一致性和不易改变性，也因此当要改变不良的学习习惯时就存在一定的阻力。自动化特征意味着个体不需要施加外部力量，也不需要意志努力，学习可以在自然而然的状态下进行，个体也不会因此而感到疲惫不堪。学习习惯对个体的学习具有约束性，也是影响个体学习的重要因素。美国心理学家赫尔（C. L. Hull）在其学习理论中提出，学习是由内驱力和习惯强度的乘积所决定的。当内驱力为零时，反应势能就会为零；当内驱力增大时，反应势能增大的程度就取决于习惯强度。培养形成良好的学习习惯，能够帮助学生形成学习的组织性和系统性，也是保证高效学习的具体操作方式（引自苏思慧，金盛华，1999）。

二、学习心理的相关理论

学习心理的相关理论很多，下面将着重介绍强化理论、归因理论和自我效能理论，以及自我调节学习理论。

（一）强化理论

以桑代克和斯金纳为代表的行为主义理论在20世纪初开始兴起，该理论范式认为行为的动机是强化的结果，它完全取决于先前的行为与刺激因为强化而建立的牢固联系。强化（reinforcement）分为正强化和负强化。正强化是在反应之后呈现令人满意的刺激来增加该反应，负强化是通过减少或去除厌恶刺激来增加反应频率。一般来说，若学生在学习中得到正强化（如取得好成绩、教师赞扬等），他们就会表现出更强的学习动机。不过，持续给予高强度的外部强化（如外部奖励）可能会降低个体的内在动机（Deci，1975）。因此，教师在教学中要慎用表扬、奖励等强化手段。

（二）归因理论

归因（attribution）是指人们对自己或他人行为与结果的原因加以解释或推测的过程。归因论源于弗里茨·海德的关于社会知觉与人际关系的认知理论，后来韦纳（B. Weiner）及其同事将其发展成为动机领域的一种重要理论。韦纳的归因理论认为学生通常将学业成败归于能力、努力、任务难度、运气、身心状况等因素，这些因素可以分为以下三个维度：（1）控制源，指个体认为影响其成败的因素是来自个体自身因素还是来自外在环境，分为内控（如能力、努力及身心状况）和外控（内控外的其他因素）。（2）稳定性，指某个因素如何随着时间变化，分为稳定的（如能力）和不稳定的（如情绪和运气）。（3）可控性，指成败结果由个人控制的程度，分为可控的（如努力）与不可控的（努力外的其他因素）（引自乐国安主编，2013）。如果个体倾向于将学业成功归因于内部、可控和稳定的因素，其学习动机将会增强；反之，若将成功归因于外部、不可控和不稳定的因素，其学习动机将会降低。

（三）自我效能理论

班杜拉提出的自我效能理论认为自我效能感是个人对自己完成某方面工作能力的主观评估，它包括两种成分：结果预期和效能预期（Bandura 1999；Eccles & Wigfield，2002）。其中，结果预期是指个体对特定行为结果的判断和评估。如果个体预期某种特定行为会产生特定结果，那么这种行为也就容易被激活，这种行为的动机水平就相对较高。效能预期是个体对完成某项任务能力的评估和判断，这种判断就是效能感。效能感水平较高的个体倾向于选择适合自己能力水平又富有挑战性的任务，面对困难和挑战时更能坚持下去，能够聚焦于分析和解决问题，在完成行为过程中体验到更多的积极情绪，行为动机也越强烈。

（四）自我调节学习理论

齐默尔曼（Barry Zimmerman）认为，自我调节学习是指学习者从元认知、动机和行为等方面积极主动地调控学习活动的过程，包括自我评价与监控、目标设置与策略计划、策略执行与监控及策略结果的监控，具体表现为：个体在认知上能够有计划地组织学习活动，能自我指导、监控和评价自己的学习过程；在行为上能够根据自己所掌握的学习策略选择适合自己的学习内容和形式，建构有利于自己学习的环境；在动机上把自己看成是自主的，具有较高的自我效能感。因此，自我调节学习者为达到学习目标，能依据自我效能感灵活运用某些特殊的自我调节学习策略，积极地投入学习活动中去，因此他们具有较高的学习动机水平。

三、学习心理的测量工具

（一）学习动机的测量工具

学习动机的测量工具非常多，研究者依据其对于学习动机类型的不同看法，设置了不同的学习动机测量工具结构。

1. 学习动机策略问卷（MSLQ）

该量表由宾特里奇（Paul R. Pintrich）等人于1990年编制，由动机因素和认知策略两部分构成。其中，动机因素包含自我效能感（9个项目）、内在价值（9个项目）和考试焦虑（4个项目）等三个量表。自我效能感量表评估的是学生在课堂/学习任务中所感知到的胜任感和自信水平，内在价值量表考察的是学生对于课程内容的内在兴趣和重要性认识，考试焦虑量表评估学生在考试中的担忧和认知干扰情况。认知策略包含认知策略使用（13个项目）和自我调节（9个项目）两个量表。认知策略使用量表考查学生对于复述策略、精细化策略和组织策略的使用情况，自我调节量表评估的是学生的元认知策略和努力管理策略的使用情况。这些量表均表现出良好的信效度。

2. 阅读动机问卷（MRQ）

该量表由维格费尔德（Alan Wigfield）等人于1997年编制而成，包括自我效能感、内部动机、外部动机、主观价值和成就动机等部分。修订后的问卷共包含效能（efficacy，3 个项目）、挑战（chanllenge，5 个项目）、好奇心（curiosity，6 个项目）、卷入（involvement，6 个项目）、重要性（importance，2 个项目）、奖赏（recognition，5 个项目）、成绩（grades，4 个项目）、社会动机（social motivation，7 个项目）、竞争（competition，6 个项目）、服从（compliance，5 个项目）、任务逃避（work avoidance，4 个项目）等 11 个分量表。量表采用 1～4 点计分（1＝与我非常不同，5＝与我非常相似），具有良好的信效度，在中国学生群体中也具有适用性。

（二）学业情绪的测量工具

1. 学业情绪问卷（AEQ）

该问卷由莱因哈德·佩克伦（Reinhard Pekrun）等人于 2005 年编制而成，用来评估学生在学习情境下所体验到的多种情绪。该问卷包含 24 个量表，分别用来测量学生在课堂相关、学习相关以及考试相关等 3 种情境下的高兴（enjoyment）、希望（hope）、自豪（pride）、轻松（relief）、生气（anger）、焦虑（anxiety）、羞愧（shame）和厌倦/无聊（boredom）情绪。在不同的情境下，用来评估这些学业情绪的项目有所不同。该问卷具有良好的信度、结构效度以及效标关联效度。

2. 中文版学业情绪问卷

董妍和俞国良于 2007 年基于佩克伦等人对学业情绪效价和唤醒的划分，结合我国中学生的实际情况，编制了中文版学业情绪问卷。该问卷包含积极高唤醒、积极低唤醒、消极高唤醒、消极低唤醒四个维度。其中，积极高唤醒情绪包括自豪、高兴、希望，积极低唤醒情绪包括满足、平静、放松，消极高唤醒情绪包括焦虑、羞愧、生气，消极低唤醒情绪包括厌倦、无助、沮丧、心烦-疲乏。问卷共包含 72 个项目，采用 5 点计分法（1＝完全不符合，5＝完全符合），具有良好的信效度。

（三）学习策略的测量工具

国际上比较公认的学习策略测量工具是温斯坦（Claire E. Weinstein）开发的自评学习策略量表（The Learning and Study Strategies Inventory，LASSI）。此外，应用较为广泛的还有齐默尔曼的自我调节学习的结构化访谈，以及我们在学习动机的测量工具部分提到的宾特里奇等人编制的学习动机策略问卷等。国内研究者基于我国学生的实际情况通过对国外量表进行翻译、修改和整合等过程对量表进行本土化处理，如单志艳等人编制的中学生自主学习问卷、方平等人编制的自我调节学习问卷。

1. 学习策略量表（LASSI）

温斯坦等人于 1987 年开发的学习策略量表是以西蒙（H. A. Simon）的学习与认知一般模型与温斯坦的策略性学习模型为基础的，用来评估中学和大学生的学习策略水平状况。1990 年，温斯坦等人根据高中学生学习特点对 LASSI 进行了改编，形成高中生学习策略量表（LASSI-HS）。LASSI-HS 主要测量了技能（skill）、意愿（will）和自控（self-control）三种成分，包括 10 个分量表。技能成分由信息加工（8 个项目）、选择要点（5 个项目）和考试策略（8 个项目）等 3 个分量表测量，意愿成分由态度（8 个项目）、动机（8个项目）和焦虑（8个项目）等3个分量表测量，自控成分由专心（8个项目）、时间管理（7个项目）、自我测试（8个项目）和学习求助（8个项目）等4个分量表测量。高中生学习策略量表共有76个项目，采用5点计分法，国内外研究者均发现该量表具有良好的信效度（引自席居安，安启龙，2015）。

2. 自我调节学习量表

苏丹等于2011年编制的自我调节学习量表，基于方平对初中生自我调节学习过程的研究。该量表分为动机分量表、策略分量表、意志分量表。其中动机分量表包括价值成分、期望成分和情感成分。价值成分包括内部目标定向、外部目标定向和任务价值，期望成分包括学习信念控制和学习自我效能，情感成分为考试焦虑调节。策略分量表分为认知、元认知策略和资源管理策略。其中认知、元认知策略包括重复策略、精加工策略、组织策略、批判思维和元认知自我调节，资源管理策略包括时间和学习环境、努力调节、同伴学习和寻求帮助。意志分量表包括自我效能的提升、压力减轻行为、对消极结果的敏感三方面。量表采用5点计分法。

（四）学习习惯的测量工具

国外关于中小学生学习习惯的测量工具很多，但侧重的内容不同，通常还会加入学习态度、技能等成分，如学习态度与学习习惯调查问卷（Survey of Study Habits and Attitude，SSHA）、学习习惯与学习技术问卷等。也有研究者就学生的学习行为习惯开发了相关工具，如学习行为量表，不过文化差异使这些工具在本土化应用中存在局限，因此这里主要介绍两个适用于我国中小学生的学习习惯测量工具。

1. 学业拖延问卷

该问卷由洪伟和刘儒德等人于2018年在拉伊（C. H. Lay）编制的拖延问卷的基础上改编而成，适用于中小学生群体。该问卷只有一个维度，有15个项目，具有良好的信效度。问卷采用5点计分法（1＝完全不符合，5＝完全符合）。学生在该问卷上的得分越高，表明其在学习活动中越拖延。

2. 小学生学习习惯问卷

该问卷由田澜于2010年编制，包含主动学习、作业承诺、课堂守纪、课外阅读、勤奋学习、去拖沓和专心听讲等7个维度，有43个项目，具有良好的重测信度、结构效度、效标关联效度和预测效度。该问卷采用5点计分法（1＝完全不符合/从没这样，2＝基本不符合/很少这样，3＝不能确定，4＝比较符合/经常这样，5＝完全符合）。学生的得分越高，表示其学习习惯越好。

四、如何进行学习心理辅导

（一）学习动机辅导

研究发现，随着年级的升高，学生所面临的课业难度、学习评价和学业竞争逐渐加大，学生的学习动机水平总体上呈下降趋势，致使学生在学习活动中的驱动力量减少

(Gottfried et al.，2001；Otis et al.，2005)。当然，在恰当的引导下，学生的学习动机也会保持稳定或呈上升趋势。环境因素和个体因素都可能对学生的学习动机产生影响。环境因素包括学校和班级环境、教师的支持、家庭教养方式以及同伴比较等，个体因素包括生理机能（如脑损伤、注意缺陷多动障碍）、认知能力、归因方式、自我效能感、学生对于学校和班级的归属感等。在实际工作中，首先要明确影响其动机的主要因素有哪些，从这些因素出发去激发和培养学生的学习动机，能够更具针对性、更高效地解决其学习心理问题。

1. 内部动机的激发

（1）激发好奇心和求知欲。好奇心和求知欲是内部动机最为核心的成分，它们是激发学生内部学习动机的基础。现代认知心理学认为，通过引起学生认知上的不和谐，能引发学生的好奇心并激发其学习兴趣。因此，教师在课堂教学中可以创设问题情境，形成悬念，以激发学生的好奇心和学习热情。此外，在教学中也要适当增强教学内容和形式的新颖性和趣味性，避免格式化教学。

（2）增强学业效能感。有研究表明，学业效能感与积极的学业情绪、学习投入水平等呈显著正相关（Liu et al.，2017）。一些学习不良的学生的学业效能感水平很低，他们因为长期缺乏成功体验而对自身的学习能力持怀疑态度，所以会放弃学习尝试和努力，进一步加重学习不良状况。教师可以为这些学生选择难度适当的任务，让其获得和积累成功经验，进而提升其学业效能感。此外，教师可以为其设立榜样，让其看到和了解到那些与自己相似的学生的成功案例，通过替代性经验和强化增强其完成学习任务的信心。

（3）引导学生积极归因。人们通常将行为归因于以下四种因素：内部稳定的不可控因素（如能力高低）、内部不稳定的可控因素（如努力程度）、外部稳定的不可控因素（如任务难易）和外部不稳定的不可控因素（如运气好坏）。对学习结果的归因方式能够影响学生的学习动机。积极归因有助于激发学生的学习动机，使之形成对下次成功的高期待；消极归因不利于学习动机的激发，还可能会因为将失败归因于能力差而产生习得性无助现象。教师应引导学生进行积极的归因，尽量将成功归因于自己的能力和努力，将失败归因于内部的不稳定因素，即努力不够。这样才能帮助学生树立下次学习成功的期望，不放弃努力。

2. 外部动机的激发

（1）及时提供反馈。学习反馈（feedback）包括作业正误、成绩好坏以及知识应用的效果等。教师的及时反馈能够让学生及时发现自己的进步或问题，激发其下一次做好的愿望，提高学习动机和学习积极性。有研究将一个班的学生分成三组，每天在学习后进行测验。前八周，对第一组每天告知其学习结果，对第二组每周告知，对第三组一直不告知。后八周，将第一组和第三组的情况对调，即对第一组不再告知其学习结果，对第三组每天告知。结果发现：后八周中，第一组成绩逐步下降，第二组成绩稳步上升，第三组成绩迅速上升。这反映了每天反馈的效果最佳，其次是每周反馈，最差是不提供反馈（引自陈琦，刘儒德主编，2007）。因此，首先，反馈要及时，尤其对于年龄较小的学生，这样才能利用其刚留下的鲜明的记忆表象。其次，反馈要具体，越是具体明确的反馈信息越能使学习者对自己的学习情况有清晰深刻的了解，从而明确改进方向。

（2）运用奖励与惩罚。奖励与惩罚是对学生学习成绩和态度进行肯定或否定的一种方式，可以提高学生的认识水平，激发学生的上进心和自尊心，从而激发学生的学习动机。一般来说，奖励比惩罚更能有效地激发学生的学习动机。要注意的是，不恰当的奖励可能会削弱学生的内部动机。若奖励让学生将注意力放在了奖励上而不是任务本身，他们的表现会更加敷衍，做事会更加计较。因此，奖励的时间和方式要恰当。奖励要针对不感兴趣但需要完成的任务；教师要奖励个体的良好成绩和表现，而非参与活动；奖励的内容应属于社会性的，而非物质性的；奖励最好用于行为速度或结果质量的任务，而非创造性和艺术性的任务（陈琦，刘儒德主编，2007）。

（二）学业情绪辅导

学业情绪辅导主要集中在学业厌倦感和学习焦虑方面的辅导。由于学业厌倦感与低学习动机密切相关，因此针对学业厌倦感的辅导可以通过提升学习动机来改善。具体辅导措施请参考学习动机辅导策略部分。以下主要介绍学习焦虑方面的辅导。

1. 情绪中心的辅导

情绪中心的辅导主要用来缓解学习焦虑中的消极情绪体验，降低学习焦虑者的唤醒水平和情绪反应。具体有放松训练法和系统脱敏法，其中放松训练法包括调息放松法、想象放松法、肌肉放松法等。比如，在安静的环境里，自然站立，双肩自然下垂，两眼微闭，然后做缓慢的深呼吸，深深地吸气，慢慢地呼气，一般持续几分钟以达到放松目的。系统脱敏法是在放松的基础上，循序渐进地使焦虑逐步减弱直至消失的一种方法。首先，列出导致学习焦虑的具体刺激情境；接着，将上述刺激情境按由弱到强的“焦虑等级”排列；随后，通过放松训练形成松弛反应；最后，按照焦虑等级在大脑想象中循序使松弛反应抑制焦虑反应（刘学兰，何先友编著，2004）。

2. 认知中心的辅导

认知中心的辅导是着眼于学习焦虑中的认知成分，帮助学习焦虑者应对担忧。具体的方法有认知调整法、自信训练法、自我教导法等。认知调整法主要是让学生正确地看待学习，正确地看待自己，树立合理的学习和考试期望，从而消除学习方面的焦虑；自信训练法就是让学生检查自己的学习担忧，对学习担忧的问题进行合理分析，然后对担忧不合理的内容进行质疑，最后形成对担忧的合理反应；自我教导法是让学生自我观察，找出引发学习焦虑的情境，说出并写出与情境有关的负向自我认知活动，引导学生寻找与原有非理性观念不相容的思考方式，并用新的正向的认知方式来表达其自我的认知活动。

3. 技能中心的辅导

技能中心的辅导就是教学生如何学习，帮助学生在学习情境下有效地规划他们的学习时间、应用有效地学习策略等进行学习。这种方法的优点在于能增加学生的控制感，从而减少焦虑。不过，这种方法需要与其他方法相结合才能发挥更加有效的作用。同时，对于那些不是因为技能缺乏而导致的学习焦虑，该方法所得到的效果不明显（刘学兰，何先友编著，2004）。

（三）学习策略辅导

1. 认知策略辅导

复述策略（rehearsal strategies）指在工作记忆中为了保持信息，运用内部语言在大脑中重复学习材料或刺激，以便将注意力维持在学习材料之上的策略。由于工作记忆的容量有限，要尽可能多地复述内容，学生需要了解并运用一些记忆规律。首先，要避免干扰（interference）。干扰会阻碍人们在大脑中复述刚刚所学的信息，故而在进行下一步学习之前要在头脑中复述，避免干扰。其次，要考虑抑制和促进的作用。前后所学信息之间的消极影响为抑制，积极影响为促进，包括倒摄抑制、前摄抑制、倒摄促进和前摄促进。倒摄抑制（retroactive inhibition）是指后面所学的信息干扰了先前所学信息在记忆中的保存，前摄抑制（proactive inhibition）是先前信息对之后信息的干扰。倒摄促进（retroactive facilitation）则是后面所学信息促进了对先前信息的学习，前摄促进（proactive facilitation）是先前信息对之后信息的促进。因此学生可以把重要的学习内容放在早上起床后和晚上睡觉前学习，因为早上没有前摄抑制，晚上没有后摄抑制。再次，要考虑首因和近因效应。研究表明，当学习一系列任务时，人们倾向于对首先呈现的项目倾注更多的注意和心理努力，造成了首因效应（primary effect）；而最末端的项目不存在后续信息的干扰，造成了近因效应（recency effect）。所以，学习者要把最重要的学习内容放在学习时间的首尾来学习。最后，要合理复习。艾宾浩斯的研究表明，人们的遗忘进程是不均衡的，是先快后慢的，这就是著名的遗忘规律（图 12－4）。个体学习后在最初的很短时间里就会发生大量的遗忘，因此及时复习尤为重要。

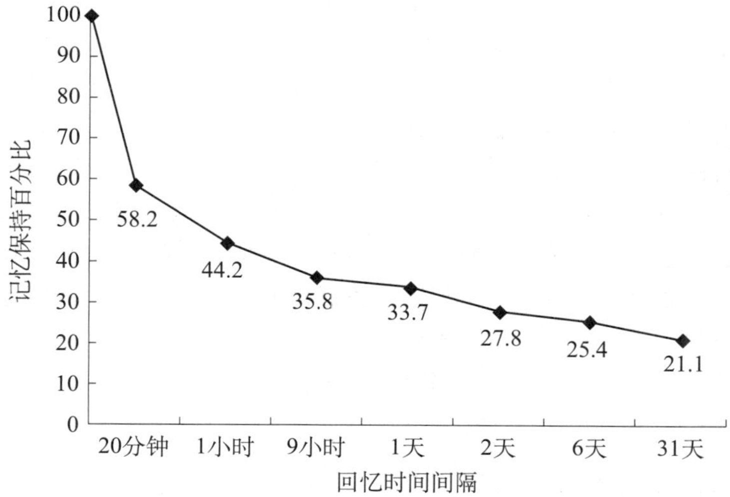

图 12－4　艾宾浩斯遗忘曲线

精细加工策略（elaboration strategies）是通过把所学的新信息和已有知识联系起来，来增加信息的意义。一方面，可以利用记忆术（如位置记忆法、首字联想法、谐音联想法、琴栓-单词法、关键词法、视觉想象法等）来加工信息，即通过给识记材料安排一定的联系以帮助记忆并提高记忆效果。例如，为了记住一个购物清单，个体可以在心中将这些条目分别沿着从家到学校的路线排列，进而帮助记忆，这就是位置记忆法。另一方面，要灵活处理信息，包括有意识记、主动应用知识和利用背景知识等。研究表明，有意识组比机械识记的识记效果更好，且保持时间更长。在复杂的学习中，总结、类比、做解释以及提问等均是精细加工策略，这些均有助于学生更好地理解和掌握信息。

组织策略（organizational strategies）指的是整合所学新知识之间、新旧知识之间的内在联系，形成新的知识结构。例如，当你准备出差收拾行李时，为了避免遗漏重要物件，你可能会把琐碎的物品按照护肤品、衣服、配饰、电子产品等类别分别组织归类。在学生学习中，可以使用列提纲、作思维导图等组织策略。

2. 元认知策略辅导

计划策略（planning strategies）指根据认知活动的特定目标，在一项认知活动之前计划各种活动，预计结果、选择策略，想出各种解决问题的方法，并预估其有效性。该策略包括设置学习目标、浏览阅读材料、产生待回答的问题以及分析如何完成学习任务。学生可以通过制订和实施计划达到一定的学习目标。监察策略（monitoring strategies）指在认知活动进行的实际过程中，根据认知目标及时评价、反馈认知活动的结果与不足，正确估计自己达到认知目标的程度、水平；根据有效性标准评价各种认知行动、策略的效果。例如，在阅读时对自身的注意加以跟踪、对材料进行自我提问等。调节策略（regulation strategies）指对认知活动结果进行检查，并及时进行修正和调整认知策略。例如，当个体发现刚刚读过的材料难以理解时，可以退回去再研读一遍。

3. 资源管理策略辅导

时间管理策略（time management strategies）指以一定的方法合理安排时间、有效利用学习资源的策略。例如，个体可以根据事情的重要程度和紧急程度对时间安排进行分类和排序，在既重要又紧急和重要但不紧急的事情上多花时间。研究者发现，成功者在那些重要但不紧急的事情上花费的时间远远大于普通人。此外，知道应该如何分配时间固然重要，但持之以恒地实践更为关键。学习者可以通过确立有规律的学习时段、设立切合实际的目标、自我奖励学习上的成功等方式进行有效的时间管理。学业求助策略（help-seeking strategies）指当学生在学习上遇到困难时向他人请求帮助的行为。它包括执行性求助和工具性求助：前者只想要答案或尽快完成任务，让他人直接替自己解决困难；后者是为了独立学习，请求他人帮助提供思路和方法。后者更能帮助学习者达到自己解决问题的目的。教师要让学生认识到求助不是他们缺乏能力，而是获取知识和增长能力的重要途径，鼓励其遭遇困难时求助，但要注意引导其自己解决问题（陈琦，刘儒德主编，2007）。

（四）学习习惯辅导

在日常的学习生活中，学习习惯的形成与许多因素有关。其中，个体因素（如学生的认知特点、动机强度、个性品质）和环境因素（如教师、家庭和同伴的作用）均能够对学习习惯的形成产生影响。认知特点是学习习惯形成的基础，其中元认知水平和认知风格直接影响学习习惯的形成。元认知是指个体对自我认识过程的理解和控制，高元认知能力的学生能够对自我的学习过程进行自觉的监控和引导。认知风格是人们对信息和知识经验进行组织加工时所表现出来的一种认识倾向，如场独立型的学生具有较高的系统分析能力，善于运用分析性的知觉方式，喜欢从多方面来寻找问题的答案，因此不大受他人和情境的影响，这对于形成稳固而个性化的学习习惯具有积极意义。相反，场依存型个体容易受到他人和情境的影响，学习努力程度受教师和他人表扬的限制，学习习惯形成较慢。此外，动机强度不仅影响学习习惯的形成，而且影响其长期发展的历程。动机越强烈，学习习惯形成就越容易。学习习惯的形成是长期的过程，这需要克服许多困难，需要明确的目的性、良好的坚持性和自控力，也就是说需要具备良好的意志品质。

学习习惯形成的外部影响因素主要是来自教师、家庭和同伴的作用。教师是系统化影响学生学习习惯形成的主要因素之一。教师对学习习惯重要性的认识直接影响学生对这一问题的重视程度，教师提出的学习要求、对学习的监督和评价，对学生学习习惯形成的快慢、性质都有影响。家长的作用一方面是与学校配合，明确学校在学习习惯上的各种要求，并把这种要求迁移到家庭中，保持教育的一致性；另一方面，家长要以身作则，养成良好的学习习惯，通过榜样的作用潜移默化地影响孩子的学习习惯形成（刘学兰，何先友编著，2004）。此外，学生所处的同伴群体的学习行为方式也会对其学习习惯的形成产生重要影响。个体常常倾向于选择模仿其同伴群体成员的行为以增强其群体归属感和强化自我概念。所以，如果个体处在一个强调积极学习的群体中，他们更倾向于遵守积极的学业行为规范，反之亦然。

学习习惯的辅导需要坚持序列性原则，即根据学生的年龄特点和身心发展状况，将学习内容按照科学的序列进行编排。要坚持反复性原则，即反复强化训练。要坚持抓关键期原则，即抓住成效最大、效率最高和保持最久的学习时期，这一时期应该是在小学低年级。要坚持协同性原则，即对学生学习习惯的辅导需要学校、家庭和社会协同进行。

对学生学习习惯进行辅导的方法有多种，以下介绍几种常用的方法。

1. 认知法

这是指从认知的角度培养学生学习习惯的方法。学习习惯与个体的认知特点有关，特别是元认知能力和认知风格。教师要帮助学生了解自己的认知风格类型，并提高其元认知能力，促进良好的学习习惯的形成。在运用认知法进行辅导时，应注重提高学生对学习习惯重要性的认识，掌握各种学习习惯的具体内涵和要求。学生对学习习惯的认识越明确，其动机就会越强烈，目标就会越清楚，越能促进良好学习习惯的形成。

2. 强化法

凡是能够增加行为反应的措施都属于强化，包括正强化和负强化。凡是能够减少行为发生的措施都叫作惩罚。一般而言，强化能促进良好行为的发生，惩罚能够抑制不良行为的发生。强化法是训练学生形成良好学习习惯的基本方法，在运用这个方法时，需要注意以下几点：（1）选择恰当的强化物。给予学生的强化物应该是学生感兴趣和期望的。（2）即时强化。在所需的行为习惯出现之后立即给予强化，不要耽搁太长时间。（3）描述具体行为。向学生描述被强化的具体行为，使学生明确今后该怎么做。（4）防止饱厌。饱厌是指学生对强化物已不再需要，强化不再有效果。为此，要适当控制强化物的发放数量和使用次数，并时常更换强化物。（5）逐渐脱离强化程序。当目标行为的发生率因强化而提高，收到成效时，就应该注意逐步脱离强化程序。

3. 惩罚法

惩罚法主要用于抑制不良行为的发生，并不能促进良好行为的形成。因此，惩罚和强化最好结合起来使用，既要让学生知道不应该做什么，也要让学生知道应该怎么做。惩罚的方式有多种，不管哪一种，关键要让学生知道他们的行为是错的，并激发他们努力改正。在运用此方法时，需要注意惩罚要适度、适量、适时和有理，即找到合适恰当的理由，在合适的时机下，适度、适量地给予惩罚，切莫频繁地、过重地给予惩罚，以免引发学生的抵抗情绪；也不要惩罚太轻，没有给学生留下深刻印象，导致教育效果不明显（谢培松，秦平主编，2007）。

4. 行为塑造法

所谓行为塑造法，就是通过不断强化，逐渐形成某种新行为的过程，又称“连续接近法”。运用该方法进行学习习惯辅导时，需要注意以下几点：（1）目标行为要明确、清晰，要说明行为发生的次数、行为的强度等；（2）了解个体已有的行为水平，确定初始行为；（3）选择适当的强化物；（4）设计好塑造步骤，即确定从初始行为出发到目标行为之间需要过渡的几个阶段；（5）把握好塑造的进度，从一个行为过渡到下一个行为不能太快，重复次数不能太少。

5. 自我管理法

所谓自我管理法就是一种自己对自己实施行为训练的过程，整个程序不依赖专家或教师，由学生自己操作进行，并承担主要责任。具体的实施步骤如下：（1）选择目标。首先使目标具体化，其次要在开始时选择较容易由自己控制的行为作为目标，然后过渡到需要更强意志才能控制的行为作为目标。（2）制订计划。计划应该包括行为的总目标、阶段目标、实现目标所使用的方法、实现目标所经历的阶段、所用的强化物及其发放的时间表、奖励或惩罚措施、自我记录的方式、可能出现的问题及其解决方法、定期检查的时间等等。（3）自我教导。首先做出公开承诺，让周围的人都知道自己开始执行自我管理的程序，从而增加压力。其次，准备一张陈述单，写上“我一定要坚持下去”等类似的陈述句，时刻自我激励。最后，要事先制定好处理各种诱惑和冲突的方式。（4）自我记录。记录自己的行为。（5）自我强化。当自身的行为达到强化或惩罚标准时，自己按照规定对自我进行奖励或惩罚。（6）监督与评价。对自我管理的实施过程给予监督，对所用的方法及其进展做出评价，并在此基础上决定是否对计划做出相应的修改和补充。

6. 榜样示范法

这是指通过为学生树立榜样，从而对学生产生潜移默化的影响，调节学生的学习。具体而言，在实施该方法时需要注意以下几点：（1）教师就是学生学习的榜样，教师应该以身作则。（2）树立的榜样应该有一个特点，即学习良好。（3）不应该将榜样拔得太高，而应该真实、可信、亲切，使学生感到这个榜样是可学习的，十全十美的榜样会使学生敬而远之。（4）榜样的树立要有针对性。年级和性别不同的学生，其心目中的榜样也不同。教师需要了解在学生心目中的榜样对象，如果这个对象能够成为学习上的榜样，两者统一，效果更佳；如果存在矛盾，教师不应该简单粗暴地干涉，而是应该因势利导，逐步转化。

第二节　学习心理辅导课程设计与教法

在学习过程中，学生的学习动机、情绪、策略以及习惯之间是相互作用的，因此用来改善这些学习心理问题的具体途径也可以融合起来。学习心理辅导课程可以基于上述理论知识进行设计，通过课程激发学生的学习动机，改进其学习策略，培养其良好的学习习惯，提升其在学习中的积极情绪体验。

一、教学目标

认知目标：帮助学生分析和认识自己在学习活动中的动机程度和类型、情绪体验、学习策略使用和学习习惯等情况。

情感目标：引导学生接纳自己当前在学习动机、情绪、策略和习惯等方面的优劣状态，形成愿意改善学习心理问题的积极心态。

行为目标：提供具体的学习策略提升和习惯改善建议，通过适当的动机和情绪激发策略，协助学生改善学习心理问题。

《中小学心理健康教育指导纲要（2012 年修订）》（以下简称《纲要》）指出，学校心理健康教育工作需要根据学生的身心发展特点，循序渐进地开展工作。其中，关于学习心理辅导，《纲要》根据不同学习阶段学生的特点提出了以下教学目标（如表 12－1 所示）。

表 12－1　不同学习阶段学生的学习心理辅导教学目标

学习阶段		教学目标
小学	低年级	帮助学生初步感受学习知识的乐趣，重点是学习习惯的培养与训练；帮助学生适应新环境、新集体和新的学习生活，树立纪律意识、时间意识和规则意识。
	中年级	初步培养学生的学习能力，激发学习兴趣和探究精神，树立自信，乐于学习；帮助学生增强时间管理意识，正确处理学习与兴趣、娱乐之间的矛盾。
	高年级	着力培养学生的学习兴趣和学习能力，端正学习动机，调整学习心态，正确对待成绩，体验学习成功的乐趣；培养学生分析问题和解决问题的能力，为初中阶段学习生活做好准备。
初中		帮助学生适应中学阶段的学习环境和学习要求，培养正确的学习观念，发展学习能力，改善学习方法，提高学习效率；鼓励学生对自己的情绪进行有效管理，正确处理厌学心理，抑制冲动行为。
高中		培养学生的创新精神和创新能力，帮助学生掌握学习策略，开发学习潜能，提高学习效率，积极应对考试压力，克服考试焦虑；帮助学生在充分了解自己的兴趣、能力、性格、特长和社会需要的基础上，确立自己的职业志向，培养职业道德意识，进行升学就业的选择和准备，培养担当意识和社会责任感。

我们在第一节详细阐述了学生在学习过程中可能出现的各类学习心理问题，包括学习动机、情绪、策略与习惯等方面的问题，这些问题也是《纲要》在学生教育中着重强调的内容。因此，在具体的学习心理辅导实践中，教育者须基于《纲要》内容，分析学生在学习活动中表现不良的深层原因，设置合适的方案帮助学生解决学习心理问题，提升学习效率。

二、教学内容设计

学习心理辅导的内容主要围绕学习动机、学业情绪、学习策略、学习习惯和过渡期适应等方面进行设计（如表 12-2 所示）。

表 12-2　学习心理辅导的教学内容设计

模块主题	教学内容
我为什么爱学习？	学生分别在“我喜欢学习，是因为……”和“我讨厌学习，是因为……”栏下尽可能多地填写原因；介绍学习动机的种类，帮助学生分析自己的学习动机状况；讲解动机类型对于学习坚持性和成绩的不同影响，促进学生认识内在动机的重要性。
我为什么会成功？	学生分析并写下他们认为带来最近一次学业成功或失败的原因是什么；介绍归因理论，引导学生将成功或失败归因于内部、可控和稳定的因素，而不是外部、不可控和不稳定的因素，激发其学习动机。
我有考试焦虑	学生回想自己在考试中有哪些焦虑的行为和心理表现，分析导致考试焦虑的因素；呈现焦虑与成绩/表现的关系图，帮助学生了解焦虑的益处和害处；告知其适当的焦虑有助于发挥自身水平，同时一起探索缓解过度焦虑的方式，让学生掌握至少一种方法来缓解焦虑。
好习惯和坏习惯	学生分享自己在学习过程中的好习惯（如上课专心听讲、课后主动做作业、勤复习等）和坏习惯（如做作业磨蹭、见异思迁等）；学生分析这些好习惯和坏习惯是如何促进或阻碍自身的学习的，认识到要培养和摒弃哪些习惯以助力学习。
我为什么记不牢？	呈现经过不同处理后的记忆材料（如无序字母＋组块字母），让学生分别进行回忆，分析回忆效果出现差异的原因；呈现艾宾浩斯遗忘实验和曲线，引导学生了解记忆和遗忘规律；介绍不同的促进记忆和学习的策略，学生练习并探索最适合自己的学习策略。
我的学习计划	学生分享自己做过的学习计划，分析为何没有根据计划实施学习行动的原因；掌握制订一个合理学习计划的方法，可以设立目标达成时的自我奖励，切勿预设不切实际、急于求成的学习目标；学生通过制订和实施计划达到一定的学习目标。
我会管理时间吗？	设置时间意识、珍惜时间、时间管理等三个主题内容，分别针对小学生、初中生和高中生来设计。学生可根据事情的重要程度和紧急程度对时间安排进行分类和排序，在既重要又紧急和重要但不紧急的事情上多花时间。
过渡期巧适应	学生主动意识到当前学习环境（如教师、同学以及课程内容等方面）与以往的差异性，分析当前新环境中的困难和挑战，寻求成功应对这些问题的新的学习方法与策略，以适应新的学习生活。该主题主要针对小学一年级、初中一年级和高中一年级等处于学习过渡阶段的学生开展。

三、教学方法指导

（一）鼓励学生找到自己的学习风格

在学习心理辅导中，面对诸多的方法和策略，学生很容易陷入该选择什么方法、什么策略的问题。解决该问题的关键就在于学生是否了解自己的学习风格。有些人学习是听觉通道占优势，有些人学习是视觉通道占优势，有些人的优势是身体动觉智能，有些人的优势是空间知觉智能，不同学习风格和优势的学生都可以找到属于自己的学习方法和策略。教师可以借由一些测评工具协助学生加深对自己学习风格的认识。

（二）与学生的实际学习场景充分结合

学习心理辅导应和学生的学科学习、非学科学习相结合。不管是做学习计划、时间管理，还是培养学习习惯，教师都可以通过设计一些课后实践作业，鼓励和引导学生在实际的学习场景去应用它们。对学生最难的阶段是，学生要在实际的学习中打破旧有的学习模式，建立新的学习模式，这既是需要时间，又是需要外界支持和促进的。

第三节 学习心理辅导课例与分析

一、小学生学习心理辅导课例与分析

（一）课程名称、对象和时间

主题名称：学习不拖拉。
适用对象：小学二年级学生。
上课时间：45 分钟。

（二）辅导策略

通过认知行为辅导策略，帮助学生思考时间在学习、做作业等日常生活中的使用，并通过具体的行为指导，改善时间管理的现状。在课堂教学过程中，要注意的是，应借助生动的例子、具体的行为示范来指导小学低年级的学生。

（三）教学目标

（1）让学生明白时间的重要性，增强珍惜时间的意识，形成良好的时间观念。
（2）让学生尝试自我管理，有意识地珍惜时间、有效使用时间。
（3）让学生体验高效作业后的幸福与快乐，增强克服磨蹭拖拉毛病的动力。

（四）理论分析

在小学低年级阶段，小学生意志的自觉性水平低，表现为自制力比较弱，对时间这个概念缺乏认识，也没有意识到时间的重要性，没有科学合理的时间观，因而会出现拖拉、磨蹭现象，他们常常需要在家长、教师的督促下完成作业或活动任务。由此，在小学低年段，一个相当重要的任务就是提升学生的自觉性，培养他们良好的行为习惯、学习习惯和生活习惯，使孩子们受益终身，从而更好地发展自我。

聚焦到具体的培养行动中，一个重要的任务就是引导低年级的小学生学会怎样合理安排时间，这对小学生学习和生活习惯的养成有着重要的推动作用，是小学生低年级心理教育的重要内容。本课程针对低年级小学生在学习上缺乏时间概念，不重视时间，尤其是回家后不知道怎样安排自己的时间的问题而设计，主要是通过多种活动形式让学生明白时间的重要性，让学生体验时间的宝贵，学会科学、合理安排时间，充分利用有效的时间，增强珍惜时间的意识，从而减少拖拉、磨蹭现象。在有效管理时间的过程中，享受学习任务完成后自由支配时间的快乐，进一步提升时间管理意识，形成良性循环。

（五）学情分析

低年级的小学生，刚从幼儿园过渡到小学，游戏时间明显减少，学习任务明显增加，可是孩子们还没有养成良好的行为习惯、学习习惯和生活习惯，比如学习注意力不稳定，学习目的性还不是特别明确，主动性也不够，自制力弱，意志活动的自觉性和持久性都比较差，缺乏自我管理意识，尤其缺乏时间管理的概念。在完成某一项任务时，常常是靠外部的压力，而不是自觉的行动。特别是家庭作业，容易出现拖拉、磨蹭的现象，进而影响睡眠等，父母也会跟着焦虑着急，从而出现“不辅导作业母慈子孝，一辅导作业鸡飞狗跳”的现象。

（六）教学资源

（1）教学工具或材料：海报、马克笔、精美小礼物、彩笔、彩色卡纸等。
（2）教学设备或场地：活动教室，学生按 6～8 人一组排好位置。

（七）教学活动

1. 感时间——体验时间的重要（5 分钟）

活动目标：通过游戏的方式，一方面吸引学生的注意力，提高其学习兴趣，活跃课堂氛围，另一方面让学生真实地体验、感受时间的重要性，从而引导学生初步明白做什么事都要抓紧时间。

指导语：同学们，你们平时能经常感受到“时间”吗？你们知道时间对我们来说，意味着什么吗？今天，我们一起来玩一个游戏——“我的 1 分钟”，检验大家对时间把握的准确性。让我们从这个活动中体会一下 1 分钟时间的感觉。

活动程序：

（1）学生两两组队。第一轮，A 同学感受时间，B 同学进行计时。第二轮，A、B 同学互换角色。感受时间的同学全部起立，如果觉得 1 分钟到了，就坐到位置上，计时停止。计时的同学，看看对方有多少时间误差。所有同学各就各位，当老师说“开始”后，全体同学开始活动。请每位同学记住自己的时间差。

（2）两轮结束，教师统计学生的活动情况，看看大家对 1 分钟的感受差距有多大。

（3）教师随机采访：大家是怎么来感受时间的？准确吗？

结语： 1 分钟，平时生活中常用的时间单位。60 个 1 分钟组成 1 个小时，1 440 个 1 分钟组成 1 天。1 分钟虽简单，但每个人对它的感受是不一样的，甚至同一个人在不同的情境下对它的感受也会差距很大。今天，我们一起来聊聊时间的话题。学习和生活中，做很多事情都是这样，如果我们不重视时间，不去察觉时间，时间就会悄悄溜走，我们的困扰就会越来越多。

2. 找时间——发现时间的匆匆（15 分钟）

活动目标： 通过同学深情的朗诵，让学生察觉平时忽视而没有注意到的时间，让学生深刻意识到时间的流逝、无情，从而激发学生感受时间、关注时间、珍惜时间的意识。

指导语： 时间对每个人来说都很重要、很公平。在我们的学习和生活中，时间都藏在哪里呢？请同学们认真聆听某同学的朗诵，然后找出来。你还能再列举一些藏着时间的其他的活动吗？

活动程序：

（1）请一位同学深情朗诵朱自清的《匆匆》：洗手的时候，日子从水盆里过去；吃饭的时候，日子从饭碗里过去。默默时，便从凝然的双眼前过去。我觉察他去的匆匆了，伸出手遮挽时，他又从遮挽着的手边过去；天黑时，我躺在床上，他便伶伶俐俐地从我身上跨过，从我的脚边飞去了。等我睁开眼和太阳再见，这算又溜走了一日。我掩着面叹息。但是新来的日子的影儿又开始在叹息里闪过了。

（2）请同学们分享时间隐藏在哪些活动中没被发现，以及还能列举哪些活动。

（3）请同学们分享感悟到了什么。

结语： 从这个活动中我们发现，虽然时间看不见也摸不着，但是时时刻刻都从我们身边擦肩而过，我们必须把握好它。看来同学们对时间这个概念已经有了进一步的认识，但是除了认识还不够，我们还要学会把握和珍惜它，合理规划自己的时间，养成一个好习惯，别把时间白白浪费掉。

3. 谈时间——发现浪费的时间（15 分钟）

活动目标： 通过交流放学回家后作业的情况，让学生察觉自己浪费的时间，发现自己在时间利用和控制方面存在的问题和影响，进而形成充分利用时间、珍惜时间的动力。

指导语： 同学们，你们平时放学回家后在写作业方面有充分利用时间吗？有没有浪费时间呢？你们一般都几点完成作业的呢？完成快的同学，你完成作业后都做些什么呢？同学们，你们也想像某某同学这样完成作业后好好玩吗？（痛快地吃零食吗？早早地睡觉吗？）那为什么有的同学快，有的同学慢呢？我们一起来找找原因，看看我们做了哪些事情浪费了我们的时间。

活动程序：

(1) 教师调查同学们平时放学回家后作业完成的时间。请完成早的同学分享完成作业后都做些什么，可特别分享作业快速完成后可以做自己喜欢的事，比如看动画片、吃零食、看课外书等，从而对同学们形成激励和诱惑，使之感受到快速完成作业带来的好处。

(2) 教师引导学生思考为什么有的同学完成快，有的同学完成慢。

(3) 学生分析原因，进而找出都有哪些原因会导致自己的作业完成慢。学生在谈原因的过程中有可能发现自己浪费时间的表现，从而觉察到没有很好地利用时间、珍惜时间，进而渴望学会利用时间、珍惜时间。（学生找出的原因可能包括：写作业拖拉，非等到父母催促才去做；边做作业边吃零食或边看电视；放学回家先玩再做作业；边做作业边竖起耳朵听大人谈话，时不时还插上几句；一会找橡皮，一会削铅笔……）

结语： 同学们发现原来我们在写作业的时候经常无意当中浪费了好多时间，没有很好地利用时间、珍惜时间，结果导致作业完成慢，没得玩。那你们想让自己做作业的速度变快吗？我们一起来想想办法。

4. 抓时间——学会掌握自己的时间（10 分钟）

指导语： 有哪些方法可以让自己抓紧时间快速地做好作业呢？我们怎么做才能不浪费时间，把时间牢牢抓住呢？

活动程序：

(1) 小组讨论“快速作业我能行”。

(2) 教师归纳总结小妙招：

- 列作业任务表，每完成一项打“√”，给自己适当的小奖励。
- 请爸妈监督。
- 书桌上不摆放与作业无关的东西。

结语： 集体的智慧果然厉害，想出这么多好办法，那就请大家回去以后用这些方法来试试看。相信大家在提升作业速度的过程中会发现学习没那么烦人，我们可以快乐轻松地学习，热爱我们的学习。

（八）活动延伸

回家跟父母一起制定一个作业任务登记表并开始执行。

（九）效果评价

课后，教师对本节课的效果进行评价（如表 12-3 所示）。

表 12-3 小学生学习心理辅导课评价表

评价标准	具体要求	权重	评价			
			A (1.0)	B (0.8)	C (0.6)	D (0.4)
辅导目标达成	学生认识到时间对个人的重要性。	10				
	学生对自己的时间管理习惯有所觉察和思考。	15				

续表

评价标准	具体要求	权重	评价			
			A（1.0）	B（0.8）	C（0.6）	D（0.4）
设计思路清晰	上课思路清晰，各环节流畅，贴近学生的实际水平。	10				
	课堂注重体验性，活动形式活泼多样。	10				
活动过程氛围和谐	催化团体动力，营造了轻松、活跃、安全的课堂氛围。	5				
	学生喜欢课堂活动，参与的积极性高，有良好的体验和感悟。	10				
辅导技巧运用得当	引导学生在小组内发挥组员的智慧，鼓励成员之间的互动。	10				
	运用倾听、共情、重述、具体化等辅导技巧，及时回应学生。	10				
辅导效果明显	通过对做作业的小组讨论，学生觉察到自己在做作业时的时间管理习惯，并尝试做一些调整。	20				

二、初中学生学习心理辅导课例与分析

（一）课程名称、对象和时间

主题名称：我的时间我做主。

适用对象：初一学生。

上课时间：45 分钟。

（二）辅导策略

通过心理剧等辅导策略，帮助学生通过演绎实际生活情境，借由不同的角色去感知时间对自己的影响，并发展出适合自己的和时间友好相处、互相成就的方法。在这个过程中，教师需要注意的是，在设置情境以及引导学生演绎自己的时间处理过程的时候，要保持开放性，甚至结果都可以是开放的，让学生发展自己的多元视角。

（三）教学目标

（1）让学生懂得合理安排时间的重要性，明白做事情分清轻重缓急，并掌握合理安排时间的方法——“时间管理四象限”。

（2）提高学生合理安排时间、把握时间的能力。

（3）帮助学生把学到的时间管理策略运用到学习中去，提高学习效率。

（四）理论分析

刚进入初中阶段，与小学相比科目猛增，作业门类多，学习内容逐步深化，学科知识逐步系统化。小学阶段的学习，主要依赖老师的安排，老师可以说是无所不包、无所不管；在家里，也大多是在家长的督促下完成学习任务。进入初中后，在课堂教学中，教师比较注意启发学生独立思考问题；在课堂教学外，学生需要独立安排自己的学习活动。而在家庭教育中，家长对孩子学习的直接帮助也逐渐减少。中学生的学习任务明显增加，很多学生经常会感到有很多事情做，但是还没有建立起较好的时间管理概念，总是感觉时间不够用。同时初中生自我意识还没有完全形成，自我控制能力也不强，对科学利用时间的意识不是很清楚，缺乏科学合理的时间管理能力，还没有养成自主学习的习惯，从而出现想学却深感学习吃力的现象。因而，初一是打基础的年级，不仅要打好知识的基础，更要打好学习习惯的基础，提升学生在学习中的自主能力 其中合理安排时间尤为重要。

本课程是针对中学生学习自主能力不高，尤其在时间利用上不够科学、作业效率不高等问题而设计的。通过教学，让学生明白做事情要分清轻重缓急，并利用时间管理四象限原则帮助学生学会科学、合理安排时间，充分利用有效的时间。

（五）学情分析

初中生对时间的流逝性、重要性已经有了概念，也知道要珍惜时间，但是缺乏科学有效的时间管理方法，具体表现为：因为不会分清事情的轻重缓急而无法统筹安排作业，进而出现作业忙乱、疲于应付的状态。

（六）教学资源

（1）教学工具或材料：海报、马克笔、彩笔、一个玻璃瓶、一些乒乓球、一些小碎石、一些沙子、一杯水、两个同学作业效率低下的情景视频、回馈单等。

（2）教学设备或场地：活动教室，学生按 6～8 人一组排好位置。

（七）教学活动

1. 魔力玻璃罐（5 分钟）

活动目标：通过游戏的方式，一方面吸引学生的注意力，提高其学习兴趣，活跃课堂氛围，另一方面让学生直观领悟统筹规划的重要，进而明白做事情要分清轻重缓急。

指导语：（教师首先往罐子里装满乒乓球，然后提问。）同学们，你们说这个罐子是不是满的？（学生大多会答是。）真的吗？（教师从桌子底下拿出一些小碎石，把小碎石从灌口倒下去，摇一摇，再加一些，再问学生。）你们说，这个罐子现在是不是满的？（这时很多学生估计不会回答是了，回答不是的同学会增多。）（教师再从桌子下拿出一些沙子，慢慢地倒进罐子里，倒完后再问学生。）现在你们告诉我，这个罐子是满的，还是没满？（这时回答没满的学生肯定是大多数了。）（教师从桌底下再拿出一大瓶水，把水倒进看起来已经被乒乓球、小碎石、沙子填满了的罐子里。倒完后教师再问学生。）同学们，如果把这个空的玻璃罐想象成时间，我们从上面这些事情中得到什么重要的启示呢？（学生可能会感悟出时间是可以挤出来的，要学会珍惜利用时间。）

活动程序：

（1）教师在讲台上放一个空的玻璃罐，一步一步展示玻璃罐装物品游戏，在每一个环节与学生进行互动提问，看看能否再装进去。

（2）学生在回答问题的情况下观察玻璃罐的容纳量，进而形成反思和领悟。

（3）学生通过游戏明白做事情要有先后顺序，进而迁移到生活和学习中。

结语：同学们，你们能感悟出时间就像海绵里的水，挤一挤，就会多出来。所以，我们要学会挖掘平时忽视的时间，也就是越努力，时间挤得越多。这很好，但是我今天想要告诉同学们最重要的信息是，如果你不先将大的乒乓球放进罐子里，你也许以后就来不及放，也许以后永远没有机会把它放进去了。我们的生活和学习中很多事情也是这样，你们能想想有哪些事情是这样吗？

2. 魔力厨房（20分钟）

活动目标：通过自由畅聊生活和学习中做事要分先后的经验，以及集体讨论做饭过程中哪些步骤是紧急的或不紧急的、重要的或不重要的，从而引出时间管理四象限原则。

指导语：同学们谈及了很多事情在完成的过程中需要分清主次和先后，那我们对每天妈妈在厨房忙碌的身影一定不陌生，每天妈妈下班回来时间那么短，却总是让我们吃上鲜香可口的饭菜，你们有观察过妈妈的厨房有什么魔力吗？咱们今天一起来体验一下如何快速地做好一顿饭，发现一下。（学生小组讨论。）同学们，你们每组在展示做饭做菜过程中都发现了统筹安排的奥秘，也都发现了首先要列出做这顿饭的任务有哪些，然后按照耗时等因素考虑哪些紧急或不紧急、重要或不重要。你们发现的这个规律其实就是美国著名管理学家柯维提出的时间管理四象限原则：按处理顺序划分，先是既紧急又重要的，接着是重要但不紧急的，再到紧急但不重要的，最后才是既不紧急也不重要的。用在厨房，就让厨房拥有了魔力。

活动程序：

（1）请学生谈论生活和学习中做事情要分紧急、重要与否的相关事例。

（2）教师展示生活中常见的情境——做一顿饭。用图片展示菜名和原材料，其中包括排骨汤的制作、米饭的烧煮等，问学生做好一顿饭需要哪些步骤。

（3）学生小组讨论，合作设计做饭做菜的方案。

（4）教师巡视并指导学生，选取有代表性的设计进行展示。

（5）展示和汇报设计成果。

（6）选择最优的方案。

（7）教师从学生对做饭菜的体验中引出做事时合理安排时间，不仅能节约时间，还有助于提高效率。合理安排时间需要按照事情的轻重缓急，排好先后顺序，避免眉毛胡子一把抓。最后引出美国著名管理学家柯维（2016）提出的时间管理四象限原则。

（8）教师介绍时间管理四象限原则（如图12-5所示）。

结语：从刚才的活动中我们发现，在日常生活中，如果我们把需要完成的很多任务

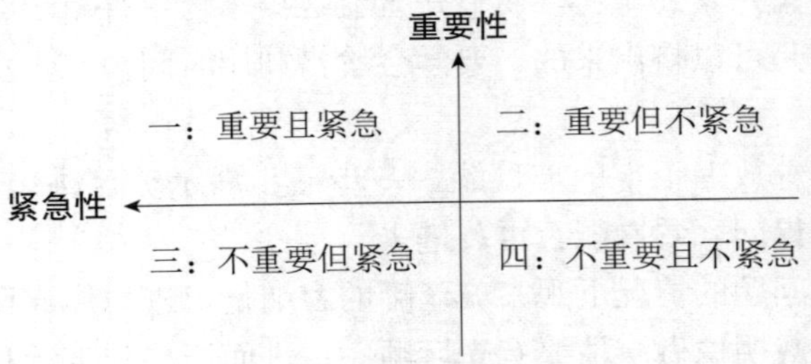

图 12－5　时间管理四象限原则

进行分类、排序，就能做到高效轻松。学习也一样，特别是每天放学回家，很多的作业总是让我们焦头烂额。那如何让我们的书桌变得有魔力呢？

3. 魔力书桌（15 分钟）

活动目标：通过案例呈现现实生活中一些学生在写作业时不分清主次、眉毛胡子一把抓的现象，让学生利用时间管理四象限原则进行讨论应对，进而学会运用时间管理四象限原则。

指导语：同学们，我们今天有两个跟我们年龄相仿的同学，他们在写作业的过程中就遇到了麻烦，总是效率很低，你们能利用今天学到的时间管理四象限原则来帮帮他们吗？

活动程序：

（1）教师呈现两个同学放学回家写作业低效的情境，组织学生分组讨论如何利用四象限原则进行时间管理。

小 A 的经历：放学回家，小 A 放下书包就奔向厨房，找了些吃的狼吞虎咽起来，很快，半小时过去了，他又觉得很渴，于是弄了杯水，吹吹凉凉，又半小时过去了，想起隔壁小虎借他的书该还了，于是又推开门去小虎家，自然与小虎闲聊一番，回到家，晚饭开始了，吃完饭，坐到书桌前准备写作业时，已经快七点了，文具橡皮玩弄一番，想起该动笔时，时针已经指到了八点，心跳加速的同时也迎来了妈妈的“咆哮”……

小 B 的经历：晚饭后，小 B 坐在书桌前，看到凌乱的桌面，心想不如先收拾整理，为今天的学习提供干净舒适的环境。半小时后书桌变整洁了，虽然作业还没有开始写，但她不后悔，因为 30 分钟的清理工作很有成效，她满意地到客厅喝水稍作休息。开始做作业了，她拿起数学试卷，做了几题，想起语文的背诵没有上传，而班上大部分同学已经传好，还是先传背诵吧，传好，继续做数学，又想起明天的英语测验单词没复习，又拿起了英语书……

（2）学生小组展示具体作业时间安排顺序。

结语：在大家的集体智慧下我们充分运用四象限原则管理放学后做作业的时间，这样可以提高做作业的效率，也有了课余自己支配的时间，让学习过程变得快乐。那么以后在写作业的过程中，是不是也可以运用这样的方法来合理安排呢？

通过今天的活动，我们发现做任何事情，要学会区分轻重缓急，眉毛胡子一把抓会让我们的做作业过程处于忙乱状态。如果能够将时间管理四象限原则运用到做作业中去，我们的书桌就会变得富有魔力，我们的作业就能高效地完成，我们的学习就会快乐。希望同学们能做个快乐学习的初中生。

4. 彼此回馈（5 分钟）

学生之间互相感谢彼此的分享。

（八）活动延伸

利用时间管理四象限原则给今天晚上的家庭作业分类，制订作业计划表。

（九）效果评价

课后，教师对本节课的效果进行评价（如表 12－4 所示）。

表 12－4　初中学生学习心理辅导课评价表

评价标准	具体要求	权重	评价			
			A（1.0）	B（0.8）	C（0.6）	D（0.4）
辅导目标达成	学生认识到时间管理的重要性。	15				
设计思路清晰	上课思路清晰，各环节流畅，贴近学生的实际水平。	10				
	课堂注重体验性，活动形式活泼多样。	10				
活动过程氛围和谐	催化团体动力，营造了轻松、活跃、安全的课堂氛围。	5				
	学生喜欢课堂活动，参与的积极性高，有良好的体验和感悟。	10				
辅导技巧运用得当	引导学生在小组内发挥组员的智慧，一起生成更多时间管理的成果。	10				
	运用倾听、共情、重述、具体化等辅导技巧，及时回应学生。	10				
辅导效果明显	学生领悟统筹规划的重要性，进而明白做事情要分轻重缓急。	15				
	学生领悟时间管理四象限原则，并将其由生活迁移到学习，运用四象限原则管理学习。	15				

三、高中学生学习心理辅导课例与分析

（一）课程名称、对象和时间

主题名称：压力伴我行。

适用对象：高三学生。

上课时间：45 分钟。

（二）辅导策略

将心理剧辅导技术中角色化的概念应用在教学中。首先是拟人化，将抽象的学习压力具体化、形象化，让学生像感知一个物体一样感知压力；接着设置不同的角色和场景，让学生结合自己生活中的经验去思考，在一个安全的环境里去训练自己在生活中应对学习压力的能力。

（三）教学目标

（1）引导学生认识到压力的积极与消极影响。

（2）培养学生理性面对压力情绪。

（3）让学生了解缓解过度压力的方法。

（四）理论分析

根据耶克斯-多德森定律，压力和成绩呈现倒 U 形的关系，即中等程度的压力有利于考试的发挥。因此，在某种意义上，学业压力是学生的“朋友”，能激发学习的潜力。学业压力指的是学生面对学业要求时所产生的紧张感。这种紧张感主要来源于学校、家长和社会三方面。对于面对高考的高中学生来说，学业压力是主要压力源。

学业压力常表现为考试焦虑。对此，在辅导过程中可以通过讲解耶克斯-多德森定律让学生理性看待压力或考试焦虑带来的影响。如果学习的动机太强、急于求成，就会产生焦虑和紧张，干扰记忆和思维活动的顺利进行，使学习效率降低。考试中的“怯场”现象主要是由动机过强造成的。

每个人都会有压力，心理学研究表明适当的压力不但对人无害而且有利。由于各种原因，如升学、父母及老师过高的期望、青少年自身身心发展产生的矛盾等，很多青少年具有难以承受的压力。但是由于青少年特有的生理心理条件限制和教育的缺失，他们甚至意识不到压力的存在，更没有对抗压力的精神准备和疏导方法。因此要及时地引导他们学会面对心理压力并掌握减轻压力的方法，对他们形成积极的人生态度、良好的个性品质有着极其重要的作用。

本课程旨在让学生在轻松快乐的活动中多想、多动、多参与、多感悟，力求学生自悟自得，体现以学生为主体的原则。让学生学会在生活、学习中进行自我调节、自我疏导，以达到提高心理素质的目的。

（五）学情分析

高中阶段，学生的考试压力逐渐上升，特别是高三学生需要直面高考压力。这样的压力有来自家长的、来自老师的、来自同伴的，甚至有来自自己的。学生对考试的过度重视和紧张容易影响到学习效率及学习效果。因此对高三学生进行压力辅导，有助于学生正确认识考前焦虑对自己的影响。

（六）教学资源

（1）教学工具或材料：气球、问题单、压力锦囊挂图等。

（2）教学设备或场地：活动教室，学生按 6～8 人一组排好位置。

（七）教学活动

1. 吹气球大 PK（7 分钟）

活动目标：用吹气球的方式，让学生将压力形象化。

指导语：同学们好！欢迎大家来到今天的心理课堂！上课前，我们先来玩一个吹气球的游戏，请每个小组派出一位代表参加。你们的任务是在保证不破的前提下，把气球吹得越大越好。看看哪组同学最厉害。（学生吹气球。）刚刚有同学说："看到其他人都吹那么大，我就继续吹了，然后吹爆了。"也就是说，同伴有好的状态和发挥，会对你产生压力。压力太大的时候，确实会出现"爆炸"这样的反作用。今天我们就一起来聊聊学习中的压力。

活动程序：

（1）每组派一位代表参加"吹气球大 PK"。

（2）宣布游戏规则，参加"吹气球大 PK"的每位同学领一个气球，要求尽可能地把气球吹大，但不能破，吹得最大且不破的小组获胜。

（3）教师根据学生表现进行拓展问答：

- 你把气球吹那么大（吹破了），你当时是怎么考虑的？
- 看到其他同学都吹得很大的时候你是怎么想的？

2. 当压力来敲门（20 分钟）

活动目标：通过案例，引导学生分析压力产生的原因及其影响。

指导语：前不久，高三女生小雨来咨询室和我讲了她目前的烦恼，让我们一起来看看，她碰到了什么难题。看完小雨的故事后，请结合问题栏中的提问，小组讨论。

活动程序：

（1）每小组发放一份问题单，用于书写讨论结果。PPT 播放压力案例，内容如下：

> 小雨是高三的学生，最近来咨询室来讲了她的烦恼：自从升入初三后，妈妈要求我争取考上重点学校，同学们都说我很聪明，班主任也把我当成班级的主力，给予很高期望。我自以为自己理科很好，但最近物理考试都很不理想，开始怀疑自己的实力，一上物理课就头痛，上课走神，遇到难题更是恐慌。晚上睡不着，甚至彻夜难眠、厌食。这样下去已经影响到我的其他学科学习，成绩也有所下降。现在我一听到考试就心里害怕、烦躁、掌心发汗。看到有的同学在超过我，我的内心压力更大，很担心自己因为成绩下降被别人瞧不起，辜负了父母、老师的期望。

（2）小组讨论：

- 是什么原因让小雨倍感压力？
- 这些压力对小雨产生了什么样的影响？
- 如果你是小雨，结果会不会不太一样？

（3）学生代表发言。

（4）教师介绍耶克斯-多德森定律。

结语：来自老师、家长、同学的想法和眼光让小雨倍感压力，使她对考试产生了害怕的心理。也有同学觉得这样的压力大部分同学都会有，很正常，他们能够化压力为动力，促进学习。所以不同的人对同样的压力源会有不同的感受，从而对学习产生不同的影响。耶克斯-多德森定律告诉我们，中等程度的压力对学习成绩是有积极作用的（如图12－6所示）。就像这个气球，如果没有内外压力的作用就没办法被吹大。所以压力本身不是敌人，正视它的存在，拥抱它的到来，它就是促进我们成长的朋友。

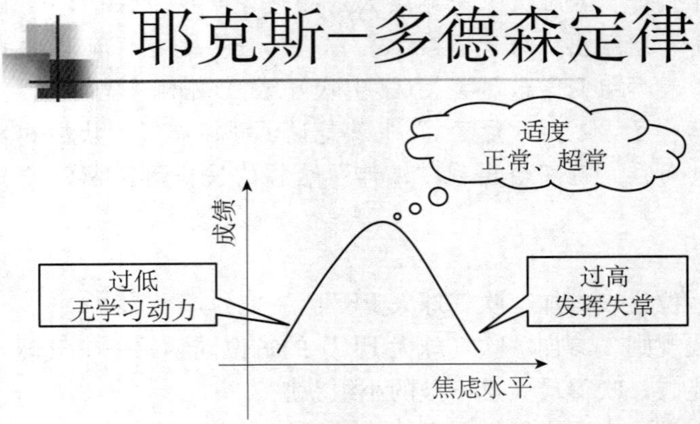

图12－6　耶克斯-多德森定律

3. 我的压力锦囊（15分钟）

活动目标：通过制作应对压力的锦囊，让学生了解应对过高压力的方法。

指导语：回过头来看小雨，最近的这些事情对小雨来说已经产生很大的压力，甚至影响了学习和考试。所以，让我们一起想办法帮帮她。如果压力实在太大的话，有没有什么办法能够缓解？请同学们分小组讨论，把讨论结果记录下来，汇总到黑板上的“压力锦囊”中。

活动程序：

（1）小组讨论应对过高压力的方法。

（2）小组代表总结，并将这些方法贴到黑板上的“压力锦囊”中。

（3）教师提升总结。

结语：我们一起找到了这么多缓解过高压力的方法呢！每位同学可以在这中间找找适合自己的减压方法，必要的时候，可以让压力回归到可控状态。

压力是学习生活中的常见状态，如果你感受到了它，不必惊慌，让我们拥抱它，让它成为我们的学习动力和伙伴。压力伴我同行，我的学习我做主！

4. 彼此回馈（3分钟）

学生向同伴表达感谢，感谢同学的真诚分享。

（八）活动延伸

找一种方法进行练习。生活中遇到焦虑、紧张等情况时，用缓解压力的方法进行调整，并寻找一个适合自己的方法。

（九）效果评价

课后，教师对本节课的效果进行评价（如表 12－5 所示）。

表 12－5　高中学生学习心理辅导课评价表

评价标准	具体要求	权重	评价			
			A（1.0）	B（0.8）	C（0.6）	D（0.4）
辅导目标达成	学生能多角度看待压力对自己的影响。	15				
设计思路清晰	上课思路清晰，各环节流畅，贴近学生的实际水平。	10				
	课堂注重体验性，活动形式活泼多样。	10				
活动过程氛围和谐	催化团体动力，营造了轻松、活跃、安全的课堂氛围。	5				
	学生喜欢课堂活动，参与的积极性高，有良好的体验和感悟。	10				
辅导技巧运用得当	案例选择合适，引导学生从多元角度分析案例。	10				
	运用倾听、共情、重述、具体化等辅导技巧，及时回应学生。	10				
辅导效果明显	学生能够发现自己出现学业压力时的情绪。	15				
	学生能从课堂和其他同学身上找到适合自己的解压方法。	15				

本章小结

1. 学习心理辅导的内容包括学习动机、学业情绪、学习策略、学习习惯。

2. 学习心理辅导的相关理论有强化理论、归因理论、自我效能理论、自我调节学习理论。

3. 学习心理的测量工具主要有学习动机策略问卷、阅读动机问卷、学业情绪问卷、中文版学业情绪问卷、学习策略量表、自我调节学习量表、学业拖延问卷、小学生学习习惯问卷。

思考练习

1. 中小学生学习心理辅导的核心是什么？
2. 各学龄阶段学习心理辅导的重点是什么？
3. 如何将学习心理的相关理论和测量工具有效用于中小学心理健康辅导课？

第十三章

积极心理品质辅导

学习目标

1. 了解积极心理品质的内涵和作用。
2. 掌握积极心理品质的结构和特点。
3. 运用有效方法提升学生积极心理品质。

章节导读

“将立德树人放在首位，让小学生开心起来，让初中生‘心’乐起来，让高中生‘心’活起来。”这是教育部部长陈宝生在2017年检查北京、山东秋季工作时的重要讲话。对于小学生来说，除了学好学科，还要开启心智，打开眼界，形成积极心理品质，比如求知力、真诚、宽容、思维与洞察力、领导力、创造力、宽容、谦虚、持重等，这会让他们更有能力感、希望感；对于初中生而言，随着他们课程的增多，学业、人际压力变大，需要培养他们的心理韧性、信念和希望感，帮助他们获得更多的积极资源来应对困扰；对于高中生而言，高考不是全部，思维与洞察力、谦虚、信念、希望、持重、执着、真诚、创造力、领导力这些品质都是至关重要的积极心理品质。

第一节　积极心理品质概述

《中小学心理健康教育指导纲要（2012 年修订）》明确提出要“培养学生积极心理品质”。积极心理学创始人塞利格曼认为，积极心理品质是人类拥有的能够抵御心理疾病的内在力量（Seligman et al.，2009）。学生的积极心理品质与其良好的师生关系、学业表现和主观幸福感等呈显著正相关，同时，对于降低其心理健康问题如抑郁、焦虑等也有重要作用。可见，帮助学生发掘自身的心理优势，培养其积极心理品质对于学生的健康发展至关重要。

一、积极心理品质的含义

积极心理品质（character strengths）是通过个体的思想、情感和行为表现出来的一系列相对稳定的正向心理特质（Peterson & Seligman，2004）。它们影响着个体的认知与应对倾向，是个体内在力量实现的基础。积极心理品质包含较为丰富的内容。

塞利格曼等人建构的优势行动价值分类体系（the Values in Action Classification of Strengths，VIA-CS）对于积极心理品质的概括是最为全面的。他们认为积极心理品质包含 24 种，它们分别属于 6 种美德力量（virtues）（具体可参见第三章表 3－4）。其中，美德力量是道德哲学家和宗教思想家重视的核心品质，而 24 种心理品质是这些美德力量在思想、情感和行为等方面的体现（Park & Peterson，2006）。

我国研究者孟万金与其同事在塞利格曼等人的研究基础上，结合我国的教育文化背景，对我国中小学生的积极心理品质进行了大量探索研究，建构了积极心理品质的立体结构（见图 13－1；孟万金等，2014）。

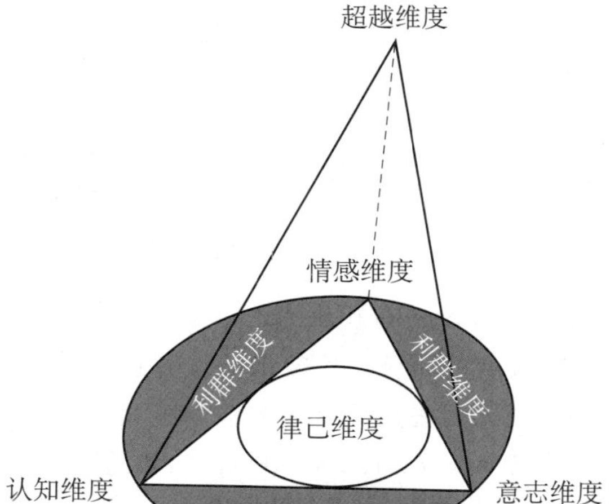

图 13－1　积极心理品质立体结构

他们认为认知、情感和意志等三种心理过程是个体心理发展的基础。同时，人具有社会属性，个体在心理发展过程中还要处理好自我与社会的关系，即个体与群体的关系。从个体心理发展的横断面来看，管好自己即为律己，热心群体即为利群。从纵向角度看，个体还有更高层面的追求，在信念和希望上的理想境界与精神乐趣的超凡脱俗即为超越。最终，他们总结出我国中小学生的积极心理品质主要包括以下13种，分别属于六个维度（表13-1）。

表13-1　六个维度与13种积极心理品质

维度	积极心理品质
Ⅰ认知维度——知识和智慧	创造力、求知力、思维与洞察力
Ⅱ情感维度——人际和社交	爱、友善
Ⅲ意志维度——恒心和毅力	执着、真诚
Ⅳ律己维度——节制与谦让	持重、宽恕、谦虚
Ⅴ利群维度——公正和合作	合作力、领导力
Ⅵ超越维度——信念和境界	感恩、幽默风趣、信念与希望

这六个维度相互联系、有机统一，形成立体的积极心理品质结构，为积极学习、积极工作和积极生活提供积极的心理基础，发挥积极的心理功能。

二、积极心理品质的相关理论

（一）积极情绪的拓展-建构理论

个体相对持久的积极情绪体验是积极心理品质的重要部分。积极情绪的拓展-建构理论指出，积极情绪如爱、好奇心、幸福感、感恩等能够拓展个体的当前的认知和行为图谱，激发更多的创造性思维，促进获得更佳表现；此外，积极情绪还能够改善个体与外部环境的互动模式，使得个体建立具有支持性的社会系统，更多地体验来自他人的支持（Fredrickson，1998，2004）。例如，学生的感恩水平越高，就越能感知到教师或同伴的帮助和付出，同时更可能提供积极的情感回馈，这有助于提升其师生和同伴关系，提升其学校满意度（McCullough et al.，2001）。

（二）希望理论

心理学家施耐德（Charle R. Snyder）认为，希望是一种认知的思考历程。在这个思考历程中，个体会根据先前设定的目标，反复推演计算自己是否具有足够的方法达成目标，以及自己是否有足够的意志力去运用这些方法。简而言之，希望是人们思考如何实现人生目标时，运用路径思考（pathway thoughts）和激励思考（agency thoughts）以实现预期目标的过程。路径思考又叫实践力（waypower），它是设想实现目标的各种策略、方法、路径的能力。激励思考又叫意志力（willpower），它是激励自我克服障碍实现目标的能力。

三、积极心理品质的测量工具

目前，国内外大多数积极心理品质的测量工具是基于 VIA-CS 的理论框架，对优势行动价值问卷（the Values in Action Inventory of Strengths，VIA-IS）进行修订或改编形成的，如利特曼-奥瓦迪亚（Hadassah Littman-Ovadia）修编的 VIA-120 简版问卷、孟万金等依据中国文化背景编制的针对学生六个学习阶段的积极心理品质量表等。此外，很多研究者编制了只针对某一种积极心理品质进行评估的问卷，如麦卡洛（M. E. McCullough）等人编制的感恩量表。

（一）优势行动价值问卷（VIA-IS）

该问卷由塞利格曼于 2004 年编制而成，由 240 个题项构成，每 10 题（包括 3 个反向计分题）评估一种积极心理品质。问卷包含六种美德与 24 种积极心理品质，具体如下：（1）智慧与知识（创造力、好奇心、好学、开放思维、洞察力）；（2）勇气（真诚、勇敢、毅力、热情、活力）；（3）爱与人性（善良、爱与被爱的能力、社交智慧）；（4）正义（公正、领导力、团队精神）；（5）节制（宽容、谦逊、审慎、自律）；（6）精神超越（欣赏美与卓越、感恩、希望、幽默、信仰）。所有题项采用 5 点计分法，得分越高意味着积极心理品质越突出。

（二）中国中小学生积极心理品质量表

该量表由孟万金等人于 2014 年编制而成，是在 VIA-CS 基础上开发的。该量表包含 61 个题项，共有 6 个分量表，分别评估了 13 种积极心理品质。其中知识和智慧——认知维度包括创造力、求知力、思维与洞察力 3 个因子，恒心和毅力——意志维度包括真诚和执着 2 个因子，人际和社交——情感维度包括爱和友善 2 个因子，公正和合作——利群维度包括领导力与合作力 2 个因子，节制与谦让——律己维度包括持重、宽恕和谦虚 3 个因子，信念和境界——超越维度包括心灵触动、幽默风趣、信念与希望 3 个因子。量表采用 5 点计分法（1＝非常不像我；5＝非常像我），其信效度良好，适用于我国中小学生群体。

四、积极心理品质的培养

积极心理品质尽管相对稳定，但也具备一定的可塑性，尤其对于儿童青少年群体。儿童青少年时期是个体身心快速发展的阶段，也是培养其积极心理品质的重要时期。目前，相关研究主要关注积极心理品质中的感恩、宽恕和希望感等方面。

（一）感恩的培养

感恩（gratitude）是个体在接受他人帮助后产生的一种积极情绪反应（Seligman et al.，2009）。感恩与生活满意度、乐观、社会支持以及亲社会行为等均有显著的正向相关（Froh et al.，2009），能够有效减缓抑郁、焦虑等消极情绪（Taylor et al.，2017）。个体的感恩水平能够通过一定的干预方式得到提升（Owens & Patterson，2013）。例如，研究者要求被试通过日记的形式记录不同类型的事件，结果发现，与记录中性或负性生活事件的被试相比，记录感恩事件的被试其感恩、乐观和生活满意度水平更高；感恩组也报告了更高的热情、警觉和决心，更可能在健康、人际关系和学业成就等重要目标上取得进步。还有研究发现，写信向曾经帮助过自己的人表达感谢可以显著提高学生的感恩水平。

（二）宽恕的培养

宽恕（forgiveness）指的是个体对伤害者放弃采取消极的情绪、判断和行为，取而代之以积极的情绪、判断和行为（Enright & Human Development Study Group，1991；傅宏，2004）。宽恕干预被广泛应用于临床和教育领域，宽恕水平的提升能够显著地降低个体的愤怒、抑郁、焦虑等消极情绪体验。当前有两个代表性的宽恕干预理论模型：罗伯特·恩赖特（Robert D. Enright）和罗伯特·菲茨吉本斯（Richard P. Fitzgibbons）提出的宽恕过程模型与沃辛顿（Everett Worthington）提出的 REACH 宽恕干预模式。它们均通过定义宽恕、回忆伤害事件、建立共情、知觉到对他人的伤害、承诺宽恕以及克服阻碍宽恕的因素等步骤进行干预（引自傅宏，2004）。

宽恕过程模型包含四个阶段 20 个单元。（1）揭示阶段（8 个单元）：帮助个体探察心理防御机制，使个体认识到心怀愤怒对自己只有害处没有益处；（2）决定阶段（3 个单元）：帮助个体理解宽恕的意义，使其意识到宽恕是解决问题的方法并做出宽恕的决定；（3）工作阶段（4 个单元）：帮助个体从共情的角度来看待伤害者，使其承诺宽恕伤害者，实际实践宽恕行动；（4）深化阶段（5 个单元）：帮助个体明白自己也需要别人的宽恕，个人可能因为这个伤害而挖掘到自己在生命中的新目标。

REACH 宽恕干预模式包含五个阶段。（1）回忆阶段：宽恕者在支持性的环境中回忆那段被伤害的过往（要将伤害的事件或者环境视觉化，保证具体明确）；（2）共情阶段：宽恕者通过练习对伤害者进行共情（要能理解伤害者的观点，甚至承认自己也有错）；（3）给伤害者礼物阶段：为伤害者准备一份礼物，让其知道过去谁曾经伤害过谁（要自由地给予，不依赖自己的偏好）；（4）承诺宽恕阶段：宽恕者在公开场合承诺会宽恕（要公开坦然地说出自己的决定）；（5）维持宽恕阶段：宽恕者在承诺后维持自己的宽恕决定（要努力维持这种宽恕的态度、倾向）。

（三）希望感的培养

希望感（hope）是个体对未来抱有的期望或想要努力达成的愿望（Park & Peterson，2006）。它有利于提升个体的自尊、主观幸福感和学业表现，与抑郁、消极应对方式等呈负相关关系。希望理论认为希望感是一种认知思考过程，个体会根据先前所设定的目标，反复推演计算自己是否具有足够的方法来达成目标，以及自己是否有足够的意志力去运用这些方法。教师利用希望理论来渗透班级教学时，有助于学生了解并提升希望感（Snyder，2002）。例如，老师首先向学生解说希望理论及其正向作用，描绘其中所包含的激励思考和路径思考的框架；随后，引导学生确认目前重要且未完成的事情，帮助其建立积极、具体的目标；最后，在实践目标时指导学生采取策略，并预想遇到阻碍时有哪些备选方案等。

此外，一些希望感干预项目也能够帮助学生建立希望感。例如，马奎斯等（Marques et al.，2006）设计了一个为期 5 周的希望感干预项目——“建立对未来的希望”（Building Hope for the Future），结果表明干预组的希望感、生活满意度和自我价值水平显著提高，且能长期维持。伯纳德和沃尔顿（Bernard & Walton，2011）设计了一个“你能行”（You Can Do It）的课程，用来帮助学生提高其心理弹性、自信心和坚持性。研究表明，使用了该课程方法的学校，其学生学习士气、学习动机和学习信心显著提高，且感知到的学习压力明显下降。

第二节　积极心理品质辅导课程设计与教法

一、教学目标

《中小学心理健康教育指导纲要（2012 年修订）》指出，心理健康教育要立足教育和发展，培养学生积极心理品质，挖掘他们的心理潜能。积极心理品质辅导的总目标是协助学生认识积极品质培养的重要性，提供积极心理品质培养的方法技巧，通过练习让学生发展自己的积极心理品质。

孟万金对中小学生的积极心理品质的培养做了学段的区分，其中小学低年级学生要着重培养的积极心理品质为求知力、真诚、宽恕、思维与洞察力、领导力，小学中高年级学生要着重培养的积极心理品质为创造力、求知力、思维与洞察力、真诚、领导力、宽恕、谦虚、持重；初中学生要着重培养的积极心理品质为爱、信念与希望、友善、谦虚、执着、创造力、真诚、宽恕、领导力；高中学生要着重培养的积极心理品质为思维与洞察力、谦虚、信念与希望、持重、执着、真诚、创造力、领导力。

二、教学内容设计

积极心理品质辅导的内容主要围绕爱、信念与希望、真诚与宽容、思维与创造力、领导力等模块进行设计（如表 13－2 所示）。

表 13－2　积极心理品质辅导的教学内容设计

模块主题	教学内容
爱	通过头脑风暴、角色扮演等活动帮助学生珍惜与别人的关系，学习如何拥有爱和被爱的能力，以及深入理解亲子、朋友、情侣、父母之爱。
信念与希望	通过体验活动、影视作品欣赏、角色扮演等帮助学生感知到自己是自己的主人，有信心把握希望，树立切合实际的目标，对过去感恩，对未来乐观，对现在专注。

续表

模块主题	教学内容
真诚与宽容	通过活动设计，将真诚量化为表达真实的想法、不说谎、对自己的言行负责、在被误解时合理表达等几个方面；将宽容量化为从积极正向的角度看到周围人，尤其是伤害过自己的人。
思维与创造力	通过思维训练游戏的设计鼓励学生用非传统的方式考虑问题和做事，学习如何增加思维独创性、灵活性、深刻性、批判性、流畅性。
领导力	通过情景模拟、案例讨论帮助学生学会宏观决策，规划目标，坚持不懈；在成员意见不一致的时候能够通过沟通化解矛盾；保持成员的积极性和工作热情，能看到每一个成员的优点。

三、教学方法指导

（一）善用测量工具

在教学中，需要帮助学生将积极心理品质做操作性的诠释，可以通过相关积极心理品质的测量工具，或者通过积极心理品质的相关理论模型，将这些心理品质量化成具体的维度或指标，帮助学生知其然知其所以然。

（二）多使用案例

积极心理品质对学生而言，是比较抽象的概念，因为它们不是外显的行为，却又能通过言行举止被人感知到。所以在教学中，除了使用教师自己的例子、古今中外名人的例子，更重要的是，引导学生从自己身边的同学、老师、父母，以及自己身上去发现这些品质，并去分析这些品质在不同人身上的行为表现，从而帮助学生找到学习和模仿的目标。

第三节　积极心理品质辅导课例与分析

一、小学生积极心理品质辅导课例与分析

（一）课程名称、对象和时间

主题名称：走进希望。
适用对象：小学五年级学生。
上课时间：45 分钟。

（二）辅导策略

采用绘画、问题聚焦、自由联想等辅导策略。为了提高教学效果，辅导老师需要注意

以下几点：(1) 在“初识希望”环节，让学生体验“吃葡萄”的活动，感受不一样的选择会带来不同的情绪。(2) 在“说说希望”环节，让学生进行自由联想，了解同学之间各不相同的希望，初步感受希望和满怀希望的幸福。(3) 在“感受希望”环节，让学生将自己模模糊糊的概念用绘画等方式形象地表达出来，加深学生对希望的理解。(4) 在“找到希望”环节，以视频材料为媒介，让学生学习尼克·胡哲的态度，尝试在困境中看到希望，逐渐养成希望的品质。

(三) 教学目标

(1) 帮助学生认识希望和希望的重要性。

(2) 帮助学生感受、体验希望，理解希望对我们的重要影响。

(3) 提高学生对希望的感性认识，并在生活中萌生希望，体验希望感。

(四) 理论分析

1. 习得性无助理论

20 世纪 60 年代，塞利格曼通过动物实验，提出了习得性无助的理论模型。实验中，在笼子里被反复电击的狗，只要电击的信号音一响，即便实验者在电击前已经把笼门打开，狗也不会逃走。相反，它会在电击到来前就倒地不起，痛苦呻吟。本来可以采取行动避免不好的结果，却选择相信痛苦一定会到来，放弃任何反抗。这就是“习得性无助”。习得性无助就是这样一种被动的消极行为。表现在人的身上往往是，当一个人在某件特定的事情上付出多次努力，并反复失败，形成了“行为与结果无关”的信念后，可能就会将这一无助的感觉过度泛化到新的情境中，甚至包括那些本可以控制的情境。比如，你在很长一段时间内都处于孤独中，你就会渐渐认为孤独才是人生的真实，从而放弃与他人交流。

总的来说，习得性无助理论具有三个重要因素：

(1) 个人行为和结果之间无关联性。

(2) 预期自己“所希望的结果不会发生”或“不希望的结果将会发生”。

(3) 不再做出任何行为以改变现状。

习得性无助者往往在归因方式上存在问题。这是 1978 年塞利格曼等人进一步补充修正无助感理论得出的。归因是指人对自己和他人的行为过程做出解释和推论。

我们之所以能够且愿意付出努力改变我们的生活，是因为我们抱有一个信念，即：“我们的行为会产生特定的结果，掌握这其中的联系，可以让我们在未来通过行为达成目标。”如果这一信念遭到了破坏，我们就会失去控制感，产生“怎么努力也没有用”“自己希望的结果不会发生”的预期，这可能会使我们不再采取行动以改变这种情境。更糟糕的是，对尝试和努力的放弃可能导致我们的预期成真，从而导致恶性循环。

2. 希望理论

施耐德认为，希望是一种认知的思考历程。在这个思考历程中，个体会根据先前设定的目标，反复推演计算自己是否具有足够的方法达成目标，以及自己是否有足够的意志力去运用这些方法。简而言之，希望是人们运用路径思考（pathway thoughts）和激励思考（agency thoughts）以实现预期目标的过程。路径思考又叫实践力（waypower），它是设想各种实现目标的策略、方法、路径的能力。激励思考又叫意志力（willpower），它是激励自我克服障碍实现目标的能力。

3. 希望感的相关研究

根据希望感的相关研究，希望感水平较高的个体拥有更高的复原力、主观幸福感、积极情绪、共情能力、成就动机、优势能力等等，拥有更积极的自我概念和更多的积极心理品质。在面对挫折和困难时，能够采取更积极的应对方式，生活适应能力更强。生理方面，高希望感的个体表现出较少的痛感、疲劳感等等。反之，低希望感水平能够显著预测敌意、悲伤、无助、孤独、抑郁、焦虑、考试应对不良等负性情绪和状态。

4. 希望感与乐观的区别

塞利格曼对乐观的解释是从归因风格的角度出发的。他认为，一个人乐观还是悲观取决于解释问题的方式：乐观的人对积极事件做持久的、普遍的和内在的归因，对消极事件做短暂的、具体的和外在的归因；悲观的人则相反。所以，他的乐观理论的目标是“远离消极后果”。希望理论则关注积极的指向未来的目标。希望感不同于乐观，是因为希望感并非一种简单的情绪和态度，而是一套系统的科学方法和解决问题的路径，是可以通过不断训练加以提高的。而乐观呢，如果过了头，往往就变成盲目乐观，忽视客观存在的问题和困难。就像是鲁迅小说里的阿Q一样，虽然他很擅长自我安慰，但长远而言并没有改善自己的处境，这种消极情绪会不断累积最终爆发。而希望感则恰恰相反，它要求我们理性地分析现实处境，检查、纠正自己内心的错误认知，并且针对现实情境做出积极主动的回应。

（五）学情分析

根据科尔伯格的道德发展阶段理论，小学五年级学生大部分处在习俗水平。在这一阶段，他们能够意识到人的行为要符合社会要求，并遵守、执行这些要求。为了得到赞美，想要当一个好孩子，他们会服从权威。小学生第一次进入正规的学校学习，面临很多来自学习、人际、新环境等等方面的挑战，并且希望得到他人的认可。一旦遭到批评等消极评价，他们就会认为自己没有能力，无法达成目标，自我效能感低下。

（六）教学资源

（1）教学工具或材料：白纸、彩笔、视频资料等。

（2）教学设备或场地：活动教室，学生按6～8人一组排好位置。

（七）教学活动

1. 初识希望（5分钟）

活动目标：让学生初步认识希望，了解希望。

指导语：同学们好，今天老师带了一串葡萄，这些葡萄都将属于你们，那么你们会选择先吃哪颗葡萄呢？你的理由是什么？

活动程序：

（1）教师呈现一串葡萄的图片。每一颗葡萄的大小不同，口味也不同，有的小且酸涩，有的大且香甜。

（2）教师引导学生思考：如果你可以自行安排，你会按什么顺利来吃葡萄，理由是什么？

（3）请各位同学分享不同的吃法和理由，并谈谈感悟。

结语：同样的葡萄，大家都有自己的吃法，而不同的吃法也透出不同的想法。一些同学想从大到小吃，因为吃的每一颗都是目前剩下的葡萄里面最好的，心里很开心；也有一些同学持反对意见，想要从小到大吃，每次吃的葡萄会越来越好，留给自己的味道越来越好，内心充满希望。今天，我们就来说说希望的话题。

2. 说说希望（10 分钟）

活动目标：让学生进一步认识希望，明白希望的重要性。

指导语：说到希望，老师想到了过生日，我们都会许愿。今天，我给大家一个特殊的机会，让大家在不是生日的时候，许两个自己的愿望。你的愿望是什么？请写在心愿卡上。

活动程序：

（1）教师呈现生日蛋糕的图片，每位同学看着蛋糕，许两个愿望。

（2）每位同学将心愿写在自己的心愿卡，以"我希望________"的句式。

（3）请各位同学在小组内分享自己的心愿卡。

（4）各组派代表分享本组的观点。

结语：谢谢大家的分享，听到大家有这么多希望，老师觉得好开心，拥有希望是一件幸福的事情。希望感是一种情绪，也是一种品质，是相信目标可以达成或者未来越来越好的愉悦状态，也是为了达成目标所做的思考，如用哪些方法可以帮助我们达成目标，用哪些方法可以激励我们遇到困难不放弃。

3. 感受希望（15 分钟）

活动目标：通过绘画的形式，让学生表达自己对希望的理解，加深对希望的认识。

指导语：希望存在于我们的生活中，能带给我们光明和温暖，能够帮助我们。那你觉得希望会是什么样的？如果用一个事物来表达，你会选择用什么来表达？它是什么颜色的？给大家 5 分钟时间，请画画你印象中的希望。

活动程序：

（1）根据自己对希望的理解和感受，每位同学选择用一种事物来代表希望，并将它画在纸上，涂上相应的颜色，可以适当做一些文字说明。选择的形象可以是具体、真实的事物，如太阳、灯，也可以是虚拟的事物，如魔法球等。本次画画不是美术作业，不强调美术要求，只要能表达自己心里的感觉就可以。

（2）学生画好后，小组内共同交流各自的画和想法。

（3）小组派代表进行全班分享。

（4）每位同学用简要的语言重新注释希望。

结语：通过刚刚的活动，相信大家对希望有了更深入的了解。老师也来分享一下对希望的理解。“希望”不是像许愿一样，靠外力、神力来帮忙就能完成的，而是像是一个“目标”，是我们生活的动力。若想达到这个目标，就必须想出一些方法和路径，并在受到挫折的时候激励自己不要放弃，这就是希望感的内涵。

4. 找到希望（10 分钟）

活动目标：通过分享讨论视频中的情节来巩固学生对希望感的内涵的理解，尝试为困难的事找到希望。

活动程序：

（1）观看视频《漂浮在水上的足球场》。

（2）小组讨论并分享：

- 电影中主人公的目标是什么？
- 他们做了哪些努力来实现自己的目标？
- 主人公遇到哪些困难，是如何面对的？
- 有哪些因素激励了他们，让他们相信自己可以做好，并且越做越好？

（3）教师总结学生发言。

结语：希望是美好的精神生活动力，让我们为自己的生活增加点希望，使生活变得积极多彩。

5. 彼此回馈（5 分钟）

所有学生随机走动，选择一位在本节课令其印象深刻的同学，用一句话表达对他的鼓励或者感恩。

（八）活动延伸

观看电影《摔跤吧，爸爸》，从“主人公是如何成功的”角度，写 300 字左右的文章。

（九）效果评价

课后，教师对本节课的效果进行评价（如表 13-3 所示）。

表 13-3 小学生积极心理品质辅导课评价表

评价标准	具体要求	权重	评价			
			A（1.0）	B（0.8）	C（0.6）	D（0.4）
辅导目标达成	学生能认识希望和希望的重要性。	10				
	学生能感受、体验希望，理解希望对我们的重要影响。	10				
	经过案例分享，学生能尝试在困境中看到希望，以更积极的心态面对生活。	5				
设计思路清晰	上课思路清晰，各环节流畅，贴近学生的实际水平。	10				
	课堂注重体验性，活动形式活泼多样。	10				

续表

评价标准	具体要求	权重	评价			
			A（1.0）	B（0.8）	C（0.6）	D（0.4）
活动过程氛围和谐	催化团体动力，营造了轻松、活跃、安全的课堂氛围。	5				
	学生喜欢课堂活动，参与的积极性高，有良好的体验和感悟。	10				
	课堂组织有序，学生遵守活动规范，现场活而不乱。	5				
辅导技巧运用得当	关注学生、尊重学生，教态自然，语言有亲和力。	5				
	运用倾听、共情、重述、具体化等辅导技巧，及时回应学生。	10				
辅导效果明显	学生在活动中有感悟、有体验，更加深入地理解希望品质。	10				
	学生更深入地了解希望，感受希望给我们的积极影响，并用希望重新看待困境，努力做一个充满希望的人。	10				

二、初中学生积极心理品质辅导课例与分析

（一）课程名称、对象和时间

主题名称：希望畅聊会。
适用对象：初一学生。
上课时间：45 分钟。

（二）辅导策略

主要采用积极心理学和焦点解决短期咨询的理念，通过回顾自己曾经的成功经验，分析寻找自身积极特质和有效应对方法，为自己积累丰富的积极资源，建立学习生活的希望感，自信、积极地应对各种挑战。

（三）教学目标

（1）通过故事分享，帮助学生了解希望感的结构。
（2）唤醒学生过去的成功经验，帮助学生找到自我控制的感觉，增进正向能量。
（3）帮助学生找到自己和别人的优势，提高自信心。

（四）理论分析

施耐德指出，希望是个体设定达成目标的计划，并按着计划去做，以达到目标的一

股积极导向的能量与动力。希望是由三个因素构成的，分别为目标、路径思考（pathway thoughts）和激励思考（agency thoughts）（如图13－2所示）。目标是希望的方向和终点。路径思考又叫实践力（waypower），它是设想各种实现目标的策略、方法、路径的能力。激励思考又叫意志力（willpower），它是激励自我克服障碍实现目标的能力。

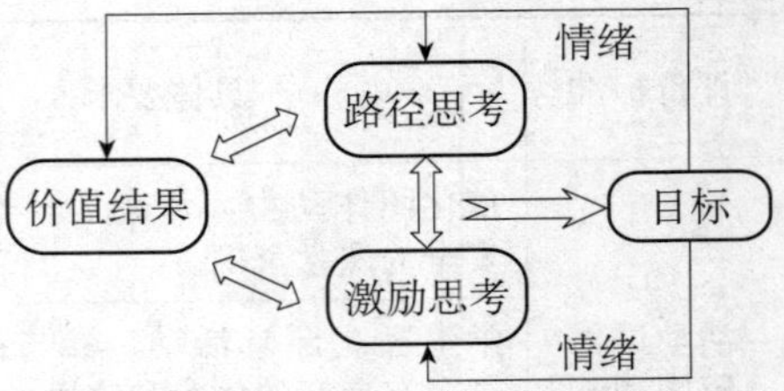

图13－2　希望的构成因素

多数研究者强调，在班级中进行希望理论的教学有助于学生理解希望，以及提升希望的实际操作。在教学时，教师可以通过真实案例，向学生解说希望理论，同时说明希望理论所能带来的正向产出（Lopez et al.，2009）。为了让学生能够具体理解，可以采用唐淑华定义希望的图示（见图13－3），并结合名人小故事、个人述说（McDermott & Hastings，2000），以及各种海报、卡通，来描绘希望理论的轮廓，理解希望的意义。在上完课之后，教师还可以进行希望伙伴的分组，让学生进行讨论，以厘清希望理论的主要内涵。

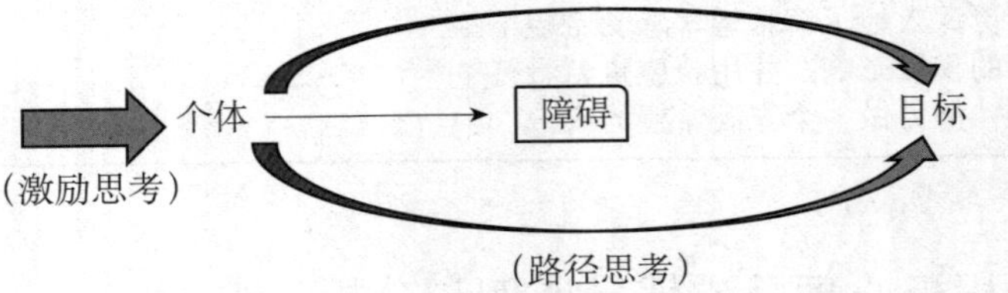

图13－3　希望的图示

怀特（Michael White）和艾普斯顿（David Epston）认为，邀请当事人叙述成功的故事也能达到治疗效果。因为写出成功故事代表当事人具有跳出问题的能力，这不但可以成为咨询情境中的资源，当未来问题再出现时，也可以作为自我成长的资源。我国台湾学者唐淑华也认为，回忆成功经验是当事人赋能（empower）的重要方式。班杜拉在其《自我效能》一书中，特别针对自我楷模（self-modeling）的优点进行了说明。他认为，对于那些有些强烈自我否定感的人而言，当教导、楷模、动机对他们都无效时，这种“以自己为师”“以自我为观察对象”的方式反而会产生最佳的效果。在做法上，班杜拉除了建议将成功经验记录下来，还认为可以通过录像、科技绘图等方式虚拟建构出成功的经验。所以，虽然每个人的情绪都有高低起伏，尤其遇到挫折时我们更容易产生自我怀疑的想法，但通过回忆个人过去的成功经验，能帮助我们更有效地度过低潮和沮丧时刻。

（五）学情分析

初中生开始进入青春期，自我意识迅速发展，自我评价能力基本成熟。青少年在评价自己的时候，如果不断受到外界的冷遇，失败总缠绕着他们，那么他们很容易产生自卑心理。与此同时，随着身体的迅速发育，他们的“成人感”越来越强烈，他们想要摆脱父母和教师的管教，不承认自己是小孩，要求有“独立人格”。我们要利用这一点帮助他们发展自尊心和独立性。在情感方面，他们逐渐从低级性的单纯天真的情感活动向高级社会性情感发展，向往美好理想的成熟型情感。当前的初中生容易受到消极比较的影响，对学习逐渐产生抗拒、害怕、无奈的心理，对能否控制自己和自己遇到的问题产生怀疑。所以当遇到挫折时，无法全身心地投入，往往效率会降低。他们容易忽略自己做得比较成功的事，认为那些都是小事，或者很多人都可以做到，难以看到自己的成功经验以及自己的优势和力量，所以他们经常否定自己，不相信自己。

（六）教学资源

（1）教学工具或材料：50 张精美卡片、1 个话筒等。

（2）教学设备或场地：活动教室，学生按 6～8 人一组排好位置。

（七）教学活动

1. 希望孵化器：小小主播，大大故事（5 分钟）

活动目标：让学生从成功人物事迹中厘清希望感的结构。

活动程序：

（1）每组同学代表一个电视台，组内分享每位同学收集的成功人物事迹。

（2）每组选择一位代表，作为电视台主播播报本组的成功故事，时间为 2 分钟。各组轮流播报。

（3）老师根据播报的发音、语速、语调等评选出最佳主播，并颁发小礼物。

（4）每组对自己的故事进行小组讨论：

- 在这个故事里，主人公的目标是什么？
- 他们是怎么做到的？
- 途中遇到挫折的时候，故事里的主人公是如何坚持下去的？
- 主人公的成功故事给身边的人带来了什么样的影响？

（5）讨论过后，请各组进行分享。

结语：希望不仅仅是美好的愿望，更是一种认知的历程，指引个体对问题采取积极的做法，实现个人的理想。

2. 希望地图（20 分钟）

活动目标：让学生看到自己的成功经验，增强正向力量和控制感，培养希望感。

指导语：在生活中，你肯定有过很多成功的经历，比如克服恐惧、成功挑战过山车、参加比赛得到名次等等。现在请同学们在卡片上画出属于自己的生命轨迹，并在线上用五角星标示出“成功经历”。

活动程序：

（1）根据教师引导，学生尝试绘制自己的希望地图，并在成功经历旁写上以下问题的答案：

- 这个事件具体是怎样的，当时的感受如何？
- 通过这个成功经历，你看见自己拥有哪些特质？
- 为了成功，你做了什么样的努力？
- 这份成功带给你和身边的人什么样的影响？

（2）请学生两两一组，其中一人扮演小记者，另一人扮演受访者，试着分享希望地图上的内容。小记者围绕下面四个问题进行询问，目的是让对方的希望地图更丰富、更具体，并找出对方的三个优势，在采访结束之后告诉对方。

- 在你的过往经验中，让你印象最深刻的一次成功经历是什么？
- 你是怎么做到的？（当时你遇到什么困难，你是怎么想的，后来是怎么做的？）
- 你觉得这件事对你的影响或者对周围人的影响是什么？（自己很开心，突然发现自己也很厉害，身边的人都给我鼓掌，等等）
- 你觉得从这件事中你可以发现自己的优势是什么？

（3）角色互换，重复本活动。

（4）请一对同学上台做展示，并互换角色，一共做两次。

（5）上交“美好时光”卡片。

结语：成功经历不仅让我们有信心面临挑战，也为我们积攒了积极的经验，让我们充满希望地迎接未来的生活。

3. 希望运用（15 分钟）

活动目标：帮助学生运用成功经验去重新看待曾经遇到的困境，尝试找到解决问题的办法。

指导语：在过去的十几年中，你肯定遇到过各种困境，请选择一个你印象深刻的困境，完成学习单（如图 13－4 所示）。

4. 彼此回馈（5 分钟）

请选择本班的一位同学，向他表达感谢，因为从他的身上看到了希望。

希望运用学习单
1. 曾经遇到的困境是什么？
2. 当时，你的应对办法和策略是什么？
3. 上完本节课后，你找到的新的策略是什么？

图 13－4　希望运用学习单

（八）活动延伸

选择一次成功经验，进行详细描述，写一篇自我成长故事。

（九）效果评价

课后，教师对本节课的效果进行评价（如表 13－4 所示）。

表 13－4　初中学生积极心理品质辅导课评价表

评价标准	具体要求	权重	评价			
			A（1.0）	B（0.8）	C（0.6）	D（0.4）
辅导目标达成	学生能认识希望和希望的重要性。	10				
	学生能感受、体验希望，理解希望对我们的具体影响。	10				
设计思路清晰	上课思路清晰，各环节流畅，贴近学生的实际水平。	10				
	课堂注重体验性，活动形式活泼多样。	10				
活动过程氛围和谐	催化团体动力，营造了轻松、活跃、安全的课堂氛围。	5				
	学生喜欢课堂活动，参与的积极性高，有良好的体验和感悟。	10				
	课堂组织有序，学生遵守活动规范，现场活而不乱。	5				
辅导技巧运用得当	关注学生、尊重学生，贴近学生的需要，给予学生案例示范。	10				
	运用倾听、共情、重述、具体化等辅导技巧，及时回应学生。	10				
辅导效果明显	学生能找到自身的成功经验，构建自己的希望地图。	10				
	学生能带着希望感重新看待自己生活中的困境和挫折。	10				

三、高中学生积极心理品质辅导课例与分析

（一）课程名称、对象和时间

主题名称：希望。
适用对象：高一学生。
上课时间：45 分钟。

（二）辅导策略

采用叙事辅导策略，即个体用讲故事一样的形式，将自己曾经的成功经历讲述出来。在讲述的过程中，我们可以重新认识那些经历，看到自己优势和特长，找到可以借鉴的

经验。所以，不管如何，只要学生能参与进来，并进行了叙述，对学生来说就是一种学习和成长。通过叙事辅导，让学生寻找积极的优势资源，重塑自己的生命故事，找到成功经验和促进自己成功的个人法宝，借此提升自我效能，增加正向经验与情绪。在实操过程中，教师最好做一些个人的示范，帮助学生树立清楚自己的成功经验。

（三）教学目标

（1）帮助学生展现更多的积极情绪。

（2）帮助学生呈现正向回忆的内容。

（3）帮助学生从正向经历中找到达成目标的方法。

（四）理论分析

心理学家芭芭拉·弗雷德里克森在观察到愤怒或焦虑这样的消极情绪会限制个体的思维和行为之后，提出了她的拓展-建构模型。也就是说，当感受到消极情绪时，人们开始关注自我保护，他们的思想和行为局限于少量有限选项，目的在于保持“安全”。而当体验到积极情绪时，人们的思维和行为会变得开放和灵活。因而，积极情绪有助于产生“拓展和建构”的心理状态，与随后的情绪、思想和行动形成良性循环。

弗雷德里克森在研究中，通过让参与者回忆愉快时间、听动听的音乐、看精彩电影或受到积极的自我参照反馈等等，引发积极情绪。这些积极情绪的诱因让人们更快乐，感知更敏锐，更善于解决问题，社会交往更顺利，更有创造力，等等。积极情绪让个体愿意接受周围环境及环境中重要的、与任务相关的线索。并且，积极情绪提醒个体生活中的其他成功场景，从而增加个体在当前环境中知觉到良好表现的可能性。也就是说，这一拓展和建构过程引发了良性循环。

施耐德等人认为，希望感主要包括希望思考和情绪反应。希望思考包括路径思考和激励思考，会受到过去的成功与失败经验、自我效能和个人身心发展所影响。高希望感的个体，对达成目标会有正向、积极的情绪；反之，低希望感的个体，会有负面、消极的情绪出现（Snyder，2002）。因此，需要带领个体重新回顾自我的成功经验，从中了解自我优势与资源，借此提升自我效能，增加正向经验与情绪。

（五）学情分析

高中生的自我意识进一步增强，情绪体验更加强烈，情绪内容广泛，自我意识的能力和水平提高，内容进一步丰富和深刻。强而敏感的自尊心与容易出问题的自卑感并存，其自我调控处于一种动态发展的过程中，还很不成熟、不稳定。高中生学业、就业等方面的压力，导致他们遇到挫折和挑战时很容易对自己没有信心，看不到自己的优势，也缺乏有效的策略激励自己，对自己的认知较消极。

（六）教学资源

（1）教学工具或材料：电影《29＋1》片段。

（2）教学设备或场地：活动教室，学生按6～8人一组排好位置。

（七）教学活动

1. 视频欣赏（10 分钟）

活动目标： 他山之石，由彼及此，促进学生进行自我分析。

活动程序：

（1）观看电影《29＋1》片段。

（2）小组讨论：你会不会也有和视频里的主人公一样的时候，看不到自己，消极的情绪占据了自己，找不到生活的意义？主人公回忆自己的成功事迹前后有什么变化？看完视频之后你的感受是什么？

结语： 我们每个人都是天使，都是上帝的宠儿。我们独特而有魅力，每个人都有自己的神奇时刻。今天我们就来一起回忆那些神奇的时刻，看看我们自己有多么厉害。

2. "神奇时刻"活动（30 分钟）

活动目标： 通过正向回忆、语言表达和肢体呈现，强化学生的正向经验，增强他们的积极情绪，同时增加团体动力，增加同学们的社会支持系统。

指导语： 请所有同学起立，轮流（时间不够的话，可以自由上台）上台分享自己三件伟大事迹，并且分析是用了什么方法做到的，用了哪些坚持下去的方法。之后展现自己的动作与声音，其他同学随即重复他的动作和声音，老师也参与。只要是成功突破自己、给自己带来喜悦感的事情都可以。动作可以尽量独特新颖，能够代表你的想法，也可以是你最得意时的习惯动作。让我们大家一起模仿你的动作，感受你的欣喜。

活动程序： 请每位同学想出三件自己的伟大事迹，以及最能代表回忆这些成功事迹时的感受的动作，定格后发出声音以庆祝自己的成长。

结语： 听了同学们的分享，老师真的为同学们感到高兴，我们都是如此厉害：有的同学……有的同学……有的同学……（举例）这些神奇时刻都证明了我们是有能力的，我们是可以成功面对未来的挑战的。我们可以再想想：为什么自己会成功，我做了哪些努力，我是怎么鼓励自己加油的？那些让我们成功的方法现在一样可以鼓励和指导我们实现目标。

3. 彼此回馈（5 分钟）

活动目标： 引导学生肯定自己的"神奇时刻"，提高积极情绪，创造温馨的结束环境。

活动程序： 请全体同学起立，随着老师喊"一、二、三"的声音，同时做一次自己的动作，并发出自己的声音。然后比出"赞"的手势，说"赞、赞、赞"，然后比出"很赞、很赞、很赞"的姿势，说"很赞、很赞、很赞"，最后比出"超赞、超赞、超赞"的手势，说"超赞、超赞、超赞"。

（八）活动延伸

活动目标： 提醒学生注意日常生活中自己成功的小改变，并从剖析中得到更多的收获。

活动程序： 请同学们填写"我的伟大事迹"学习单（如图 13－5 所示），写上过去一天内、一周内、一年内或者过去的所有日子里发生的自己比较引以为傲的事情：可以是战胜自己，成功起床；也可以是通过努力顺利完成舞蹈表演；还可以是克服自卑，主动和同学聊天；等等。选择其中一件事情，分析自己是如何做到的，用了哪些方法，以及是如何激励自己的。

“我的伟大事迹”学习单
1. 我的伟大事迹是什么？   2. 我是怎么做到的？

图 13－5　“我的伟大事迹”学习单

（九）效果评价

课后，教师对本节课的效果进行评价（如表 13－5 所示）。

表 13－5　高中学生积极心理品质辅导课评价表

评价标准	具体要求	权重	评价			
			A（1.0）	B（0.8）	C（0.6）	D（0.4）
辅导目标达成	学生认识到正向积极经验在自己身上是存在的。	15				
设计思路清晰	上课思路清晰，各环节流畅，贴近学生的实际水平。	10				
	课堂注重体验性，活动形式活泼多样。	10				
活动过程氛围和谐	催化团体动力，营造了轻松、活跃、安全的课堂氛围。	5				
	学生喜欢课堂活动，参与的积极性高，有良好的体验和感悟。	10				
	课堂组织有序，通过小组活动，推动组员之间互相帮助，共同完成个人正向回忆的建构。	10				
辅导技巧运用得当	做好个人生命经验的示范，让学生可以从模仿中学习。	10				
	运用倾听、共情、重述、具体化等辅导技巧，及时回应学生。	10				
辅导效果明显	学生能够找到自己的正向回忆经验，并带着这份经验重新认识自己。	20				

本章小结

1. 我国中小学生的积极心理品质主要包括 13 种，分别属于 6 个维度。

2. 积极心理品质的相关理论有积极情绪的拓展-建构理论、希望理论。

3. 积极心理品质的测量工具主要有优势行动价值问卷、中国中小学积极心理品质量表。

4. 积极心理品质的培养包含感恩、宽恕、希望感的培养。

思考练习

1. 中小学生积极心理品质辅导的核心是什么？

2. 各学龄阶段积极心理品质辅导的重点是什么？

3. 如何将积极心理品质的相关理论和测量工具有效用于中小学心理健康辅导课？

第十四章
性教育辅导

学习目标

1. 了解性教育的几个核心概念。
2. 理解性教育的理论体系。
3. 掌握性教育的核心原则。

章节导读

男生小杰原来一直是个非常开朗的人，有很多朋友，后来不知怎么的性情大变，学业退步。

一个机缘巧合，小杰来到学校心理咨询室，谈起小升初那段被排挤的日子：因为身体发育，自己的生殖器长毛了，惹得同寝室的人笑话，并且四处说他这个小秘密。小杰很生气，身体的发育让他很自卑，在室友不在时他把他们的内裤都扔到了垃圾桶，让他们洗澡的时候找不到可以换洗的内裤。后来，扔掉内裤的事情被发现了，小杰被室友排挤整整两年，心情郁闷，学习成绩下降。

这两年里，大多数男生的身体陆续开始发育。在青春早期，如果学生能够了解和接纳自己身体发育的各个阶段，知道发育有早有迟，尊重和理解每个个体的差异，或许小杰就能够更加坦然地面对自己的成长，身边的伙伴也不会因此取笑小杰、排挤小杰。

升入高中后，学校逐步为青春期的学生开设“男生女生私密课”“爱情讲义”等相关选修课，帮助学生更好地了解自己，树立起正确的爱情观、价值观、生命观。但校园欺凌、少女怀孕，以及因社交不当而遭遇性侵害等事件频发，让人非常惋惜。因此，无论是家庭还是学校，对于性教育都需要有更全面的理论依据支持，而作为教育机构则需要更多实际的课堂实操案例和课时作为保障。

第一节　性教育概述

一、性教育的内涵

顾明远主编的《教育大辞典》(1998) 将“性教育”界定为学校对青少年进行的性知识和性道德教育，包括关于男女生殖系统的结构和生理、性心理因素的发展及其处理、对恋爱和婚姻的正确态度、怀孕和分娩过程以及防治性病的知识等。

中小学生的性教育还涉及性别角色及其刻板印象等重要的概念（林崇德，2003)。

性别角色是社会为男性或女性群体限定的行为规范。社会更希望女性角色发挥表达性的功能，男性角色发挥工具性的功能。当个体对男性或女性在行为、人格特征等方面的期望、要求、一般看法形成固定印象时，就会产生性别角色刻板印象。性别角色对儿童青少年社会化的过程有较大的影响。

总结起来，性教育是一种全面的教育。它包括性心理、性疾病预防、避孕、性文化、性道德及相关法律等知识教育，也包括对性和爱的认识、性别角色、亲密关系、家庭关系、两性交往等观念和技能的教育，还包括认识自己、决定能力、责任、义务、权利等知情选择的教育。同时，它是一个有计划的教育过程，旨在帮助青少年从中获取事实信息，形成积极的态度、信念、价值观，并发展相应的技能来应对人生中来自性的生物、心理、社会方面的挑战。

二、性教育的相关理论

在中小学校，性教育的理论重点可以放在性别差异与性别角色上。与此相关的理论，主要有心理性欲发展理论、性别图式理论、整合理论等。

（一）心理性欲发展理论

弗洛伊德提出的心理性欲发展理论把性心理发展划分为五个阶段：口唇期（0～1岁)、肛门期（1～3 岁)、性器期（3～6 岁)、潜伏期（6～11 岁)、生殖期（11 或 13 岁开始)。

弗洛伊德认为个体在每个阶段的经验，将决定个体在成年时所具有的适应形态和人格特质。如果某个阶段的需求未得到满足或过分宠溺，可能会固着在该阶段。在弗洛伊德的性心理发展理论中，个体的人格主要决定于 6 岁以前。而其理论中所谓的生殖期指青春期以后，这时期的个体性器官成熟，生理上及心理上两性间的差异开始变得显著。自此之后，性的需求转向对具有相似年龄的异性，开始有了两性生活的理想，有了婚姻家庭的意识，性心理的发展于是臻于成熟。

（二）性别图式理论

性别图式理论由马丁和哈弗森（Martin & Halverson，1983）提出。性别图式是一系列有关男人和女人的观念和期望。根据这个理论，儿童在 2.5～3 岁形成基本的性别认同之后就会开始产生简单的性别图式。这个图式告诉儿童：（1）男孩和女孩是什么样子的；（2）人们认为男孩和女孩应该怎样思考和行动。儿童会构建出自我性别图式，做出与性别特征相一致的行为，并以此来对外部世界进行信息加工，比如选择与刻板印象一致的信息进行编码和记忆。这个模型不仅描述了性别角色模式是如何形成并随时间延续的，也指出了性别图式如何远在儿童能够理解性别是一种无法改变的特征之前，就能够促进性别角色偏好和性别特征行为的发展（引自谢弗，基普，2016）。

（三）整合理论

谢弗（David R. Shaffer）统整了各个理论的理念（如表 14-1 所示），认为社会生物论适合于解释胎儿时期，基因所呈现的个体性别差异决定了他人的对待方式及性别发展；从出生到 3 岁的儿童受到社会学习的影响，性别角色受到外界强化，而表现出符合社会期望的性别行为；性别图式则影响 3 至 6 岁的儿童，这个阶段的儿童会以性别图式为认知结构，收集外界资料并运用在自己身上；6 岁到青春期的儿童，除了增加对性别图式的依赖之外，也会为了符合社会文化的期望，要求自己的行为符合外界对性别的规范；在青春期及之后，个体会检视自我概念，形成成人的性别认定（谢弗，基普，2016）。

表 14-1　性心理发展的整合理论

发展阶段	事件和结果
胎儿期	胎儿发育出男性或女性的生殖器。当胎儿出生时，人们即会对其做出反应。
出生至 3 岁	父母和其他人将儿童判定为男孩或女孩，常常提醒孩子其性别；开始鼓励他们的与性别相一致的行为，阻止他们的与性别不一致的行为。由于社会经验的作用、神经系统的发展，最基本的分类技能开始获得，幼儿形成了一些最基本的性别典型行为偏好，并知道自己是一个男孩还是女孩（基本的性别认同）。
3～6 岁	儿童一旦获得基本的性别认同，即开始寻求有关性别差异的知识，形成性别图式，并在内部动机的推动下从事适宜于其性别的活动。如果性别图式得以建立，儿童则会模仿那些适宜于自身性别的行为，而不会关注表现出这些行为的榜样的性别。
6 岁至青春期	儿童最终获得了对性别恒常性的理解——一种坚定的、以未来为指向的自我形象；将自己看作必定会成为男人的男孩或必定会成为女人的女孩。从这时开始，他们较少地依赖于性别图式，转而观察同性别榜样的行为，逐渐获得与他们早先对自己的性别判定相一致的行为方式和特征。
青春期及以后	青春期的生理巨变，与新的社会期望（性别强化）一起，使十多岁的少年们重新审视自己的自我概念，形成成人的性别认同。

三、性心理的测量工具

目前国内外针对性心理的测量工具还不多，主要集中于对性观念、性态度的评估。下面介绍两个常见的量表。

（一）青春期性心理健康量表

青春期性心理健康量表由郑涌、骆一于2006年编制而成。量表采用5点计分法，共有46个题项。量表结构包括三个部分：（1）性认识，即对有关性问题的各种知识的认识，包括生理知识和性知识；（2）性价值观，即对有关性问题的较为稳定的看法和持有的态度评价，包括性观点和性态度；（3）性适应，即青少年能愉快地接纳自身的特征变化，以及自觉地按社会文化规范的要求，约束和调整自己的性欲望和性行为，包括对自身性别的认同、对社会道德文化规范的适应、对性行为（性活动）的调节和控制。

（二）性态度量表

性态度量表（ATSS）由费希尔（Terri D. Fisher）等人编制，陈于宁等于2013年进行了中文版修订。量表采用5点计分法，共有13个题项，包括开放、实践、工具、沟通四个分量表，分别对性价值观、性道德观、生育观和社会家庭影响等相关的问题进行了测量。得分越高反映青少年对性的态度越开放，得分越低反映青少年对性的态度越保守。

四、性教育的方法

（一）传播整合型的性教育观

青少年的性教育问题日益受到关注，世界各国也依据自身的社会、文化、地域等情况发展出了符合自身特色的青少年性教育目标、价值、方法等实践路径，同时也形成了各色各样的价值取向与流派。占据主流地位的性教育流派有：禁欲型性教育、安全型性教育、整合型性教育（方刚，2018）。禁欲型性教育也称守贞型性教育，主张向青少年灌输唯一的道德标准：婚前守贞，反对一切非婚的性行为，在教学实践中只强调性交对身心的损害。安全型性教育强调性行为的安全性知识，认为性行为是正常的、自然的、健康的生活之一部分，主张学校青春期性教育课程应主要教会学生使用安全套，保证青少年的身心健康不受到伤害。这一流派强调个人的权利，认为“性关系永远也不应该被强制或被剥夺”。整合型性教育强调个人身心的全面发展，强调人的自然权利，崇尚个人自由、平等和理性选择。

（二）把握性教育的核心内容

中小学校性教育内容不应只局限于性生理上的自我保护，更重要的是强调对性别的认同、对自我的悦纳、对成长快乐的体悟。阿德勒在《儿童教育心理学》中指出，性教育的真正问题并不只是向儿童解释性关系的生理学知识，还包含对关于爱和婚姻的完整态度所做的恰当准备。如果一个人没有做好社会适应的准备，就会对性采取玩世不恭的态度，并完全从满足自我欲望的角度来看待这些事情。所以，性教育可以从性知识（性生理知识、性心理知识）、性态度（性道德、异性关系态度）以及性自我认知（性别角色以及性自我评价及行为）三个方面来开展。

开展性教育时，最为重要的原则是家庭内部的合作和友爱精神，在这个基础上，帮助学生获得性别角色的知识和建立男女平等的观念。面对学生在各个生理年龄阶段对性话题的好奇，教师既不要回避，也不要说谎，只需用真实简单的方式给予回答。和学生保持信任、合作的关系，有助于学生从教师、父母处接收正确的性知识和性观念，而不是从同伴、社会、新媒体处道听途说。

对于低年级的学生，性教育的侧重点可以放在性别图式的觉察和认知建构上（谢弗，基普，2016）。比格勒（Rebecca Bigler）和利本（Lynn Liben）于1990年对5～12岁的儿童实施了两种有效的认知干预。一种是规则训练，通过对有关性别图式的各种问题进行讨论，帮助儿童学习到在判断谁会在传统的男性职业和女性职业上有优秀表现时，最重要的考虑因素是个人的兴趣和学习意愿而不是个人的性别。第二种是分类训练，向儿童布置各种分类任务。这种训练的目的是告诉儿童，事物可以从各种角度进行分类，帮助儿童认识到职业的分类并不一定必须依据通常从事这些职业的人的性别。

对于高年级的学生，性教育的侧重点可以放在爱情观和婚姻观的认知建构和男女平等观念上。学生进入青春期后，如果缺乏正确的性教育和引导，会产生对性发育的疑惑、神秘感、压抑感、罪恶感，以及手淫困惑、性意识困扰和性行为失当等问题，从而扭曲对爱情、婚姻的观念。在对学生进行爱情观和婚姻观的教育时，应保持开放好奇的态度，通过辩论、角色扮演等方式让学生充分表达自己的看法，并给予适当引导。在男女平等观念的引导上，可以通过调查研究、小组讨论、人物访谈等方式，帮助学生懂得无论男女都是同样有价值的，并建立情感上的性别平等关系。

第二节　性教育辅导课程设计与教法

一、教学目标

青少年是性生理发展的重要时期，面临以性成熟为主的一系列变化，需要成年人的积极引导和耐心关怀。进行有策略、有方法的性教育有助于青少年适应青春期的变化，形成健康的性观念。性教育辅导老师应根据学生各阶段不同的发育和认识水平，确立合适的辅导目标（如表14-2所示），使之符合学生的年龄、兴趣和需要，着重于日常生活经验和内容，选择相关的主题和准备合适的教材，让学生呈现和审视自己的行为模式和价值观。

表 14-2　不同学习阶段学生的性教育辅导教学目标

学习阶段	教学目标
小学阶段	1. 形成正确的性别认知，建立男女各自的角色行为。从小树立男女相互尊重、相互帮助、性别平等的性意识。 2. 学会识别不同含义的身体摸触，了解身体界限，认识性骚扰和性侵害类型，从小建立性保护意识。 3. 了解女生月经知识和男生遗精知识，掌握青春期卫生保健常识，养成良好的卫生习惯。 4. 懂得生命孕育的来之不易，悦纳自我，尊重他人，打下良好的性道德基础。
初中阶段	1. 了解青春期及其在人生发展中的重要意义，科学地认识青春期生理发育和心理变化，悦纳自我，感悟成长。 2. 了解男女生殖系统和生殖过程，消除青春期成长过程中因性紧张而产生的不安、躁动，形成健康性观念。 3. 理解生理性别和社会性别，认识性别刻板印象带来的影响，树立尊重、平等的社会性别理念。 4. 学会同伴交往的技能，处理同伴之间的关系，了解异性交往的准则。 5. 了解性骚扰和性侵害，学会应对性骚扰和性侵害，了解艾滋病等性病，提高自我保护能力。
高中阶段	1. 学会同伴交往，了解男生女生的特点，掌握同伴交往的技能。 2. 尊重和理解不同的爱情观，学会处理恋爱中的问题。 3. 了解性的含义及性行为的后果，学会做出决定，提升自我保护意识，学会应对性骚扰和性侵害。 4. 了解基本避孕的原理和常用的避孕方法。 5. 了解性传播疾病的概念及传播途径，了解性传播疾病的危害，建立安全社交意识。

二、教学内容设计

性教育辅导的主要内容包括性知识（性生理知识、性心理知识）、性态度（性道德、异性关系态度）以及性自我认知（性别角色以及性自我评价及行为），具体可以细分为性生理保健、性心理保健、性伦理道德、人际交往技能、自我防卫技能、预防艾滋病等性病。可以渗透在从小学到高中的各个阶段。详细的内容见表 14-3。

表 14-3　性教育辅导的教学内容设计

模块主题	教学内容
性生理保健	1. 传授内外生殖器官的构造和功能、第二性征的发育和保健。 2. 男孩着重纠正对遗精、手淫等生理现象的认知谬误，消除性困惑；女孩着重传授月经生理和保健知识，防止月经异常和疾病。
性心理保健	1. 帮助学生了解青春期正常的心理特征。一旦学生明白，诸如闭锁心理、性意识的觉醒和性冲动等，都是青春期的正常表现，则他们因性梦、性幻想、手淫等产生的压力将会大大减轻。 2. 针对青春期有可能出现的性变态心理（如恋物癖等），提供心理支持和行为指导。

续表

模块主题	教学内容
性伦理道德	1. 使学生掌握一些最基本的性伦理原则，如自愿和无伤害、知情同意、尊重和保密、保护隐私、平等对待弱势人群（如怀孕少女）、反对歧视等。 2. 让学生接受有关责任感、义务感、羞耻感、美感等性道德教育，减少婚前性行为。
人际交往技能	1. 帮助学生建立良好的人际关系，充分体现自身的体貌和品学魅力，真诚关心他人，提高自身吸引力。 2. 通过正确的异性交往，提高学生的社会适应力。 3. 提高学生的言语、非言语（如手势、眼神、坐姿、动作等）交流技能。 4. 帮助学生正确区分友谊和恋爱，与异性同学在友谊范围内适度交往。 5. 帮助学生做到孝敬父母，和父母一起努力建立良好的家庭人际环境。
自我防卫技能	1. 使学生懂得自身的性权利，提高自我保护意识。 2. 使学生学会认知不安全的环境，能正确应对各种性骚扰、性侵害。 3. 使学生学会预防性暴力的技能和方法。
预防艾滋病等性病	1. 帮助学生了解艾滋病等性病的流行趋势和危害性。 2. 使学生掌握艾滋病的传播和非传播途径。 3. 在态度方面强调预防危险行为，使学生建立良好性观念、性行为。 4. 在技能方面着重传授生活技能，包括决策技能、人际交往技能和拒绝技能。 5. 在高中课堂，结合艾滋病/性病预防，介绍安全套的正确使用和相关的避孕措施。

三、教学方法指导

尽量采用生动活泼的参与式方法，鼓励学生参与和体验。同时，采用问答、团体讨论、座谈会及陪席式讨论会、小组讨论、角色扮演等方法。针对活泼的小学生，可多采取角色扮演、团体活动（如结对、猜谜、传球）等方式；根据其认知的直观性，尽量提供具体指导。针对初中生强烈的同性交往倾向，进行同伴教育；针对其心理发育滞后于体格发育的特点，传授生活技能。针对高中生乐于自我表现的特点，尽量使用头脑风暴、分组辩论、案例分析等方式，也可进行自我教育和同伴辅导，开展专题讲座、参与式体验课程，同时充分利用社会实践的机会，让他们边解决问题边学习。在每个年龄阶段做到知识领域的更新，获得知识及了解与身体、生殖有关的事；发展人际交往技能，包括沟通、决策能力；思考有关性关系的责任问题、安全问题、健康问题及价值观。

同时，做到课堂辅导和个案心理辅导相结合。青少年正处于性发育的时期，每个人面临的问题或困惑都不一样，有些个案的问题很难在团体或班级中进行辅导，此时就需要个体咨询介入，通过面对面的方式，解开其心里长期埋藏的疑团，提高其性心理健康水平。

第三节 性教育辅导课例与分析

一、小学生性教育辅导课例与分析

（一）课程名称、对象和时间

主题名称：安全地带——做勇敢机智的小孩。
适用对象：五年级学生。
上课时间：两个课时，共 90 分钟。

（二）辅导策略

1. 认知辅导策略

借助学生阅读绘本故事及对其的讨论、反馈互动，教师采用简易心智图的方式将碰触的人群和方式一一呈现出来，帮助学生清晰地感受各种不喜欢的碰触，体验内在的担心、害怕、恐惧等各种不同的感受。借用人际圈和身体图像，帮助学生掌握自己和他人的身体自主权及界限；借助知识比拼，帮助学生了解性骚扰的各种类型。

2. 行为辅导策略

借助案例练习，帮助学生学会拒绝不喜欢的碰触，也不去侵犯别人的身体自主权。遇到性骚扰时，能够识别性骚扰并演练应对性骚扰的“金钥匙”，做机智勇敢的孩子。

（三）教学目标

（1）帮助学生认识自己和他人身体的禁区、警戒区和安全区，形成身体自主权的意识。
（2）帮助学生了解性骚扰的常见类型，对性骚扰行为有警戒意识。
（3）帮助学生遇到性骚扰时能正确自助和求助，做勇敢机智的孩子。

（四）理论分析

身体自主权是一个人对身心进行管理的权利和义务，比如用自己的身体去做事的权利和保护自己身体的义务。身体界限是指每个人能忍受的别人碰触的限度，会因对象、时间、年龄、性别的不同而不一样，但都由个体决定。身体界限也包括感觉，像使用不受欢迎、带有性暗示的语言就侵害到听的人的身体界限。学生要学会分辨自己喜欢与不喜欢的碰触，设定并保护自己的身体界限，同时要尊重别人的身体界限，不可以质疑别人的身体界限的尺度。目前，对于青少年和儿童来说，最常侵犯其身体自主权的行为就是性骚扰与性侵害。

（五）学情分析

一项对某小学高段学生的性骚扰相关调查发现，有五成左右的学生是通过家庭获得相关知识的，近三成的学生是通过自己看书或网络自学，学校的教育大致占两成。有2%的孩子承认自己曾遭遇过性骚扰，同时也有10%左右的学生表示不清楚什么是性骚扰。在承认受到过性骚扰的孩子里，被长辈亲友骚扰的占一半，被陌生人及同龄朋友骚扰的占一半。

调查中还发现，针对“遭遇不适当的骚扰时该如何处理”，选择强烈反抗的占四成，表示会报警的占五成，还有一成左右的学生选择哭泣、不知所措、忘记等。超过70%的被调查孩子表示如果受到性骚扰会告诉父母，证明父母仍是这一阶段孩子最信任的人及首选的求助对象；有26%的孩子选择告诉兄弟姐妹或朋友；告诉心理医生及老师的比例分别为15%和11%；还有2.5%的孩子表示会“在网上随便找人说说”。

可见，学生接受的性教育辅导程度参差不齐，小学生中普遍存在对性骚扰等相关知识了解甚少的情况。与此同时，目前中国女孩的初潮年龄提前到9～11岁，男孩遗精的年龄也已提前。随着青春期的提前，幼稚的心灵很难控制早熟的躁动，因而所谓的“狂风暴雨”期更添了几分盲动的危险。

（六）教学资源

（1）教学工具或材料：人体海报，马克笔，课外调查资料，彩色纸和白纸若干，红、黄、绿三色磁条，小博士卡若干，音频与视频材料。

（2）教学设备或场地：活动教室。

（七）教学活动

1. 暖身活动：碰碰操（5分钟）

活动目标：通过游戏使学生体验到身体是有界限的，意识到身体自主权。

指导语：亲爱的同学们，上课之前我们要玩一个游戏：碰碰操。请同学们听清楚游戏规则，并且积极参与到游戏中来，游戏结束后，我们一起来谈谈在游戏过程中的感受！

活动程序：

（1）教师介绍游戏规则：按照教师的口令，左右两人组成一组完成游戏，用身体的相同部位互相碰触，并体验碰触时的感受。例如，教师说：“对对碰。”学生齐声问：“碰什么？”教师说：“碰大拇指。”左右两人将大拇指碰三下。

（2）教师从碰大拇指开始说，逐步说到碰手掌、碰手背、碰额头、碰脸颊、碰胸部、碰臀部，学生通过体验感受不同身体部位的界限。

（3）教师提问：在活动中，碰触哪些部位让你觉得不舒服？学生讨论回答后，教师小结：当别人碰触你身体某个部位让你不舒服时，那个地方就是你身体的界限。

结语：在日常生活中，不一样的人碰我们的感觉是不一样的，每个人允许别人触碰的尺度也不同，让我们跟着《请不要随便亲我》这本绘本中的主人公莱娜一起来了解身体界限，机智勇敢地保护自己的身体，让自己处于安全地带，做自己身体的好主人。

2. 身体有界限（30分钟）

活动目标：协助学生明白身体的界限因彼此亲密程度不同而不一样，明确身体有哪些隐私部位，这些隐私部位是不允许任何人碰触的。

指导语：莱娜的家里总是会有很多客人，莱娜很不喜欢这些客人总是亲她的脸颊，让我们一起来听听这个亲密接触的故事！

活动程序：

（1）请学生听莱娜的故事——《请不要随便亲我》：

莱娜和她的爸爸妈妈一起住在省城的一座房子里，常常有客人来她家做客。莱娜并不喜欢那些客人，因为他们总是把她抱起来亲了又亲，亲得吧唧作响，把她的脸弄得又湿又黏。

这些亲她的人中，有嘴里有难闻的蒜味的，有满嘴都是黄牙的，有满口烟味的，有胡子硬得像砂纸的，还有围着一个狐狸毛的围巾的，莱娜非常不喜欢他们，因为这些"亲吻"非常可怕。夜里，莱娜常常做噩梦。"不能再这样下去了，得想个办法才行。"莱娜对自己说。

终于有一天，莱娜想了个办法对付这些讨厌的亲吻。她把自己想成一头大象，慢慢走下楼梯，对着惊讶的客人们说："以后，你们再也不要随便亲我了。要是你们不答应，我就让你们尝尝被大象亲吻是什么滋味！"客人们这才明白，原来孩子并不喜欢他们亲她。

从此以后，对那些自己不喜欢的事，莱娜能够勇敢地说"不"。当然，她自己最清楚她想要和谁"抱抱"和"亲亲"。

（2）请学生根据教师提出的如下问题来说一说。

● 莱娜家里来了哪些客人？客人们用了什么行为来表示对莱娜的喜爱？（都是熟悉的人，他们总是喜欢亲莱娜）

● 莱娜喜欢这样的方式吗？（很不喜欢）如果是你，你会怎么办呢？如图 14－1 所示。（勇敢地拒绝）

● 你有类似的经历吗？还有其他的身体接触吗？你当时的心情如何？

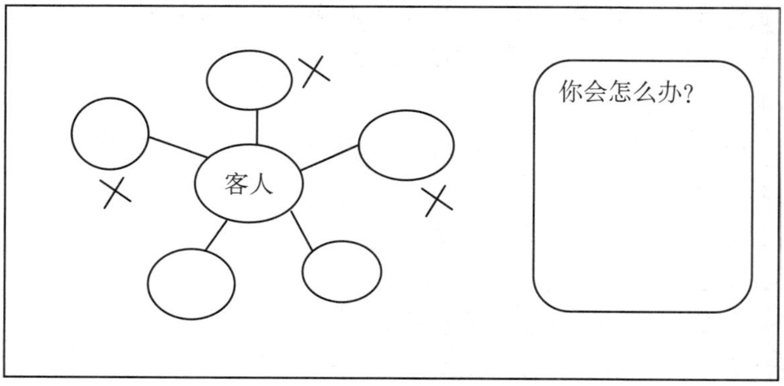

图 14－1 如果是你，你会怎么办？

（3）请学生画出生活中会有身体接触的人群同心圆（如图 14－2 所示）。

用白纸画出大同心圆，圆心写上自己的名字。与自己生活在一起并照顾自己最多的亲人，写在同心圆 1。学校生活中最亲密的好朋友，写在同心圆 2。生活中每天相遇却话不多，互动也少的人，写在同心圆 3。

用数个纸人图片（如图 14－3 所示），针对不同同心圆中的人讨论并画出身体的界限，在纸人上分别以红色（不可碰触的身体部位）及绿色（可碰触的身体部位）标示出来。

确认身体的隐私处，包括嘴唇、胸部、肚脐、生殖器、肛门、臀部、大腿内侧等。

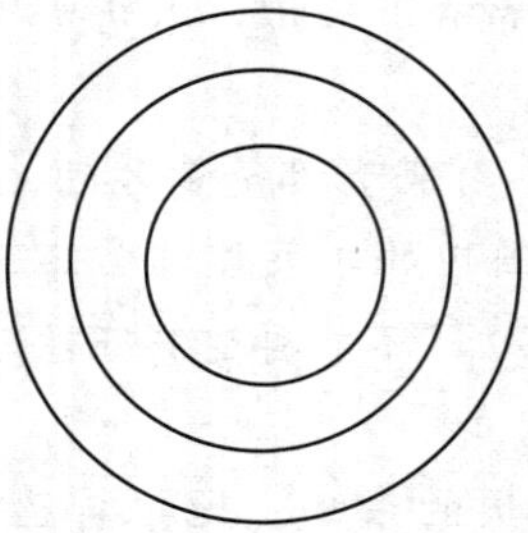

图 14－2　身体接触的人群同心圆

图 14－3　纸人图片

（4）交流反馈：在黑板上挂上人体海报，请各组将讨论的结果（用红、绿磁条）贴上。贴完后，根据各组实际贴的情况，奖励积分卡。

结语：臀部、胸部、生殖器是我们身体的最后防线，除了看病检查身体、擦药，或小宝宝需要他人帮忙洗澡等非常特殊的情况（必须要在父母或其他监护人的陪同下），绝对不允许任何人接触我们身体的隐私部位，也不允许任何人让我们接触他身体的隐私部位。

3. 知识大比拼：识别性骚扰（20 分钟）

活动目标：帮助学生识别什么是性骚扰，在第一时间识别危险信号，迅速离开。

活动程序：

（1）观念澄清：什么是性骚扰和性侵害？

所谓性骚扰，是指一种不受欢迎或者不被接受的言语，或者带有性意识的接触。

性侵害是指加害者以威胁、权力、暴力、金钱或甜言蜜语，引诱胁迫他人与其发生性关系，或在性方面对受害人造成伤害的行为。

（2）识别竞猜：

竞猜规则：属于性骚扰和性侵害，请右手握拳举过头顶，如果不属于性骚扰和性侵害，请双手打叉举过头顶。

- 公交车上有人贴着我的臀部。
- 有人要给我看他的生殖器。
- 大哥哥帮我拉衣服拉链，摸我的脖子。
- 你姐姐的男朋友悄悄说给你一个惊喜，同时把手伸到你的裤子里。

以上是身体上的性骚扰。

- 同学发黄色笑话给我看，我觉得很恶心。
- 在班级里，男同学对着我大讲黄段子。

以上是言语性骚扰。

- 同学在 QQ 群里发黄色视频图片。
- 打开网页弹出裸露的美女广告。

以上是非言语性骚扰。

- 某老师提出让我给他摸下胸部，承诺期末考试给我满分。

以上是性要挟。

(3) 引导思考：教师根据学生的判断做出分析，同时引导学生思考现实生活中，实施性骚扰的人最可能是熟人还是陌生人。(熟人占 90%，男孩子也会遭遇性骚扰。)

结语：非常好，很多同学的警觉性很高，一旦发现有关性方面的言语、视频和行为，都能及时地判断出来。这是保护自我的第一关键，同时我们还需要机智勇敢地找出应对性骚扰的金钥匙。

4. 寻找金钥匙：应对性骚扰（25 分钟）

活动目标：设置生活场景，让学生模拟学习，获得应对性骚扰的方法。

指导语：下面请同学们根据老师给大家提供的三个常见的性骚扰情境（见表 14-4)，分小组讨论出应对性骚扰的方法，打开危险地带的金钥匙，进入安全地带。

表 14-4　三个常见的性骚扰情境

情境一	情境二	情境三
人物：一位六年级的学生。 场景：办公室。 事件：一位异性教师以辅导为由，对这位学生动手动脚，时不时地去蹭学生的臀部，摸学生的大腿。 讨论：学生怎么办？	人物：男生之间。 场景：学校。 事件：男生在玩耍的时候，总是喜欢摸对方的裤裆。 讨论：男生怎么办？	人物：一位女生。 场景：家里。 事件：这位女生认识的一个叔叔来到家中发现她父母不在，借口留下等，对她动手动脚，并威胁说不能告诉家长。 讨论：女生怎么办？

活动程序：

6 个小组一起寻找应对性骚扰的金钥匙，第 1～2 组对应第一个情境，第 3～4 组对应第二个情境，第 5～6 组对应第三个情境。

(1) 将三个情境以文字方式一起呈现在大屏幕上，并将各题落实到每一组。

(2) 发放钥匙卡，让学生将讨论结果写在一张钥匙形彩纸上，在小组内模拟练习这一方法后，给钥匙着上各种颜色。

(3) 展示钥匙。请各小组以提供的金钥匙的数量和方法的可行性进行评奖，评出一、二、三等奖各 2 名，评出最佳金钥匙 2 把。同时，优化不可取的方法。金钥匙的示例见表 14-5。

表 14-5　应对性骚扰的金钥匙

情境一	情境二	情境三
金钥匙 1：明确拒绝，大声告诉他，我不喜欢。 金钥匙 2：找到理由，马上离开，事后第一时间告诉父母。	金钥匙 1：明确拒绝，表明态度。 金钥匙 2：告诉老师或家长。 金钥匙 3：尽量不要玩这样的游戏，这很危险。	金钥匙 1：想办法通知父母，或者告诉这个人，爸爸妈妈马上就会回来。 金钥匙 2：坏人的约定不能遵守。 金钥匙 3：躲在厕所反锁，打电话给爸妈。

结语：在我们的社会里，一些坏人会通过各种方式来引诱我们，甚至伤害我们。所以，我们必须提高警惕，不管对方是我们的亲戚朋友还是陌生人，任何人没有经过你的同意，都不可以伤害你的身体。只要我们感觉不舒服或者害怕（感觉是一个很重要的指标），我们就有权拒绝，勇敢地告诉他我不喜欢这样，他不可以这样对我，然后赶快想办法离开现场。如果不幸遭到性骚扰或者性侵害，一定记住这不是你的错，要告诉我们信任的大人，把伤害降到最低。

5. 学唱助己歌：生命最优先（5 分钟）

活动目标：将自我保护的方法编成一首通俗易懂、朗朗上口的儿歌，以学唱和金钥匙书签的方式来强化本次辅导效果。

活动程序：

（1）学生小结课堂成长。

（2）展示课件《我的身体我做主》，组织学生学唱：红灯禁，绿灯行，遇到有人闯红灯，沉着镇静想办法，拒绝离开可以试，喊叫求援也是路。还有什么好方法，平时做个有心人，电视报刊多关注，自我保护意识强，事后第一告父母，自助能力快快长。

6. 彼此回馈（5 分钟）

（1）学生回馈：在活动中，我感受最深的是什么活动？谁的发言对我最有帮助？最后，我想对老师说什么？

（2）教师回馈：感谢每一个小伙伴在活动中能够彼此支持、真诚分享，给大家很多收获，再次感谢大家！期待下一次活动我们能够继续学习和探讨其他话题！

（八）活动延伸

1. 绘本阅读

阅读绘本《不要随便摸我》《小威向前冲》《家族相薄》《我们的身体》《乳房的故事》《小鸡鸡的故事》《邪恶的秘密》《住手，不准碰我》《萨琪性别桥梁启蒙书》等。

2. 课后知识补充

（1）何谓性骚扰？

性骚扰指的是以明示或暗示的方式，用不受欢迎且具有性意味或性别歧视的言语或举止，给他人造成身心伤害的行为。这不单局限于身体上的接触，一些不礼貌而带有性意味的言语、动作甚至声音（如吹口哨）等都属于性骚扰（如表 14－6 所示）。

表 14－6　性骚扰的范围

身体上的接触	言语的接触	非言语的行为
• 不必要的接触或抚摸他人身体 • 故意擦撞 • 强行搭肩膀或挽手臂 • 在公共交通工具上，故意紧贴别人的身体	• 不必要而故意谈论有关性的话题 • 询问别人的私生活 • 对别人的衣着、外表、身材给予有关性方面的评语 • 故意讲述色情笑话、故事 • 建议或强迫对方进行性活动 • 对别人的性别做出侮辱或嘲笑	• 对路过的女性吹口哨或尖叫 • 做出具有性暗示的手势或动作 • 用暧昧的眼光打量他人 • 展示淫秽图片、色情书刊等

(2) 如何判定是否为性骚扰?

- 双方的权力地位存有差距，而其中一方滥用权力地位。
- 其行为是不受欢迎、未经同意的。
- 其行为具有性或性别歧视意味。
- 被行为者不一定会口头拒绝或明显有拒绝动作，这有可能是双方权力关系不对等、事情发生突然或气氛不宜（如聚餐场合）所致。
- 其行为造成负面影响是最重要的，而不论是否有骚扰之动机（行为人通常不是否认便是说无意）。
- 不一定会重复发生，最重要的是相信自己的直觉。

(3) 何谓性侵害?

性侵害通常是一种暴力的性犯罪，泛指以性器、手指、其他身体部位或器物进入对方性器或肛门的行为。

另外，要注意的是法律基于保护未满 16 岁未成年人的考虑，限制了未满 16 岁者的性自主权。因此，纵使当事人是在两情相悦的情形下发生性交或爱抚行为，只要其中一方为未满 16 岁者，就有可能构成性侵害。

(九) 效果评价

效果评价可以从如下几个方面入手：(1) 通过辅导课程，学生是否能够认识自己和他人身体的禁区、警戒区和安全区，了解性骚扰的常见类型，对性骚扰行为有警戒意识，并在遇到性骚扰时能正确自助和求助。(2) 学生能否形成自我保护意识，在实际生活中提高性骚扰防范与保护能力。(3) 学生课堂参与度：学生在活动中是否有感悟、有体验，情感投入度是否较高。(4) 教师对辅导主题及核心概念的理解是否正确，且有进一步延伸。

二、初中学生性教育辅导课例与分析

(一) 课程名称、对象和时间

主题名称： 花季中的男生女生。
适用对象： 初二学生。
上课时间： 45 分钟。

(二) 辅导策略

1. 认知辅导策略

借助学生猜性别的方式来帮助学生体会男女生行为方式上的差异，通过小组讨论的方式帮助学生体验和感悟人际交往过程中常有的情绪状态，形成“遇到矛盾时”及时稳定情绪、迅速收集信息的理念。

2. 心理剧辅导策略

借助《难题风波》心理剧，展示客观具象化画面，使得学生能够以立体的方式看到故事主人公的盲点，在引导学生加强感受的过程中使之学会人际交往“冷静—了解—决定”三步走策略，掌握人际交往中的各种问题的解决方法。

（三）教学目标

（1）让学生认识男女生相处中共情技术运用的意义。

（2）让学生学会人际交往“冷静—了解—决定”三步走策略，掌握人际交往中的各种问题的解决方法。

（3）让学生将共情技术内化于心，外化于行，塑造良好的青春期形象和人格特质。

（四）理论分析

共情（empathy）即设身处地地对他人的情绪和情感的觉知、把握与理解，主要体现在情绪自控、换位思考、倾听能力以及表达尊重等与情商相关的方面。这是一种理解至上的处理人际关系的思考方式，是达成理解不可缺少的心理机制。

处于异性疏远期的初中生在日常相处中容易引发矛盾，当他们遇到矛盾和冲突时，时常更愿意相信脑子里闪过的第一个想法，由此引发不合理的情绪，导致他们没有时间判断这个第一想法是否真实和充分了解其他信息，无法运用共情的思考方式和行为模式来化解冲突情境。而积极心理学之父塞利格曼在《教出乐观的孩子》一书中提出的解决冲突情境的步骤正是共情技术的行动版，即“冷静—了解—决定”三步走策略。它客观上要求人们遇到冲突情境时，能够察觉自我的情绪体验，了解对方，站在对方的立场上体验和思考问题，从而与对方在情感上得到沟通，做出新的行为决定，为增进理解奠定基础。由此鼓励异性同学间的友好交往，将有助于学生塑造自己的性别角色，培养学生良好的异性交往态度，也能够为即将到来的青春期的异性交往铺上“自然、大方”的基调。

（五）学情分析

进入青春期初期的少男少女，对于异性存在交往的疏远期。男女生之间的关系有了新的特点，双方都开始意识到性别问题，并彼此对对方逐渐发生兴趣。但是，在最初阶段，他们对于异性的兴趣却是以一种相反的方式予以表达，或者在异性同学面前表露出一种漠不关心的态度，或者在言行中表现出对异性同学的轻视，或者以一种不友好的方式攻击对方。总之，从表面上看，这一时期的男女生并不相互接近，而是相互排斥，但表面上的疏远掩盖不了少男少女对异性的好奇。

同时，他们对自己的人格特征和情绪情感过分关注。一方面渴望与人沟通并得到他人的理解；另一方面过分夸大自我的需要，对周围人的需要与感受视若无睹，往往导致不被理解甚至被排挤等。以这种思维方式进入社会，往往容易导致同伴交往的矛盾，无法达到有效的沟通、理解。遇到矛盾和冲突时，他们时常更愿意相信脑子里闪过的第一个想法，由此引发不合理的情绪，导致友谊破裂、彼此关系疏远的结果，不利于塑造良好的青春期形象和人格特质。

（六）教学资源

（1）教学工具或材料：人体海报，马克笔，课外调查资料，彩色纸和白纸若干，红、黄、绿三色磁条，小博士卡若干，音频与视频材料。

（2）教学设备或场地：活动教室。

（七）教学活动

1. 暖身活动：我猜我猜我猜猜猜（5分钟）

活动目标：通过游戏引起学生兴趣，促发学生参与动机，接通游戏环节中的人际交往情境设置，巧妙导出主题。

指导语：亲爱的同学们，上课之前我们要玩一个游戏：我猜我猜我猜猜猜。请同学们积极参与，一起来聊一聊下同伴相处过程中的一些场景与感受！

活动程序：

以"击鼓传花"的形式来选出参与竞猜的同学，根据教师提供的故事情境，凭第一感觉或想法猜猜他/她的性别，并根据提示来回答"真心话"或"大冒险"，各抒己见，畅所欲言。

> 情境1：他/她性格开朗，弹得一手好吉他，会热心帮助同学解决困难，做事认真负责，也是大家的开心果。真心话：这样的他/她，你喜欢吗？
>
> 学生：我觉得他应该是个帅气的男生，应该很多人喜欢，觉得他各方面都不错，应该很好相处。
>
> 情境2：午休时间，同学们正在教室里趴着休息。其间，他/她拉着几个同学饶有兴致地说"跑男"节目。虽然经几位同学提醒，但他/她仍讲得津津有味！大冒险：如果你在现场，你会怎么做呢？
>
> 学生：这个肯定是女生，很爱娱乐八卦新闻，可以理解，我跟她沟通下，沟通不了，我就去自习室休息吧。
>
> 教师：你觉得这是女生的兴趣爱好，那么男生可能是怎样的？
>
> 情境3：晚自习课间，他/她帮助同学解答题目。他/她冷不防地冒了一句："这么简单的题，你也不会，真为你的智商着急！"真心话：如果被说的那个就是你，你有怎样的感受，你会做何回应？
>
> 学生1：这个肯定是女生，因为很小气。我听了很难受，不会替别人着想。
>
> 学生2：这个肯定是男生，因为说话不经过大脑，神经大条，很讨人厌呢！

结语：花季中的男生和女生有很多不同，在一起学习、生活给我们的成长带来许多益处。但是，男生和女生相处时也常常会因为彼此的差异而产生碰撞。男生和女生有没有可能做到相互了解和理解，友好又快乐地相处呢？这就是我们今天要讨论的话题。

2. 体验活动：心理剧《难题风波》（15分钟）

活动目标：通过心理剧《难题风波》创设冲突情境，帮助男生和女生体验和感悟人际交往过程中常有的情绪状态，形成"遇到矛盾时"及时稳定情绪、迅速收集信息的理念。

活动程序：

(1) 学生表演心理剧《难题风波》。

教师提问：你观察到了什么？（他们两个脾气都很大。翔子今天很反常。小彤本来不生气的，被翔子激怒了，也变得很生气。）

教师小结：大家都发现了，男生和女生今天的情绪不对劲，不像是好朋友之间正常的状态。他们今天为何那么反常，是不是有什么我们不知道的事？我想，一定有我们不知道的事，我们冷静下来好好想一想。

(2) 小组讨论小彤和翔子为何情绪反常，是否有大家不知道的事情。请学生猜想一下，并写下3种可能。

(3) 学生分享汇总他们可能存在的个人原因（如原来早有积怨或者单纯没有控制好自己情绪等）。

教师追问：在现实生活中，除了猜想分析，还有哪些途径可以收集到这些信息？（冷静下来，看一看，听一听，问一问。）

结语：原来，每一种情绪的背后，都有一些你不知道的原因。因为没有及时觉察到自己的情绪，它就可能在某一时刻爆发，宣泄的对象可能就是你身边的好友，从而引起男女生之间的矛盾和冲突。

3. 体验升华：心理剧《真相来了》（20分钟）

活动目标：通过心理剧《真相来了》帮助男生女生梳理人际交往共情技术的巧妙变形，即“冷静—了解—决定”三步走策略。同时，借由“时空逆转”活动演绎，在模拟中增强对该策略的学习。

活动程序：

(1) 学生表演心理剧《真相来了》。

(2) 小组讨论：假如你是小彤/翔子，了解到对方的信息后，你的想法和行为会有变化吗？为什么？

(3) 各小组排练剧本并加以演绎：假如时空逆转，小彤和翔子重新回到那一刻，小彤和翔子的故事会何去何从？

具体流程：学生设置剧本，选定角色，熟悉剧本，真实演绎，最后请小彤和翔子结合各组表演情况进行表演，化解彼此矛盾，升华友谊。教师提炼“冷静—了解—决定”三步走策略。

结语：希望课堂上的演绎，会成为生活中的范本。在男生女生互动中，遇到矛盾和冲突时，及时识别情绪，迅速收集信息，做出合适决定。

4. 彼此回馈（5分钟）

活动目标：师生彼此反馈，增进对课堂活动的理解，并将共情技术写进一首小诗，让男生女生阅读，内化于心，升华主题。

活动程序：

(1) 学生回馈：这次的活动，我有哪些收获？我最喜欢哪个活动，最不喜欢哪个活动？最后，想对老师说些什么？

（2）教师回馈：感谢每一个小伙伴在活动中能够彼此支持、真诚分享，给大家带来很多收获，再次感谢大家！期待下一次活动我们能够继续学习和探讨其他话题！

（3）教师寄语，送出心灵小诗，学生一起来朗读并感悟：

男生，女生，我们都是青春路上的好伙伴，相处时难免磕磕碰碰。
有情绪，请冷静！
多想想，多看看，多问问，也许你会找到更多的真相。
理一理，换一换，说一说，用心共情悦己纳人真不难。

（八）活动延伸

1. 知识补充

（1）共情等级。

A－1：很少从他人的角度思考问题，做事情很少考虑到他人的感受；沟通时讲客套话，无法引起对方的共鸣，对方也不愿意将自己的真实想法说出来；不愿意倾听；安排事务几乎不考虑下属的需要。

A－0：能够从别人的角度思考问题，做事情会考虑到他人的感受；与人沟通比较真诚，愿意将自己的一部分想法表露出来；能让人觉得被理解、被包容；能够倾听，工作学习中尽量考虑对方的需要。

A＋1：能够站在对方的角度考虑问题，想对方之所想，急对方之所急；能够使人不知不觉地将内心的想法、感受说出来；能够让人觉得被理解、被包容；能够用心倾听；在对接事务时，尽量照顾到对方的需要，并愿意做出调整。

A＋2：将心比心，设身处地地去感受和体谅别人，并以此作为工作依据；有优秀的洞察力与心理分析能力，能从别人的表情、语气判断其情绪；真诚，说到听者想听，听到说者想说；以对方适应的形式沟通。

（2）共情运用。

“冷静—了解—决定”模式：当________________时，我想到他（她）可能____________________，于是我就________________，结果________________。

比如：当他对着我吼叫的时候，我想到他可能家里发生什么事情了，于是我就不想跟他计较，而是去关心他，结果他跟我说了自己的心事，排解了压力。

共情表达：用自己的词汇与方式传达自己对对方感觉与经验的了解。

比如：你觉得很失落，因为你的期中考没有考好！

2. 盘点朋友圈

指导语：小伙伴们，我们的成长离不开朋友，一起来盘点下你的朋友们，包括他们的性格特征、人生目标，再来看看你们有哪些共同点和不同点，一起做过哪些有意义的事情（如表 14－7 所示）。

表 14-7 盘点朋友圈记录表

朋友姓名	基本情况（身高、体重、年龄、认识时间、家庭情况等）	性格特征	人生目标	求同存异（共同点/不同点）	有意义的事	共情等级

（九）效果评价

课后，教师对本节课的效果进行评价（如表 14-8 所示）。

表 14-8 初中学生性教育辅导课评价表

评价标准	具体要求	权重	评价			
			A (1.0)	B (0.8)	C (0.6)	D (0.4)
辅导目标达成	选题有针对性，符合学生年龄特征，对学生发言进行妥善引导。	15				
设计思路清晰	环节设置紧扣主题，活动形式清晰有趣，活动形式生动活泼。	15				
活动过程氛围和谐	课堂氛围活跃积极，小组分享具有启发性。	15				
	注重倾听、总结，对学生发言简洁到位。	15				
辅导技巧运用得当	在活动安排中，学生自觉遵守团体规范，现场活而不乱。	15				
辅导效果明显	学生初步掌握用“冷静—了解—决定”三步走策略来缓解冲突的方法，并学会实际运用，促进自我成长。	25				

三、高中学生性教育辅导课例与分析

（一）课程名称、对象和时间

主题名称：爱有“阴晴圆缺”。
适用对象：高二学生。
上课时间：45 分钟。

（二）辅导策略

1. 认知辅导策略

认知主义认为学习就是面对当前的问题情境，在内心经过积极的组织，从而形成和发展认知结构的过程。它强调刺激和反应之间的联系是以意识为中介的，强调认知过程的重要性。因此本课程通过画笔、剪纸的活动，引导学生分享自己对于爱情的初步理解，并通过创设高中生常见的从恋爱到分手的故事情境引导学生感受在恋爱过程中的各种情绪体验。

2. 心理剧辅导策略

心理剧能帮助参与者通过音乐、绘画、游戏等活动进行暖身，进而在演出中体验或重新体验自己的思想、情绪、梦境及人际关系，伴随剧情的发展，在安全的氛围中，探索、释放、觉察和分享内在自我。因此本课程通过心理剧的方式来了解学生失恋后的内在自我表现，并引导学生用合理的方式应对失恋。

（三）教学目标

（1）让学生感受和体验爱情，以及在恋爱过程中的各种情绪。
（2）帮助学生学会恋爱分手情绪处理和辅导，妥善地处理恋爱分手的方式。
（3）引导学生感悟恋爱分手所带来的成长和收获，学会更好地去爱别人和自己。

（四）理论分析

美国心理学家斯腾伯格的爱情三角理论认为，爱情由三个基本成分组成：激情、亲密和承诺。激情是指男女之间本能的异性吸引、情绪上的着迷；而亲密则是指两个人通过相互沟通，能够经常彼此分享自己的内心世界，并得到对方的接纳，包括关心、理解、包容、尊重和信任等；随着双方关系越来越亲密，彼此愿意为对方承担责任并与对方保持恒久的责任关系，这就是承诺。这三种成分构成了喜欢式爱情、迷恋式爱情、空洞式爱情、浪漫式爱情、伴侣式爱情、愚蠢式爱情、完美式爱情等七种类型。在斯腾伯格看来，前面列举的六种都只是类爱情或非爱情，在本质上并不是爱情，只有第七种才是真正的爱情，它具备激情、亲密和承诺，缺一不可。

赫洛克的青春期恋情发展理论认为高中时期是恋爱的狂热期，与异性交往的愿望强烈。调查发现，青春期的少男少女对爱情都有自己的憧憬和渴望，但往往只是草率地开始一段感情，在爱情的经营中，以自我为中心，缺乏相互理解，难有换位思考，缺乏爱的能力。当他们遇见爱情中各种突如其来的问题和困惑，尤其是面临恋爱相处、恋爱与学业、恋爱分手等情况时，由于缺乏对爱情的理论认识与心理准备，往往变得不知所措，并盲目处理。这些不但给他们带来不同程度的心理压力，还影响他们正常的人际交往、学业与成长。

本课程创设学生案例情境让学生有代入感，顺着晶莹和王俊的爱情故事，见证爱情的发生、分离和结束，经历一番的体验和分享，从而引导学生客观认识高中生的青春恋，学会妥善处理恋爱分手，感悟恋爱分手期间收获的成长，学会更好地去爱别人和自己。

（五）学情分析

随着性生理、性心理和人格走向全面成长、成熟的发展，高中生对爱情的好奇和渴望是无法回避和无法阻止的现实。现实中也有一部分高中生对爱情进行了尝试。高中生仅仅凭自己对对方的爱慕、着迷就陷入“爱河”，缺乏亲密与承诺，使得高中生在很多时候显得异常迷茫，尤其是面临爱情中各种突如其来的问题和困惑，比如恋爱相处、恋爱与学业、恋爱分手等情况时，变得不知所措而进行盲目或随意的处理，因而造成身心伤害、人际关系紧张及学业失败后果，影响人生的进展。因此，教师应帮助高中生了解爱情的真谛，学会处理分手后的情绪，充分激发并利用探索爱情的强大动力，学会等待爱情，使青春期这一发展危机转变为提高自身素质、完善人格的契机。

（六）教学资源

（1）教学工具或材料：白纸、色彩笔、色彩纸板、剪刀、胶水、音频与视频材料。

（2）教学设备或场地：活动教室，学生按 6～8 人一组排好位置。

（七）教学活动

1. 暖身活动：爱情拼拼看（5 分钟）

活动目标：通过绘画、剪纸活动让学生分享自己对爱情初步的印象，同时促发学生学习的动机和兴趣，在体验中引出主题。

指导语：亲爱的同学们，假如爱情有颜色、有形状，你觉得是什么样子的呢？接下来请同学们利用活动材料按照活动要求来剪一剪，拼一拼，说一说。

活动程序：

（1）教师介绍活动规则：

- 请选用一种颜色，画一画，并剪出一个你认为的爱情形状。
- 再剪上一个，并用它们拼出心目中最完美的恋爱关系。
- 限时 3 分钟。（播放音乐《爱你的歌》）

（2）小组分享：以什么形状、什么颜色，以及怎样的方式勾画出你心目中最美好的恋爱关系？并说说你的理由。

结语：不同的形状色彩、不同的理解体验，都在指向我们内心对爱的期待和渴望。缘于此，爱，它发生着，变化着。今天让我们一同去感受爱的“阴晴圆缺”，一起去交流面对恋爱分手时，要采取怎样的态度和应对方式，从而学会更好地去爱。

2. 爱的进行时（10 分钟）

活动目标：通过一个贴近高中学生实际生活且具有普遍性的案例使学生产生共鸣（即产生认知、情感卷入），初步理解“爱情”，感受在恋爱过程中的各种情绪体验。通过故事推理，了解恋爱分手会随时发生在我们生活中，认识处理恋爱分手的必要性。

指导语：今天陪伴我们一起成长的主人公是王俊和晶莹，让我们来感受恋爱中可能会出现的各种情绪和变化。

活动程序：

（1）播放王俊和晶莹的故事片段一，向学生展示高中生的爱情故事。

> 王俊是个普通的高二男生，上学、放学、打球，日子简单又缓慢。但自遇见隔壁班漂亮优秀的晶莹后，便被她深深地吸引住了。
>
> 因为喜欢晶莹，王俊默默做了很多事情：送早餐、做值日、请夜宵、煲电话粥，还替晶莹背了一次黑锅。这天，王俊送晶莹一份礼物，并向她表明心意。两个人越走越近，一起谈天说地，一起听音乐、看电影、压马路……终于，晶莹接受了这份爱情。
>
> 日子一天天过去，王俊逐渐发现晶莹有点大小姐脾气，爱使小性子，除了带早餐外，还要陪着吃中饭晚饭，不然就会生气、吵架。原本王俊是个爱打球的男生，现在连打球都没时间了，只怕陪晶莹的时间少了，她会生气。好几次都被球友笑话成“妻管严”。

（2）请学生用两个代表爱情的形状，拼一拼王俊和晶莹现在的恋爱关系。

（3）请学生合理推理王俊和晶莹的故事将会如何发展下去，并说说这样预测的理由。

结语：爱情在发生着，也在变化着，彼此的感受也随之起伏，分手是恋爱中极有可能发生的事情。

3. 爱的倒计时（10 分钟）

活动目标：让学生深刻体验高中生恋爱出现问题时的感受，了解和接纳失恋后的各种情绪是失恋的正常表现。

指导语：王俊和晶莹的爱情的发生，悄然无声，爱情的经营，费尽心思。我们一起接着看看他们的爱情遇到了什么危机，面对危机会有哪些感受。

活动程序：

（1）播放王俊和晶莹的故事片段二，学生讨论王俊与晶莹在失恋后会有哪些想法和感受。

> 王俊对晶莹无微不至，处处忍让，这让晶莹感到很骄傲，她几乎不再参加闺蜜们的聚会，变得很依赖王俊。可是最近，王俊因为球友取笑的事情对她生气，甚至为了打球忘记和她庆祝生日，让她在校门口等上一个小时。晶莹觉得王俊越来越不在乎自己了，暗自伤心赌气。
>
> 起初，王俊以为这些都是小事，后来才察觉到晶莹情绪上的变化，想解释希望得到她的原谅，但晶莹只是哭，什么都不说。王俊心想：“自己从来没有爽约，晶莹

一下子没缓过神来，正常。”此后的几天，王俊又找了她几次，都是不欢而散。王俊感到很累，很失落，是不是分手会来得更轻松些？……

于是，王俊向晶莹提出了分手。晶莹感到很突然，也不知道跟谁倾诉，晶莹把所有的心情都写进了日记。

（2）请学生以“第一人称”来描写晶莹失恋后一个月内的情绪变化与成长，如下：

第一周，我感觉______________________________。

失恋后的两个星期，我感觉__________________________。

失恋后的一个月，我感觉___________________________。

（3）学生分享，教师小结：一般情况下失恋的青少年会经历以下几个阶段。

第 1 阶段（否定期）：难以接受这消息，不相信是真的发生了。

第 2 阶段［愤怒（反悔）期］：觉得这是对方单方面决定，自己成为受害者。或者自己提出分手的，开始反悔了。

第 3 阶段（挽回期）：为阻止对方离开，尝试做各种努力挽回。

第 4 阶段（悲伤期）：开始知道感情已逝，感觉一时间失去所有，没有方向，情绪悲伤。

第 5 阶段（接受期）：终于接受两人关系告一段落，思考如何面对以后。

结语：同学们，失恋是痛苦的，往往伴随着悲伤、失落感甚至羞辱感，这些都是正常的心理活动。我们以故事发展、性格特征等来描述主人公晶莹在失恋时的情绪情感的变化，分别经历了否定期、愤怒（反悔）期、挽回期、悲伤期，最后到接受期。

4. 失恋剧场（17 分钟）

活动目标：通过讨论和角色扮演的方式，学会应对分手时需要处理的各种情绪和表现，学会不伤害彼此，以一种凡事皆有收获的心态来面临失恋这件事情。

指导语：失恋就像恋爱本身是我们绕不开的话题，每个人面临的情绪变化大致相同，但处理的方式大不一样，有些人伤心欲绝、自暴自弃、一蹶不振，或是再也不相信爱情了，有人死缠烂打企图挽回一切，还有些人怀恨在心，时刻准备报复……现在就有请 3 个小组讨论并演绎《今天，我失恋》。

活动程序：

（1）失恋剧场：将学生分成 3 个小组，要求以《今天，我失恋》为主题，让主人公晶莹以伤心欲绝/死缠烂打/怀恨报复为失恋的处理办法来创作短句，并用 5 分钟的时间来演绎剧情。（每组确定一个人扮演失恋者晶莹，讨论出主人公可能做出的行为和遇到的人物，包括前男友、同学、朋友、家人、心理医生等，再设计出对话、肢体语言进行表演。）

（2）全班交流：表演完后，教师带领学生进行讨论交流。

- 询问前男朋友扮演者：在剧中，你的前女友晶莹这么做，你有什么感受？
- 询问其他扮演者（非失恋者或前任伴侣）：在剧中，主人公晶莹这么做，你有什么感受？
- 询问失恋者扮演者：如此处理失恋，作为主人公感觉如何？
- 这组同学这样处理失恋的方法如何，会造成什么影响？

● 讨论：面对失恋我们该怎么做？怎么回归到集体自然地相处呢？

结语： 同学们，失恋后长期处于不良情绪中，受伤最多的还是自己。因此，要正确分析失恋的原因，接受分手的现实，忘记该忘记的，记住该记住的，接受该接受的，改变能改变的。

5. 彼此回馈：爱的收获期（3 分钟）

活动目标： 以分享和歌曲的形式，来强化本节课的效果。

指导语： 经过这节课的学习，我们一起来谈谈这节课的感受和收获吧！

活动程序：

（1）学生回馈：在这节课里我有什么感受和收获？我最喜欢哪个活动，最不喜欢哪个活动？关于爱情我还有哪些感悟？最后，想对老师说点什么？

（2）教师回馈：感谢每一个小伙伴在活动中能够彼此支持、真诚分享，给大家带来很多收获，再次感谢大家！期待下一次活动我们能够继续学习和探讨其他话题！

（3）播放歌曲《暧昧》。

结语： 遗憾也是一种美丽，失恋也是一种学习，为了更好地遇见更好的自己和爱情。

（八）活动延伸

（1）爱情三角拼图游戏。每位同学领取爱情三角元素拼图（将激情、亲密、承诺三元素切割成爱心拼图），通过拼图体验各种感受，比如：完美的爱情需要模板，需要时间，仅有激情是不够的，需要为爱不断增强自身的能力等等。

（2）思考：为了遇见更美的爱情，我需要提升自己哪些爱的能力？

（九）效果评价

课后，教师对本节课的效果进行评价（如表 14－9 所示）。

表 14－9　高中学生性教育辅导课评价表

评价标准	具体要求	权重	评价			
			A（1.0）	B（0.8）	C（0.6）	D（0.4）
辅导目标达成	选题有针对性，对恋爱分手后可能出现的表现理解正确。	15				
设计思路清晰	环节设置紧扣主题，活动形式清晰有趣，活动形式生动活泼。	15				
活动过程氛围和谐	课堂氛围活跃积极，学生课堂参与度较高。	15				
	注重倾听、总结，对学生发言简洁到位。	15				
辅导技巧运用得当	在活动安排中，学生自觉遵守团体规范，现场活而不乱。	15				
辅导效果明显	引发学生思考失恋后的应对方式，促进学生合理应对恋爱分手。	25				

本章小结

1. 性教育是一种全面的教育。它包括性心理、性疾病预防、避孕、性文化、性道德及相关法律等知识教育，也包括对性和爱的认识、性别角色、亲密关系、家庭关系、两性交往等观念和技能的教育，还包括认识自己、决定能力、责任、义务、权利等知情选择的教育。同时，它是一个有计划的教育过程，旨在帮助青少年从中获取事实信息，形成积极的态度、信念、价值观，并发展相应的技能来应对人生中来自性的生物、心理、社会方面的挑战。

2. 性教育的相关理论有心理性欲发展理论、性别图式理论、整合理论。

3. 性教育的相关测量工具主要包括青春期性心理健康量表、性态度量表。

思考练习

1. 中小学性教育辅导的核心是什么?
2. 各学龄阶段性教育辅导的重点是什么?
3. 如何将性教育的相关理论和测量工具有效用于中小学心理健康辅导课?

第十五章
生命辅导

学习目标

1. 认识生命辅导的内涵。
2. 掌握生命辅导的课程设计目标和理念。
3. 掌握生命辅导的活动设计。

章节导读

意大利教育家蒙台梭利曾指出："教育的目的在于帮助生命力的正常发展，教育就是助长生命力发展的一切作为。"生命是教育的根本，教育是一项直观生命并以提高生命价值为目的的神圣事业，应予以生命独特的观照。我们需要对学生进行系统的生命教育。"生命教育"（life education）是一种全人教育，目的在于促进学生生理、心理、社会、灵性全面均衡的发展（邱惠君，2001）。生命教育从生命的终点——死亡开始，帮助学生探索与认识生命的终极意义与价值，克服对死亡的恐惧与焦虑，珍惜自己的生命，尊重他人生命，超越生命中的困难，提升生活品质，激发生命的潜能。

然而，生命教育的重要性需要生命教育课程的具体落实才能得以实现。从生命教育的本质来看，它具有渗透性、情景性和非连续性。生命教育是教育的一种存在形式，而非一种教育模式。但是我们如果只是口头上承诺生命教育要融入和渗透到学校教育的大背景中，这些"豪言壮语"在现实中就会落入"应试教育"的窠臼中，最终只会成为"空中楼阁"。因此，从现实观照来看，我们应该倡导理念为先，课程实施为主，学科渗透为辅。我国台湾地区自 1998 年开始重视生命教育，将生命教育规划成初、高中六年一贯的系列课程，并在许多学校进行推广。我国香港地区的公民教育多选择的是与生命题材相关的话题，以生命为主线，以爱为核心，使学生认识自我、肯定自我、实现自我。比如，中学公民课教材《爱与生命》，从青春期的烦恼切入，以一些微小常见的事例为例，告诉学生必要的生理知识，并客观地介绍一些敏感的生理话题，使学生认识自身、赞美身体的神奇和生命的伟大，引导他们认识生命的价值。可见，生命教育的真正实施需要生命教育课程作保证。

第一节 生命辅导概述

心理的健康成长与发展包括对自己的珍爱与对他人的珍爱。而这基于对生命意义的理解与尊重，因此生命辅导便成为心理健康教育的重要组成部分。

一、生命辅导的内涵

从价值观的取向而言，生命辅导是基于生命本质的教育，旨在回答我们该如何看待生命的问题。从实践的取向而言，生命辅导的关键在于如何将生命融入教育或者辅导之中。不同的取向，便形成了在回答生命辅导是什么的时候的不同视角：生命辅导是教育的元问题还是执行问题？不同的取向认为生命辅导的内容是不同的。

认为生命辅导是元问题的学者，将“生命”定位为“教育的基础”或教育的“原点”，认为生命辅导就是要依据生命的特征，遵循生命发展的原则，以学生自身潜在的生命基质为基础，通过选择优良的教育方式，唤醒生命意识，启迪精神世界，开发生命潜能，提升生命质量。这种取向关注生命的整体发展，旨在使学生成为充满生命活力并具有健全人格和智慧的人。冯建军称此为“生命化教育”，或者是“生命视野中的教育”。

认为生命辅导是教育的执行问题的学者，将生命辅导看作通过有目的、有计划、有组织的方式，教人认识生命、保护生命、珍爱生命，实现生命价值的活动。

综合来看，生命辅导应该基于对生命价值的理解，应该是教育的元问题，这样才能真正基于对生命的尊重去发展学生的内在独特性。但是，生命辅导同样是一项实践活动，应该在实践的过程中得以落实。因此，生命辅导的内涵是全人的教育辅导：基于对生命的尊重与理解，在教育实践中开展人与自己、与他人、与环境、与宇宙之间如何互动的课程，使人了解生命的意义、增进生活的智慧、展现生命的意义和永恒价值。

二、生命辅导的相关理论

（一）生活教育理论

生活教育理论由著名教育家陶行知先生创立，认为生活教育的三大基本命题是“生活即教育”“社会即学校”“教学做合一”。该理论着眼于人类社会的不断进步，以及人生过程的不断发展，不断克服自我、发展新我，其实质就是使教育与生活、教育与社会实际紧密联系，培养活生生的学生。这一思想强调，生命辅导的根本意义在于生活的变化、生活的改造，生活是生命辅导的源泉、中心与依据，蕴含着对教育的重建与对人的生命的尊重，提示我们应该格外重视对人和人类未来的关切、关注和关心。

（二）弗洛伊德的本能理论

弗洛伊德的本能理论认为，人有生本能和死本能。生本能（life instinct）表现为生存的、发展的一种本能，代表生命自身的进取性、建设性和创造性。死本能（death instinct）表现为生命发展的另一种对立力量，代表生命自身的破坏性、攻击性、自毁性。在弗洛伊德看来，生本能的目标在于建立更大的生命存在的统一体，并极力维护这种统一体的聚合、亲和；相反，死本能的目标在于破坏、分解或毁灭这种统一体（引自马欣川主编，2003）。死本能的存在使人们为了克服对死亡的恐惧和焦虑，或把死亡的真正面目压抑起来，或选择自毁和毁灭他人的方式进行宣泄。当它指向内部时，表现为自责、自杀或受虐等行为；当它指向个人外部，就会产生憎恨、侵犯和施虐等行为。大部分的儿童和青少年对死亡的感觉还是遥不可及，认为死亡是发生在别人身上的事情，因此死亡的真相经常被压抑。当遇到一些生活事件和挫折时，由于缺乏人生经验、解决问题能力差，他们就倾向于利用死亡作为逃避的手段。生命辅导的意义就在于通过积极的体验让儿童和青少年珍视生命，过上健康向上的生活，从而为社会释放出生命的巨大能量。

（三）生命意义论

弗兰克尔在他的意义疗法中对生命的意义进行了深刻的阐述，认为人对意义的寻求是其生命的初级动机，而不是本能驱力的二次合理化。这一意义是唯一的、特定的，它必须而且可以被人独自地实现。只有当这个意义实现时，个人追寻生命意义的愿望才能够得到满足。而人们可以用三种不同的方式来发现生命之意义：（1）进行某项工作或从事某种事业；（2）体验某种事情或面对某个人；（3）在忍受不可避免的苦难时采取某种态度。

三、生命辅导的相关测量工具

目前，国内外关于生命辅导的测量工具非常少，一般通过心理健康类测量工具、危机筛查类测量工具来了解学生对生命的认识和态度。

（一）自杀意念自评量表

自杀意念自评量表（Self-rating Idea of Suicide Scale，SIOSS）由夏朝云等于 2002 年编制，用于自杀意念筛查，具有良好的信度和效度。量表为是非题，共有 26 道，其维度包括绝望因子、乐观因子、睡眠因子、掩饰因子。得分越高代表自杀意念倾向越强烈，总分≥12 为筛选自杀倾向者的划界点，若掩饰因子得分≥4 则表示测量不可靠。

（二）心理健康诊断测验

心理健康诊断测验（Mental Health Diagnostic Test，MHT）由周步成于 1991 年在日本学者铃木清等人编制的不安倾向诊断测验的基础上修订而来。该测验有 100 个项目，分为 8 个内容量表：学习焦虑、对人焦虑、孤独倾向、自责倾向、过敏倾向、身体症状、恐惧倾向和冲动倾向。总分越高，表明心理健康状况越不好。

（三）中学生心理健康量表

中学生心理健康量表（MSSMHS）由王极盛和李焰于 1997 年编制，可以用于评估中学生的心理健康状况。该量表共有 60 个项目，包括 10 个分量表，分别为强迫症状、偏执、敌对、人际关系敏感、抑郁、焦虑、学习压力感、适应不良、情绪不稳定、心理不平衡。该量表既可以衡量受试者的整体心理健康状况，也可以拆分成各分量表来评估特定的心理健康问题。

四、国内外生命辅导的做法

（一）国外生命辅导的做法

从历史因素来说，20 世纪以来，伴随着科学技术的蓬勃发展，人们的物质生活得到不断的提升与改善。但是环境的压力越来越大，包括自然灾害、环境污染、资源枯竭。人们相应的征服欲也越来越膨胀，两次世界大战和不计其数的大大小小的局部战争、资源的掠夺与相互的残杀导致人类精神家园和生命尊严遭到践踏。因此，崇尚生命尊严、呼唤生命可贵、避免经济和生态上的各种灾祸、积极推进生命教育，越来越为有识之士所重视。

自 20 世纪下半叶以来，一些国家开始明确提出敬畏生命的道德教育。第一个倡导和践行生命辅导思想的人是美国的詹姆斯·唐纳德·华特士（James Donald Walters）。他于 1968 年在美国加州创建了“阿南达村”（Ananda Village）以及阿南达生活智慧学校，开始倡导和实践生命辅导。经过几十年的努力，生命辅导的理念逐渐被引入世界上的其他国家或地区。

从现实因素而言，生命辅导所直面的正是现代社会层出不穷的生命病理问题，如自杀、他杀、人身安全、艾滋病、吸毒、情绪障碍等。其中，自杀已经成为日益严重的公共卫生问题。因此，无论是从预防还是从发展角度来说，生命辅导都是教育的第一要义，是以人为本、尊重个体的真正内涵。

（二）国内生命辅导的做法

我国有关生命辅导的实践工作受到西方生命辅导实践的深远影响，国内的发展最先起步于港台地区。

香港天水围十八乡乡事委员会公益中学在 1996 年率先开展“生命教育课程”的探索。1999 年，香港“天主教教育委员会”推出“爱与生命教育系列”，除了为家庭生活教育提供素材与方法之外，也鼓励老师将这些内容融入相关科目的教学之中。1997 年，陈英豪在台湾率先提出“生命教育”的概念与愿景。同年底，台湾启动“生命教育实施计划”。1998 年，生命教育开始在台湾地区的中学全面展开。1999 年，南华大学举办了

“生命教育课程规划研讨会”，并委托实施“伦理教育”多年有成的台中市晓明女中来设计生命教育课程。他们将生命教育规划成初、高中六年一贯的系列课程，并在许多学校进行推广。2000 年，台湾成立“生命教育推动委员会”，并将 2001 年定为“生命教育年”。

在我国大陆或内地，叶澜（1997）最先开始关注“生命”与教育的内在关系，她主张“从更高的层次——生命的层次，用动态生成的观念，重新全面地认识课堂教学，构建新的课堂教学观，让课堂焕发出生命的活力”。从 20 世纪 90 年代开始，生命教育逐渐成为我国大陆或内地教育界、哲学界和社会学界共同关注的热点议题，并逐步开始具体的生命辅导实践工作。

五、生命辅导的方法

在中小学开展生命辅导，要处理好四层关系，把握好五大取向，凝聚好三种力量。

（一）处理好四层关系

生命辅导的核心理念是全人教育。从全人教育的观点来看，人活在天、人、物、我的关系中。生命辅导由微观到宏观，首先要处理好人与自己、与他人、与环境、与宇宙这四个层面的关系，教会学生以虔诚爱护的心与宇宙万物共存共荣，使之了解生命的意义、增进生活的智慧、展现生命的意义和永恒价值。

1. 人与自己：“知己”

“知己”即“做自己”，包括碰触自己、发现自己、找回自己、接受自己、转化自己、欣赏自己、肯定自己、鼓舞自己、赞美自己、爱护自己，进而挖掘自己。

2. 人与他人：“知人”

“知人”包括与他人和睦相处，关注群体伦理，关心弱势群体和个体。

3. 人与环境：“知物”

“知物”包括建立生命共同体，关注自然和人文环境的可持续发展。

4. 人与宇宙：“知天”

“知天”表现为灵性超越的历程，包括寻求永恒价值、找到生命归宿等。

（二）把握好五大取向

生命辅导在内容层面包括生理取向、心理取向、生涯取向、社会取向和死亡取向的辅导。

1. 生理取向的生命辅导

身体是生命的物质载体，人对于生命的思索首先在于了解自己的身体结构。因此，生理教育是生命辅导必不可少的一部分，旨在使学生懂得维护自己的身体健康。尤其是青少年，他们更需要生理教育来了解自己身体的巨大变化，从而适应心理的变化。

2. 心理取向的生命辅导

人类在长期适应环境的过程中产生了意识与心理，这是人的根本特征之一。保持心理的平衡，包括知情意行人格统整，这是个体发挥自我潜能、实现自己人生价值的基础。

3. 生涯取向的生命辅导

在生理和心理健康的基础上，在自我人生价值观、信仰的指导下，个体将通过社会实践来实现自己。

4. 社会取向的生命辅导

人是社会的人，需要与他人、自然、环境和谐共处，因此社会取向的生命辅导同样不可或缺。

5. 死亡取向的生命辅导

死亡是人生最大的失落，开展死亡教育的目的在于安抚悲伤情绪，使个体坦然面对和接受他人的死亡，更加体验到生之可贵，进而珍惜生命。

这五大方面缺一不可，完整地构成生命辅导的内容，真正地体现“全人教育”的理念，从而达成生理、心理、社会、灵性全面均衡发展的目的。

（三）凝聚好三种力量

生命辅导的实施需要学校、家庭、社会多种教育力量的共同参与。

1. 学校

从学校方面而言，学校对儿童青少年生命的发展具有主导的作用。学校应推行全方位的系统工程来鼓励和推进生命辅导工作的开展，包括生命辅导目标的确定与细化、生命辅导课程的开设与教材的编制、生命辅导师资的培育等。在具体课程设置上，以思想教育课为主体，在学科中渗透生命辅导；实施分享与体验的教学，使生命辅导触及灵魂；启发教师的生命关怀和生命智慧，实施生命化的教育；遵循儿童的天性，关注儿童的生活。

2. 家庭

从家庭方面而言，父母及主要监护人要协助做好生命辅导工作。一方面自身要接受和理解生命辅导的内涵，另一方面也要在生活中践行与发展生命辅导工作。生命辅导不只是针对儿童青少年的教育辅导，更是涉及对生命本身的尊重与理解，因此需要每一个人共同参与和践行。

3. 社会

从社会力量方面而言，需要重新理解和定义教育的本质问题，理解生命辅导的内涵是将对生命的尊重看作教育的元问题，并通过更多的社会认同来推动生命辅导工作。生命辅导更是一个实践的问题，因此就需要社会力量的多方协同参与。几乎在所有的国家和地区，生命辅导最初都是先由社会或宗教团体推动建立的。这其中，政府的支持和推动对于生命辅导的发展具有举足轻重的作用。在我国港台地区，父母、学校、企业界、出版界和政府已初步形成一套合作机制，共同推进生命辅导。

第二节 生命辅导课程设计与教法

在上节的阐述中，我们提到生命辅导是全人的教育辅导：基于对生命的尊重与理解，在教育实践中开展人与自己、与他人、与环境、与宇宙之间如何互动的课程，使人了解生命的意义、增进生活的智慧、展现生命的意义和永恒价值。基于此，我们构建了生命辅导的目标体系和内容体系。

一、教学目标

（一）宏观视角

从宏观上看，生命辅导课程的目标可以分为直接目标和终极目标。直接目标是认识生死、安抚悲伤、防范自杀、珍爱生命，培养学生爱护自己、尊重他人的态度，并提升其应对挫折的能力。终极目标是引导学生感受生命的喜悦与可贵，体验生命的意义，借由正确的价值观、豁达的人生观与自在的生活观，建构个人生命的内涵，提升生活的品质。

（二）微观视角

从微观上看，生命辅导课程要达到认知、情意、行为、价值四个层次的目标。

1. 认知

认知上，着重概念和知识的获得，包含的核心概念是认识、思考：认识和思考身体及生命的意义与价值，树立正确的人生观和价值观。

2. 情意

情意上，着重品德的陶冶，包含的核心概念是体验、共情：体验生命的可贵，欣赏并热爱生命。

3. 行为

行为上，着重技能的发展和动作的熟练，包含的核心概念是能力的培养、展现、规划：发展潜能，实现自我，积极应对挫折，增进人际交往技巧，体现社会关怀。

4. 价值

价值上，着重生命观的建立，包含的核心概念是省思：透过对生死的认知，以及相应的情感体验和行动过程，建立健康有价值的生命观。

目前我国以学生为主体的生命辅导可以划分为小学、初中和高中三个阶段，不同阶段的辅导重点和辅导方式各有所不同（如表 15－1 所示）。

表 15－1　不同学习阶段学生的生命辅导教学目标

学习阶段	教学目标
小学	帮助和引导学生初步了解自身的生长发育特点，初步树立正确的生命意识，养成健康的生活习惯。
初中	帮助和引导学生了解青春期生理、心理发展特点，掌握自我保护、应对灾难的基本技能，学会尊重生命、关怀生命、悦纳自我、接纳他人，养成健康良好的生活方式。
高中	帮助和引导学生形成科学合理的性生理、性道德观念，培养对婚姻、家庭的责任意识，学会用法律和其他合适的方法保护自己的合法权益，学会尊重他人、理解生命、热爱生命，提高保持健康、丰富精神生活的能力，培养积极的生活态度和人生观。

二、教学内容设计

根据生命辅导内涵的不同取向，借鉴我国台湾学者的思想及有关生命辅导的课程设计，结合我国的文化背景，生命辅导的内容可以分为六大模块，详见表 15－2。

表 15－2　生命辅导的教学内容设计

模块主题	教学内容
揭开死亡的神秘面纱	从生命的死亡开始，使学生正确认识死亡，建立正确面对死亡的态度，降低对死亡的恐惧和焦虑，理性分析对死亡的看法和情感，体验面对他人死亡时的情绪，进行悲伤辅导。
生命的历程	探讨生命的起源、个体的诞生、人的身体结构与功能、人的生理发展、衰老与死亡过程，使学生认识到生命是一个自然客观的产生、消亡过程，死亡是生命的一部分和必须面对的事实。
生命的乐章	使学生认识到人生的有限与短暂，体验生命的可贵，珍惜与尊重生命，肯定自己的生命价值，并思考自己的人生意义。
生命的挑战	使学生认识到疾病与灾难是人生的一部分，挫折对人是有益的，体验面临失落时的情绪表现，并接受自己的情绪反应，学会宣泄情绪的技能，有能力面对挫折并积极寻求帮助，解决困难。
自我与他我	使学生了解个体与他人、社会的共存关系，发现并学会欣赏他人的优点，了解尊重别人及彼此互助的重要性，认识群体的力量，发展人际交往技巧，关心爱护他人。
自我实现	使学生认识到自我的独特性与优点，自尊自信，了解自我潜能，进行自我生涯规划，并在工作中实现自我理想。

这六个模块从培养学生珍爱生命、体悟生之不易，到重视生命的意义与价值，再到

增进学生发展生涯，最终促进自我实现。各模块之间逻辑关系严密：由生命到个体，由抽象到具体，又由自我推至他人和社会，由内而外，由知到行，循序渐进，符合人的认识规律。

三、教学方法指导

（一）注重学生体验

生命辅导的课堂教学应该实现陶行知先生所倡导的充分解放学生的大脑、双手、嘴巴、眼睛等，使学生个体的生命体验融入课堂，通过积极参与讨论、思考、体验，使得尊重生命的理念真正内化到他们的思想观念中去。教师要以自己的生命体验与学生进行“心与心的交流”。只有学会合作，才能达到课堂教学的理想境界。在这种课堂教学中，“教师应摆脱课程设计者和目标执行人的角色，创造性地引发学生潜智潜能的多向发散；学生则以生命体验的融入而激活课程内容和知识结构，并赢得对课程知识有意义、有价值的深度构建”（张美云，2003）。

（二）注重学生的个体差异

生命辅导要见成效，必须注意学生的心理与社会发展历程。要以学生的经验为基础，了解其先前经验，提供与学生实际生活经验相近的教学内容，以及与其生命历程相近的价值观念。生命是属于个体的，每个学生的生活经历都是独特的，他对于生命现象的思考与认识也是独特的。所以教学中要重视个体差异，促进学生个性和创造性的发展。

（三）注重学生实践

生命辅导的目标不仅仅是使学生认识自己与其他生命的重要性，更要以行动去真正加以履行，热爱生命，实现生命价值。教师应该利用发生在学生自己身上或他人身上的、打破生活连续性的偶然事件对学生进行生命辅导。比如，教师可以组织学生参观一些抵制吸毒的展览，或者预防艾滋病的展览等；也可以组织学生进行野营等生命拓展活动；还可以让学生参观产房、婴儿室、手术室、安宁病房等，使学生了解生命的起源，体验生命的喜悦并理解生命的尊严。

（四）统整和衔接

1. 统整

生命辅导与学校道德教育、学校发展性辅导中的人格教育和生涯辅导之间有相当部分的重叠，教师在设计课程时应有所统整，并统合其他各学科，如语文、生物、健康等课程，使它们之间相互联系又各具特色，构建一套系统的生命辅导实践模式。

2. 衔接

为了配合个体社会化的过程，如果能配合九年义务教育循序渐进地实施生命辅导课程，将会达到更好的效果。

第三节 生命辅导课例与分析

一、小学生生命辅导课例与分析

(一) 课程名称、对象和时间

主题名称：生命的蜘蛛网。

适用对象：六年级学生。

上课时间：45 分钟。

(二) 辅导策略

采用认知行为辅导策略，为学生创设一种环境，尽可能强化学生的合适行为，消除不合适行为。教学过程如下：首先选择终点行为，即教学目标，越具体越好，如刺激“挫折”和反应“寻找亲友帮助”之间形成联结。其次，了解学生的起点行为，即目前能做什么、已经知道什么，如有没有关于挫折的体验、有没有接触挫折应对知识。再次，步调划分，就是将知识划分成若干小步，步子的大小因学生的能力而异，如将挫折相关知识划分为挫折的类型、应对的方式、联结过程。最后，呈现小步任务给学生，对学生在每一小步上的反应予以反馈和强化，直到学生达到教学目标为止。在怎样培养学习动机上，行为学习理论偏向于刺激的作用，并必须以强化（直接强化、替代强化、自我强化、负强化）或者惩罚来保持或消除某种行为。要重视塑造正确行为（问题解决）和矫正行为偏差（逃避、推脱）。

(三) 教学目标

(1) 引导学生面对挫折，了解挫折是人生必经的历程。

(2) 协助学生了解遇见挫折时可求助的渠道。

(3) 协助学生选择应对挫折的方式。

(四) 理论分析

由于社会发展迅速，价值取向多元，儿童的生命教育问题日益突出。儿童对生命现象和生命发生发展规律缺乏认识，很难真正意识到生命的唯一性和不可逆转性，对生命的终结——死亡概念模糊，或对死亡缺乏应有的畏惧感，或表现得无动于衷。小学生遭遇学业、人际交往等外在压力时，会感受到很大的挫折感和挫败感。如果外界的消极影响不能被消除或得到有效抵制，他们就会出现各种消极意识和心理问题，影响其以后的健康发展。同时，小学生的可塑性较强，在小学阶段对儿童进行积极的挫折教育，可使之初步了解和掌握面对挫折时可以寻求的资源和应对方式，增强其耐挫力，提升其生命力，为今后走向社会、学会独立生存打下坚实的心理基础。

（五）学情分析

六年级的学生即将步入或已经步入青春期，其身体发育进入相对快速的时期，但心理发展并未同步跟上。由于心理承受能力低，依赖性强，当遭遇学业、人际方面的不良评价时，他们很容易产生挫折感，出现负性情绪，并采取消极的防卫方式来应对挫折，从而导致不安全的行为反应，比如破坏、攻击等过激行为，有些甚至出现自杀举动。

（六）教学资源

（1）教学工具或材料：课件、蜘蛛网的图片、学习单等。

（2）教学设备或场地：活动教室，学生按 6～8 人一组排好位置。

（七）教学活动

1. 暖身活动：趣味猜谜（5 分钟）

活动目标：激发学生兴趣，使之愉悦地进入课堂，自然导入主题。

指导语：今天我们的主角是谁呢？请同学们根据老师的暗示猜出它吧！

活动程序：

（1）教师逐一向学生展示谜语，让学生猜一猜：是一种动物；生活在陆地上；会爬；雌的大过雄的；大部分女生会怕；会捕捉蚊子与苍蝇；外表黑黑的；有八只脚；会出现在屋子的墙角；会结网。

（2）学生猜出谜底后，一起欣赏蜘蛛网的各种妙用：当它被大风一吹，你会有什么感觉呢？学生可能感觉它摇摇欲坠，也可能感觉它很快会被蜘蛛修好。教师将之连接到生命蜘蛛网。

结语：蜘蛛网很了不起，可以让蜘蛛牢牢地住在里面，还可以帮蜘蛛捕捉食物。它虽然飘逸，但也坚强，真了不起。我们的生命也会有这样一张神奇的蜘蛛网。

2. 生命中的“大风吹”（20 分钟）

活动目标：让学生了解挫折是人生必经的历程，并协助其选择应对挫折的方法。

指导语：一起接着回顾一下生命中的“大风吹”，当我们努力编织美丽的生命线时，却发现时不时地有挫折袭来。六年级的小文就经常遭受挫折，请你也来猜猜他在生活中可能会遇到哪些挫折吧！

活动程序：

（1）创设情境：小文是一个六年级的学生，大家想想看，他在生活中可能会遇到哪些挫折（老师举例：考试失败）。每组讨论提出一个最具代表性或最特别的挫折，并将其写在纸条上交给老师。

（2）各组互换挫折事件，并讨论：如果你是小文，当你面对这个挫折时，你会怎么办？朝“情绪舒缓”和“问题解决”这两个方向来收集应对挫折的方法（如表 15－3 所示）。

表 15-3　应对挫折的两种方法示例

挫折事件	情绪舒缓的方法	问题解决的方法
考试失败	• 换一种角度：这也是一种意志力的锻炼。 • 阿 Q 一下：我不是最差的那个！这是暂时的，我还有机会！这是老师的错，没教好！	• 找出不懂的地方，接着询问老师和同学。 • 制订学习计划。 • 寻找提高成绩的方法，如先做简单的题，再做难题……

(3) 各组轮流呈现讨论结果（记录于黑板上），老师在负面的方法（例如怪罪老师的归因方式）旁做记号，然后帮助学生澄清这是不是合适的应对方法，以及有没有更好的方法。

结语： 同学们提到的这些方法可真棒，可以把生命中的蜘蛛网变得更稳固！

3. 生命中的蜘蛛网（15 分钟）

活动目标： 协助学生了解遇见挫折时可以求助的渠道。

指导语： 其实，让生命中的蜘蛛网变得更牢固的，除了我们自己，不要忘记还有很多其他人。生命蜘蛛网（如图 15-1 所示）上面有很多的网格，当你面对挫折的时候，你会愿意找谁来拉你一把？也许是你的妈妈、兄弟姐妹……

图 15-1　生命蜘蛛网

活动程序：

(1) 让学生想想自己生命蜘蛛网上有哪些朋友、亲人，最内圈的是自己有挫折时最先想找的人，最外圈的是较少会找的人。

(2) 写完后老师请学生看看自己的蜘蛛网上的最内圈都填了哪些人，并请学生分享寻求这些人帮助的经验。

结语： 感谢生命中的这些重要他人，当我们走不下去的时候，能提供一些支援，愿意轻轻地拉我们一把。也感谢自己发出求助的信号，有勇气去面对，事情总会有解决的时候。

4. 彼此回馈（5 分钟）

活动目标： 师生回馈，升华主题，强化辅导效果。

活动程序：

(1) 教师请学生拿出一张小便笺写下对这堂课的感受。

(2) 写好后，组内进行分享。

结语： 感谢每位同学如此真诚地分享自己的挫折经历和应对的方法，并在积极的讨论中得出宝贵的经验。期待下一节课我们进行更多的交流与分享，谢谢大家！

（八）课后延伸：迷宫大作战

游戏规则： 人生不可能一帆风顺，不是路路都通，但总有一条路是对的，不信你来试试“迷宫大作战”（如图 15－2 所示）。挑战下自己需要走多久才能找到走出迷宫的正确的路！

图 15－2　迷宫大作战

（九）效果评价

课后，教师对本节课的效果进行评价（如表 15－4 所示）。

表 15－4　小学生生命辅导课评价表

评价标准	具体要求	权重	评价			
			A（1.0）	B（0.8）	C（0.6）	D（0.4）
辅导目标达成	选题符合学生年龄特征，让学生在生动有趣的氛围中理解像蜘蛛网一样的应对挫折的方法。	15				
活动过程氛围和谐	讨论中对学生偏离主题的发言进行妥善引导。	15				
	小组认真互动，全班分享有启发性，发言有真情实感。	15				
辅导技巧运用得当	学生学会用求助的方式解决问题。	15				
	注重倾听、关注、共情、重述、具体化等技巧的使用。	20				
辅导效果明显	鼓励学生用积极的态度面对生活中的挫折。	20				

二、初中学生生命辅导课例与分析

（一）课程名称、对象和时间

主题名称： 我的生命复原力。
适用对象： 初三学生。
上课时间： 45 分钟。

（二）辅导策略

采用认知辅导策略，教师应特别关注学生头脑内部所发生的事，把学习看作大脑对信息进行加工的过程，认识到学习由接收、短期存储、编码、长期存储以及提取信息等几部分构成。教师应关注挫折知识的认知结构或其产生和消失的系统，关注建立挫折体验和应对的过程，并认识到教学不是传递挫折知识，而是学生积极主动地获取应对挫折、恢复乐观心态的技能。教学中，教师应强调学生是一个积极的信息加工者——他们积极地选择、注意，积极地组织已经知道的信息，积极地寻求相关信息来解决问题。教师要为学生创造良好的条件以激发学生的学习动机，并提供合理的学习策略。鼓励学生自我观察，进行内部对话，促进学生学会在应对挫折时调整认知，运用冥想赋能等方式增强复原力，以积极的心态面对自己生命中的各种挫折。

（三）教学目标

（1）创设挫折情境，帮助学生感受并发现自我心理复原力。

（2）借用冥想技术，帮助学生学会提升心理复原力的方法和技能。

（3）提升学生的挫折应对能力，使之形成积极乐观的人生观和价值观。

（四）理论分析

挫折是一种客观的条件或状态，这种条件或状态阻挠了个体预设目标的实现或干扰了正在进行的事。挫折有积极作用，也有消极作用。不同的个体会产生不同的反应，也存在不同的心理复原力。高心理复原的人能积极地应对挫折，改变环境，恢复身心状态，甚至达到更好的健康和幸福状态。冥想技术可以唤醒学生的挫折体验，帮助学生察觉复原力，用更多积极的心态引导自身的行为，从而提升应对挫折的能力，形成积极乐观的人生观和价值观。

（五）学情分析

青少年正处在“自我同一性的危机”中，往往较易产生以下心理矛盾：思维的独立性、批判性、创造性与看问题的片面性、主观性、偏激性的矛盾；好奇、敏感、争强好胜与感情脆弱、缺乏意志力的矛盾；自我意识的觉醒、成人感的确立与缺乏生活处理能力的矛盾；生理上迅速发展与心理发展滞后的矛盾；憧憬未来、富于想象力与知识贫乏、缺乏判别是非能力的矛盾。面对这些矛盾，青少年很容易遭遇想象性及实质性挫折。因此，培养学生的抗挫折能力是心理健康教育中的必要课程。人本主义心理学认为，每个人都有积极的、奋发向上的、自我肯定的、无限成长的潜能。因此，帮助学生察觉和增强自我心理复原力是积极心理学视角下培养学生抗挫能力的新途径。

（六）教学资源

（1）教学工具或材料：幻灯片、图片和音乐、绘画纸、彩笔、学习单、魔力球（也称减压球）等。

（2）教学设置或场地：活动教室，学生按6～8人一组排好位置。

（七）教学活动

1. 暖身活动：捏捏乐（5分钟）

活动目标：借由游戏吸引学生注意力，激发兴趣，营造轻松的课堂气氛，自然导入主题。

指导语：老师给大家带来一个魔力球，一起来玩捏捏乐的游戏，请大家准备好！

活动程序：

（1）将准备好的魔力球派发给每个学生，演示将球置于手心，手指握紧松开为捏一次，要求在1分钟之内使劲地捏，并为自己数数，看看谁捏的次数最多。

（2）1分钟体验结束后，分享活动感受，同时引导学生关注魔力球有什么变化。

结语：魔力球的弹力无限，无论我们怎么捏，它都会悄悄地复原，好像什么都没发生，继续迎接我们的下一次挑战。其实，在我们面对挫折时，我们身上也有这样的复原力，它悄悄地存在，默默地起作用，让我们保持或恢复良好的状态。今天让我们一起去寻找和提升心理复原力，更好地应对生活和学习中的挫折。

2. 复原初体验（20分钟）

活动目标：创设情境引导学生体验挫折，归纳并整合应对挫折的方法，让学生在知识层面了解如何提高应对挫折的能力，为下一个环节做好铺垫。

指导语：有人说，我们的人生就是一条波澜起伏的曲线，因为我们每个人的生活都不是一帆风顺的，每个人都经历过各种各样的挫折。那接下来的时间里，请大家闭上眼睛，跟着老师的指导语，去回顾一下自己成长中经历过的那些挫折。

活动程序：

（1）教师带领学生放松身体，进入冥想状态：回想自己曾经经历的挫折，它可能是被信任的朋友辜负了，可能是拼尽全力却考砸了，可能是被排挤的那份孤独，可能是爸妈无休止的争吵，可能是最亲的人离开了……是的，那一刻，我们遇到压力、挫折、困难，我们感到无助、伤心、难过、孤独、压抑……

（2）请学生根据回忆记录自己的感受，同时，鼓励和引导学生进行分享并给予共情，并归纳出前后不同的情绪变化正是复原力在起作用。

在这些挫折中，印象最深的一次是________。
在那段时间，心情是________________，现在的心情是________________。

（3）带领学生结合所记录的内容继续探讨自己是如何从挫折情境中一步一步走出来的，进一步挖掘自己身上天然的复原力。

当时我花了多久的时间才从挫折中复原？________________
在想法和行为上分别做了哪些调整？________________

（4）组长组织分享走出挫折的方法，做好记录并做汇总发言，教师逐一归纳出高复原力的人的特质。

结语：虽然我们身上有一定的天然复原力，并且我们会发现有些同学复原的时间很短，有些同学复原的时间要长一些，但是我们的复原力还是可以通过我们的学习而变得更为强大的。

3. 提升复原力（15 分钟）

活动目标：借用冥想技术进行内化，帮助学生提升心理复原力，挖掘学生以积极的心态应对挫折的潜能。

指导语：刚才我们总结了复原力高的人的特质，现在让我们通过对这些特质的提炼和内化，来提升我们的复原力。

活动程序：

(1) 请学生稍做思考：当再次面对挫折的时候，你会用什么方法来应对，又会用上哪些新方法？请把应对方式写在便笺上，并将其放入魔力球网线内。

(2) 教师带着学生做冥想练习，通过冥想暗示的作用帮助学生感受复原力在体内聚集、生发，最终变得稳定有力。冥想指导语改编自意向对话咨询流派代表孙新兰博士的一段冥想指导语。

> 在接下来的时间里，请保持安静，用你的双手紧紧地握着这个魔力球，靠着椅背，调整坐姿，挺直腰板，闭上眼睛，用心去体验。请认真地回想一下刚才你细心写在纸条上的那些巧妙的方法，是的，这些方法就是前面的挫折带给我们的力量、带给我们的成长，试着接纳和感谢这份挫折。是的，这些方法现在又为我们重新注入了更为强大的复原力，让我们一起来感受它的力量。这股力量从球心慢慢地传递出来，随着你的手臂传递到你的头部，让你的头部更加地灵动、更加有想法；你深深地感受到这股力量，它又流向了你的胸口，像一股暖流注入你的心田，让你觉得温暖而静谧；现在这股力量又开始流向你的腹部，让你觉得暖暖的、热热的，再去感受一下这种感觉；然后这股力量又流向你的双腿，让你扎根于地面，让你感觉特别扎实和有力。
>
> 现在请你从上到下扫描一下你的身体，这股力量在你身体的哪个部位最为强烈，它看起来像什么，带给你怎样的感受，有什么话要跟你说吗？你可以停下来，跟它好好待一会儿。
>
> 很好，同学们，我们的人生曲线还在继续，挫折还会不约而至。此时的你，会对挫折说些什么，会对自己说些什么？当你全神贯注地说出这句话，你有怎样的感受呢？请默默地记住这句话和它带给你的感受。当我从 1 数到 5 的时候，请同学们慢慢地睁开眼睛，回到课堂中来。

(3) 冥想结束，邀请学生分享自己的成长与收获。

结语：老师感受到每一位同学的魔力球里都充满了复原力，带给大家稳定而强大的心境。

4. 彼此回馈，歌声寄语（5 分钟）

活动目标：教师寄语，并用励志歌曲升华主题，强化辅导效果。

活动程序：

(1) 学生回馈：在这个活动中，我最喜欢的环节是什么？我本来理解的心理复原力是什么？老师关于复原力的理解是什么？关于复原力，我还想说点什么？我想对老师说点什么？

(2) **教师回馈**：感谢同学们在冥想环节能够全然地做到信任，交由老师带领大家一起去感受生命的复原力！

(3) **播放歌曲《我相信》，教师寄语**：人生就如一条曲线，不管我们跌到怎样的低谷中，相信总会峰回路转，相信我们的潜力无限，让我们与挫折一起成长！谢谢同学们的参与！

（八）活动延伸

以“假如有一天你遭遇挫折，生命复原力一定回来解救你的！”为开头写一封信给未来的自己。

（九）效果评价

课后，教师对本节课的效果进行评价（如表 15－5 所示）。

表 15－5　初中学生生命辅导课评价表

评价标准	具体要求	权重	评价			
			A (1.0)	B (0.8)	C (0.6)	D (0.4)
辅导目标达成	课程整体新奇有趣，实施过程表达生动，激发想象和感知结合。	15				
活动过程氛围和谐	催化团体创造性思考如何复原，学生参与度高。	15				
	高度尊重学生，教态、语言有亲和力。	15				
辅导技巧运用得当	对辅导主题及核心概念理解正确，教会学生用冥想技术放松缓解压力。	15				
	学生体验到挫折前后的情绪变化。	20				
辅导效果明显	学生把课堂所学迁移到生活中。	20				

三、高中学生生命辅导课例与分析

（一）课程名称、对象和时间

主题名称：生命长宽高。
适用对象：高一学生。
上课时间：45 分钟。

（二）辅导策略

采用人本主义辅导策略，强调学生自主学习、自主建构知识意义，强调协作学习，重视学生的自我发展，强调发掘学生的创造潜能，强调情感教育。教学中教师应注意以下几点：(1) 以学生为中心，鼓励学生积极主动地学习关于生命状态的知识。(2) 让学生保持和产生对生命价值的好奇心，以自己的兴趣为导向去探究任何未知领域（生命的长宽高，以及不同情境下可能的选择)，意识到一切事物都是变化的、发展的。(3) 教师仅仅是学生学习的促进者，其首要任务不是教而是促，允许学生自由学习和满足自己的好奇心。(4) 教育目标是培养学生学会学习，从而达到自我实现。通过整个课程，让学生探索和体验不同的生命状态，形成积极的生命观，在生活中持续追求自己的人生价值。

(三) 教学目标

(1) 让学生感受不同的生命状态，认识生命的长度。

(2) 协助学生确定生命的成长主题，展示生命的美好价值。

(3) 协助学生理解生命，珍爱生命，提高健康精神生活的能力，培养积极的生命态度和人生观。

(四) 理论分析

1968 年美国学者詹姆斯·唐纳德·华特士首次提出生命教育，此后在世界范围内引起广泛关注。生命教育包括三方面的内容：珍重生命的教育、生命价值的教育及生命安全的教育。因此，在实施生命教育过程中，不仅要教会青少年珍爱生命，更要启发青少年完整理解生命的意义，感受生命的美好，积极创造生命的价值。

(五) 学情分析

高中生处于人格塑造的关键期，他们要面临升学、交友等诸多人生选择，各种身心矛盾和心理诉求，使其经常体验到失望、痛苦、悲伤、愤怒等负性情绪和严重的不满足感、挫折感，而他们的心理不成熟，缺乏应对挫折的能力和技巧，因此容易出现心理危机。缺乏生命教育使得学生生命意识薄弱，生存适应力差，无法体会到自己人生的价值，找寻不到人生的方向，在遭遇挫折时往往会选择极端方式伤害自己或他人。

(六) 教学资源

(1) 教学工具或材料：故事材料、幻灯片、图片和音乐、生命年轮卡、彩笔等。

(2) 教学设备或场地：活动教室，学生按 6～8 人一组排好位置。

(七) 教学活动

1. 暖身活动：猜谜语（5 分钟）

活动目标：利用谜语吸引学生注意力，激发兴趣，营造气氛，并由生命形状的猜想自然引出主题。

指导语：今天老师带来一则谜语，请同学们猜猜看。听完谜面看看哪位同学最快猜出。

活动程序：

（1）教师用谜语导入：有一样东西，无论你是富人还是穷人，无论你是权倾天下者还是一介平民，你只能拥有一次，它是什么？看看哪个同学最快猜出。（答案是生命。）

（2）教师继续引导：那么假如生命是有形状的，会是什么形状呢？为什么？

结语：生命是一个过程，有长有短。同样长度的人生，它的生命内容是不一样的，所达到的人生高度也是不一样的。生命是立体的，有自己独特的长宽高。今天我们就来谈谈生命这个话题。

2. 生命初体验（20 分钟）

活动目标：通过"长生不老药""命运呼叫转移"活动让学生感悟生命长度，体会在同一种命运遭遇下，不同的人可以选择不同的生活方式，形成积极乐观的生命态度。

指导语：接下来让我们一起通过"长生不老药"和"命运呼叫转移"两个活动来感受生命的长度。

活动程序：

教师设置两个情境让学生感受生命的长度。

（1）第一个情境：长生不老药。

播报新闻：科学家声称研制出一种"长生不老药"，2 年内将上市。这种药可以极大地延长人的寿命。播报完后，引导学生思考：如果真的有这样的长生不老药，并且没有副作用，有人将它作为礼物送给你，你会服用吗？让学生稍做思考后举手表决，并谈谈自己的看法。

教师小结：生命的长度很重要，是一切活动的前提。当然，人们不会只满足活着这个状态，从马斯洛的需要层次理论而言，人们渴望自我实现，让生命有价值。

（2）第二个情境：命运呼叫转移。

第一步：让学生闭上眼睛感受如下生命状态：你生活穷困潦倒，被心爱的人抛弃，感情受伤，医生还告诉你，你身患绝症，剩下不到两年的时间……你将会采取什么样的生活态度？你打算如何度过余下的日子？

第二步：请组长组织讨论，来描述可能有的情绪/行为表现等，并代表小组做汇报。教师运用辅导技巧对学生的汇报结果进行反馈。

第三步：播放视频《Doy 妈妈的故事》，告诉学生这个命运情境是一个真实的故事。视频梗概如下：一个叫 Doy 的女人，穷困潦倒，被丈夫抛弃，生有重病。她有三个收养的孩子，分别是父母离异的 Kitty，小儿麻痹症患者 Max，偷盗成性的 Tommy。视频中有很多一家人生活很开心的场景。面对还剩不到两年的生命，Doy 妈妈觉得自己很幸运："两年，能做多少事情！"

第四步：学生分享视频观后感：与我设想的生命状态有何不同？我有什么感受？

结语：即使是面对无法抗拒的命运，你仍然可以积极乐观地面对，体会到创造生命价值的充实和快乐。

3. 生命年轮圈（15 分钟）

活动目标：感悟自我生命的价值，努力展示自己生命的宽度和高度，外化于生命年轮，内化于心。

指导语：生命的美好存在于我们过去、现在和将来的每一个日子里。接下来老师将给每个人发放一个生命年轮圈，我们一起来探索自己生命的价值和意义。

活动程序：

（1）教师将准备好的同心圆发放给学生，让学生在同心圆上标注年龄，一圈代表一岁，也可以代表某个年龄阶段，最内圈代表年龄最小，越往外，代表年龄越大。

（2）引导学生按照时间顺序静静回忆过去，包括这一年发生了哪些事，遇见了哪些人，哪些人、哪些事对于自己的影响最大，并用一个词或几个关键词来概括这一年，如此依次确定每一年的成长主题。也可以往前扩展几年，根据将来这几年可能想要的人生路径来确定成长主题。

（3）根据成长的主题和自己的理解为每个年轮涂上不同的颜色，还可以根据自己的喜好做一些装饰，让自己的年轮看起来更漂亮，并为自己的年轮命名。

（4）邀请部分同学分享讲解自己的生命年轮，谈谈活动感受。

结语：每一段岁月都是闪闪发光的钻石，都是生命宝贵的财富。每一个生命都是独一无二、精彩无比的，它掌握在我们自己手中。

4. 歌声寄语（5分钟）

活动目标：渲染氛围，升华主题，强化效果，结束课堂。

活动程序：

（1）播放歌曲《怒放的生命》，并配以生命图文视频。

（2）教师寄语：希望大家能够珍惜生命中的每段时光，以积极乐观的态度面对人生，享受创造生命价值的充实和快乐，走出最美丽的生命形状！

（八）活动延伸

小组做成一个生命年轮拼盘，并谈一谈当生命遇见生命时会碰撞出怎样的光芒。

（九）效果评价

课后，教师对本节课的效果进行评价（如表15-6所示）。

表15-6　高中学生生命辅导课评价表

评价标准	具体要求	权重	评价			
			A（1.0）	B（0.8）	C（0.6）	D（0.4）
辅导目标达成	选题有针对性，符合学生年龄特征。	15				
活动过程氛围和谐	小组认真互动，全班分享有启发性，发言有真情实感。	15				
	注意适时引导，对学生发言的回应简洁又比较到位。	15				

续表

评价标准	具体要求	权重	评价			
			A（1.0）	B（0.8）	C（0.6）	D（0.4）
辅导技巧运用得当	让学生从谜语、活动、视频三方面层层深入了解主题思想。	15				
	帮助学生学会用生命长度、宽度和高度评价不同的生命状态。	20				
辅导效果明显	学生尝试用积极的行动追求更长、更宽、更高的生活。	20				

本章小结

1. 生命教育辅导是全人的教育辅导：基于对生命的尊重与理解，在教育实践中开展人与自己、与他人、与环境、与宇宙之间如何互动的课程，使人了解生命的意义、增进生活的智慧、展现生命的意义和永恒价值。

2. 生命辅导的相关理论有生活教育理论、弗洛伊德的本能理论、生命意义论。

3. 生命辅导的相关测量工具主要包括自杀意念自评量表、心理健康诊断测验、中学生心理健康量表。

思考练习

1. 中小学生命辅导的核心是什么？
2. 各学龄阶段生命辅导的重点是什么？
3. 如何将生命辅导的相关理论和测量工具有效用于中小学心理健康辅导课？

第十六章

生涯辅导

学习目标

1. 学会区分生涯辅导的几个重要概念。
2. 了解生涯辅导的重要理论。
3. 掌握生涯辅导的基本方法。

章节导读

商业哲学家吉姆·罗恩：如果你不对自己的人生进行规划，你将可能落入别人的规划之中。猜猜他们可能为你规划了什么？不多！

投资大师沃伦·巴菲特：我和你没有什么差别。如果你一定要找一个差别，那可能就是我每天有机会做我最爱的工作。如果你要我给你忠告，这是我能给你的最好忠告了。

作家威廉·福克纳：不要竭尽全力去和你的同僚竞争。你应该在乎的是，你要比现在的你强。

企业家李开复：只有一个人能告诉你人生的目标是什么，那个人就是你自己。只有一个地方能找到你的目标，那就是你心里。

科学家屠呦呦：梦想很轻，却因此拥有了飞向蓝天的力量。科研的道路不会很轻松，要做艰苦的努力，要坚持不懈、反复实践，关键是要有信心、有决心把任务完成。

从各个领域的成功人士的成功经验中，我们可总结出：一个人唯有知己知彼，明确生涯方向，才有可能实现人生的成功。如果你不清楚自己要往哪里去，那么去哪里都一样。在青少年时期，需要为你的生涯方向做大胆的尝试和探索。

第一节　生涯辅导概述

一、生涯辅导的内涵

生涯，在狭义上被更多地解读成“职业生涯”，包括职业认知、理解、选择、发展等方面。从广义上看，生涯贯穿人的一生，包含生活中所扮演的各种角色，所以也包含对生活中各种角色的思考和调整。在学校的生涯辅导中，需要兼顾生涯狭义和广义的部分，以探索未来职业路径为主线，同时关注学生的个性发展特点，帮助学生获得终生的幸福。

生涯辅导（career guidance）是协助个体认识实际的工作世界并探索自己可能的发展形态，以便做出较佳的抉择、规划与准备，使个体在各阶段都过得满足，从而达到自我实现的过程。生涯辅导是伴随着生涯心理学理念的变化而不断发展的，因此对现有的生涯心理学思想进行梳理能让我们更好地了解怎样进行生涯辅导。

二、生涯辅导的相关理论

在生涯辅导相关理论中，包括职业心理和生涯心理两种模式。

（一）职业心理模式

职业心理模式最典型的就是“人-职”匹配模式。持这一观点的研究者认为个体的能力、兴趣与大千世界的职业机会可以一一匹配，匹配一旦完成，个体的职业选择问题就迎刃而解了。根据这个理论思想，萌生出了一系列的职业测评——兴趣问卷（如库特职业兴趣调查表）、能力测验（吉晋氏能力调查表）等。我们熟悉的霍兰德生涯人格理论就是该模式的典型范例。霍兰德认为职业选择是人格的一种表现，某一类的职业通常会吸引具有相同特质的人。这种人格特质反映在职业上，就是职业兴趣。根据职业兴趣，霍兰德将劳动者分为 6 种类型，分别是实际型（R）、研究型（I）、艺术型（A）、社会型（S）、管理型（E）和事务型（C）。

（二）生涯心理模式

生涯心理模式最典型的就是“职-人”建构模式，持这一观点的研究者认为个体无法控制的社会环境对生涯选择有着显著的影响，个人的主要任务是发展有效应对环境的技能。因此学生的职业兴趣不是天生的，而是环境建构的。这种模式以舒伯（Donald Super）的相关研究为典型。舒伯认为个人在发展历程中，随着年龄的增长会扮演不同的角色，所以生涯既有横贯一生的生活广度，也有纵观上下的生活空间。舒伯用一张“生涯彩虹图”把这种想法直观地表现了出来（如图 16－1 所示）。这一模式发展到后来，研究者们开始考虑将“职-人”建构模式和“人-职”匹配模式进行整合，形成“职-人-职”匹配模式。这种模式的核心观点包括：（1）尽管个体的自我概念会随着对现实看法的变化而变化，但总的来说自我概念会随着个体发展越来越清晰；（2）个体逐步对职业世界形成职业概念，并且把这种职业概念与他们的自我意向进行比较，做出生涯决策；（3）个体做出的最终生涯决策的合适性，取决于其自我概念与其职业生涯概念之间的相似程度。

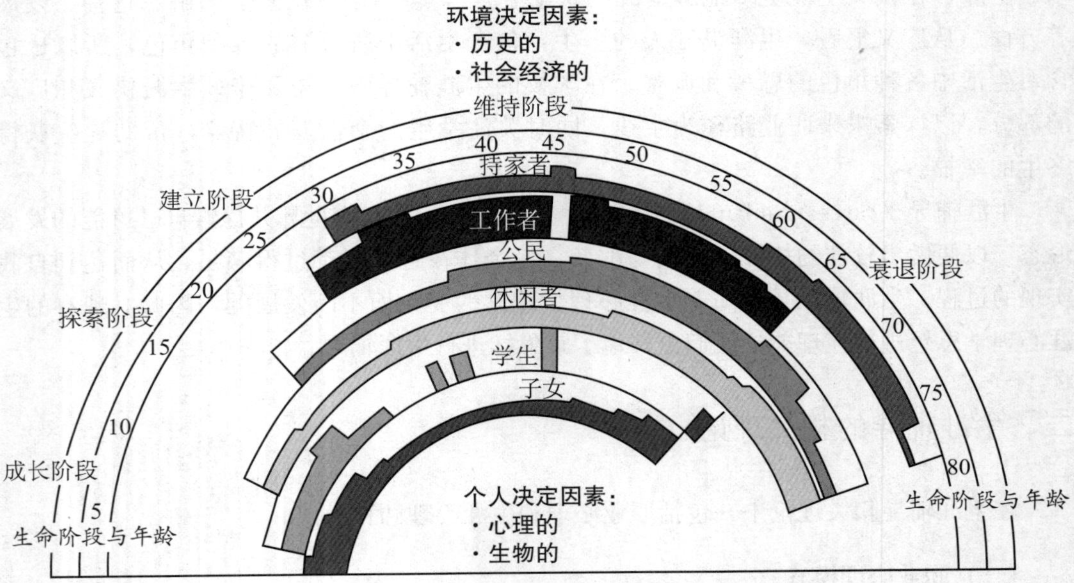

图 16－1　舒伯的生涯彩虹图

三、生涯辅导的相关测量工具

比较常见的生涯辅导相关测量工具有霍兰德职业兴趣测试量表和迈尔斯-布里格斯类型指标、生涯成熟度问卷。下面分别介绍这三个测量工具的具体内容。

（一）霍兰德职业兴趣测试量表

霍兰德职业兴趣测试量表将劳动者分为 6 种类型，分别是实际型（R）、研究型（I）、艺术型（A）、社会型（S）、管理型（E）和事务型（C）。每种类型都对应喜欢或适合的工作种类。人们可以通过测量了解自己的职业兴趣，并匹配合适的职业目标。六种职业兴趣的详细解释如表 16－1 所示。

（二）迈尔斯-布里格斯类型指标（MBTI）

迈尔斯-布里格斯类型指标（MBTI）是由美国心理学家凯瑟琳·布里格斯和她的女儿伊莎贝尔·布里格斯·迈尔斯编制的。

表 16-1 六种职业兴趣的描述

类型	特质	喜欢/适合的工作	喜欢的环境	代表人物
实际型（R）：机械劳动与操作的钟情者	顺从、坦率、谦虚、自然、坚毅、实际、害羞、稳健、节俭	机械工程师、电子工程师、设备维修师、农艺工作者、建筑师等	喜欢在讲求实际、需要动手的环境中从事明确固定的工作，依既定的规则一步一步地制造完成有实际用途的物品。对机械与工具等较有兴趣，生活上亦以实用为重，看重眼前的事多于对未来的想象，比较喜欢独自做事。	乔布斯、贝尔等
研究型（I）：抽象问题的分析与解决者	谨慎、好奇、独立、内向、精确、理性、保守、好学、自信	工程师、化学家、数学家、医生、科学研究员、天文星象学家、精算系统设计师等	喜欢依自己的步调来解决问题，并追根究底，不喜欢别人给予指引，工作时也不喜欢有很多的规矩和时间压力。做事时能提出新的想法和策略，但对实际解决问题的细节较无兴趣。不在乎别人的看法，喜欢和有相同兴趣或专业的人讨论，否则还不如自己看书和思考。	居里夫人、屠呦呦等
艺术型（A）：创新、创意的生产者	复杂、有想象力、冲动、独立、相信直觉、有创意、理想化、情绪化、感情丰富、不重秩序、不服权威、不重实际	作曲家、作家、设计师、舞蹈家、创意总监、戏剧表演者、媒体工作者等	希望借助文字、声音、色彩的形式来表达创造力和对美的感受。喜欢独立作业，但不要被忽略；在无拘无束的环境下工作效率最高，不喜欢管人和被人管；生活的目的就是创造不平凡的事务；和朋友关系比较随性。	郎朗、许建树等
社会型（S）：人际与社会的关注者	合作、友善、慷慨、助人、仁慈、负责、善沟通、善解人意、富洞察力、理想主义	教师、咨询人员、导游、广告策划、护士、社工等	喜欢倾听和了解别人，也愿意付出时间和精力去解决别人的冲突；喜欢教导别人并帮助他人成长，不爱竞争；喜欢和大家一起做事，一起为团体尽力；交友广阔，关心人胜于关心工作。	黑幼龙、卡耐基等
管理型（E）：始终如一的影响、控制和领导者	爱冒险、有抱负、乐观、自信、有冲劲、追求享乐、精力充沛、善于社交、擅长说服他人、有主见	推销员、律师、政治家、宣传人员、企业经理、房地产中介等	做事有计划并能立刻行动。不愿意花太多时间仔细研究，希望拥有权力去改善不合理的事。善用说服力和组织能力，希望自己的表现被他人肯定，并成为团体的焦点人物。不以现阶段的成就为满足，也要求别人跟他一样努力。	马云、任正非等
事务型（C）：忠于职守的跟随者	顺从、谨慎、保守、自抑、谦逊、规律、坚毅、实际、稳重、重秩序、有效率	会计员、银行职员、数据编辑、信息管理人员等	喜欢在有清楚规范的环境下工作，给人的感觉是有效率、精确、仔细、可靠而有信用。生活哲学是稳扎稳打，不喜欢改变或创新，也不喜欢冒险或领导别人。	施燕华等

该指标以瑞士心理学家荣格划分的 8 种类型为基础，经扩展后形成外倾（E）-内倾（I）、感觉（S）-直觉（N）、思维（T）-情感（F）和判断（J）-理解（P）四个维度。根据各维度测试得分可划分出 16 种性格类型。施测者可根据一个人性格类型找到与之相匹配的职业。表 16-2 为各种性格类型的特征和与之相匹配的职业。

表 16-2　各种性格类型的特征和与之相匹配的职业

类型	性格特征	匹配职业
ISTJ 型	安静、严肃，通过全面性和可靠性获得成功。实际，有责任感。决定有逻辑性，能一步一步地朝着目标前进，不易分心。喜欢将工作、家庭和生活都安排得井井有条。重视传统和忠诚。	首席信息系统执行官、天文学家、数据库管理员、会计、房地产经纪人、侦探、行政管理员、信用分析师等
ISFJ 型	安静、友好，有责任感和良知。坚定地致力于完成他们的义务。全面、勤勉、精确，忠诚、体贴，留心和记得他们重视的人的小细节，关心他人的感受。努力把工作和家庭环境营造得有序而温馨。	内科医生、营养师、图书/档案管理员、室内装潢设计师、客户服务专员、记账员、特殊教育教师、酒店管理员等
INFJ 型	寻求思想、关系、物质等之间的意义和联系。希望了解什么能够激励人，对人有很强的洞察力。有责任心，坚持自己的价值观。对于怎样更好地服务大众有清晰的愿景。在实现目标的过程中有计划而且果断坚定。	特殊教育教师、建筑设计师、培训经理/培训师、职业策划咨询顾问、心理咨询师、网站编辑、作家、仲裁人等
INTJ 型	在实现自己的想法和达成自己的目标时有创新的想法和非凡的动力。能很快洞察到外界事物间的规律并形成长期的远景计划。一旦决定做一件事就会开始规划并直到完成为止。多疑、独立，对于自己和他人能力和表现的要求都非常高。	首席财政执行官、知识产权律师、设计工程师、精神分析师、心脏病专家、媒体策划、网络管理员、建筑师等
ISTP 型	灵活、忍耐力强、安静，一旦有问题发生，就会马上行动，找到实用的解决方法。善于分析事物运作的原理，能从大量的信息中很快地找到关键的症结所在。对于原因和结果感兴趣，用逻辑的方式处理问题，重视效率。	信息服务业经理、计算机程序员、警官、软件开发员、律师助理、消防员、私人侦探、药剂师等
ISFP 型	安静、友好、敏感、和善。享受当前。喜欢有自己的空间，喜欢能按照自己的时间表工作。对于自己的价值观和自己觉得重要的人非常忠诚，有责任心。不喜欢争论和冲突。不会将自己的观念和价值观强加到别人身上。	室内装潢设计师、按摩师、客户服务专员、服装设计师、厨师、护士、牙医、旅游管理员等
INFP 型	理想主义，对于自己的价值观和自己觉得重要的人非常忠诚。希望外部的生活和自己内心的价值观是统一的。好奇心重，很快能看到事情的可能性，能成为实现想法的催化剂。寻求理解别人和帮助他们实现潜能。适应力强，灵活。善于接受，除非有悖于自己的价值观。	心理学家、人力资源管理员、翻译、大学教师（人文学科）、社会工作者、图书管理员、服装设计师、编辑/网站设计师等
INTP 型	对于自己感兴趣的任何事物都寻求找到合理的解释。喜欢理论性的和抽象的事物，热衷于思考而非社交活动。安静、内向、灵活、适应力强。对于自己感兴趣的领域有超凡的集中精力深度解决问题的能力。多疑，有时会有点挑剔，喜欢分析。	软件设计师、风险投资家、法律仲裁人、金融分析师、大学教师（经济学）、音乐家、知识产权律师、网站设计师等

续表

类型	性格特征	匹配职业
ESTP 型	灵活，忍耐力强，注重实际和结果。觉得理论和抽象的解释非常无趣。喜欢积极地采取行动解决问题。注重当前，自然不做作，享受和他人在一起的时刻。喜欢物质享受和时尚。认为学习新事物最有效的方式是通过亲身感受和练习。	企业家、股票经纪人、保险经纪人、土木工程师、旅游管理员、职业运动员/教练、电子游戏开发员、房产开发商等
ESFP 型	外向，友好，接受力强。热爱生活和物质享受。喜欢和别人一起将事情做成功。在工作中讲究常识和实用性，并使工作显得有趣。灵活、自然不做作，对于新事物能很快适应。认为学习新事物最有效的方式是和他人一起尝试。	幼教老师、公关专员、职业策划咨询师、导游、促销员、演员、海洋生物学家、销售人员等
ENFP 型	热情洋溢，富有想象力。认为人生有很多的可能性。能很快地将事情和信息联系起来，然后很自信地根据自己的判断解决问题。总是需要得到别人的认可，也总是准备着给予他人赏识和帮助。灵活、自然不做作，有很强的即兴发挥能力，言语流畅。	广告客户管理员、管理咨询顾问、演员、平面设计师、艺术指导、公司团队培训师、心理学家、人力资源管理员等
ENTP 型	反应快、睿智，有激励别人的能力，警觉性强、直言不讳。在解决新的、具有挑战性的问题时机智而有策略。善于找出理论上的可能性，然后再用战略的眼光分析。善于理解别人。不喜欢例行公事，很少会用相同的方法做相同的事情，倾向于一个接一个地发展新的爱好。	企业家、投资银行家、广告创意总监、市场管理咨询顾问、文案、广播/电视主持人、演员、大学校长等
ESTJ 型	实际，现实主义。果断，一旦下决心就会马上行动。善于将项目和人组织起来将事情完成，并尽可能用最有效率的方法得到结果。注重日常的细节。遵循清晰的逻辑标准，并希望他人也同样遵循。在实施计划时强而有力。	公司首席执行官、军官、预算分析师、药剂师、房地产经纪人、保险经纪人、教师（贸易/工商类）、物业管理员等
ESFJ 型	热心肠，有责任心，合作。希望周边的环境温馨而和谐，并为此果断地执行。喜欢和他人一起精确并及时地完成任务。事无巨细都会保持忠诚。能体察到他人在日常生活中的所需并竭尽全力帮助。希望自己和自己的所为能受到他人的认可和赏识。	房地产经纪人、零售商、护士、理货员/采购员、按摩师、运动教练、饮食业管理者、旅游管理员等
ENFJ 型	热情，为他人着想，有责任心。非常注重他人的感情、需求和动机。善于发现他人的潜能，并希望能帮助他们实现。能成为个人或群体成长和进步的催化剂。忠诚，对于赞扬和批评都会积极地回应。友善，好社交。在团体中能很好地帮助他人，并有鼓舞他人的领导能力。	广告客户管理员、杂志编辑、公司培训师、电视制片人、市场专员、作家、社会工作者、人力资源管理员等
ENTJ 型	坦诚、果断，有天生的领导能力。能很快看到公司/组织程序和政策中的不合理性和低效能性，形成并实施有效和全面的方案来解决问题。善于做长期的计划和目标的设定。通常见多识广，博览群书，喜欢拓宽自己的知识面并将此分享给他人。在陈述自己的想法时非常强而有力。	公司首席执行官、管理咨询顾问、政治家、房地产开发商、教育咨询顾问、投资顾问、法官等

（三）生涯成熟度问卷

生涯成熟度问卷（Career Maturity Inventory，CMI）由克莱特斯（J. O. Crites）编制，由夏林清、李黛蒂修订为中文版，用于测量个体的事业选择态度。该问卷的理论基础为克莱特斯的青少年职业成熟度模型。CMI 有两个版本，最初的版本为克莱斯特于 1978 年编制，适合 6～12 年级的学生，采用是非题，分为态度分量表和能力分量表。态度分量表包括卷入度、取向性、独立性、确定性、妥协性五个维度，能力分量表包括自我评估、职业信息获取、目标设置、职业规划、问题解决五个维度（林崇德等主编，2003）。

四、生涯辅导的方法

生涯发展具有连续性，这就意味着各学段学生都可以有自己的过去的生涯故事、现在的生涯体验和未来的生涯畅想。区别于其他心理健康课程主题，生涯辅导更多地指向于学生未来的学业及职业发展，也就是说提前考虑学生的升学路径、专业选择和职业理想，通过相对理性的分析，使之形成具有一定连贯性和弹性的生涯规划。

（一）善用生涯类测量工具

生涯辅导会较多使用到测量工具帮助学生进行自我探索，以及做人-职匹配的预测。比如，采用职业兴趣、性格、价值观测量工具帮助学生了解自己，采用生涯成熟度测量工具衡量学生对生涯的规划与执行能力。教师在教学中可以借由测量结果将学生分组，帮助他们加深对自己的了解。但是，教师也需要注意，要避免学生用测量结果将自己标签化，引导学生把测量工具当作认识自己的工具，但是不过分依赖测量工具。

（二）注重生涯辅导的系统性

在中小学，最重视生涯辅导的是高中阶段，对于小学阶段、初中阶段的生涯辅导目前还不够具有系统性。因此，在生涯辅导的教学过程中，要做好各学龄段生涯辅导的定位。小学低年级的学生处于生涯幻想期，通过角色扮演帮助学生体验各类职业角色是重点。小学高年级的学生处于生涯兴趣期，学生开始思考自己的理想抱负，要通过活动充分满足学生的兴趣。初中阶段的学生处于生涯能力期，应着重培养学生各方面的能力，提升学生的职业意识。高中阶段的学生处于生涯试探期，需要考虑职业兴趣、能力及机会，帮助学生做直接的生涯探索、生涯规划和生涯决策。

第二节　生涯辅导课程设计与教法

综合第一节的观点，我们以职业心理模式为基础，参照舒伯的生涯发展形态研究的结果，将生涯发展阶段划分为成长期（0～14 岁）、探索期（15～24 岁）、建立期（25～

44 岁)、维持期(45～65 岁)、衰退期(65 岁以后)。按照这样的划分，小学、初中、高中阶段的学生集中于成长期和探索期。现在我们分别来阐述一下各个学段的目标和生涯辅导的内容。

一、教学目标

成长阶段的孩子开始发展自我，开始以各种不同的方式来表达自己的需要，并通过对现实世界的不断探索，修饰他自己的角色。这个阶段的发展任务是发展自我形象，发展对工作世界的正确态度，了解工作的意义。根据《中小学心理健康教育指导纲要(2012 年修订)》，制定以下生涯辅导教学目标，详见表 16－3。

表 16－3　不同学习阶段学生的生涯辅导教学目标

学习阶段	教学目标
小学阶段	增强学生的时间管理意识，帮助学生正确处理学习与兴趣、娱乐之间的矛盾。 帮助学生了解自我，认识自我。 帮助学生正确认识自己的优缺点和兴趣爱好，在各种活动中悦纳自己。 帮助学生建立正确的角色意识，培养学生对不同社会角色的适应。
初中阶段	帮助学生把握升学选择的方向，培养职业规划意识，树立早期职业发展目标。
高中阶段	帮助学生在充分了解自己的兴趣、能力、性格、特长和社会需要的基础上，确立自己的职业志向，培养职业道德意识，进行升学就业的选择和准备，培养担当意识和社会责任感。 培养学生的生涯发展与规划的意识和能力，预防学生在理想、生涯等方面出现问题和困扰。 高二阶段：加强课程选择、生涯探索等方面指导。 高三阶段：加强未来发展方向与目标、高考、压力应对和挫折耐受力、升学与就业等方面指导。

二、教学内容设计

生涯辅导是一项长期的、综合的辅导工作，学生年龄段不同，其对生涯辅导的需求也不尽相同。根据学生各个阶段的特点和发展内容，我们可以安排相应的生涯辅导内容和辅导方式(见表 16－4)。

表 16－4　生涯辅导的教学内容设计

模块主题	教学内容
认识生涯	通过案例分析、视频观看等方式帮助学生了解生涯和职业、专业的关系，了解生涯的基本概念，形成对生涯的基本认识。
自我探索	通过榜样人物学习、心理测试等方式帮助学生了解自己的职业兴趣、职业性格、职业价值观、职业基本成熟度等，对自己形成全面、客观的认识，认识到自己的的能力在生涯发展中的重要作用，了解自己的优势和盲点。
职业认识	通过实习实践、参观学习、职业调研等方式体验各种职业角色，帮助学生形成对工作世界的感性认识，了解职业、工作、事业的关系，以及认识职业世界的基本途径和内容，并结合自身的能力现状，找到自我调整的目标。

续表

模块主题	教学内容
认识专业和大学	通过实地考察、人物访谈等方式帮助学生了解专业与职业的关系，了解大学与专业的关系，了解大学、专业与自己的关系。
生涯决策	通过生涯平衡单、SWOT 分析、调查研究等方法帮助学生在面对选科、选考、志愿填报、专业选择等人生重大选择时做出相对理性的决策。
生涯管理	通过学业管理、时间管理、人际管理、压力管理等内容帮助学生学习全方位地管理自己的生涯。

三、教学方法指导

（一）生涯辅导是一项持续性的工作，避免辅导过于“功利”

从表面上看，生涯辅导有一项潜在的任务，那就是确定职业发展或专业发展的目标。很多教育工作者认为当学生有了目标后，就能够不断挖掘自身资源，提升学习动机。就这部分而言，无可厚非。不过，目标的确定本身就是一个长期积累、不断探索的过程，难以一蹴而就，学生从小慢慢积累点滴的经验后，才能慢慢清晰最终发展的方向。与此同时，在辅导的过程中，我们仍需要考虑学生的个体内部发展性差异以及个体间的差异。所以既需要引导学生坚持不懈地追求目标，也需要培养学生发展性地看待自身的目标，使生命更富弹性。

（二）生涯辅导是一项与时俱进的工作，避免辅导过于“守旧”

生涯辅导着眼于学生的未来，与时代的发展、社会环境的变迁紧密相连。信息技术的发展、人工智能的研发、生物科技的进步正在挑战传统的专业和行业，如果我们的生涯辅导仍“站在原地”，就会过于狭隘了。因此生涯辅导一方面需要辅导老师以学生为主体，在让学生充分了解自己的基础上，发掘人生发展的各种可能性；另一方面辅导老师也需要不断了解新事物、新现象，为学生提供更多有价值的新信息和新材料，以及了解新信息与新材料的途径。

（三）生涯辅导是一项助人自助的工作，避免辅导过于“包办”

生涯规划是生涯辅导中的重要内容，是学生在对自己当前的认识和评价的基础上对未来生活的畅想和安排。所以生涯辅导需要帮助学生更好地对未来做出自己的安排，这种帮助可以是引导学生进行自我认识、提供各类生涯资讯、传授各项生涯技能等，但并不包括直接决定或干预学生的生涯规划。人生的成长发展受到自身、家庭、社会等多方面的影响，找到最符合自己的生涯路径，学生自己才是最有发言权的。生涯辅导能够帮助学生主动探索，从迷茫中走出来，逐渐找到人生发展的方向，并为之努力就可以了。

第三节 生涯辅导课例与分析

一、小学生生涯辅导课例与分析

（一）课程名称、对象和时间

主题名称：职业对对碰。

适用对象：小学高年级学生。

上课时间：45 分钟。

（二）辅导策略

采用行为主义辅导策略。班杜拉的“观察学习理论”认为，成人榜样对儿童行为有明显的影响，儿童可以通过观察成人榜样的行为而习得新行为。观察学习是人类学习的本质之一。因此，教学中应做好如下几点：（1）在“职业万花筒”活动中，教师应让学生产生对榜样的知觉注意过程，获取关于职业典型特征的知识。（2）在“行行出状元”活动中，用语言对职业特征信息进行确认和存储，即将观察经验转化为持久而稳定的认知结构。在榜样行为结束后，老师要测试学生理解得是否正确，并给予及时强化和指导。（3）在播放公益视频《撸起袖子加油干》过程中，让学生感受不同职业的工作状态，使学生的记忆向行为转变，把记忆中第一阶段的动作表象和第二阶段的语言符号转换成适当的行为，即再现以前所观察到的榜样行为。（4）即使学生已经基本习得父母职业特征，也不一定会主动表现职业行为。为此，老师通过与职场人面对面视频通话，使学生在动机驱使下在生活中表现出习得的行为，并让学生学会自我强化。

（三）教学目标

（1）让学生了解职业的特征，了解职业与职业特征的初步匹配。

（2）以父母职业为突破口，让学生进一步搜集职业内容、职业成就、职业投入等多方面的信息。

（3）通过视频电话的方式进行职业访谈，促使学生获得更多判断自身喜好的有力依据。

（四）理论分析

在舒伯的理论中，人的生涯阶段是与职业发展相互配合的。小学阶段的孩子处于成长阶段中的幻想期（4～10 岁）和兴趣期（11～12 岁）。处于幻想期的孩子，以“需求”为主要考虑因素，角色扮演在这个时期很重要。因此小学低年级的学生更适合以游戏的形式渗透生涯辅导，比如过家家、游园会等。处于兴趣期的孩子，以“喜好”为主要考虑因素。这个阶段的孩子生活角色主要是学习者和子女，生活环境也是以学校和家庭为主，因此对社会和职业的了解也是以这些为突破口。家长的职业是孩子了解职业世界的重要窗口，从对父母的日常工作状态的了解中，孩子们能够了解到某些职业的基本信息，并且对这些信息进行整合，来考虑自己对该职业的“喜好”程度。

小学阶段并不要求让每位学生对未来的职业有非常明确的目标，但不代表放弃对职业世界的探索。学生可以利用身边的有利资源，逐渐了解职业世界，从而增加认知储备，并为未来的职业选择打下坚实的基础。

（五）学情分析

小学阶段，由于学生的认知、能力发展相对局限，大部分的学生没有对未来职业、专业方向形成清晰的判断和认识。与此同时，学生的年龄跨度较大，认知能力差距也相当明显，因此对于这个学段学生的生涯辅导应结合学生特点。在认知层面，让学生更多地了解职业世界；在情绪情感层面，在客观了解各种职业的酸甜苦辣后，让学生感受自己对各种职业状态的喜好；在意志层面，促进学生对美好未来生活的向往，激发学生为了美好生活不断努力的动力。但由于小学生对职业的认识具有一定的局限性，他们常常根据自己对一个职业的部分认识来判断自己喜欢或不喜欢这个职业。

（六）教学资源

（1）教学工具或材料：任务书、学习单、花、音频视频材料等。

（2）教学设备或场地：活动教室，学生按 6～8 人一组排好位置。

（七）教学活动

1. 职业万花筒（暖身活动）（8 分钟）

活动目标：借由游戏的方式认识各种职业及职业的特征。

指导语：同学们，我今天带来了 5 个任务书，刚才我把它们交给了班上的 5 位同学。接下来，我们会分别邀请这 5 位同学上台展示，其他同学认真观看，根据台上同学表达出来的线索猜猜这个人是做什么工作的。

活动程序：

（1）下发任务书。任务书示例：请你用肢体动作＋该人物日常语言来表现这个职业——“老师”。

（2）依次请 5 位同学上台表演，其他同学根据表演的线索猜这是什么职业。

（3）教师根据学生对这些职业的了解予以延伸解说。

结语：同学们猜得投入又准确，关于职业的知识还很多呢，让我们继续往下看！

2. 行行出状元（发展活动）（18 分钟）

活动目标：通过讨论父母的职业，了解各种职业背后的苦乐酸甜。

指导语：刚才几位同学精彩演绎了我们生活中常见的几个职业，可以发现每个职业都有它的标志性特点。其实我们生活中的职业还有很多很多，老师带来了一个视频，里面也有很多职业。看完后，请大家回忆爸爸或妈妈的工作，你是否知道他们的工作是做什么的，请把你了解到的信息填入学习单。

活动程序：

（1）播放公益视频《撸起袖子加油干》，在视频的播放过程中让学生感受不同职业的工作状态。

（2）下发学习单，让学生写下对父母职业的认识。学习单如下：

爸爸或妈妈从事的工作是________________

他/她的工作需要他/她做哪些事情？

____

____

最值得他/她骄傲的工作成绩是________________

为了做好这份工作，他/她做过哪些努力？

____

____

（3）完成后，学生进行组内分享。教师记下学生提到的职业名称，罗列到黑板上。教师可随意抽点2～3位同学和全班分享，并引导学生判断对这一职业的喜好。

结语：谢谢同学们的精彩分享！爸爸妈妈是我们最亲近的职业人，了解爸爸妈妈的工作也是我们了解世界的一个窗口。今天我们回忆了爸爸妈妈工作中的点滴，有令人兴奋的成就，也有让人心疼的疲劳，正是这些苦乐酸甜交织成了一段一段有滋有味的生活。

3. 职业面对面（综合活动）（14分钟）

活动目标：通过与职场人面对面视频通话，了解各项工作的日常，增强学生对职业的认知。

指导语：看！原来我们的爸爸妈妈从事着那么多不同的职业！很多时候我们看到的是在家里的爸爸妈妈。那么，你是否也想了解一下他们在工作中是什么样的，在做些什么呢？接下来，我们来玩一轮击鼓传花的游戏，当音乐停下来的时候，拿到花的同学可以在黑板上那么多的职业中选一个最想了解的，我将拨通视频电话。也就是说，你有一个面对面采访职业人的机会哦！听明白了吗？Let's go!

活动程序：

（1）播放歌曲《青春无敌》，音乐声响起，学生进行击鼓传花游戏，音乐停下时，手上拿花的同学获得一次采访特权。

（2）击鼓传花选出的同学在黑板上众多职业中选一个最感兴趣、最想了解的。

（3）与该职业的家长进行视频电话，深入了解该职业的日常。

（4）重复2～3，进行第二轮。

（5）老师总结提升。

● 提问：经过这次“职业面对面”，你对这个职业有哪些新的想法？

● 小结：谢谢××爸爸/妈妈的耐心解答，再见！经过视频通话，同学们对这个职业有了更加深入的认识。观察、访谈是认识职业的好方法，在对职业有了足够的认识后，再说我喜欢或不喜欢它，就会更加成熟和理智了。

结语：推开认识世界的窗，从身边开始，睁眼看看职业世界。今天，因为课堂时间有限，没办法让每位同学做成“小记者”。课后，请大家想想自己长大后从事什么职业，如果这个职业黑板上有，可以请同学帮忙介绍给从事这个职业的爸爸/妈妈，利用假期的时间做一次采访。

4. 彼此回馈（5分钟）

活动目标：增进师生关系，升华主题，强化辅导效果。

活动程序：

（1）学生回馈：在这个活动中，我最喜欢的环节是什么？对于爸爸妈妈的职业，我了解了多少？哪些职业给我留下深刻的印象？我还会去采访哪些人的职业呢？最后我对老师有什么想说的？

（2）教师回馈：感谢同学们热情四射地参与到活动中。对于职业的探索是我们一直研究的课题哦，希望同学们持续地保持热情，多多随访，多多了解职业和自己，为将来就职打好基础！

（八）活动延伸

（1）面面俱到：将全班同学的“爸爸妈妈”职业做成一棵职业树，对职业进行归类。

（2）深入了解：利用假期或课余时间对自己感兴趣的职业进行一次采访，记录采访内容，撰写心得体会。有条件的学校可以组织开展一次职业人采访活动的报告会。

（九）效果评价

课后，教师对本节课的效果进行评价（如表16-5所示）。

表16-5　小学生生涯辅导课评价表

评价标准	具体要求	权重	评价			
			A（1.0）	B（0.8）	C（0.6）	D（0.4）
辅导目标达成	正确把握职业辅导的主题及核心概念。	15				
活动过程氛围和谐	学生了解父母的职业特征、工作内容、工作成就、职业投入等多方面的信息。	15				
	学生在活动中有感悟、有体验，情感投入度较高。	15				
辅导技巧运用得当	教师能适时引导，对学生发言的回应简洁又比较到位。	15				
	在活动安排中，学生自觉遵守团体规范，现场活而不乱。	20				
辅导效果明显	引发学生对于感兴趣职业的思考，促进学生通过视频通话等方式了解更多相关内容。	20				

二、初中学生生涯辅导课例与分析

（一）课程名称、对象和时间

主题名称：扬帆，驶向梦想彼岸。

适用对象：初二学生。

上课时间：45 分钟。

（二）辅导策略

采用认知行为辅导策略。托尔曼认为：（1）学习是有目的的行为，而不是盲目的。（2）学习是对“符号-完形”的认知。白鼠在学习走迷宫时，并非学习一连串的刺激与反应，而是在头脑中形成一幅“认知地图”，即“目标-对象-手段”三者联系在一起的认知结构。学习不是进行简单的机械运动反应，而是获得“达到目的的符号”及其所代表的意义。（3）在外部刺激（S）和行为反应（R）之间存在中介变量（O）。教学中，教师应做到如下几点：首先，建立绘画技术在心理教学中的运用，帮助学生将自己对梦想的期待投射到画中，把梦想当作一种目标。其次，以榜样的力量激励学生拉近梦想和现实的距离，将梦想、现实、实现途径联系在一起。最后，激发学生实现梦想的动力，形成目标引领人生的意识。

（三）教学目标

（1）指引学生探索梦想，并把自己的梦想清晰化、具体化。

（2）让学生感受梦想和现实之间的距离，探究实现梦想的途径。

（3）让学生体验实现梦想后的喜悦感，增强内心追逐梦想的动力，形成目标引领人生的意识。

（四）理论分析

舒伯的生涯理论依年龄将人的生涯阶段与职业发展相匹配，并认为每个阶段皆有其发展任务。出生至 14 岁是成长阶段，这个阶段的主要任务是：经由对家庭或学校中重要人物的认同而发展出自我概念。此阶段的一个重点便是身体与心理成长。透过经验可以了解周遭环境，尤其是工作世界，并以此作为试探选择的依据。埃里克森也提出青少年发展阶段的主要任务是寻找身份认同，而生涯的选择和承诺会对身份认同产生显著的影响。因此，在探讨影响青少年生涯发展的因素之后，更应鼓励青少年进行生涯规划。

吉兹伯格（Eli Ginzberg）等人认为，生涯常随着年龄的增长而发展。为了区分不同年龄阶段的特性，他们将此发展历程划分为三个阶段：幻想期、试验期、实现期。青少年阶段（11～18 岁）是生涯的试验期，此阶段可再分为“兴趣”“能力”“价值”等阶段。青少年在十一二岁时开始察觉并培养其对某些职业的兴趣；12～14 岁时，则以个人能力为核心，衡量自己的能力并将其表现在各种与职业有关的活动上；至十五六岁时，开始了解职业的价值，兼顾个人与社会的需要，并将此种认识糅合于职业选择中；至十七八岁时，则统整所有有关职业选择的数据，正确了解其未来的方向。

基于以上的理论，青少年对于未来生涯的考虑，兴趣与能力占了相当大的比重，也许定向尚未明朗化，但是对于“梦想”，一定有所期待，所以可通过筑梦、圆梦等活动设计绘制梦想，思索如何更接近梦想、实现梦想，形成目标引领人生的意识。

（五）学情分析

初中学生正值青少年时期，毕业之后也许大部分的学生仍会选择升学，但是在此时期的青少年即会开始觉察并培养某方面的兴趣，并且会慢慢以个人能力为核心，将其表现在各种与职业有关的活动上，所以生涯探索与发展等相关课题，对青少年有不可或缺的重要性。

初二学生自我意识增强，这一阶段的主要任务是克服自我同一性危机，学生需要确认自己是一个怎样的人，包括学业和职业方面的特质。在辅导过程中可发现，部分学生情绪消极，对未来感到迷茫，没有方向，学习缺乏主动性，像一只只被赶上架的鸭子。作为转型期的青春期少男少女，如果能够好好规划未来，这三年将会有良好的收获，包括知识的积累、能力的锻炼，为未来的职业生涯打下扎实的基础。

（六）教学资源

（1）教学工具或材料：海报、马克笔、图画纸、各式色笔、活动单及海报、回馈单、音频视频资料等。

（2）教学设备或场地：活动教室，学生按 6～8 人一组排好位置。

（七）教学活动

1. 暖身活动：漂流瓶里的秘密（5 分钟）

活动目标：集中学生注意力，调动学生的积极性，围绕梦想主题活跃课堂氛围。

指导语：各位同学，厦门美丽的沙滩上，一群来自四面八方的游客正在漂流梦想，他们把自己的心愿和梦想写在纸上，装进透明的玻璃瓶，然后放入大海。当然，随着潮起潮落，也有一些漂流瓶飘向了大陆，老师也捡回了一个。同学们，愿意和老师一起来揭开这只瓶子，看看里面装着怎样的秘密吗？我们来做一个漂流瓶的游戏。

活动程序：教师播放音乐，将手中装有梦想纸条的漂流瓶传给第一组学生，随着音乐依次传递，音乐停在谁手里，谁就有机会打开漂流瓶跟同学分享漂流瓶里关于梦想的秘密。

结语：漂流瓶里的秘密仿佛把我们带回儿时。一个个关于梦想的秘密被打开，不禁引起我们对自己梦想的关注。

2. 忆梦（10 分钟）

活动目标：掌握学生关于梦想的思索情况，让学生回忆生涯成长阶段中以幻想和兴趣为主的梦想，感受梦想有可能随着个体成长而发生变化，同时引出主题。

指导语：我们来做个小调查，选取男女各一两名作为代表。请听好老师的调查内容哦！

活动程序：

（1）做个小调查，选取男女各一两名作为代表。调查问题是：小时候的你拥有怎样的梦想？现在你的梦想实现了吗？

（2）根据学生分享情况，教师结合具体化、共情等技术给予反馈。学生分享示例：

● 有。长大了，发现小时候梦想貌似不切实际很难实现，换了个更符合实际的梦想。

● 没有。从小时候开始我就坚持着，是坚持给予我动力，所以我想一直坚持下来。

● 我压根就没有梦想?!

（教师应预设学生群体中可能有部分没有梦想，在人生旅途中有些迷茫，不知道自己想干什么、追求什么，找不到方向和动力。对此类学生运用共情技术表示接纳。）

结语：不管此刻之前的你，对于梦想有着怎样的思索，这一刻，请开始扬帆，驶向梦想的彼岸。

3. 筑梦（15 分钟）

活动目标：借由绘画等形式了解自己的梦想，便于学生将梦想具体化；通过小组内分享，使每位学生的梦想都能得到展示和强化；通过自主推荐小组的优秀作品，一方面增强梦想拥有者的成就感，另一方面带动其他同学规划未来，特别是那些暂时还没有清晰梦想的同学。

指导语：没有梦想，大地一片漆黑。拥有梦想，世界犹如一张白纸，任由我们绘出一幅幅关于未来的图画。如果现在，许你一个梦想，一个 10 年以后的梦想。这会是怎样的一个梦想呢？请同学们静下心来，展开想象，也可以深深地去感受，然后用画笔将它描绘出来，越具体越好。

活动程序：

（1）教师创设一个梦想情境（关于学业/工作/家庭/人际关系/贡献……），请学生在 A4 纸上加以绘制。

（2）组内分享，并且推荐一名同学在班级里分享，教师和同伴给予鼓励和掌声支持。学生作品示例：

● 拥有一套面朝大海、背后有山的房子，邀请自己的好朋友一起在沙滩上打排球、游泳，看夕阳西下。

● 成为一名像妈妈一样的商人，既能拥有事业，也能顾及家人，把我们的家装点得很温馨。

● 成为一名山区志愿者，坐在一辆大货车的副驾驶座上，运送一批物资去山区，有可能的话成为一名乡村教师支援教育事业。

（3）教师追问实现梦想的感受，学生分享喜悦之情。

结语：谢谢你们把我带入了一个个由梦想构建的美妙空间，仿佛多年后实现梦想的喜悦都溢满整个教室。

4. 圆梦（10 分钟）

活动目标：阐明梦想和现实的距离，帮助学生自我觉察，激发学生思考如何实现梦想，并帮助学生了解和掌握实现梦想的途径，强化学生对梦想的热切之情，深化主题。

指导语：我不得不告诉你们一个残酷的事实：梦想还在彼岸。我们要怎么做才能让梦想离我们更近一些，再近一些呢？

活动程序：

（1）引导学生讨论，并借助“圆梦六步曲”活动单（如图 16－2 所示）来寻找追寻梦想的路径。

（2）“追梦之旅”活动：设定梦想起点，以海绵垫作为圆梦助力板。学生每说一个优势或行动改变就可以得到一块圆梦助力板，从而一步一步走向梦想，摘得梦想终点处代表梦想的绘画图（播放音乐《放飞梦想》，授予圆梦奖状）。

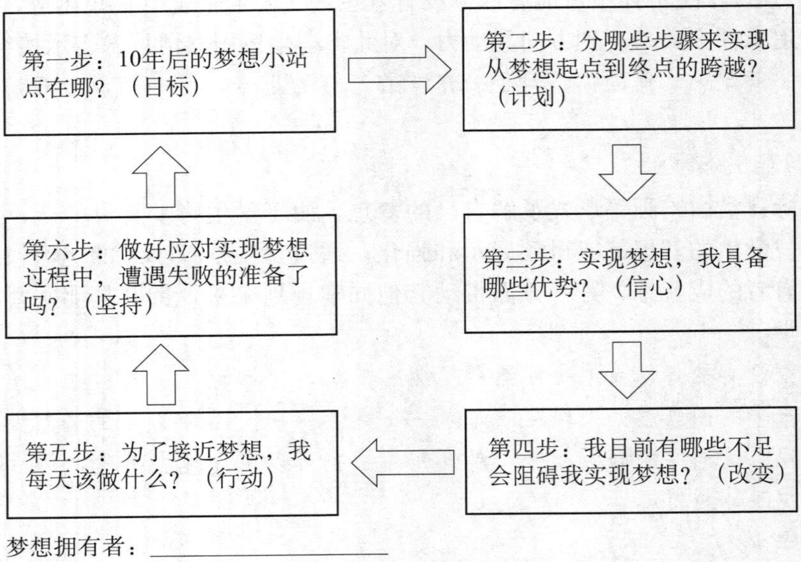

图 16－2　“圆梦六步曲”活动单

结语：祝贺大家！只要我们完善自己、相信自己，并且努力坚定地走下去，相信很多年后梦想就在我们的脚下！

5. 彼此回馈，歌声寄语（5 分钟）

活动目标：增进师生关系，升华主题，强化辅导效果。

活动程序：

（1）学生回馈：在这个活动中，我最喜欢的环节是什么？我现在对于自己的梦想有什么新的收获和感受？

（2）教师回馈：感谢大家在今天的课堂中表现出的活力，我很喜欢，也很感动。青春果然是多梦的年纪，是筑梦的年纪！

（3）教师播放歌曲《放飞梦想》。

结语：同学们，在课堂的最后，让我们带上对梦想的呼唤，带上对梦想的执着，带上对梦想的向往，在人生的舞台上，做个漂亮的亮相！

（八）活动延伸

（1）继续探索追梦之旅。

（2）利用假期去做相关职业的实习，写一篇实习体验报告。

（九）效果评价

课后，教师对本节课的效果进行评价（如表 16－6 所示）。

表 16－6 初中学生生涯辅导课评价表

评价标准	具体要求	权重	评价			
			A（1.0）	B（0.8）	C（0.6）	D（0.4）
辅导目标达成	选题有针对性，符合学生年龄特征，学生可以很好地理解主题思想。	15				
活动过程氛围和谐	忆梦、筑梦、圆梦活动线索清晰有序，每一步骤紧紧围绕主题需要。	15				
	活动过程中催化了团体动力，气氛和谐活跃，学生参与积极性高。	15				
辅导技巧运用得当	注重倾听、关注、共情、重述、具体化等技巧的使用。	15				
	大多数学生体会到追梦之旅的喜悦，并将快乐传递给身边的人。	20				
辅导效果明显	学生们的圆梦渴望得到激发，并将其付诸行动。	20				

三、高中学生生涯辅导课例与分析

（一）课程名称、对象和时间

主题名称： 我的彩虹人生。
适用对象： 高一学生。
上课时间： 45 分钟。

（二）辅导策略

采用建构主义辅导策略。建构主义理论认为，学习是引导学生从原有经验出发，生出（建构）新的经验的过程。不过，学生的建构因人而异。在“抓手指”游戏阶段，教师给学生提供复杂的真实问题，如不同时间、不同角色和不同投入的动态关系。教师不仅要开发这些问题，而且必须认识到复杂问题有多种答案，激励学生对问题解决形成多种观点。在“七嘴八舌话彩虹”阶段，教师应给学生提供组织规则和判断标准，培养学生评判性的认知加工策略，使之能够成为独立的思考者和问题解决者。在“绘制自己的彩虹人生”阶段，要求学生主动去收集和分析有关的信息资料，对所学的问题提出各种假设并努力加以验证。要善于使学生尽量把当前学习内容与自己已有的知识经验联系起来，并对这种联系加以认真思考。为了使意义建构更有效，教师应在可能的条件下组织协作学习，提出适当的问题，以引起学生的思考和讨论。在讨论中设法把问题一步步引向深入，以加深学生对所学内容的理解。在“解析彩虹”阶段，要启发诱导学生自己去发现规律、去纠正错误的或片面的认识，并对协作学习过程进行引导，使之朝有利于意义建构的方向发展。通过创设符合教学内容要求的情境和提供新旧知识之间联系的线索来激发学生的学习兴趣，引发和保持学生的学习动机。

（三）教学目标

（1）让学生了解生涯发展的各个阶段，掌握彩虹图绘制方法。

（2）让学生考虑自己在人生各阶段不同角色上的精力投入，畅谈理想的生活。感受理想与现实的差距，以活在当下的态度思考自身的生涯发展。

（3）让学生认识到生涯规划是随着生命的成长不断动态发展、为所当为、勇于取舍的过程。

（四）理论分析

“生涯彩虹图”源自美国生涯规划大师舒伯的生涯发展阶段理论。他将人的一生分为成长期（0～14 岁）、探索期（15～24 岁）、建立期（25～44 岁）、维持期（45～64 岁）和衰退期（65 岁以后）。十五六岁的高一学生，正处于探索期的开端，这个阶段的学生有强烈的探索自我的需要。然而“理想很丰满，现实很骨感”——一项对 267 名学生的调查发现，有近六成几乎没有考虑过自己未来的专业和职业。广义的生涯，不单单是职业生涯。从纵向上看它贯穿人的一生，从横向上看它又是多种身份角色的融合。“生涯彩虹图”能够形象地反映出横贯一生的生活广度和纵贯上下的生活空间。课堂实践表明，将生涯探索直观化、现实化，能够调动学生探索的热情，让学生感受到生涯规划的魅力。

本课程以舒伯划分的生涯发展五阶段为理论依据，将舒伯的彩虹图进行简化，形成适用于高中生的、可操作的学习单。

高中学生对自我的认识开始整合，从以往对自身性格、兴趣、能力、价值观等的独立思考，转变为对两个或多个自我探索的部分进行综合分析，并根据综合分析的结果进行生涯决策。在本课程中，彩虹图为学生提供了生涯思考的多维度空间。学生在讨论和绘制的时候既考虑了纵向时间的发展，也考虑了横向个人精力的分配。在这中间可能存在兴趣的表达、能力的积累、价值观的取舍……甚至，可能出现各种维度上的碰撞——是追求“好男儿志在四方”，还是考虑“树欲静而风不止，子欲养而亲不待”？是体验青春懵懂爱情的美好，还是埋头苦读万卷书？是“人生得意须尽欢”，还是“吃苦在前，享受在后”？……这样的思维碰撞，能让学生越来越明晰自己希望成为什么样的人。

（五）学情分析

刚刚进入探索阶段的高中生，对自身已经有了一些认识，但往往比较片面。学生少有把自己的个性、兴趣、能力、价值观等统合起来考虑自身未来发展的。这个阶段学生的思维能力进一步提高，能够运用辩证性思维来分析问题，因此在课堂上给学生表达的空间，能够让学生收获同伴的不同想法，这些想法往往能促进学生的深入思考和辨析。

学生生涯探索的结果没有绝对的正确或错误，我们相信人生中的各种体验都可以做积极或消极的解读，所以在生涯辅导中培养学生的心理弹性，以积极的情绪面对各种不确定性，保持身心健康尤为重要。

（六）教学资源

（1）教学工具或材料：空白彩虹图、投屏设备、彩笔、自编诗歌、音频视频材料等。
（2）教学设备或场地：活动教室，学生按6～8人一组排好位置。

（七）教学活动

1. 初识彩虹——抓手指游戏（暖身活动）（5分钟）

活动目标：活跃课堂气氛，并引出舒伯生涯发展五阶段。引导学生掌握生涯发展的各个阶段，特别是学生所处的探索期的任务。

指导语：各小组成员站立围城一圈，每人伸出自己的左手，掌心向下；同时伸出右手，食指顶住右边参加者的左手手心，每次老师说“准备”时回归到这个姿势。接着，老师朗读自创的诗歌《我的彩虹人生》，一旦听到“数字”，请同学们尽可能抓住左边同学的手指，同时逃离右边同学的“魔爪”。

活动程序：

（1）以小组为单位，围成一圈，老师朗诵诗歌《我的彩虹人生》，学生听数字进行抓手指游戏。

（2）游戏结束后，教师统计成功抓到及被抓到的同学。教师围绕两个主题请学生回忆听到的数字，并通过数字的呈现简单阐述舒伯的生涯发展阶段划分。问题如下：

- 刚才听到了哪些数字？
- 成长各个阶段，我们在做什么？

结语：我们知道人的一生从出生开始经历了成长期、探索期、建立期、维持期和衰退期，而在这些阶段我们又在经历着不同的生活角色，包括子女、学习者、工作者、配偶、父母等。如果我们将时间和角色做一个时空整合的话，就绘成了一幅美妙的彩虹图。这就是职业生涯之父舒伯创造出的多重角色生涯发展的综合图形——“生涯彩虹图”。

2. 触摸彩虹——七嘴八舌话彩虹（发展活动）（15分钟）

活动目标：通过分析他人的彩虹图，一方面让学生理解彩虹图的绘制方法，另一方面让学生将自己的想法投射进去，为下一阶段绘制自己的生涯彩虹图充分预热。让学生把不同的意见表达出来，在辩论中也体现生涯的动态生成。

指导语：今天我带来了一张色彩丰富的图，这就是生涯彩虹图。彩虹图中，每个彩虹条代表“我”过去、现在或未来扮演的一个角色。色条粗细代表精力投入的多少。请小组同学近距离观察这张彩虹图，并讨论：

- 在这里有没有与你心有灵犀的地方？
- 在这里有没有让你不敢苟同的地方？

活动程序：

（1）发放彩虹图样例（如图16-3所示），介绍解读彩虹图的“秘诀”。

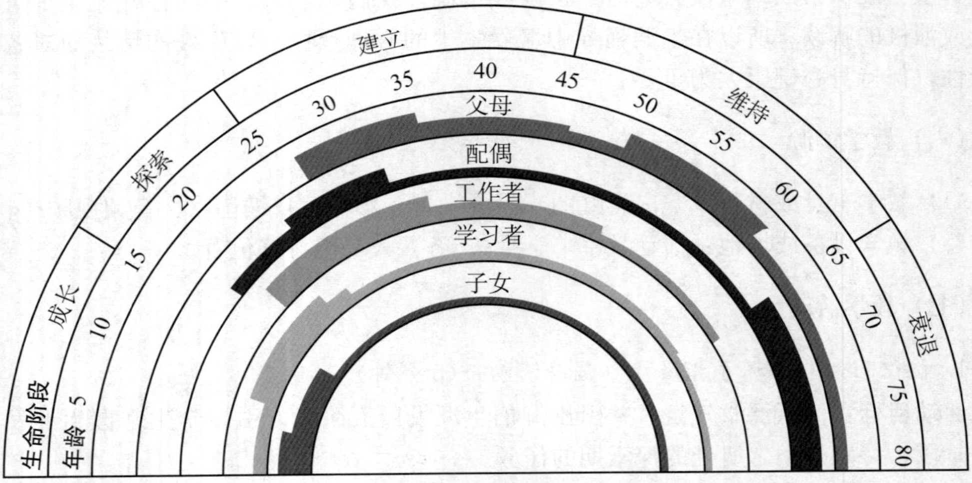

图 16－3　彩虹图样例

(2) 学生分小组讨论对彩虹图样例的看法。教师可随意抽点 2～3 个学生就争论较大的角色进行全班分享，让学生各抒己见。

结语：感谢同学们的精彩分享！在分享中，我发现大家有许多让这幅彩虹图更加完善的想法。那接下来，就让我们拿起画笔，和自己对话，画一画你自己理想的彩虹人生吧！

3. 构筑彩虹——绘制自己的彩虹人生（综合活动）(15 分钟)

活动目标：通过绘制彩虹图，让学生思考如何合理安排自己在不同角色上的精力投入，并为此做出必要的取舍。通过自我解读，让学生意识到，生涯角色之间是相互关联的有机整体，随着年龄的增长，各个角色间的精力投入分配呈现动态变化的特点。

指导语：5 分钟内用彩笔画出你最理想的彩虹人生。注意，可以用不同的颜色代表不同的角色，线条的粗细代表精力投入的多少，且每个角色都是"我"的。

活动程序：

(1) 播放歌曲《蒲公英的约定》，并发空白彩虹图，请学生绘制自己理想的彩虹人生。

(2) 完成后，鼓励学生讲讲自己的绘制思路。

结语：绘制彩虹图的过程，也是一个自我反思的过程。如果你试着回答，你有多少不同的角色，你在每一个角色中投入了多少精力，你将会对自己的生涯现状有一个比较全面的了解。

4. 解析彩虹——从理想到现实（综合活动）(5 分钟)

活动目标：从理想回到现实，感受到理想与现实的差距，并进一步思考规划的内涵，通过教师自我表露让学生认识到，规划不单单是设定相对静态的梦想和目标，更是在发展中不断反思和调整。

指导语：实现梦想从来不是要你与现实对抗，而是为所当为、善于取舍和活在当下！我们可以看到这些都是动词，之前在讨论和绘制彩虹图的过程中其实已经在考虑什么时间做什么事，也在不同的角色间做了各种取舍。那么什么是活在当下？我们一起来画这条“当下线”。

活动程序：

（1）播放视频《梦想与现实》。

（2）引导学生在自己的彩虹图中画“当下线”。

（3）解读生涯规划的内涵与动态规划的意义。

教师提问：站在当下，为了实现理想的彩虹人生，你能做些什么？

教师小结：什么是规划？是定个梦想，画出一张彩虹图，订立一系列的目标吗？是，但规划不单单是设定这样相对静态的梦想和目标！还记得你们桌上那张18岁女孩的彩虹图吗？那就是10年前的我。在我28岁的时候，再画这张彩虹图，因为境遇变化，瞧，这两张图变化好大！很多时候“计划赶不上变化”，世界时刻在变，我们自己也在跟着变。因此，规划是长期的动态过程，需要在前进中围绕自己的梦想不断反思、调整。生命就是在流动中成长的。

结语：人生犹如在舞台上起舞，会经历不同的阶段，所以需要我们在不同的时刻根据音乐节奏调整舞步。让我们带着对人生、对生涯、对规划的这份感悟继续前行，在未来的课堂上继续探索，去拥抱属于你的彩虹人生吧！

5. 彼此回馈（5分钟）

（1）学生回馈：我从这节课中学到了什么，课堂中令我印象最深刻的是什么？我了解到自己的生涯图中的哪些情况？我有哪些反思和感悟？最后，我想对老师说些什么？

（2）教师回馈：生涯规划是一生的课题，在这节课上，老师看到了同学们成熟的思考和讨论，令老师有很大的收获，感谢大家！希望在今后的生涯规划的课堂上我们继续交流！

（八）活动延伸

根据课堂上的讨论和思考，课后继续完善彩虹图。

（九）效果评价

课后，教师对本节课的效果进行评价（如表16-7所示）。

表16-7 高中学生生涯辅导课评价表

评价标准	具体要求	权重	评价			
			A（1.0）	B（0.8）	C（0.6）	D（0.4）
辅导目标达成	学生掌握彩虹图绘制方法，考虑自己在人生各阶段不同角色上的精力投入。	15				
活动过程氛围和谐	对学生偏离主题的发言进行妥善引导。	15				
	小组认真互动，全班分享有启发性，发言有真情实感。	15				

续表

评价标准	具体要求	权重	评价			
			A（1.0）	B（0.8）	C（0.6）	D（0.4）
辅导技巧运用得当	促进学生思考“当下”和“未来”自身的生涯发展的主要方向。	15				
	活动形式活泼生动，具有较强的动感。	20				
辅导效果明显	学生认识到生涯规划会随着生命的成长有所变化，需要根据当时的职业兴趣、能力、价值观等进行调整。	20				

本章小结

1. 生涯辅导是协助个体认识实际的工作世界并探索自己可能的发展形态，以便做出较佳的抉择、规划与准备，使个体在各阶段都过得满足，从而达到自我实现的过程。

2. 生涯辅导的相关理论有职业心理模式、生涯心理模式。

3. 生涯辅导的相关测量工具主要包括霍兰德职业兴趣测试量表、迈尔斯-布里格斯类型指标（MBTI）、生涯成熟度问卷。

思考练习

1. 中小学生涯辅导的核心是什么？
2. 各学龄阶段生涯辅导的重点是什么？
3. 如何将生涯辅导的相关理论和测量工具有效用于中小学心理健康辅导课？

参考文献

阿德勒.(2015). 自卑与超越. 长春：吉林出版集团.

彼得森.(2010). 积极心理学. 北京：群言出版社.

布莱克莫尔，弗里思.(2016). 乐在学习的大脑：神经科学可以解答的教育问题. 北京：北京师范大学出版社.

布兰思福特等（编著）.(2013). 人是如何学习的：大脑、心理、经验及学校（扩展版）. 上海：华东师范大学出版社.

曹梅静，王玲（编著）.(2004). 中小学心理健康教育课程设计. 广州：广东高等教育出版社.

陈琦，刘儒德（主编）.(2007). 当代教育心理学（第2版）. 北京：北京师范大学出版社.

陈于宁，侯婵娟，姚树桥.(2013). 性态度量表中文版在中国青少年中应用的信效度检验. 中国临床心理学杂志，21（1），1-8.

丛立新.(2000). 课程论问题. 北京：教育科学出版社.

德克森.(2016). 认知设计：提升学习体验的艺术（第2版）. 北京：机械工业出版社.

董妍，俞国良.(2007). 青少年学业情绪问卷的编制及应用. 心理学报，39（5），852-860.

樊富珉.(2005). 团体心理咨询. 北京：高等教育出版社.

方刚.(2018). 将赋权理论应用于性教育的思考与实践. 中小学心理健康教育，13（4），13-16.

冯鲁红.(2013). 课堂师生互动话语研究——以上海市某小学为例（硕士论文）. 华东师范大学，上海.

傅宏（2004）. 宽恕理论在心理学治疗领域中的整合发展趋势. 教育研究与实验（3），54-59.

弗雷德里克森.(2010). 积极情绪的力量. 北京：中国人民大学出版社.

顾明远（主编）.(1998). 教育大辞典（增订合编本）. 上海：上海教育出版社.

哈迪曼.(2018). 脑科学与课堂：以脑为导向的教学模式. 上海：华东师范大学出版社.

洪伟，刘儒德，甄瑞，蒋舒阳，金芳凯.(2018). 成就目标定向与小学生数学学习投入的关系：学业拖延和数学焦虑的中介作用. 心理发展与教育，34（2），191-199.

加涅.(1999). 学习的条件和教学论. 上海 ：华东师范大学出版社.

柯维.(2016). 高效能家庭的7个习惯. 长沙：湖南文艺出版社.

莱夫勒，丘奇.(2018). 绝佳体验：迪士尼打造卓越服务的五大原则. 北京：中信出版集团.

兰迪.(2012). 躺椅和舞台：心理治疗中的语言与行动. 上海：华东师范大学出版社.

李坤崇.(1999). 班级团体辅导. 台北：五南图书出版公司.

李晓文.(2010). 青少年发展研究与学校文化生态建设. 北京：教育科学出版社.

林崇德.(2003). 积极而科学地开展心理健康教育. 北京师范大学学报（社会科学版），175（1），31-37.

林崇德，杨治良，黄希庭（主编）.(2003). 心理学大辞典. 上海：上海教育出版社.

林崇德，俞国良（主编）.(2013). 中小学心理健康教育指导纲要解读：2012年修订. 北京：北京师范大学出版社．
林家兴.（2014）. 咨商专业伦理：临床应用与案例分析．台北：心理出版社．
林孟平.（2005）. 小组辅导与心理治疗．上海：上海教育出版社．
刘贤臣.（1997）. 青少年生活事件量表的编制与信度效度测试．山东精神医学，10（1），15－19.
刘宣文.（2002）. 心理辅导活动课的设计与评价．教育研究（5），58－64.
刘宣文.（2004）. 学校发展性辅导．北京：人民教育出版社.
刘宣文，梁一波.（2003）. 理性情绪教育对提高学生心理健康的作用研究．心理发展与教育（1），71－75.
刘学兰，何先友（编著）.（2004）. 中小学生学习辅导．广州：广东高等教育出版社．
卢爱新.（2007）. 我国大学生心理健康教育发展研究（硕士论文）. 华中师范大学，武汉．
卢家楣.（2005）. 对情绪智力概念的探讨．心理科学，28（5），1246－1249.
路海东（主编）.（2000）. 学校教育心理学．长春：东北师范大学出版社．
吕经纬.（2018）. 核心素养培育视角下小学心理健康教育校本课程开发（硕士论文）. 沈阳大学．
马欣川（主编）.（2003）. 现代心理学理论流派．上海：华东师范大学出版社．
迈尔斯.（2016）. 社会心理学（第 11 版）. 北京：人民邮电出版社．
迈瑞尔，欧文，金佩尔.（2007）. 21 世纪的学校心理学．上海：华东师范大学出版社．
孟万金，张冲，Wagner R.（2014）. 中国小学生积极心理品质测评量表研发报告．中国特殊教育（10），62－66.
聂衍刚（主编）.（2012）. 学校心理辅导．广州：广东高等教育出版社．
聂衍刚，张卫，彭以松，丁莉.（2007）. 青少年自我意识的功能结构及测评的研究．心理科学，2007，30（2），411－414.
诺曼.（2010）. 设计心理学．北京：中信出版社．
皮连生（主编）.（2000）. 教学设计：心理学的理论与技术．北京：高等教育出版社．
皮连生（主编）.（2004）. 实施《基础教育课程改革纲要（试行）》的心理学基础．上海：上海教育出版社．
邱惠君.（2001）. 生命教育的一环：良心的培养之研究（硕士论文）. 台湾师范大学，台北．
邱昭良.（2018）. 复盘+：把经验转化为能力（第 3 版）. 北京：机械工业出版社．
桑切克.（2007）. 教育心理学（第 2 版）. 北京：世界图书出版公司．
沙博 D，沙博 M.（2009）. 情绪教育法：将情商应用于学习．北京：教育科学出版社．
施良方.（1996）. 课程理论：课程的基础、原理与问题．北京：教育科学出版社．
苏丹，宋娟，方平.（2011）. 自我调节学习量表的修订：发展性研究．心理与行为研究，9（3），225－230.
苏华.（2015）. 中学心理健康教育课程实施的问题及对策（硕士论文）. 湖南师范大学，长沙．
苏思慧，金盛华.（1999）. 学习习惯及其形成的影响因素．教育学报（9），27－31.
孙炳海，李伟健.（2008）. 美国教师顾问计划的基本假设、实施模式及其启示．比较教育研究（11），63－67.
田澜.（2010）. 小学生学习习惯问卷的编制．心理学探新，30（5），89－94.
王极盛，李焰.（1997）. 中国中学生心理健康量表的编制及其标准化．社会心理科学（4），15－20.
王建雅，陈学志.（2009）. 脑科学为基础的课程与教学．教育实践与研究，22（1），139－168.
王敬.（2008）. 高一心理辅导活动课教学设计研究（硕士论文）. 东北师范大学，大连．
王琳媛.（2016）. 青岛市小学心理健康课程设置与实施存在的问题及引导策略研究（硕士论文）. 青岛大学．

王晓钧.(2000). 情绪智力理论结构的实证研究. 心理科学，23（1），24－27.

吴武典（主编).(2003). 学校心理辅导原理. 广州：世界图书出版公司.

吴增强（主编).(2004). 学校心理辅导通论：原理·方法·实务. 上海：上海科技教育出版社.

吴增强，沈之菲等（编著).(2001). 班级心理辅导. 上海：上海教育出版社.

席居哲，安启龙.(2015). 高中生学习策略量表LASSI-HS的特点及其应用价值. 首都师范大学学报（社会科学版）(1)，141－146.

夏朝云，王东波，吴素琴，叶剑辉.(2002). 自杀意念自评量表的初步制定. 临床精神医学杂志，12（2)，100－102.

谢弗，基普.(2016). 发展心理学：儿童与青少年（第9版). 北京：中国轻工业出版社.

谢培松，秦平（主编).(2007). 学生心理辅导. 北京：人民教育出版社.

徐西森.(2003). 团体动力与团体辅导. 广州：世界图书出版公司.

徐小燕，张进辅.(2002). 巴昂的情绪智力模型及情商量表简介. 心理科学，25（3），332－335.

叶澜.(1997). 让课堂焕发出生命活力——论中小学教学改革的深化，教育研究（9），3－8.

伊根.(2008). 高明的心理助人者：处理问题并发展机会的助人途径. 上海：上海教育出版社.

俞国良.(2005). 对我国未成年人心理健康教育的探索. 河北教育（22），7－9.

乐国安（主编).（2013). 社会心理学（第2版). 北京：中国人民大学出版社.

张春兴.(1998). 教育心理学：三化取向的理论与实践. 杭州：浙江教育出版社.

张静涟.(1993). 中学生心理辅导课程探索. 教育研究与实验（4），48－54.

张美云.(2003). 如何在课堂教学中实现生命教育. 教学与管理（小学版）(2)，5－7.

张琼.(2013). 青少年友谊满意度的结构与宜人性、学校适应行为的关系（博士论文). 广州大学.

张英熙.(2013). 看见孩子的亮点：阿德勒鼓励原则在家庭及学校中的运用. 台北：张老师文化事业股份有限公司.

张悦.(2012). 长春市初中心理健康教育课程实施存在的问题及解决对策（硕士论文). 长春师范学院.

郑希付，罗品超（主编).(2016). 学校心理健康教育. 北京：中国人民大学出版社.

郑涌，骆一.(2006). 青春期性心理健康的初步研究. 心理科学，29（3），661－664.

钟志农.(2007). 心理辅导活动课操作实务. 宁波：宁波出版社.

佐藤学.(2014). 静悄悄的革命：课堂改变，学校就会改变. 北京：教育科学出版社.

佐宗邦威.(2019). 用设计思维解决商业难题. 北京：北京科学技术出版社.

Bandura，A.(1999). Social cognitive theory of personality. In L. A. Pervin & O. P. John (Eds.)，Handbook of personality：Theory and research (pp. 154－196). Guilford Press.

Berg，J. H.，& McQuinn，R. D.(1986). Attraction and exchange in continuing and noncontinuing dating relationships. Journal of Personality & Social Psychology，50（5），942－952.

Bernard，M. E.，& Walton，K.(2011). The effect of You Can Do It! Education in six schools on student perceptions of well-being，teaching，learning and relationships. Journal of Student Well-being，5（1），22－37.

Bigler，R. S.，& Liben，L. S.(1990). The role of attitudes and interventions in gender-schematic processing. Child Development，61（5），1440－1452.

Deci，E. L.(1975). Intrinsic motivation. Plenum Press.

Derlega，V. J.，Metts，S.，Petronio，S.，& Margulis，S. T.(1993). Self-disclosure. Sage.

Eccles，J. S.，& Wigfield，A.(2002). Motivational beliefs，values，and goals. Annual Review of Psychology，53（1），109－132.

Ekman，P.，Friesen，W. V.，O'sullivan，M.，Chan，A.，Diacoyanni-Tarlatzis，I.，Heider，K.，…&

Scherer，K. (1987). Universals and cultural differences in the judgments of facial expressions of emotion. Journal of Personality & Social Psychology，53 (4)，712 - 717.

Enright，R. D.，& Human Development Study Group. (1991). The moral development of forgiveness. In W. Kurtines & J. Gerwitz (Eds.)，Handbook of moral behaviour and development (pp. 123 - 152). Erlbaum.

Eysenck，M. W.，&Calvo，M. G. (1992). Anxiety and performance：The processing efficiency theory. Cognition & Emotion，6 (6)，409 - 434.

Fredricks，J. A.，Blumenfeld，P. C.，& Paris，A. H. (2004). School engagement：Potential of the concept，state of the evidence. Review of Educational Research，74 (1)，59 - 109.

Fredrickson，B. L. (1998). What good are positive emotions?. Review of General Psychology，2 (3)，300 -319.

Fredrickson，B. L. (2004). Gratitude，like other positive emotions，broadens and builds. In R. A. Emmons & M. E. McCullough (Eds.)，The psychology of gratitude (pp. 145 - 166). Oxford University Press.

Froh，J. J.，Yurkewicz，C.，& Kashdan，T. B. (2009). Gratitude and subjective well-being in early adolescence：Examining gender differences. Journal of Adolescence，32 (3)，633 - 650.

Gottfried，A. E.，Fleming，J. S.，& Gottfried，A. W. (2001). Continuity of academic intrinsic motivation from childhood through late adolescence：A longitudinal study. Journal of Educational Psychology，93 (1)，3 - 13.

Kolb，D. A. (1984). Experiential learning：Experience as the source of learning and development. Prentice-Hall.

Lee，J. Q.，McInerney，D. M.，Liem，G. A. D.，& Ortiga，Y. P. (2010). The relationship between future goals and achievement goal orientations：An intrinsic-extrinsic motivation perspective. Contemporary Educational Psychology，35 (4)，264 - 279.

Levenson，R. W.，Ekman，P.，Heider，K.，& Friesen，W. V. (1992). Emotion and autonomic nervous system activity in the Minangkabau of West Sumatra. Journal of Personality & Social Psychology，62 (6)，972 - 988.

Liu，R.-D.，Zhen，R.，Ding，Y.，Liu，Y.，Wang，J.，Jiang，R.，& Xu，L. (2017). Teacher support and math engagement：Roles of academic self-efficacy and positive emotions. Educational Psychology，38 (1)，3 - 16.

Lopez，S. J.，Rose，S.，Robinson，C.，Marques，S. C.，& Pais-Ribeiro，J. (2009). Measuring and promoting hope in schoolchildren. In R. Gilman，E. S. Huebner，& M. J. Furlong (Eds.)，Handbook of positive psychology in schools (pp. 37 - 50). Routledge.

Marques，S. C.，Paisribeiro，J. L.，& Lopez，S. J. (2011). The role of positive psychology constructs in predicting mental health and academic achievement in children and adolescents：A two-year longitudinal study. Journal of Happiness Studies，12 (6)，1049 - 1062.

Martin，C. L.，& Halverson，C. F. (1983). The effects of sex-typing schemas on young children's memory. Child Development，54 (3)，563 - 574.

McCullough，M. E.，Bellah，C. G.，Kilpatrick，S. D.，& Johnson，J. L. (2001). Vengefulness：Relationships with forgiveness，rumination，well-being，and the Big Five. Personality & Social Psychology Bulletin，27 (5)，601 - 610.

McDermott，D.，& Hastings，S. (2000). Children：Raising future hopes. In C. R. Snyder (Ed.)，Handbook of hope: Theory, measures, and applications (pp. 185 - 199). Academic Press.

Otis, N., Grouzet, F. M., & Pelletier, L. G. (2005). Latent motivational change in an academic setting: A 3-year longitudinal study. Journal of Educational Psychology, 97 (2), 170 - 183.

Owens, R. L., & Patterson, M. M. (2013). Positive psychological interventions for children: A comparison of gratitude and best possible selves approaches. Journal of Genetic Psychology, 174 (4), 403 - 428.

Park, N., & Peterson, C. (2006). Moral competence and character strengths among adolescents: The development and validation of the Values in Action Inventory of Strengths for Youth. Journal of Adolescence, 29 (6), 891 - 909.

Pekrun, R., Goetz, T., Titz, W., & Perry, R. P. (2002). Academic emotions in students' self-regulated learning and achievement: A program of qualitative and quantitative research. Educational Psychologist, 37 (2), 91 - 105.

Scherer, K. R., & Wallbott, H. G. (1994). Evidence for universality and cultural variation of differential emotion response patterning. Journal of Personality & Social Psychology, 66 (2), 310 - 328.

Seligman, M. E., Ernst, R. M., Gillham, J., Reivich, K., & Linkins, M. (2009). Positive education: Positive psychology and classroom interventions. Oxford Review of Education, 35 (3), 293 - 311.

Snyder, C. R. (2002). Hope theory: Rainbows in the mind. Psychological Inquiry, 13 (4), 249 - 275.

Taylor, C. T., Lyubomirsky, S., & Stein, M. B. (2017). Upregulating the positive affect system in anxiety and depression: Outcomes of a positive activity intervention. Depression & Anxiety, 34 (3), 267 - 280.

Van Steenkiste, M., Lens, W., & Deci, E. L. (2006). Intrinsic versus extrinsic goal contents in self-determination theory: Another look at the quality of academic motivation. Educational Psychologist, 41 (1), 19 - 31.

Zhen, R., Liu, R. D., Ding, Y., Wang, J., Liu, Y., & Xu, L. (2017). The mediating roles of academic self-efficacy and academic emotions in the relation between basic psychological needs satisfaction and learning engagement among Chinese adolescent students. Learning & Individual Differences, 54, 210 - 216.

图书在版编目（CIP）数据

学校心理健康教育课程设计与教法/刘宣文，赵晶主编．-- 北京：中国人民大学出版社，2020.6
新编 21 世纪心理学系列教材
ISBN 978-7-300-28096-7

Ⅰ.①学… Ⅱ.①刘…②赵… Ⅲ.①心理健康－健康教育－课程设计－高等学校－教材 Ⅳ.①G444

中国版本图书馆 CIP 数据核字（2020）第 073171 号

新编 21 世纪心理学系列教材
学校心理健康教育课程设计与教法
刘宣文 赵 晶 主 编
蔡 雪 王 彬 副主编
Xuexiao Xinli Jiankang Jiaoyu Kecheng Sheji yu Jiaofa

出版发行	中国人民大学出版社		
社　址	北京中关村大街 31 号	邮政编码	100080
电　话	010－62511242（总编室）		010－62511770（质管部）
	010－82501766（邮购部）		010－62514148（门市部）
	010－62511173（发行公司）		010－62515275（盗版举报）
网　址	http://www.crup.com.cn		
经　销	新华书店		
印　刷	北京市鑫霸印务有限公司		
开　本	787 mm×1092 mm 1/16	版　次	2020 年 6 月第 1 版
印　张	20	印　次	2025 年 6 月第 8 次印刷
字　数	448 000	定　价	49.00 元

关联课程教材推荐

书号	书名	作者	定价(元)
978-7-300-32716-7	普通心理学（第3版）	张钦	69.00
978-7-300-26722-7	心理学（第3版）	斯宾塞·拉瑟斯	79.00
978-7-300-30451-9	认知心理学（第3版）	丁锦红 等	58.00
978-7-300-25882-9	生理心理学（第2版）	隋南 等	49.90
978-7-300-32539-2	实验心理学（第3版）	白学军 等	59.90
978-7-300-30715-2	社会心理学（第4版·数字教材版）	乐国安 管健	68.00
978-7-300-32948-2	发展心理学（第5版·数字教材版）	雷雳	59.00
978-7-300-25588-0	变态心理学（第3版）	王建平 等	59.80
978-7-300-30670-4	学校心理健康教育（第2版）	郑希付 罗品超	58.00
978-7-300-27212-2	教育心理学：原理与应用	刘儒德	58.00
978-7-300-19858-3	心理咨询导论（第6版）	塞缪尔·格莱丁	118.00
978-7-300-33225-3	助人技术：探索、领悟、行动三阶段模式（第5版）	克拉拉·希尔	99.00

配套教学资源支持

尊敬的老师：

衷心感谢您选择使用人大版教材！相关配套教学资源，请到人大社网站（http：//www.crup.com.cn）下载，或是随时与我们联系，我们将向您免费提供。

欢迎您随时反馈教材使用过程中的疑问、修订建议并提供您个人制作的课件。您的课件一经入选，我们将有偿使用。让我们与教材共成长！

联系人信息：

地址：北京海淀区中关村大街31号802室　　翟然 收　　邮编：100080

电子邮件：lgcbfs@crup.com.cn　　电话：010-62511967　　QQ：492788991

如有相关教材的选题计划，也欢迎您与我们联系，我们将竭诚为您服务！

选题联系人：张宏学　电子邮件：zhanghx@crup.com.cn　电话：010-62512127

人大社网站：http：//www.crup.com.cn

心理学专业教师QQ群：259019599

欢迎您登录人大社网站浏览，了解图书信息，共享教学资源

期待您加入专业教师QQ群，开展学术讨论，交流教学心得

新编21世纪心理学系列教材

学校心理健康教育课程设计与教法

Curriculum Design and Teaching Methods of School Mental Health Education

刘宣文　赵　晶　主　编
蔡　雪　王　彬　副主编

中国人民大学出版社
·北京·